汽车技术创新与研发系列丛书

电动汽车动力系统安全性设计与工程应用

中国汽车工程学会 ◎ 组 编

廉玉波 ◎ 等编著

机械工业出版社
CHINA MACHINE PRESS

随着电动汽车产业的高速发展，其核心部件电动汽车动力系统的安全性日益受到关注。本书对电动汽车动力系统安全性设计与开发涉及的知识、理论、方法进行了系统和全面的梳理，介绍了电动汽车及动力系统的基本知识体系；系统地介绍了电动汽车电气安全基础、电动汽车电磁兼容基础和电动汽车通用安全规范等理论知识；详细地阐述了电动汽车动力蓄电池系统、电驱动总成、充放电系统的安全设计与开发，电动汽车动力系统EMC工程应用，电动汽车电子电气系统的功能安全，电动汽车动力系统新技术展望。本书列举了大量的研究开发案例供读者参考。

本书可供汽车设计、制造、运营、管理的工程技术人员学习参考，也可作为高校教师和学生以及相关科研单位和咨询机构科技工作者的参考书。

图书在版编目（CIP）数据

电动汽车动力系统安全性设计与工程应用 / 中国汽车工程学会组编；廉玉波等编著 .—北京：机械工业出版社，2022.12

（汽车技术创新与研发系列丛书）

ISBN 978-7-111-72183-3

Ⅰ.①电… Ⅱ.①中… ②廉… Ⅲ.①电动汽车 – 动力系统 – 安全设计 Ⅳ.① U469.72

中国版本图书馆 CIP 数据核字（2022）第 231923 号

机械工业出版社（北京市百万庄大街22号　邮政编码100037）
策划编辑：王　婕　何士娟　责任编辑：王　婕　何士娟
责任校对：李　杉　李　婷　责任印制：郜　敏
北京富资园科技发展有限公司印刷
2022年12月第1版第1次印刷
184mm×260mm ・ 27印张 ・ 2插页 ・ 671千字
标准书号：ISBN 978-7-111-72183-3
定价：268.00元

电话服务	网络服务		
客服电话：010-88361066	机　工　官　网：	www.cmpbook.com	
010-88379833	机　工　官　博：	weibo.com/cmp1952	
010-68326294	金　书　网：	www.golden-book.com	
封底无防伪标均为盗版	机工教育服务网：	www.cmpedu.com	

《电动汽车动力系统安全性设计与工程应用》
编写委员会

顾　　问	李　骏　孙逢春　张进华　李开国
	吴志新　管　欣　肖成伟　杨世春
	张立军　张俊智
主　　任	廉玉波
副　主　任	凌和平　周　荣
其他执笔人	钟益林　刘坚坚　黄　伟　宋　淦
	陈晓宏　曾　董

技术支持（按姓氏笔画排名）

于刚华	马 锐	王 帅	王红霞	王花花
王政溥	王溥希	文 琦	石明川	卢 娜
史建勇	包 军	皮朝政	朱 可	朱 平
朱忠仁	任 强	刘 基	刘圣坤	刘俊华
闫 磊	汤 蒙	安凤俊	许 涟	阳 欢
李 申	李 松	李 超	李永吉	李俊芳
李俊锋	李智君	杨 光	杨 超	吴 倩
吴守权	邹林利	沈亚冲	宋 魁	宋金梦
张利军	张学清	张俊伟	张涓叙	张海星
陈 冰	陈 海	陈 敏	范天举	范智伟
林小慧	周斌豪	孟郭强	赵 丽	赵立金
赵冰璐	赵利平	赵泰锋	柳春成	姜 龙
袁 帅	夏志栓	党广生	徐远俊	徐金泽
高 文	高士艳	郭洪越	黄立建	符 罗
赖正森	谭 易	熊 永	颜 亮	薄 颖

序

全球汽车产业正在经历着有史以来最大的技术变革，电动化和智能化正在颠覆着传统汽车的发展模式，构成了新的产业形态，形成新的竞争格局。中国、美国、欧洲、日本等世界汽车产业领先的国家和地区都在加快向汽车电动化和智能化转型，汽车电动化是中国实现汽车强国战略最重要的驱动力。中国汽车工程学会是中国汽车科技工作者的学术性法人团体，也是推动中国汽车产业科技创新的重要力量和增进国际汽车行业交流的重要桥梁。为了促进技术交流，助力中国电动汽车产业的发展和自主创新，中国汽车工程学会组织编写的这部技术专著，由比亚迪股份有限公司执行副总裁兼汽车工程研究院院长廉玉波主持编著。廉玉波先生是中国汽车行业知名专家，他和他的团队先后开发了上百款电动汽车产品，畅销国内外。更难得可贵的是，他们在电动汽车关键技术研究和关键零部件开发方面做了大量开创性的工作，其中：刀片电池、碳化硅功率管、iTAC 智能转矩控制系统、DM-i 超级混合动力系统、CTB 全新电池集成技术等，无一不是自主创新的，并且性能指标达到国际领先水平的技术和产品。中国汽车工程学会邀请他和他的技术团队著书立说，就是希望将他们在电动汽车开发中的成功经验和失败教训进行梳理和总结，供中国乃至世界汽车行业借鉴参考，进一步促进电动汽车科技创新与产业发展。

《电动汽车动力系统安全性设计与工程应用》聚焦电动汽车产品最核心的动力系统和全社会最关注的动力系统安全性两个方面，在内容安排上既有适合初学者的基础理论知识，来帮助读者建立电动汽车及动力系统的安全知识体系；也有作者对多年积累的数据和工作成果的系统化论述，相关章节可供设计开发人员查阅和参照使用；特别值得指出的是，本书将刀片电池、iTAC 智能扭矩控制系统、DM-i 超级混合动力系统、CTB 全新电池集成技术等整理成研发实例，其中许多细节和参数都是首次公开，极具参考价值；另外，本书还总结了比亚迪电动汽车动力系统电磁兼容的开发流程、目标参数、设计管控、试验验证等关键技术和方法，对主机厂研发电动汽车产品有很好的借鉴作用，更有助于同行解决电磁兼容这个电动汽车开发过程中的疑难问题。相信本书将为电动汽车行业及相关领域的科研工作者、产品研发人员和在校学生提供重要的阅读参考价值，期望本书能够进一步推动我国电动汽车的科技创新和产业发展，特作序推荐。

清华大学教授
中国汽车工程学会理事长
中国工程院院士

李骏

2022 年 11 月 2 日

前 言

2001年，我国开始实施"863计划"电动汽车专项，提出了以纯电动汽车、混合动力汽车、燃料电池汽车三种整车研发为"三纵"，以整车控制系统、电机及其控制系统、动力蓄电池及其管理系统三个关键总成为"三横"的"三纵三横"研发布局，我国电动汽车的技术创新和产业发展开始起步并呈加速的态势。2012年，我国出台了《节能与新能源汽车产业发展规划（2012—2020年）》，又在全球率先开展电动汽车大规模产业化工作，从此我国的汽车产业开始换道先行，连续8年电动汽车产销量全球领先，在当今全球汽车百年大变局中，培育了广大的电动汽车消费群体，为全球电动汽车产业的发展注入了强劲动力。

中国政府高度重视电动汽车产业的发展，全方位和系统化构筑了全球最完善的政策体系，经过近20年的产业发展，一大批自主品牌的中国电动汽车企业快速成长，已经成为引领全球汽车产业转型升级的重要力量。比亚迪股份有限公司作为我国最早进入电动汽车行业的企业之一，参与并见证了我国电动汽车产业从无到有、从小到大的整个发展历程，已发展成为全球电动汽车产业链最完整、产销量最大的电动汽车整车企业，也是全球第一个对外宣布停产所有燃油汽车、全部生产电动汽车的整车企业。中国汽车工程学会为了加强汽车行业的技术交流，推动中国电动汽车产业高质量发展，希望比亚迪能够将在电动汽车开发中的成功经验和失败教训进行梳理和总结，编撰成书，供读者参考。在中国汽车工程学会的指导下，经过与内部技术团队和行业专家的多次讨论，本书将结合比亚迪及行业20多年的经验和数据，以比亚迪刀片电池、iTAC智能转矩控制系统、DM-i超级混合动力系统、CTB全新电池集成技术等体现国际领先水平的研究成果为案例，聚焦电动汽车最核心电动汽车动力系统和公众最关注的安全性两个方面，系统、全面地梳理电动汽车动力系统安全性涉及的理论知识，期望它能给读者以启迪。

本书旨在系统总结电动汽车动力系统安全性设计的理论知识、分析方法、技术法规和标准，通过广泛汲取新知识和新理论，充实和优化现有的知识体系，例如将系统安全、功能安全等国际上安全研究领域的最新理论和研究成果引入并进行融合，力求反映出电动汽车动力系统安全性设计的本质和内在规律。全书分为10章，编写思路如下：

第1章，旨在为初学者构建一个电动汽车、动力系统、安全性的基础概念框架。

第2~4章，帮助读者建立起电动汽车安全的知识体系。

第5~7章，指导读者如何完成电动汽车动力系统相关部件的安全性设计开发。

第8、9章，指导读者在电动汽车动力系统的设计开发过程中，如何解决电磁兼容的问题和如何加强功能安全实现安全目标。

第10章，使读者了解电动汽车动力系统未来的发展趋势。

本书由廉玉波、凌和平和周荣主导编著，其他编著者还有钟益林、刘坚坚、黄伟、宋淦、陈晓宏、曾董，另外还有75位资深专家和工程师提供了技术支持，他们都是具有博士或硕士学历、具有多年汽车产品开发经验的资深工程师。此外，中国工程院李骏院士、孙逢春院士，中国汽车工程学会张进华秘书长，中国汽车工程研究院有限公司李开国董事长，中国汽车技术研究中心有限公司吴志新副总经理，吉林大学管欣教授，中国电子科技集团第十八研究所肖成伟研究员，北京航空航天大学杨世春教授，同济大学张立军教授，清华大学张俊智教授等多位专家和学者对全书进行了系统的指导和审阅！中国汽车工程学会的许多同事也为本书的编著做了大量的组织和协调工作。在此对大家的信任和支持表示衷心的感谢！

电动汽车技术发展迅速，本书难免存在疏漏和错误之处，望广大读者批评指正！

2022 年 10 月 21 日

深　圳

目 录

序
前言

第1章 绪论……………………………1
1.1 基本概念…………………………1
1.1.1 常用术语和定义……………1
1.1.2 电动汽车的分类……………3
1.1.3 电动汽车的特点及安全特性…9
1.2 电动汽车的发展历程……………9
1.2.1 纯电动汽车的发展历程……9
1.2.2 混合动力电动汽车的发展历程…12
1.2.3 燃料电池电动汽车的发展历程…14
1.3 电动汽车动力系统的组成与构型…15
1.3.1 动力蓄电池系统……………15
1.3.2 驱动电机系统………………17
1.3.3 充放电系统…………………17
1.3.4 集中式驱动…………………18
1.3.5 分布式驱动…………………19
1.4 电动汽车动力系统的关键技术…20
1.4.1 动力蓄电池技术……………20
1.4.2 电驱动总成技术……………20
1.4.3 能量管理与热管理技术……21
1.4.4 充电和放电技术……………23
1.4.5 控制器硬件和软件开发技术…25
1.5 电动汽车动力系统的主要安全问题…26
1.5.1 高压电安全…………………26
1.5.2 电气控制安全………………26
1.5.3 机械结构安全………………26
1.5.4 电磁兼容性…………………27
1.5.5 动力蓄电池系统的防火、防爆、防泄漏…27
1.6 电动汽车动力系统安全标准与规范…28
1.6.1 电动汽车安全标准与法规…28
1.6.2 电动汽车安全性能与要求…29
1.6.3 电动汽车安全测试与评价…29

第2章 电动汽车电气安全基础………31
2.1 概述………………………………31
2.2 人体阻抗…………………………31
2.2.1 人体阻抗的构成……………31
2.2.2 环境因素对人体电阻的影响…33
2.3 电流对人体的作用………………33
2.3.1 电流致伤的机理……………34
2.3.2 电击致命的原因……………34
2.3.3 电流效应的影响因素………34
2.4 电气事故…………………………36
2.4.1 触电…………………………37
2.4.2 短路…………………………37
2.4.3 静电…………………………37
2.4.4 射频电磁场…………………38
2.4.5 电气火灾与爆炸……………38
2.4.6 异常带电……………………38
2.4.7 异常停电……………………39
2.4.8 雷电灾害……………………39
2.5 触电防护…………………………39
2.5.1 警示标识……………………39
2.5.2 接触防护……………………40
2.5.3 短路防护……………………43
2.5.4 高压回路主动监测与防护…45
2.6 电气防火、防爆…………………49
2.6.1 电气引燃源…………………49
2.6.2 电气防火、防爆措施………49
2.7 静电防护…………………………50
2.7.1 静电的产生及危害…………50
2.7.2 静电危险的安全界限及防护措施…51

2.8 雷电防护……………………………… 53

第3章 电动汽车电磁兼容基础……… 54
3.1 概述……………………………………… 54
3.2 电磁兼容基础…………………………… 54
   3.2.1 电磁兼容概念与常用术语……… 54
   3.2.2 电磁兼容理论…………………… 56
   3.2.3 电磁兼容设计基础……………… 63
3.3 电动汽车电磁兼容基础………………… 72
   3.3.1 电动汽车电磁兼容问题………… 72
   3.3.2 电动汽车电磁兼容分析………… 73
   3.3.3 电动汽车电磁兼容设计基础…… 83
   3.3.4 电动汽车电磁兼容标准………… 88
3.4 电动汽车电磁场人体曝露……………… 95
   3.4.1 辐射的基本概念………………… 95
   3.4.2 国际研究概况…………………… 96
   3.4.3 国内研究成果…………………… 97
   3.4.4 电动汽车电磁场相对于人体
         曝露的要求……………………… 98

第4章 电动汽车通用安全规范……… 100
4.1 概述……………………………………… 100
4.2 一般安全………………………………… 100
   4.2.1 信号与标志……………………… 100
   4.2.2 电动汽车高压安全标识………… 101
   4.2.3 车载REESS通用要求…………… 102
   4.2.4 操作通用安全要求……………… 102
   4.2.5 提示与警告……………………… 102
4.3 防触电安全……………………………… 103
   4.3.1 使用中触电防护………………… 103
   4.3.2 碰撞后触电安全………………… 110
4.4 操作安全………………………………… 113
   4.4.1 上下电的安全要求……………… 113
   4.4.2 行驶中操作安全要求…………… 114
   4.4.3 充电操作安全…………………… 114
4.5 特殊场景安全…………………………… 114
   4.5.1 故障状态的操作安全…………… 114
   4.5.2 碰撞后的操作安全……………… 115
4.6 整车热安全……………………………… 115
   4.6.1 电机热保护……………………… 115
   4.6.2 电机控制器热保护……………… 115

   4.6.3 动力蓄电池系统热保护………… 116
   4.6.4 充电系统热保护………………… 116
   4.6.5 整车空调热保护………………… 116
4.7 整车布置与安全防护…………………… 117
   4.7.1 碰撞后电安全法规及相关
         评价要求………………………… 117
   4.7.2 整车布置与高压安全…………… 119
   4.7.3 高压模块本身强度……………… 120
4.8 商用车特殊安全要求…………………… 122
   4.8.1 防水安全………………………… 122
   4.8.2 防火安全………………………… 124
4.9 控制安全………………………………… 128
   4.9.1 硬件安全设计…………………… 128
   4.9.2 软件设计………………………… 132
   4.9.3 功能和操作设计………………… 132

**第5章 动力蓄电池系统的安全
         设计与开发**……………………… 138
5.1 概述……………………………………… 138
5.2 动力蓄电池系统简介…………………… 138
   5.2.1 动力蓄电池分类及特点………… 138
   5.2.2 动力蓄电池系统的组成与作用… 139
   5.2.3 动力蓄电池相关技术简介……… 142
5.3 电芯……………………………………… 143
   5.3.1 电芯分类………………………… 143
   5.3.2 电芯主材………………………… 144
   5.3.3 电芯容量与外观尺寸…………… 148
   5.3.4 电芯设计安全…………………… 149
   5.3.5 电芯的寿命与可靠性要求……… 153
   5.3.6 电芯的要求与试验……………… 153
   5.3.7 电芯的使用安全………………… 155
5.4 模组……………………………………… 155
   5.4.1 模组的构成……………………… 155
   5.4.2 模组的材料安全………………… 156
   5.4.3 模组的机械安全………………… 157
   5.4.4 模组的电气安全………………… 158
   5.4.5 模组的热安全…………………… 158
   5.4.6 模组的寿命与可靠性要求……… 158
   5.4.7 模组的法规要求与试验………… 159
5.5 动力蓄电池系统………………………… 162

5.5.1 电芯成组方式对动力蓄电池系统的影响 …………… 162
5.5.2 动力蓄电池系统的技术要求 …… 163
5.5.3 动力蓄电池系统的安装 ………… 166
5.5.4 BMS 的功能 ……………………… 167
5.5.5 动力蓄电池系统的机械安全 …… 174
5.5.6 动力蓄电池系统的热安全 ……… 181
5.5.7 动力蓄电池系统电气安全 ……… 182
5.5.8 动力蓄电池系统的法规要求与试验 ……………………… 185
5.5.9 动力蓄电池的包装与运输 ……… 186
5.6 开发案例 ……………………………… 187
 5.6.1 刀片电池 ………………………… 187
 5.6.2 CTB 技术 ………………………… 195

第 6 章 电驱动总成的安全设计与开发 …………………… 202

6.1 概述 …………………………………… 202
6.2 电驱动总成的构成 …………………… 203
 6.2.1 驱动电机 ………………………… 203
 6.2.2 电机控制器 ……………………… 205
 6.2.3 变速器 …………………………… 208
6.3 电驱动总成的高压电安全 …………… 210
 6.3.1 绝缘电阻要求 …………………… 210
 6.3.2 耐高压要求 ……………………… 210
 6.3.3 屏蔽与接地 ……………………… 212
 6.3.4 高压放电 ………………………… 215
 6.3.5 高压电防护与警示 ……………… 215
 6.3.6 高压互锁 ………………………… 217
 6.3.7 碰撞后安全 ……………………… 217
 6.3.8 电驱动总成电气间隙和爬电距离要求 ………………… 217
 6.3.9 高压接口安全要求 ……………… 219
 6.3.10 低压线束连接安全要求 ……… 221
6.4 电驱动总成的机械安全 ……………… 222
 6.4.1 电机转子强度 …………………… 222
 6.4.2 轴承可靠性 ……………………… 222
 6.4.3 壳体强度 ………………………… 223
 6.4.4 输出法兰防松脱要求 …………… 223
 6.4.5 花键润滑要求 …………………… 223
 6.4.6 变速器静扭强度 ………………… 224
 6.4.7 电驱动总成换档与驻车安全 …… 224
6.5 电驱动总成热安全 …………………… 224
 6.5.1 热预警、降额、保护 …………… 224
 6.5.2 转子防高温退磁 ………………… 225
 6.5.3 轴承、绝缘材料和密封材料耐温要求 …………………… 225
 6.5.4 阻燃材料使用 …………………… 226
 6.5.5 人体防护与警示 ………………… 230
 6.5.6 冷却系统定期检查与保养 ……… 230
 6.5.7 电驱动总成油温要求 …………… 231
6.6 防护安全 ……………………………… 231
 6.6.1 防水 / 防尘设计：端盖、轴密封性设计 ………………… 231
 6.6.2 气密性 …………………………… 232
6.7 电驱动总成故障保护机制 …………… 232
 6.7.1 故障触发机制 …………………… 232
 6.7.2 故障保护机制（进入安全状态或切换安全状态）………… 233
 6.7.3 故障恢复机制 …………………… 233
 6.7.4 电驱动总成故障保护示例 ……… 234
6.8 电驱动总成的法规要求与试验 ……… 237
 6.8.1 电驱动总成的主要法规与试验方法 …………………… 237
 6.8.2 电驱动总成的主要试验项目 …… 237
6.9 开发案例 ……………………………… 240
 6.9.1 iTAC 技术 ……………………… 240
 6.9.2 BYD 混动技术 ………………… 249

第 7 章 充放电系统的安全设计与开发 …………………… 263

7.1 概述 …………………………………… 263
7.2 充放电模式及系统构成 ……………… 263
 7.2.1 交流 / 直流充放电 ……………… 263
 7.2.2 充电连接方式 …………………… 264
 7.2.3 充电模式 ………………………… 265
 7.2.4 放电模式 ………………………… 267
 7.2.5 电动汽车充放电设备 …………… 268
 7.2.6 电动汽车供电设备 ……………… 268
 7.2.7 充电连接装置 …………………… 269

7.3 充电系统安全设计 …………………… 270
 7.3.1 充电系统硬件安全与保护 …… 270
 7.3.2 充电系统软件安全 …………… 276
 7.3.3 交流充电系统安全 …………… 281
7.4 放电系统安全设计 …………………… 281
 7.4.1 放电系统硬件安全 …………… 281
 7.4.2 放电系统软件安全 …………… 282
7.5 充放电接口安全设计 ………………… 283
 7.5.1 机械结构 ……………………… 283
 7.5.2 电气连接 ……………………… 284
 7.5.3 高压标识要求 ………………… 294
 7.5.4 充电接口的制造 ……………… 294
 7.5.5 充电接口的检测 ……………… 294
 7.5.6 充电接口使用及维护要求 …… 295
7.6 充电系统环境耐久与可靠性 ………… 296
 7.6.1 耐久性 ………………………… 296
 7.6.2 耐蚀性 ………………………… 301
 7.6.3 可靠性 ………………………… 304
7.7 充放电产品中的安全设计案例 ……… 312
 7.7.1 结构安全 ……………………… 312
 7.7.2 电气安全 ……………………… 318
 7.7.3 接口安全 ……………………… 320

第8章 电动汽车动力系统 EMC 工程应用 ……………………… 323

8.1 概述 …………………………………… 323
8.2 电动汽车 EMC 性能开发 …………… 323
 8.2.1 整车 EMC 性能开发流程介绍 … 324
 8.2.2 整车 EMC 目标制定 ………… 324
 8.2.3 整车 EMC 设计 ……………… 326
 8.2.4 系统和零部件 EMC 性能开发 … 326
 8.2.5 整车 EMC 目标验证和问题管控 ……………………… 326
 8.2.6 整车 EMC 性能验收 ………… 329
8.3 动力系统 EMC 性能开发 …………… 329
 8.3.1 动力系统零部件 EMC 性能开发体系 ……………………… 329
 8.3.2 动力系统零部件 EMC 要求 … 331
 8.3.3 动力系统零部件 EMC 验证 … 334
 8.3.4 动力系统零部件 EMC 设计 … 339

 8.3.5 动力系统架构式设计 ………… 350
8.4 EMC 工程应用 ……………………… 351
 8.4.1 汉 EV 整车市场定位 ………… 351
 8.4.2 汉 EV 整车 EMC 性能目标 … 352
 8.4.3 汉 EV 动力系统布置设计 …… 352
 8.4.4 汉 EV 动力系统 EMC 性能要求及结果 ……………………… 355
 8.4.5 汉 EV 整车 EMC 验证 ……… 357
 8.4.6 汉 EV 动力系统整车 EMC 性能 … 359

第9章 电动汽车电子电气系统功能安全 ……………………… 363

9.1 概述 …………………………………… 363
9.2 电动汽车动力系统的开发流程 ……… 363
9.3 功能安全管理 ………………………… 365
 9.3.1 安全文化建设 ………………… 367
 9.3.2 电动汽车动力系统安全生命周期分析 ……………………… 367
 9.3.3 开发接口协议 ………………… 368
9.4 安全性等级分析 ……………………… 369
9.5 危害分析与风险评估 ………………… 370
9.6 概念阶段的功能安全活动 …………… 370
 9.6.1 相关项定义 …………………… 370
 9.6.2 危害分析和风险评估 ………… 372
 9.6.3 功能安全概念设计 …………… 373
9.7 系统级功能安全 ……………………… 373
 9.7.1 系统级功能安全开发基本要点 … 373
 9.7.2 技术安全概念设计 …………… 374
 9.7.3 系统集成测试 ………………… 375
 9.7.4 安全确认 ……………………… 376
 9.7.5 软硬件接口规范示例 ………… 376
9.8 硬件功能安全开发 …………………… 377
 9.8.1 硬件功能安全开发的要点 …… 377
 9.8.2 硬件功能安全需求规范 ……… 377
 9.8.3 硬件设计 ……………………… 378
 9.8.4 硬件架构评估矩阵 …………… 378
 9.8.5 评估硬件随机失效对安全目标的符合性 ………………… 379
 9.8.6 硬件集成和测试 ……………… 379
 9.8.7 评估诊断覆盖率 ……………… 380

9.8.8 硬件架构矩阵示例 …………… 380
9.8.9 PMHF 计算示例 …………… 381
9.8.10 PMHF 在多系统中的分配示例 … 383
9.9 软件层面的功能安全活动 …………… 384
 9.9.1 软件开发流程 …………… 384
 9.9.2 软件安全需求规范 …………… 385
 9.9.3 软件架构设计 …………… 386
 9.9.4 软件单元设计和实现 …………… 387
 9.9.5 软件单元验证 …………… 388
 9.9.6 软件集成和测试 …………… 389
 9.9.7 嵌入式软件测试 …………… 389
 9.9.8 软件配置 …………… 390
 9.9.9 软件之间的防串扰 …………… 391
 9.9.10 软件架构层面的安全分析和相关性失效分析 …………… 391
9.10 生产、运行、服务和报废的功能安全活动 …………… 393
9.11 文档与工作产品管理 …………… 394

第 10 章 电动汽车动力系统新技术展望 …………… 395

10.1 概述 …………… 395
10.2 动力蓄电池新技术 …………… 396
 10.2.1 新材料体系 …………… 396
 10.2.2 结构创新 …………… 400
 10.2.3 动力电池新技术的安全性设计 … 400
10.3 电驱动总成新技术 …………… 401
 10.3.1 电驱动总成集成一体化 …………… 401
 10.3.2 电机新技术 …………… 402
 10.3.3 电控新技术 …………… 403
 10.3.4 动力域控制器 …………… 404
 10.3.5 电驱动总成新技术安全风险 …… 405
10.4 充电新技术 …………… 405
 10.4.1 大功率充电技术 …………… 405
 10.4.2 无线充电技术 …………… 406
 10.4.3 自动充电技术 …………… 408
 10.4.4 充电弓技术 …………… 411
10.5 系统集成新技术 …………… 411
 10.5.1 智能线控底盘技术 …………… 411
 10.5.2 滑板底盘 …………… 413
 10.5.3 智能线控底盘的安全性问题 …… 414
10.6 高压平台及超级导线技术 …………… 414
 10.6.1 800V 高电压平台 …………… 414
 10.6.2 高压保护技术 …………… 415
 10.6.3 超级铜导线技术 …………… 417

参考文献 …………… 418

第1章 绪 论

汽车是人类历史上最伟大的发明之一，被称为改变世界的机器。燃油汽车的出现极大地改变了人类的生活方式，方便了交通和交流，扩展了生活半径和空间，提高了工作效率和物流运输效率，现代社会也因此被称为汽车社会。然而，燃油汽车在给人类带来便利的同时也给人类的生活带来了种种问题，这些问题集中表现在环境污染、能源短缺和气候变化等方面。发展电动汽车被认为是解决这些问题的主要措施之一。在各国新能源战略目标的指引和具体政策的激励下，电动汽车技术在近些年得到不断进步，电动汽车的市场竞争力也随之显著提升。截至2022年，全球电动汽车保有量已突破2000万大关，相较于2016年的100万辆，增长极为显著。从市场分布来看，中国保持引领态势，占总销量的46%，其次是欧洲占34%，美国占15%。国内的电动汽车已初显普及之势，2022年9月，电动汽车产销量突破70万辆，其中电动乘用车渗透率逐月持续升高，已达到31.8%。随着电动汽车的逐渐普及，电动汽车安全性得到了全社会的高度关注。从技术层面看，电动汽车动力系统是其与燃油汽车最大的区别，与之相关的安全问题是全社会关注的焦点，相关的安全技术也是全行业的研究发力点，研究和改善电动汽车动力系统的安全性将会有力推动电动汽车产业的发展。

本章介绍了电动汽车的基本概念、电动汽车的发展历程，旨在帮助读者对电动汽车建立整体的概念框架；另外还介绍了电动汽车动力系统组成与构型、关键技术、主要安全问题、安全标准与规范等基础知识，为学习和研究电动汽车动力系统安全性设计和开发奠定基础。

1.1 基本概念

1.1.1 常用术语和定义

1）电动汽车（Electric Vehicle, EV）：纯电动汽车（Battery Electric Vehicle, BEV）、混合动力电动汽车（Hybrid Electric Vehicle, HEV）、燃料电池电动汽车（Fuel Cell Electric Vehicle, FCEV）以及其细分种类统称为电动汽车。

2）纯电动汽车（BEV）：驱动能量完全由电能提供的、由电机驱动的汽车，电机的驱动电能来源于车载可充电储能系统或其他能量储存装置。

3）混合动力电动汽车（HEV）：能够至少从可消耗的燃料、可再充电能/能量储存装置两类车载储存的能量中获得动力的汽车。

4）燃料电池电动汽车（FCEV）：以燃料电池系统作为单一动力源或以燃料电池系统与可充电储能系统作为混合动力源的电动汽车。

5）串联式混合动力电动汽车（series hybrid electric vehicle）：车辆的驱动力只来源于电机的混合动力电动汽车。

6）并联式混合动力电动汽车（parallel hybrid electric vehicle）：车辆的驱动力由电机或发动机同时或单独供给的混合动力电动汽车。

7）混联式混合动力电动汽车（combined hybrid electric vehicle）：同时具有串联式和并联式驱动方式的混合动力电动汽车。

8）可外接充电式混合动力电动汽车（Off-Vehicle-Chargeable Hybrid Electric Vehicle，OVC-HEV）：正常情况下可从非车载装置中获取电能量的混合动力电动汽车。插电式混合动力电动汽车（Plug-in Hybrid Electric Vehicle, PHEV）属于此类型。

9）不可外接混合动力电动汽车（Non Off-Vehicle-Chargeable Hybrid Electric Vehicle，NOVC-HEV）：正常情况下从车载燃料中获得全部能量的混合动力电动汽车。

10）有手动选择功能的混合动力电动汽车（Hybrid Electric Vehicle with Selective Switch）：具备手动选择行驶模式功能的混合动力电动汽车。车辆可选择的行驶模式包括纯电模式、热机模式和混合动力模式。

11）无手动选择功能的混合动力电动汽车（Hybrid Electric Vehicle without Selective Switch）：不具备手动选择行驶模式功能的混合动力电动汽车。车辆的行驶模式可根据不同工况自动切换。

12）增程式电动汽车（Range Extended Electric Vehicle，REEV）：一种在纯电模式下可以达到其所有的动力性能，而当车载可充电储能系统无法满足续驶里程要求时，打开车载辅助供电装置为动力系统提供电能，以延长续驶里程的电动汽车，且该车载辅助供电装置与驱动系统没有传动轴（带）等传动连接。

13）纯燃料电池电动汽车（Pure Fuel Cell Vehicle，Pure FCV）：以燃料电池系统作为单一动力源的电动汽车。

14）燃料电池混合动力电动汽车（Fuel Cell Hybrid Electric Vehicle，FCHEV）：以燃料电池系统与可充电储能系统作为混合动力源的电动汽车。

以上主要是电动汽车整车的术语和定义，它们之间的关系如图1-1所示。

15）动力蓄电池（propulsion battery）：为电动汽车动力系统提供能量的蓄电池，简称动力电池或电池。

16）动力蓄电池系统（power battery system）：一个或一个以上动力蓄电池包及相应附件（蓄电池管理系统、高压电路、低压电路、热管理设备以及机械总成）构成的为电动汽车整车的行驶提供电能的能量存储装置。

17）驱动电机系统（drive motor system）：驱动电机、驱动电机控制器及其工作必需的辅助装置的组合。

18）高压系统（high voltage power system）：电动汽车内部B级电压以上与动力蓄电池直流母线相连或由动力蓄电池驱动的高压驱动零部件系统，主要包括但不限于：动力电池

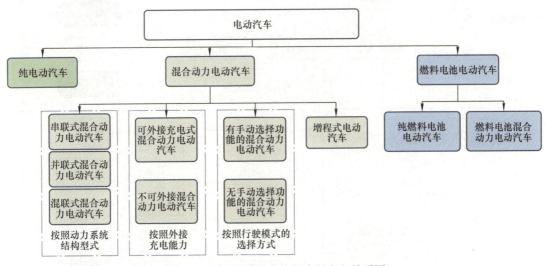

图 1-1 电动汽车整车常用术语定义关系图

系统和/或高压配电系统（高压继电器、熔断器、电阻器、主开关等）、电机及其控制器系统、DC/DC 变换器和车载充电机等。

19）整车控制器（vehicle control unit）：动力总成控制器采集加速踏板信号、制动踏板信号以及其他部件信号并作出相应判断后，控制下层的各部件的控制器的动作，可实现整车驱动、制动、能量回收。

20）传导充电（conductive charge）：利用电传导给蓄电池进行充电的方式。

21）感应充电（inductive charge）：利用电磁感应给蓄电池进行充电的方式。

1.1.2　电动汽车的分类

电动汽车分类已经有规可循，国内外都发布了有关的标准，例如 GB/T 19596《电动汽车术语》、ISO/TR 8713《电动道路车辆词汇》、SAE J1715《混合动力车辆和电动车辆术语》、DIN EN 13447《电动道路车辆术语》等，这些标准都是将电动汽车分为：纯电动汽车、混合动力电动汽车和燃料电池电动汽车三大类。

1. 纯电动汽车

纯电动汽车的工作原理是由车载可充电储能系统或其他能量储存装置（通常是车载动力蓄电池系统）提供电能，驱动电机系统将电能转化成机械能，从而驱动整车运行。如图 1-2 所示，纯电动汽车的基本组成可分为三部分，即主能源子系统、电力驱动子系统和辅助控制子系统。其中，主能源子系统由主电源（锂离子动力蓄电池组）和能量管理系统（动力蓄电池管理系统）构成，能量管理系统是实现能源利用、主电源监控、协调充电放电控制等功能的关键部件。电力驱动子系统由电子控制器、功率变换器、电机、减速器、差速器及车轮等部分组成。辅助控制子系统利用电动汽车主电源提供辅助电动动力来源（如依靠辅助电源实现动力转向、空气调节等功能），其主要由电压变换器（如 DC/AC 变换器）、辅助电源（如辅助蓄电池）等组成。图 1-3 为比亚迪某纯电动汽车结构示意图，主要包括前驱动总成、后驱动总成及动力蓄电池包三部分。

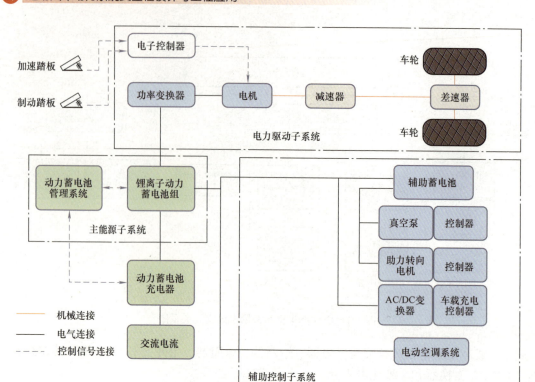

图 1-2　纯电动汽车基本结构

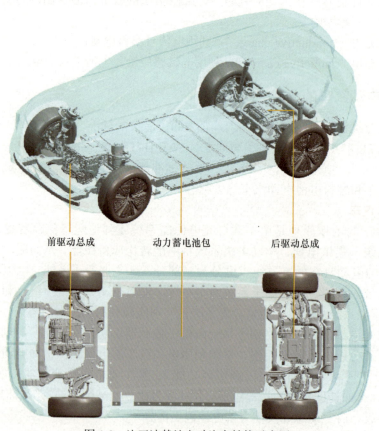

图 1-3　比亚迪某纯电动汽车结构示意图

2. 混合动力电动汽车

混合动力电动汽车能够至少从可消耗的燃料、可再充电能 / 能量储存装置两类车载储存的能量中获得动力。两套储能装置，按照不同组合和分类方式有多种构型。按照动力系统的结构形式分类，可分为串联式、并联式和混联式三种混合动力电动汽车；按照外接充电能力分类，可分为可外接充电（含插电式混合动力电动汽车、增程式混合动力电动汽车）、不可外接充电两种混合动力电动汽车；按照行驶模式的选择方式分类，可分为有手动选择功能、无手动选择功能两种混合动力电动汽车；按照电机与发动机的功率比例分类，可分为微混、轻混、中混和重混四种混合动力电动汽车。

串联式混合动力系统主要由发动机、发电机、驱动电机组成，其典型构型如图 1-4 所示，发动机与驱动电机无机械连接，也不直接参与驱动车辆，仅在动力蓄电池的荷电状态达到一定条件时启动并带动发电机为驱动电机提供电能或给电池补充电能。并联式混合动力系统由发动机、驱动电机、动力蓄电池和动力耦合机构组成，车辆可以使用发动机或驱动电机作为单独的动力源，也可以同时使用二者一起驱动车辆。其中，发动机和驱动电机同时与动力耦合机构以机械形式直接相连，动力蓄电池仅与驱动电机以电气形式相连。并联式混合动力系统构型如图 1-5 所示。混联式混合动力系统是当前阶段最流行的一种架构类型，该系统是通过动力耦合机构，将发动机、发电机和驱动电机相互关联，利用更复杂的控制策略，集合串联式混合动力系统与并联式混合动力系统的优点，实现更多种工作模式的切换，使车辆在各种复杂工况下始终使用最优的动力传递路线和最高效的工作模式，从而进一步提升整车动力性与燃油经济性。典型的混联式混合动力系统构型如图 1-6 所示。在国内，主流车企均选择了深度自研混联式动力系统。其中有两种结构最受市场关注，其一是以丰田 THS（Toyota Hybrid System）为代表的功率分流结构，其二则是以比亚迪 DM-i 和本田 i-MMD（intelligent Multi-Model Drive）为代表的标准串并联结构。图 1-7 为比亚迪某混合动力电动汽车结构示意图，主要是由发动机、电混系统（Electric Hybrid System, EHS）、动力蓄电池包、燃油箱及后驱动总成组合而成，其中，EHS 电混系统由双电机、双电控、单档减速器、直驱离合器构成。

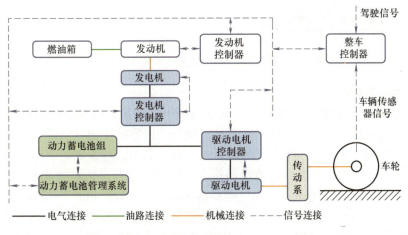

图 1-4 串联式混合动力电动汽车动力系统构型

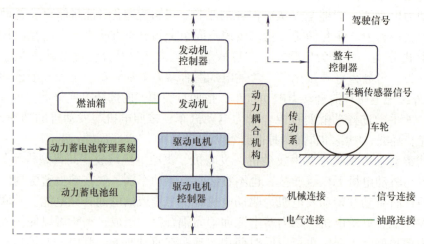

图 1-5　并联式混合动力电动汽车动力系统构型

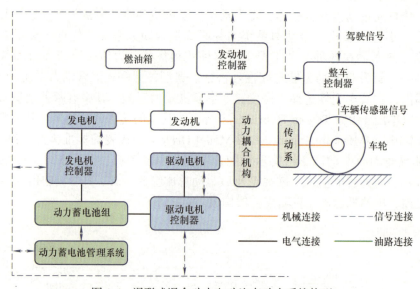

图 1-6　混联式混合动力电动汽车动力系统构型

3. 燃料电池电动汽车

燃料电池电动汽车可以燃料电池系统作为单一动力源，也可以燃料电池系统与可充电储能系统作为混合动力源。按照燃料来源，可分为以直接使用氢气的燃料电池电动汽车和以使用重整醇类和烃类以产生氢气的燃料电池电动汽车；按照储能装置的配置分为纯燃料电池（Fuel Cell，FC）的燃料电池电动汽车、燃料电池与动力电池相混合（Fuel Cell + Battery，FC+B）的燃料电池电动汽车、燃料电池与超级电容器相混合（Fuel Cell + Capacitance，FC+C）的燃料电池电动汽车、燃料电池与动力蓄电池和超级电容器相混合（Fuel Cell + Battery+Capacitance，FC+B+C）的燃料电池电动汽车。图 1-8～图 1-10 是上述三种比较典型的燃料电池电动汽车的动力系统结构示意图。

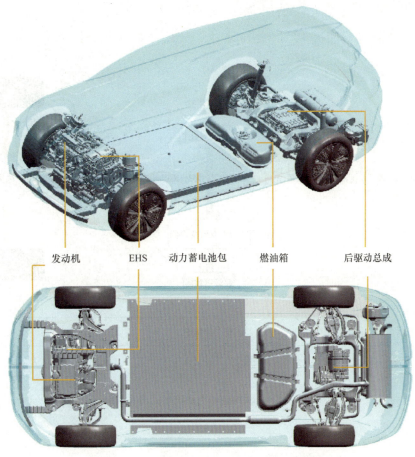

图 1-7 比亚迪某混合动力电动汽车结构示意图

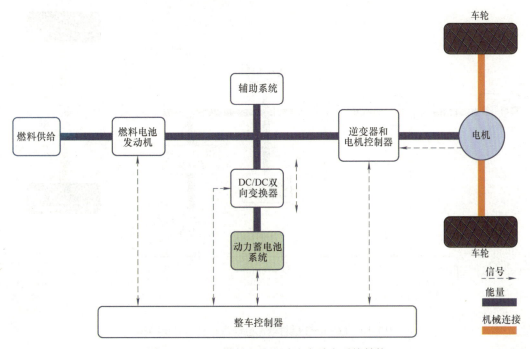

图 1-8 FC+B 燃料电池电动汽车动力系统结构

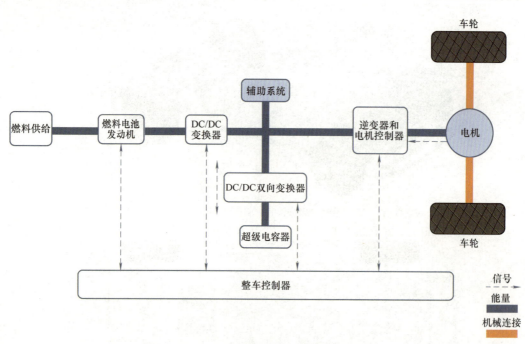

图 1-9 FC+C 燃料电池电动汽车动力系统结构

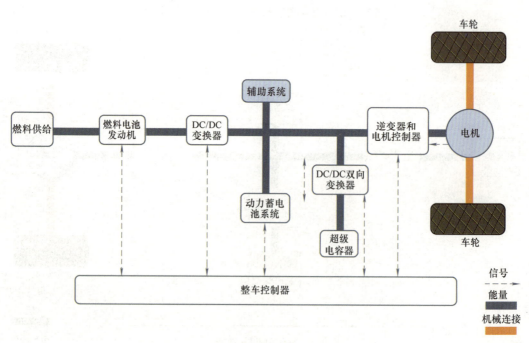

图 1-10 FC+B+C 燃料电池电动汽车动力系统结构

1.1.3 电动汽车的特点及安全特性

电动汽车与燃油汽车相比，整体上具有燃料来源广泛、制动能量可再生回收、噪声低、环保和经济性等特点。另外，不同种类的电动汽车之间也存在一定的差异性。

纯电动汽车使用电机和电池驱动，在工作时产生的噪声较小，且不会有尾气排放。另外，还有使用成本低廉、能量转换率高、能够回收制动和下坡时的能量等优点。因其结构简单，维护成本也较低，更具有经济性。现阶段纯电动汽车主要存在着续驶里程短、补能速度与便捷度不足、动力蓄电池使用成本高的缺点。

混合动力电动汽车是采用电机和内燃机联合驱动的方式，可以根据不同的路况选择合适的驱动方式，能够有效降低油耗和排放，兼顾了经济性与环保性。混合动力汽车的动力系统控制策略和整车布置较复杂，技术难度大，初始成本较高。

燃料电池电动汽车最大的特点就是燃料不经过燃烧释放能量，而是通过燃料电池堆直接将化学能转化为电能，能量转化效率可高达 60%～80%，是内燃机的 2～3 倍，在保证了续航能力的同时也避免了内燃机系统的机械振动和噪声。燃料电池所需的氢能源来源广泛，可直接利用氢气，也可利用重整制氢。此外，运行过程中无尾气排放，对环境友好。目前，燃料电池电动汽车受到氢燃料电池技术不成熟、配套设施不完善和价格较贵这几方面因素的制约。

电动汽车的安全性设计需针对储能部件与动力总成系统的特点，确保高压系统电气安全、动力蓄电池系统安全、电气控制系统安全、整车控制的功能安全和信息安全、电磁兼容性等。由于其动力系统与燃油汽车不同，在诸如碰撞安全性、整车及零部件密封性等方面也存在不同的要求与挑战。

1.2 电动汽车的发展历程

1.2.1 纯电动汽车的发展历程

电动汽车的历史可以追溯到 19 世纪 30 年代。1832 年，苏格兰发明家 Robert Anderson 制造出了一辆电动马车。1835 年，由荷兰教授 Sibrandus Stratingh 与其助手 Christopher Becker 制造了不可充电的电力驱动车。在之后的一段时间内，电力驱动汽车一直不可重复充电。1859 年，法国物理学家 Gaston Planté 开发了铅酸电池，但是体积太大，直到 1881 年法国人 Camile Alphonse Faure 改良了铅酸蓄电池，使其可以大量应用于电动汽车。这一改良不仅改变了电动汽车的历史格局，也对燃油汽车的发展有着举足轻重的作用，这一发明在一百多年后的今天，依旧广泛用于各类汽车。同年，法国人 Gustave Trouvé 制造了第一辆使用可充电铅酸蓄电池的电动三轮汽车，而这辆车速约 15km/h 汽车的续驶里程仅为 16km。在电动汽车发展初期，各国道路基础设施建设并不完善，消费者对续驶里程的要求不高，电动汽车获得良好发展。1901 年，Thomas Edison 改进瑞典发明家 Waldemar Jungner 发明的镍铁电池后运用在电动汽车上，这一改进让电动汽车的续驶里程增加至 340.1km。到 1912 年，美国约有 34000 辆注册的电动汽车，几乎涵盖了各种车型。这一时期成为早期电动汽车发展的全盛时期。

燃油汽车的发明晚于电动汽车，德国人 Carl Benz 于 1886 年制造出第一辆单缸发动机汽车。20世纪早期，福特公司发明的流水线生产方式使燃油汽车成本大幅降低。此外，借助其续航距离与补能方式上的优势，燃油汽车在与电动汽车的竞争中逐渐占据了优势，电动汽车进入冬眠期。

20世纪70年代，在两次石油危机的背景下，人们重新重视电动汽车的价值，通用汽车、克莱斯勒等公司开发全新的电动汽车，然而该阶段的电动汽车续航距离仅有40mile，商用化动力不足。20世纪90年代，出于对空气污染的担忧，美国通过了《清洁空气法案》《能源政策法》，同时加州空气资源委员会推出《零排放汽车（ZEV）法案》，业界重新燃起对电动汽车的兴趣。1996年，通用公司全新设计了EV1电动汽车，取得80mile的续航距离的成绩，成为这一时期的电动汽车代表作，然而其成本过高，并未量产。1997年，丰田公司发布了世界第一款量产混合动力汽车Prius，成功开启了电动汽车的商业化时代。特斯拉公司于2008年发布了Roadster跑车，其中使用了6831个18650锂离子电池，续航距离达到245mile（约400km）。2010年通用汽车发布了美国市场首款插电混合动力汽车雪佛兰Volt。电动汽车在世界范围内进入了全新阶段。世界范围内电动汽车销量由2010年的不足万辆，增长到2021年的超过600万辆。2020年，挪威电动汽车销量占比达到54.3%，成为世界上首个电动汽车年市场占有率超过燃油汽车的国家。

2001年，我国实施了"863计划"电动汽车专项，按照"三纵三横"技术规划方案，立项支持整车企业、关键零部件企业、高校院所等开展电动汽车自主研发，并同步开展政策、法规、标准研究。200多家企业、高校和研究院所参与了动力蓄电池、驱动电机和整车控制器等关键零部件研发以及纯电动汽车、混合动力汽车和燃料电池电动汽车的整车研发工作。经过5年的努力，我国创建了涵盖电动汽车整车、关键零部件的研发平台和能够初步配套的产业链，部分整车样车及动力蓄电池、驱动电机的性能水平接近了国际先进水平，申请了400余项发明专利，制修订19项标准，建立了包括整车、动力蓄电池、驱动电机、燃料电池发动机等7个公共检测和试验平台，为我国电动汽车产业的发展奠定了坚实的基础。2006年，我国开始实施"十一五""863计划"节能与新能源汽车重大项目，提出了以整车集成为载体、动力系统为核心，重点突破关键零部件瓶颈技术，支撑产业化示范推广的研发工作思路，经过5年左右发展，我国攻克了节能与新能源汽车关键技术，形成了55个节能与新能源汽车研发平台，87个产业化基地，建立了15个国家试验室和工程技术中心，累计申请专利2011项（含发明专利1015项）。2009—2012年，我国实施了"十城千辆"工程，新能源汽车在产品数量、技术创新、市场推广和产业链等方面均实现了跨越式发展。这个时期，我国自主品牌的纯电动汽车开始在市场上崭露头角，例如比亚迪的e6、K9，上汽的荣威E50，长安的奔奔MINI、奔奔Love、悦翔等纯电动汽车，北汽的E系列和C70 EV，江淮的同悦iEV等。2012年，我国颁布了《节能与新能源汽车发展规划（2012—2020年）》，在全球率先开展电动汽车大规模产业化工作，从此我国的汽车产业开始换道先行，已经连续7年电动汽车产销量全球第一，2022年上半年电动汽车产销量突破350万辆，同比增长1.6倍。在当今全球汽车百年大变局中，我国汽车工业在电动化方面已经取得了骄人的业绩，处于世界前列，在汽车智能化和无人驾驶方面也在发力，中国正在由汽车大国向汽车强国转变。

比亚迪作为我国自主企业的代表，从2003年启动电动汽车研发，至今已经有19年的历史，与其他传统自主车企以及造车新势力们共同引领最近20年电动汽车行业蓬勃发展的浪潮。比亚迪汽车技术发展史也代表了我国电动汽车工业的技术发展史。2010年，比亚迪推出了 e 平台 1.0。研发初期，面对完全空白的产业基础，比亚迪攻克了动力蓄电池、驱动电机和电机控制器等核心技术，并且全球首创高电压架构，实现了三电系统平台化。基于 e 平台 1.0，在 2010 年就推出了中国首款纯电动汽车 e6。高性能的 e6 在深圳、太原等公共出行领域大规模使用，开启了全球电动化的征程。

2019 年，比亚迪又推出了 e 平台 2.0。在三电系统上进一步集成创新，推出了全球首个电驱动三合一和充配电三合一平台，继续实现了三电系统的平台化，同时推出了高集成度低压控制器和车载智慧屏，实现了低压控制模块和智能座舱模块的平台化。通过电机电控系统、充配电系统、动力蓄电池系统、低压控制系统、人机交互系统这些关键系统和部件的集成化和平台化，实现了关键系统和部件小型化、轻量化，带给用户更大的空间、更低的能耗、更长的续驶里程，同时降低了成本。基于 e 平台 2.0，我们开发出了汉、唐、秦、宋、元等系列化高性能电动汽车，有力支撑了比亚迪 100 万销量目标的实现。

2021 年，比亚迪接着推出了 e 平台 3.0。通过关键系统和部件技术的突破，如刀片电池、SiC 驱动控制器、发卡式扁线电机、宽温域热泵空调等，以及进一步深度集成化技术，如业内首创的高压系统八合一大集成、电池车身一体化、新一代集中式电子电气架构及域控制器，实现了从零部件到系统最后到整车架构全层级的突破和创新（图 1-11）。依托全产业链研发设计制造能力以及对整车和零部件的深度理解，比亚迪打造了基于整车架构平台化的 e 平台 3.0，将电动汽车安全、高效、智能、美学提升到一个新的高度。比亚迪汽车纯电平台发展简介见表 1-1。

图 1-11　e 平台 3.0 结构示意图

表 1-1 比亚迪汽车纯电平台发展简介

阶段	e 平台 1.0	e 平台 2.0	e 平台 3.0
代表车型	e6	汉 EV	海豹
关键技术突破	双向逆变充放电式电机控制器； 高安全大容量动力电池； 大功率高转速电机	电驱动三合一模块； 充配电三合一模块； 高安全高比能电池； 深度集成控制模块； 车载智慧大屏； DiPilot 智能辅助驾驶； DiLink 智能网联系统	刀片电池； SiC 驱动控制器； 发卡式扁线电机； 宽温域热泵空调； 八合一电动力总成； 电池车身一体化； 新一代集中式电子电气架构及域控制器
重大体验提升	兼容大功率直流、交流充电，解决充电设施不完善问题； 续驶里程高达 400km，满足日常使用需求	极致动力体验，0—100km/h 加速时间 3.9s； 全工况驾控，经济、运动、雪地多种动力模式切换； 极致智能电四驱，比传统四驱响应快 10 倍，驾控安全	全场景高效体验； 车身电池融合赋能安全； 安全可靠的智能进化； 重新定义整车美学

1.2.2 混合动力电动汽车的发展历程

自 1831 年法拉第首次验证电磁感应定律以来，电动汽车经过不断的演变，数次进入汽车主流消费的视野。但由于当时动力蓄电池的能量密度还不能完全满足用户对于续驶里程的要求，因此汽车行业逐渐形成了纯电动车型与混合动力车型同步研发的"双跑道"。混合动力系统的发展经历了无数次的技术突破与技术变革。1997 年，丰田发布了世界上第一辆量产混合动力汽车普锐斯（Prius），随后 1999 年，本田发布了本田 Insight，这两款车型的混合动力系统成为当时日本汽车工业引领混合动力汽车技术的标志，也为后续混合动力技术发展奠定了良好的基础。

本田 Insight 搭载的混合动力系统配备一个电机和高压动力蓄电池组成轻型并联式动力传动系统，在拥有混合动力汽车优点的同时，成本也具备一定优势。而丰田普锐斯采用两个电机组成串并联形式的功率分流混动系统，如图 1-12 所示，相对于前者，其结构更加复杂，成本也更加昂贵。虽然当时的混合动力系统在一定程度上减轻了汽车排放污染，但昂贵的造价和其复杂的控制策略，一定程度上限制了混合动力汽车的推广。尽管困难重重，以本田和丰田为代表的日系车企始终坚持混合动力车型主打燃油经济性的策略，丰田以其标志性的动力分流架构至今完成了 5 代 THS 的变革，而本田则从并联式架构转向了更注重电驱动、动力分配更加灵活、发电能力更强的串并联架构，于 2012 年提出 i-MMD 并搭载于雅阁（图 1-13），后在 2017 年经过技术提升后搭载于业内标杆车型之一 Clarity，与丰田普锐斯成为日系混合动力汽车的典型代表。

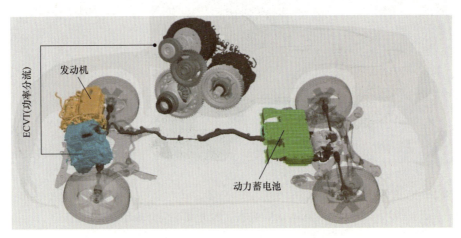

图 1-12 丰田 THS 混合动力系统

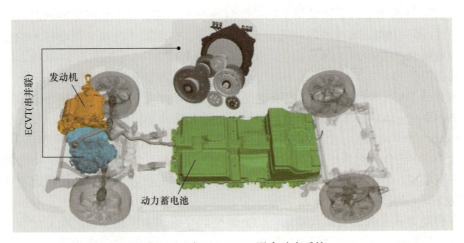

图 1-13 本田 i-MMD 混合动力系统

与日系车企相比,欧美车企对于混合动力汽车的研发则趋向于另一种思路。欧美很多地区的交通状况较亚洲地区要畅通一些,对于欧美地区销售的混合动力车型也同样更加地主打动力性能,因此欧美车企的混合动力架构设计理念中,相比于节能,电驱动更大的魅力在于对于加速性能的提升。因此,欧美车企钟情于以并联驱动为主的 P2 架构(图 1-14),一方面从燃油走向混动需要进行的架构改动较少,另一方面电机在驱动中更多扮演助力的角色,动力性能表现非常出色,代表车型有宝马 5 系 PHEV 等。

与此同时,中国混合动力汽车及其动力系统技术的发展不仅仅是节能减排的重要课题,也是实现领域性技术"弯道超车"的一个机会。"十二五"规划中,由工信部启动的《节能与新能源汽车产业发展规划(2012—2020)》已明确鼓励了多种混动技术路线的发展。随着多种优惠政策和行业法律法规的落地,国内自主品牌在混合动力汽车及纯电动汽车领域逐渐实现动力架构多样化,其中较有代表的例如比亚迪的 DM-i、长城的柠檬和吉利的雷神系统等。

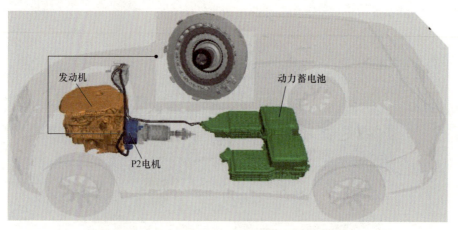

图 1-14 BMW-X5-PHEV（P2 电机）混合动力系统

作为国内新能源汽车研发的先行者，比亚迪同样在混合动力系统研发过程中历经了不同方向的探索。2008 年，比亚迪推出首款插电式混合动力（简称插电混动）车型 F3DM。2014 年，比亚迪推出秦，并搭载第 2 代插电混动技术，在解决油耗问题的同时大幅提升了车辆动力性，0—100km/h 加速时间低至 5.9s。随后，搭载第 3 代插电混动技术的比亚迪唐问世，纯电续驶里程达到 100km 以上，0—100km/h 加速时间更是进入 5s 以内，同时其双模混合动力四驱的动力架构超越了当时所有的传统机械四驱架构，成为业界标杆。在 2021 年，以秦 Plus DM-i 为代表的第 4 代插电混动一经发布便受到了市场的热烈追捧，代表性车型秦 Plus 的 0—100km/h 加速时间为 7.9s，在具有优良加速性能的同时，亏电油耗低至 3.8L/100km。至今，最新一代的 DM-i 混合动力系统已经被广泛应用于比亚迪各种车型。高效驱动 DM-i 混合动力系统，结合整车阻力优化设计与低阻新技术应用、用电器件节能技术的整车集成、场景化整车能量管理与匹配等一系列先进技术，共同构建比亚迪混合动力车型在性能上的市场竞争力。

从混合动力汽车的发展历程看来，动力架构的变更和多样化发展促成了混合动力技术的日趋成熟，因此，不同动力架构的剖析对于混合动力汽车研发前期的选型过程起着"定调子"的关键作用。

1.2.3 燃料电池电动汽车的发展历程

在世界汽车发展史上，燃料电池电动汽车的研发相对较晚，20 世纪 90 年代以后，随着高功率密度质子交换膜燃料电池的问世，燃料电池电动汽车的开发和验证才真正开始。2000 年前后，各大汽车公司推出了很多型号的燃料电池电动汽车的样车，目的是进行概念设计和原理验证。代表性产品有：通用的 HydroGen1/2/3 代燃料电池概念车；丰田的 FCHV1/2/3 代燃料电池混合动力概念车；本田 FCX-V1/2/3/4 代燃料电池概念车；戴姆勒 NECAR1/2/3 代燃料电池概念车等。2005 年以后，燃料电池电动汽车开始进入工程化的技术攻关阶段，集中解决功率密度、耐久性、环境适应性、成本等工程化技术问题，并开始示范运行的工作，同期推出的产品有：本田的 FCX 燃料电池电动汽车；福特的福克斯燃料电池电动汽车；日产的 X-Trail 燃料电池电动汽车；奔驰的 F-Cell 燃料电池电动汽车；通用的 Equinox 燃料电池电动汽车等。2010 年以后，陆续有一些汽车公司的燃料电池电动汽车产品开始进行商业化应用，2015年以来，丰田 Mirai、本田 Clarity 和现代 Nexo 正式进入商业销售。截至2021年底，Nexo 累计投放量为 22337 台，占全球燃料电池电动汽车保有量的 45.1%；Mirai 全球投放量达 17933 台，占比 36.2%；本田 Clarity 及其他产品共占 18.7%。

中国的燃料电池电动汽车研发工作得到政府部门的大力支持，在国家"十五"期间"863"计划电动汽车重大专项、"十一五"期间节能与电动汽车重大专项、"十二五"和"十三五"期间电动汽车重点专项的资助下，我国基本掌握了燃料电池电动汽车的整车、动力系统、关键零部件的核心技术，建立了具有自主知识产权的燃料电池汽车动力系统技术平台，形成了燃料电池发动机、动力蓄电池、DC/DC 变换器、驱动电机、储氢与供氢系统等关键零部件配套研发体系，具备了燃料电池动力系统和整车的生产能力。研发的样车有东风的"楚天一号"、同济大学的"超越"系列、上汽的"上海牌"和"帕萨特"、一汽的"奔腾"、长安的"志翔"等。2008年北京奥运会和2010年上海世博会都有上百辆我国自主开发的燃料电池电动乘用车和公交车参与示范运行。2015年以来，我国的燃料电池电动汽车也进入了商业化应用阶段，截至2021年底，我国的燃料电池电动汽车保有量约 8921 辆，2021年度我国销售燃料电池电动汽车 1586 辆。全国燃料电池汽车应用示范城市群格局已经形成，共 47 座城市进入到落地实施阶段。

1.3　电动汽车动力系统的组成与构型

电动汽车动力系统是电动汽车最核心的部件，主要由动力蓄电池系统、驱动电机系统、变速装置或减速装置、充放电系统等组成，驱动电机系统与变速装置或减速装置的组合构成电驱动总成。电动汽车动力系统单独使用成为纯电动汽车动力系统；电动汽车动力系统与汽车发动机系统复合构成混合动力汽车动力系统；电动汽车动力系统与燃料电池系统复合构成燃料电池汽车动力系统。电动汽车动力系统构型根据驱动方式的不同分为两类：集中式驱动和分布式驱动。目前的主流是集中式驱动。

1.3.1　动力蓄电池系统

一般情况下，动力蓄电池系统主要包含动力蓄电池单体（模组）、动力蓄电池热管理系统、电池管理系统（Battery Management System, BMS）、结构件、电气连接这五大部分。动力蓄电池系统的结构框图如图 1-15 所示。

1. 动力蓄电池模组

动力蓄电池模组作为纯电动汽车唯一的能量载体，是纯电动汽车的核心部件，而锂离子电池又是整个动力蓄电池模组的核心，是纯电动汽车的能量储存单元。动力蓄电池模组是由单体蓄电池（即电芯）通过串、并联构成的。

2. 动力蓄电池热管理系统

动力蓄电池热管理系统的作用是对电池温度进行合理监控，改善电池的工作环境，使动力蓄电池维持一个稳定的工作状态。这主要由于低温时锂离子电池内部电化学反应受抑制，导致电池内阻增大，充放电允许使用功率及容量下降；温度较高会导致电池活性物质损失，容量加速衰退，影响电池循环寿命。目前电动汽车动力蓄电池热管理系统主要分为：自然冷却系统、空气冷却系统、液体冷却系统、直冷式系统、相变材料冷却系统（Phase Change Material，PCM）等。

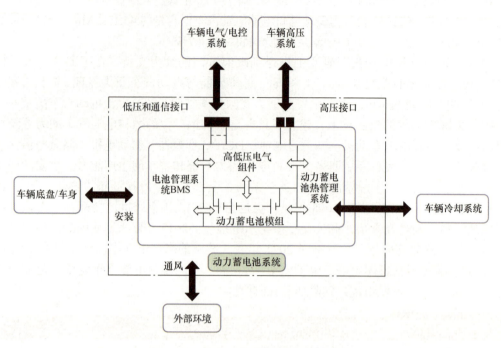

图 1-15 动力蓄电池系统的结构框图

3. 电池管理系统

电池管理系统（BMS）是动力蓄电池关键技术之一，其在整个电池系统中负责对电池模组工作状态进行监测反馈，并且通过动力 CAN 总线或其他通信网络与整车控制模块进行信息交互来进行电池充放电控制和调节，是动力蓄电池系统的核心部分。

电池管理系统包括充放电管理模块、均衡模块、热管理模块、采集单元、通信模块、信息存储模块、故障告警模块，其功能一般分为状态管理和故障诊断两种类型。电池管理系统的基本功能是测量、评估、管理、保护和警示等。

4. 动力蓄电池系统的结构

动力蓄电池系统的内部通常是由多个电芯或电池模组串联或并联而成。其中，电池模组指的是将电芯通过采用机械固定与电连接的方式进行成组。除电池模组之外，电池包内还必须包含动力蓄电池热管理部件、开关控制器以及 BMS 模块等辅助系统。另外，电池的成组、连接和固定、管理单元的安装、电池的散热等，则由电池包的机械构件来完成。结构件的作用主要为组装、支撑（箱体内部框架结构及各种加强筋，能够抗住机械冲击和振动）和环境防护（外壳有防尘和防水功能）等。

5. 电气连接部分

电气连接是动力蓄电池系统电路的网络主体，主要分为动力系统低压电连接和高压电连接。动力系统高压电连接通过螺栓或焊接技术用连接部件将电芯串、并联，将动力电池系统的动力输出到各个需要的部件中。低压电连接则通过电压传感器和温度传感器采集各电芯模组的电压和温度信号，并将各类信号传输给控制模块，实时传输各类检测和控制信号。

1.3.2 驱动电机系统

驱动电机系统主要由驱动电机、驱动电机控制器及其工作必需的辅助装置，如三相线等组成，如图 1-16 所示。

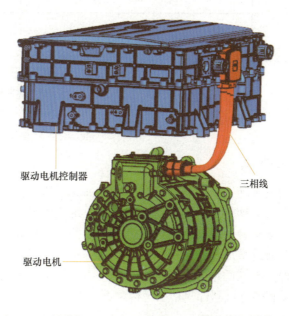

图 1-16　驱动电机系统的组成

1.3.3 充放电系统

充放电系统按照电能的输送方式不同可分为传导式充放电系统和感应式充放电系统；按照电流的性质不同可分为交流充放电系统和直流充放电系统。目前的主流是传导式交流充放电系统（见图 1-17）和传导式直流充放电系统（见图 1-18）。

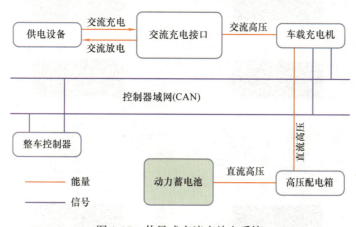

图 1-17　传导式交流充放电系统

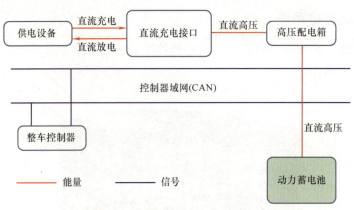

图 1-18 传导式直流充放电系统

1.3.4 集中式驱动

集中式驱动的电动汽车动力系统通常只有一个动力源,通过传动系统将动力分配和传输到各个驱动轮。集中式驱动是目前纯电动汽车动力系统应用最广泛的构型,与传统燃油汽车的结构最为接近,能够最大限度地与传统燃油汽车共用平台和零部件。随着纯电动汽车的发展,集中式驱动通过增加驱动电机和改变传动方式衍生出多种不同的构型,以满足乘用车、商用车和特种车不同的动力需求。图 1-19 ~ 图 1-21 分别是单电机直驱构型、单电机+变速器驱动构型和多电机耦合驱动系统构型图。

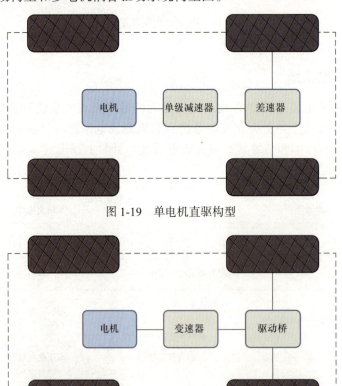

图 1-19 单电机直驱构型

图 1-20 单电机+变速器驱动构型

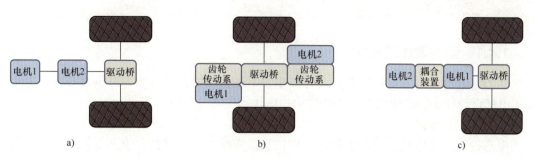

图 1-21 多电机耦合驱动系统构型

1.3.5 分布式驱动

分布式驱动的电动汽车动力系统通常有多个驱动电机,且每个驱动电机对单个车轮独立驱动。分布式驱动能够最大限度地简化整车结构,方便进行自动控制和实现无人驾驶的功能,成为纯电动汽车的一个研究热点,根据驱动电机的分布形式和布置方式,可分为轮边电机驱动构型(图 1-22)和轮毂电机驱动构型(图 1-23)两种。

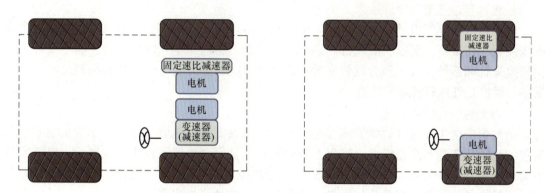

图 1-22 轮边电机驱动构型

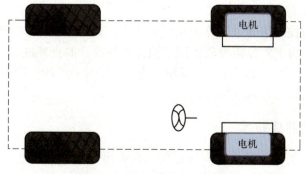

图 1-23 轮毂驱动电机构型

1.4 电动汽车动力系统的关键技术

1.4.1 动力蓄电池技术

动力蓄电池技术主要包括电芯设计技术、电池包结构设计技术、热管理技术、电池包电子电气设计技术、电池包安全设计技术、电池包仿真分析技术等。

1. 电芯设计技术

电芯设计过程中包括动力学和热力学仿真及实验验证、材料开发和性能表征、电芯工艺参数设计及表征、安全和可靠性设计及验证、寿命预测、电芯关键项测试验证、产线工艺参数确定及验证等。

2. 电池包结构设计技术

电池包结构设计主要包括电池模组设计及箱体设计,根据整车对电池包的功能、性能、包络尺寸、能量密度或功率密度、重量、挂接点、防护等要求进行合理设计。

3. 热管理技术

热管理技术主要通过对动力电池系统包括电芯、模组、电池系统等不同层级模型的仿真、热测试和验证,优化设计出满足整车功能的架构及系统。

4. 电池包电子电气设计技术

电池包电子电气设计技术可以分为电气设计和电子设计两部分。电气设计主要包含高低压线束、插接器、铜巴、汇流排、端子、继电器、熔丝等电气件的设计。电子设计主要包括电池管理系统设计(包含硬件和软件设计),BMS作为电池包系统的控制核心,具有采集、保护、管理和警示等功能。

5. 电池包安全设计技术

电池包安全主要包含化学安全、电气安全、机械安全、功能安全。化学安全主要指电池包的化学稳定性和热稳定性,确保在各种运行条件下电池包不发生安全风险。电气安全主要包含主动防护和被动防护。主动防护包括绝缘保护、绝缘状态监控、接触阻抗检测、高低压插接器的闭锁装置及良好的电磁兼容性等。被动防护主要指灭火系统。机械安全主要针对电池包箱体及内部的结构件,保证在各种机械载荷和外部破坏的作用下,电池包的机械特性不会发生重大变化。功能安全主要针对电池管理系统,确保BMS在任何随机故障、系统故障或共因失效下,都不会导致安全系统故障。

6. 电池包仿真分析技术

电池包仿真分析技术指通过计算机建模和计算,对产品设计进行验证。在产品开发早期,仿真分析技术作为主要分析方法,用于验证产品设计的合理性,及时发现问题,减少设计变更和缩短开发周期;在产品开发后期,作为辅助分析手段,降低对实验测试的依赖,优化测试项及节约成本。

1.4.2 电驱动总成技术

驱动汽车行驶的机械力源主要有来自发动机输出的机械力和电机输出的机械力两种,本章节讲述的是基于电机作为机械力源的电驱动总成技术。

1. 电驱动总成主要技术要求

作为电动汽车的核心部件，电驱动总成的性能、效率、尺寸、重量、NVH、可靠性等直接关系到车辆性能、驾驶体验甚至是整体效率。

由于电机工作的高效区覆盖范围远优于内燃机高效区范围，以及电机自身的启动力矩大、转速范围广、可反转的驱动特性优点，变速器仅需单档或双档即可实现燃油汽车多档变速器的输出特性。

电驱动总成集成化具有降低成本、提高效率、便于整车布置等诸多优势；部件工艺优化，例如扁线电机、SiC 模组替代、油冷电机应用等，可实现降本增效。

2. 电驱动总成的电机种类

电驱动总成的主流电机应用为永磁同步电机和交流异步电机。

永磁同步电机以永磁体提供励磁，使电机结构较为简单，降低了加工和装配成本，且省去了集电环和电刷，提高了电机运行的可靠性；又因无需励磁电流带来的励磁损耗，提高了电机效率和功率密度。缺点是磁钢存在退磁问题，造价也较高。

交流异步电机相比永磁电机，由于励磁源不是永磁体，因此异步电机可工作在较高温度下，不需要考虑退磁的风险，且成本相对较低，此外不工作时的拖滞阻力较小。缺点是由于转子绕组需要励磁，耗电量较大，增加了铜耗，整体效率较低。

目前市场上的电动汽车都配置了永磁同步电机作为主驱应用；对于部分四驱车型，为降低整车综合能耗，也有采用交流异步电机作为辅驱应用，并逐渐成为四驱车型动力系统选型的趋势。

3. 电驱动总成集成化

将电机、电机控制器和变速器集成在一起，可以减少壳体用料、线束及插接器，从而节省布置空间、减轻重量、降低成本；动力总成集成化，不仅提高了系统效率，还降低了供应商层面的管理成本、沟通成本，也减少了原有分散采购带来的配套成本等。

随着集成化程度的逐渐深化，动力总成从简单的部件拼接，向着一体化设计融合发展。电机和减速器作为动力输出模块，其内部的零部件和结构设计也在变化，例如壳体共用、电机输出轴和变速器输入轴共用等。

与此同时，整车电压电控的相关模块，例如车载充电机（On Board Charger，OBC）、DC/DC 变换器、电压分配单元（Power Distribution Unit，PDU）等也向集成化发展，出现独立的三合一电源总成（集成 OBC、DC/DC 变换器、PDU），以及与电机、电机控制器、变速器等集成的五合一动力总成、八合一动力总成等。

1.4.3 能量管理与热管理技术

1. 能量管理技术

能量管理在车辆能量转换过程中扮演着"能量协调者"的角色，旨在不影响性能与安全的前提下，对能量进行科学合理的分配与控制，使整车能量利用效率达到最优，实现节能降耗的目的。电动汽车能量管理是一个多维度的控制系统，其包含了软、硬件两方面的内容：硬件方面主要是驱动系统部件、热管理系统部件以及其他附件的能量利用效率；软件方面主要是能量管理策略，包括驱动控制策略、能量回收策略、整车热管理策略、低压附件策略等。

电动汽车的能量传递路径主要可分为两条：一条是动力传递路径，由动力电池经配电系统、电驱动总成、半轴到达车轮；另一条是电气传递路径，由动力电池经配电系统到达用电设备，包括空调压缩机、PTC（Positive Temperature Coefficient）加热器、低压附件等。电动汽车能量管理的一个重要工作思路是通过对整车能量流进行测试分析，分解出能量流经的各个部件的能耗，并对能耗较高的部件进行优化提升，实现从零部件最优到整车综合最优的目标。

电动汽车能量管理的另一个重要工作方向是能量管理策略的匹配优化：

（1）驱动控制策略

基于综合寻优的设计原则，并结合驱动系统方案与特性，合理开发加速控制、能量回收以及转矩分配等车辆纵向控制策略，使得台架工况及大部分实际用车工况下的车辆驱动能耗趋于最优。

（2）整车热管理策略

不同于燃油汽车的热管理，电动汽车的热管理包含了动力蓄电池热管理，乘员舱热管理（空调系统）和电驱动总成热管理，系统更为复杂，因此需要从系统集成的角度出发，统筹热量与电驱动总成及整车之间的关系，根据环境温度与使用工况的不同，开发整车多系统耦合的热管理策略，减少能量损失。

（3）低压附件策略

随着汽车的电动化和智能化发展，电动汽车的低压用电设备逐步增多，其消耗的能量占比也逐渐提高，因此根据工况与需求合理匹配水泵、油泵、电子风扇、鼓风机等低压元器件的控制策略，对降低整车能耗具有重要意义。

电动汽车能量管理是从整车层面对各子系统进行能量的综合优化利用。随着能量管理需求由单一维度向多维度转变，对电动汽车能量管理的要求也由粗放式控制向精细化管理发展。因此，集成化与精细化将成为电动汽车能量管理的未来发展趋势。

2. 动力蓄电池热管理技术

动力蓄电池系统是电动汽车的核心部件，锂离子电池在高低温充放电时，充、放电功率和能量会因温度受到限制。因此，热管理技术在动力蓄电池系统设计中越来越重要。热管理技术主要通过对动力电池系统包括电芯、模组、电池系统等不同层级模型的仿真计算、测试验证，优化设计出匹配的热管理系统。设计热管理系统的初衷是转移动力蓄电池系统在充放电过程中的多余热量或向其提供热量，以使其能保持在适宜的工作温度范围内，并具有较好的温度均匀性。由于受到外界环境温度的影响，热管理系统的设计需考虑冷却、加热、保温三方面。

当前，依据传热介质的不同，动力电池热管理系统主要有三种形式：空气介质热管理系统，液体介质热管理系统，相变材料热管理系统。影响热传递的因素有：①流体传热是强制对流传热还是自然对流传热；②流体有无相变；③流体的流动状态是层流还是湍流；④换热表面的几何因素，包括形状、大小、与运动方向的相对位置、粗糙度等；⑤流体的物性性质，包括密度、动力黏度、导热系数、比热容等。因此，对流换热过程是一个复杂的物理过程，尤其涉及流体的湍流和相变。

空气介质热管理系统，是动力蓄电池系统应用最早的一种热管理技术，成本低、实现简单且安全。利用空气的自然流动或者强迫流动，将电池多余热量带走或者将外部热量传递给电池，保持动力蓄电池系统处于适宜的工作温度范围内。由于空气比热小，且动力蓄电池系统空间有限，其换热能力受限。

液体介质热管理系统，是当前动力电池系统应用最多也是最普遍的一种热管理技术，常用的冷却液是 50% 乙二醇溶液，其具有热容量大、冰点低的优势。配合冷板和流道的设计，通过驱动冷却液在流道中的循环流动进行换热，冷却液温度的调整可实现冷却、加热功能。

相变材料热管理系统，是利用介质潜热的吸收和释放来实现热管理系统大而快的换热量需求。在充分考量动力蓄电池系统结构及实现成本的基础上，比亚迪研制出新型的热泵空调电池热管理系统，在保留液体介质热管理系统的冷板换热模式基础上，配合冷板流道设计，将换热介质改为与空调系统同样的制冷剂（R134a、R1234yf 等），流体的换热从显热变成潜热，换热量大大提升，且瞬时换热速度加快。且热泵空调电池热管理系统与液体介质热管理系统相比，节省了冷却液回路、水泵及板式换热器，降低了系统成本；系统中换热由两次换热变为一次换热，换热效率提高，减少了换热的损失能耗。

动力蓄电池系统的热管理技术是一项系统工程，不仅与动力蓄电池系统本身相关，还需要电动汽车其他系统间的互相配合，以实现最优的能量管理。

1.4.4　充电和放电技术

充电指供电侧为电动汽车动力蓄电池提供电能的方式，放电指电动汽车动力蓄电池向需求侧传输电能的方式。根据车辆接口能量供给侧电源类型将充电分为交流充电和直流充电。当能量以交流电供给时，称为交流充电；当能量以直流电供给时，称为直流充电。根据车辆接口能量输出侧电源类型将放电分为交流放电和直流放电。当能量以交流电供给时，称为交流放电；当能量以直流电供给时，称为直流放电。

1. 充电技术

电动汽车充电可以类比于内燃机汽车的加油，是电动汽车能量补充的主要方式。此外，电动汽车可以进行电池更换来"瞬间"补满电能，不过，由于电动汽车用动力蓄电池规格难以统一，再加上其他复杂因素，换电技术尚未得到广泛应用。

电动汽车充电方式按照电能传输介质的不同，可以分为导体输电的传导充电和空间传输电磁波的无线充电，其中传导充电较为传统和成熟。目前，市场上的绝大部分充电设施都能提供传导充电服务。

电动汽车以及充电桩将交流或者直流电网（电源）调整为校准的电压/电流，为电动汽车动力蓄电池提供电能。根据为电动汽车提供电能的类型，可以分为交流充电系统和直流充电系统。

（1）电动汽车交流充电系统

由交流桩为电动汽车车载充电机提供交流电源，再由车载充电机将其转换为直流电能，采用传导方式为电动汽车动力蓄电池充电所组成的系统。

1）车载充电机：车载充电机是一种将公共电网交流电转换成车载储能装置可储存的直流电的一种电能转换装置。按照电气原理分类，由功率电路、驱动电路、控制电路以及端口电路组成。

目前，国内纯电动汽车高压电气系统集成方面技术水平相对较高。比亚迪公司不断推出了集成度与功率密度提升的产品（图1-24～图1-27）。功率密度从最早的0.77kW/L提升到现在的2.15kW/L，充电效率从最早的90%提升至现在的94%。

图1-24　比亚迪车型的二合一总成

图1-25　比亚迪车型的三合一总成

图1-26　比亚迪车型的四合一总成

图1-27　比亚迪车型的多合一总成

2）交流充电桩：交流充电盒采用落地安装或壁挂式等安装方式，采用传导方式为具有车载充电装置的电动汽车提供交流电源的专用供电装置，具有过电流保护、短路保护、漏电保护、紧急停机等功能。交流充电桩产品操作简单、使用方便可靠、占地面积小，主要应用于现有车库、停车场等占地空间小的场所（图1-28）。

（2）电动汽车直流充电系统

通过非车载充电机（直流充电桩）将电网的交流转换为直流电能，采用传导方式为电动汽车动力蓄电池充电所组成的系统。

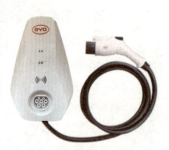

图1-28　比亚迪车型配置的交流充电盒

2. 放电技术

根据交直流放电模式适用场景分为交流V2L（Vehicle-to-Load）、直流V2L、交流V2V（Vehicle-to-Vehicle）、直流V2V、直流V2G（Vehicle-to-Grid）五种方式。

（1）交流V2L

交流V2L是电动汽车动力蓄电池通过放电设备与负荷相连，作为储能单元从车辆交流接口为负荷供电的运行方式。

（2）直流V2L

直流V2L是电动汽车动力蓄电池通过放电设备与负荷相连，作为储能单元从车辆直流接口为负荷供电的运行方式。

（3）交流V2V

交流V2V是电动汽车通过放电设备与另一辆电动汽车相连，通过车辆交流接口为另一辆电动汽车供电的运行方式。

（4）直流V2V

直流V2V是电动汽车通过放电设备与另一辆电动汽车相连，通过车辆直流接口为另一辆电动汽车供电的运行方式。

（5）直流 V2G

直流 V2G 是电动汽车动力蓄电池通过放电装置与公共电网相连，作为储能单元参与公共电网供电的运行方式。

1.4.5 控制器硬件和软件开发技术

1. 控制器硬件开发技术

随着集成电路设计与制造技术的不断发展，集成芯片的功能越来越强大，硬件方案也逐渐多样化。软件设计的重要性逐渐提高，但硬件电路设计的重要性不容忽视。软件设计得再完美，若硬件电路设计不合理，系统的性能也将大打折扣，严重时甚至不能正常工作。硬件的安全设计在整个产品开发流程中是必不可少的重要环节，因此在硬件设计初期就需要将安全设计的理念融入设计的整个过程中。

硬件电路的设计一般分为设计需求分析、原理图设计、印刷电路板（Printed Circuit Board，PCB）设计、工艺文件处理等几个阶段。

1）在需求分析阶段，着重考虑硬件方案的可实现性，充分了解当前市场方案以及芯片资源。

2）在原理图设计阶段，着重考虑关键电路的容错率以及失效后的保护机制，可以对部分功能电路进行电路仿真，以验证与理论是否相符。

3）在 PCB 设计阶段，要着重考虑电源布局的合理性以及关键信号的抗干扰性，如有必要应建立模型进行信号完整性（Signal Integrity，SI）和电源完整性（Power Integrity，PI）的仿真，根据结果调校布线及原理参数。在布线完成后，需要对个别元器件、布线、覆铜、叠层等间距进行既定规则的循环冗余校核（Cyclic Redundancy Check，CRC）检查，修正优化设计。

4）在工艺文件处理阶段，需要着重考虑光学定位点、丝印、文字以及过孔（Vertical Interconnect Access，VIA）的位置及大小，确保能达到生产贴片以及后期维修识别的工业要求，最终需要在丝印层添加好硬件的版本及品牌等信息。

2. 控制器软件开发技术

在智能化趋势下，传统分布式电子电气架构开始向域集中式架构转变，对大量相同功能的 ECU 进行整合，交由域控制器进行统一的管理调度，使软件能够独立于底层硬件进行上层软件的开发，实现软硬件解耦范围的进一步扩大。

在软硬件解耦趋势下，汽车计算平台正从"信号导向"向"服务导向（Service Oriented Architecture，SOA）"转变。基础硬件与嵌入式软件的传统强耦合关系被打破，底层基础软件与上层应用软件开始呈现标准化、相互独立、松耦合的特点，意味着在修改或新增某一软件功能时，只需对上层服务组件进行代码编写，不需要进行底层软件重复开发，提高软件开发效率。

基础软件用于实现汽车系统软硬件解耦，为后续汽车系统服务提供可复用、稳定的软件支撑，其架构与性能直接影响上层应用的开发效率和质量，帮助实现上层软件的多功能应用与创新发展，带动汽车技术的革新与产品差异化发展，成为智能汽车产业发展的关键一环。基础软件在汽车中具有如下特点：可维护，可升级，可实现功能与信息安全和故障隔离等，提高了整车开发的效率，为上层多元的应用软件开发提供了通用化平台，成为

"软件定义汽车"中不可或缺的中坚力量。

应用软件建立在基础软件基础上，基础软件通过统一应用软件接口为应用软件提供调用和服务。应用软件的开发和运行可以不依赖具体传感器和车型。不同的市场参与方（包括政府主管机构、主机厂、供应商、高速路或停车场等交通设施管理者和个人）都可以开发应用。应用可以被打包、部署、启动、调度和升级。应用程序的功能可通过用户、路端以及云端来定义，并通过应用场景触发。借助基础软件层的支撑，应用程序的开发将向轻量化方向发展，越来越聚焦在业务逻辑本身所决定的规则制定上。

1.5　电动汽车动力系统的主要安全问题

电动汽车动力系统的安全问题涉及面较广，关联技术较多。目前，行业上对安全有着多重角度的定义和分类，且随着电动汽车新技术的发展，新型安全问题如换电安全、信息对抗、网络安全、预期功能安全等也是行业关注的重点。本书中所指的电动汽车动力系统安全，主要是针对电动汽车所特有的高压电安全、电气控制安全、机械结构安全、电磁兼容性、动力蓄电池安全问题、功能安全等，并将这些安全问题融合到了电动汽车动力系统开发过程中的各个章节进行介绍。

1.5.1　高压电安全

高压电安全是指电动汽车中高压系统的电气安全，包括车载可储能装置的安全要求、电动汽车特殊操作和故障防护安全以及人员触电防护。车载储能装置的安全要求主要包括电芯及电池系统的电安全、热安全和机械安全等方面的要求；电动汽车特殊操作和故障防护安全主要包括电动汽车启动、运行、充电、热失控等方面的要求；人员触电防护主要包括标识、直接接触防护、间接接触防护和防水等方面的要求。目前，各车企主要依据电动汽车安全三大强标（GB 18384、GB 38031和GB 38032）进行高压安全设计，同时会参考部分国外标准法规（EVS-GTR 20、UN R100等）。

1.5.2　电气控制安全

在对电动汽车各个模块进行电气控制时，可能因控制失效、硬件故障或其他原因导致系统安全问题，因此，电气控制安全需要从系统硬件和软件等方面来实现。在硬件上，系统首先需要满足其需求的电气性能要求和环境适用性要求，在此基础上，要考虑硬件失效导致的安全问题，对硬件进行失效分析，识别设计中潜在的风险，并采用一定的冗余设计避免硬件失效而产生安全风险。在软件层面，首先需明确软件安全要求定义、软件架构设计、软件单元设计等基本需求，在软件完成后需进行测试验证，验证安全性能及功能是否满足要求，一般通过台架测试、HIL（Hardware in the Loop）测试和整车实际测试实现。另外，在进行电气系统设计时，需要对其进行功能安全设计。

1.5.3　机械结构安全

电驱动总成中，驱动电机在大部分工况下处于高速旋转状态，高频、高压、大功率环境下轴承易发生电腐蚀失效。此外，动力蓄电池系统、高压驱动系统和高压电缆等部件，在发生碰撞事故后可能会对乘员造成电击危害。因此，需要特别重视电动汽车动力系统的机械结构安全性能。

机械机构安全重点考虑高压系统的防护结构，主要包括电池包边框和托盘、电机外壳以及控制器外壳等，目前主流的高压防护结构采用的材料为铝。另外，为设计足够安全动力系统，还需要考虑动力系统模块本身的结构强度，以及与相关车辆结构的布置位置、尺寸大小和相关控件等要求。

1.5.4　电磁兼容性

当前我国电动汽车动力系统主要采用的是驱动电机系统，这种系统与传统的内燃机系统相比优势很大。加强对电动汽车用电机以及控制器的电磁兼容（Electric Magnetic Compliance, EMC）测试，有助于保证电动汽车的质量，提升电动汽车的性能。电动汽车动力系统是电动汽车的关键动力系统，包括动力蓄电池组、车载充电机、DC/DC变换器、动力总成控制器和驱动电机。动力系统在工作中由于电流在极短时间内跳动以及大功率半导体开关的快速移动，会发出强烈的辐射以及电磁干扰。例如绝缘栅双极型晶体管的开通和关断，虽然只有几十纳秒，但是在这几十纳秒中会产生强烈的电磁干扰。

动力系统电磁干扰会严重影响电动汽车的性能。为了减少电磁干扰，首先要加强电磁兼容性的测试，主要包括骚扰性能测试、抗扰性能测试和充电性能测试。骚扰性能是指其产生的电磁能量对其环境中外界事物的干扰力，包括对车载电器的骚扰、对外界环境的骚扰、对车载接收机的骚扰以及对人体的辐射骚扰。抗扰性能指的是对机动车辆的电子器组件抗电磁辐射能力。充电性能是指电动汽车在充电过程中的电磁兼容性能，包括整车可能受到来自电网络的电磁干扰，以及整车可能对充电网络带来的干扰。

1.5.5　动力蓄电池系统的防火、防爆、防泄漏

续驶里程短、热安全性能不佳以及充电时间长等一直是电动汽车动力蓄电池的痛点，近年来快速充电（简称快充）技术成为各大电动汽车厂商争相发展的热点，而快充所伴随的大倍率充电给电池的安全防护设计提出了更高的要求。

针对动力蓄电池系统高化学能量、高电压的特点，安全防护设计主要考虑防火、防爆、防泄漏。在非正常状态或者典型的失效模式下，电池所存储的化学能通过本身不可控的方式释放，导致电池系统发生热扩散，引起火灾或爆炸。从物理层面，可以在动力蓄电池系统内部设计相关结构（如隔热胶、隔热棉、隔热陶瓷片等）防止热失控，也可通过关键部件的阻燃设计，来确保动力蓄电池系统的热安全。动力蓄电池在失效情况下除了会释放热量外，还会产生大量气体，当内部气体积攒到一定程度没有得到释放便会引起爆炸，所以动力蓄电池系统应具备有效的泄压装置，用于平衡内外部气压，防止因内部气压过高造成壳体变形，从而引起防护等级降低或失效。泄压装置安装的位置和方向应避免对乘员舱或车辆周边人员造成人身伤害，泄压位置需要根据电池包内部结构和整车布置设计。

另外，动力蓄电池含有电解液，液冷或直冷系统也存在易导电的冷却介质，若电池系统内部发生电解液或冷却介质泄漏，容易造成绝缘防护失效或者外部短路，从而导致整个电池系统发生热失控和热扩散，引起起火或者爆炸等安全风险。因此，动力蓄电池系统结

构设计中应该考虑到提高热管理系统结构强度，同时可使用绝缘材料涂覆电池系统箱体，提升绝缘防护性能。

1.6 电动汽车动力系统安全标准与规范

1.6.1 电动汽车安全标准与法规

当前，世界上国家技术法规体系与标准体系种类有很多。

美国汽车技术法规主要包括汽车安全主体技术法规（美国联邦机动车安全标准，简称 FMVSS）、汽车环保技术法规、汽车节能技术法规和汽车防盗技术法规，其中 FMVSS 305《电动车辆：电解液溢出及电击防护》是国际普遍参考的重要标准之一。该标准主要规定了电动汽车用动力蓄电池系统的要求，以及在碰撞后的整车高压安全。

欧洲各国的汽车认证虽是由本国的独立认证机构进行，但依据的标准则是全欧盟统一的，标准来自于联合国欧洲经济委员会（United Nations Economic Commission for Europe，UNECE）汽车法规、欧盟指令或法规（European Commission，EC/European Union，EU）。在欧盟的汽车技术法规体系中对汽车产品的整车和零部件、系统同时建立了型式批准技术法规体系，而且两者之间既相互独立，又相互补充，共同构成完整的欧盟汽车产品型式批准技术法规体系。根据欧盟（EC）661/2009 的要求，欧盟在保留部分自身技术法规的同时，大部分项目已逐步由联合国法规（UNECE）替代，其中，ECE R100、ECE R94、ECE R95、2006/66/EC 等欧盟标准是世界范围内重要的电动汽车动力总成参考标准。

中国汽车标准体系采用强制性标准体系与推荐性体系相结合的方式。强制性标准是我国较为系统的技术法规表现形式。此外，我国汽车行业主管部门与标准化机构确定了以 UNECE、EC/EU 为基础建立我国强制性标准体系的基本技术路线，作为中国汽车产品车型认证的技术依据。

在国家标准层面，随着 2015 年多项标准的陆续发布，我国电动汽车产业围绕高压系统已经基本构建了完整的标准体系，形成了行业的准入门槛，有利于行业的规范发展和优胜劣汰。其中，在整车方面，GB 18384、GB 38032 和 GB/T 31498 分别对电动汽车安全、电动客车安全以及电动汽车碰撞后的安全提出了要求。另外，在动力蓄电池方面，我国也颁布了多项国家标准，在 GB/T 31484、GB 38031、GB/T 31485、GB/T 31486 中分别规范了动力蓄电池的循环寿命、电池安全、电池性能的要求以及测试方法；在 GB/T 31467.1、GB/T 31467.2、GB/T 31467.3 中分别规范了动力电池系统高功率、高能量应用测试方法和安全性要求。

比亚迪一直积极参与建设我国汽车标准体系，在已发布标准中，其中由比亚迪主导制修订了 GB/T 41578—2022《电动汽车充电系统信息安全技术要求及试验方法》、GB/T 31498—2021《电动汽车碰撞后安全要求》、GB/T 32694—2021《插电式混合动力电动乘用车 技术条件》、GB/T 18386.1—2021《电动汽车能量消耗量和续驶里程试验方法 第 1 部分：轻型汽车》、GB 18384—2020《电动汽车安全要求》、GB/T 38117—2019《电动汽车产品使用说明 应急救援》、GB/T 37340—2019《电动汽车能耗折算方法》、GB/T 19596—2017《电动汽车术语》、GB/T 34013—2017《电动汽车用动力蓄电池产品规格尺寸》9 份国家标准，其中，GB 18384—2020《电动汽车安全要求》作为电动汽车领域首批强制性国家标准之一，对整个行业具有重大的引导意义。

1.6.2　电动汽车安全性能与要求

电动汽车安全性主要包括以下三个方面：零部件安全、性能安全、使用安全。其中，零部件安全包括动力电池系统的安全性、电驱动总成的安全性；性能安全包括电动汽车电磁兼容等；使用安全主要指电动汽车充电安全性。

动力电池系统是电动汽车的关键组成部分，电池的滥用会导致电池无法正常使用或者损坏，使得电池热效应加剧，从而造成电池的热失控，引起安全事故。电池的滥用包括过充电/过放电、过电流、电池温度过高等情况。电池在搬运和运输过程中如果出现挤压、碰撞和短路等故障问题，也会导致电池热失控，造成安全风险。

电动汽车电驱动总成中的驱动电机在大部分工况下处于高速旋转状态，其转速通常远超传统燃油汽车的发动机；而且电驱动总成特有的高频、高压、大功率容易使轴承发生电腐蚀失效。以上这些特点就要求在设计产品时重视其机械安全性能。电驱动总成的电机绕组或电机控制器在故障或长时间超负载运行时会引起热失效，造成电动汽车失去动力，对人员造成电击风险，影响出行安全。

因为电动汽车存在高压电，所以在一些危险工况下会出现安全隐患。例如，电动汽车在碰撞甚至翻车的情况下，可能会造成高压线束或者其他高压零部件出现短路或者损坏，电流有可能通过车身传递到人体，从而威胁人身安全；当电动汽车遇到涉水或暴雨时，由于水汽侵蚀造成绝缘失效或者短路情况，从而引起人身触电或电池的燃烧、爆炸等；如果电动汽车在充电时突然发生移动，可能会导致充电电缆断裂，造成人员触电。

电动汽车多采用高压大功率电器部件，以及高系统集成度和高电磁敏感度高的电子控制单元，这些电子控制单元不仅会影响车辆周围的无线电设备，还会通过传导或辐射的方式对电动汽车内部电气设备的正常工作造成影响，从而影响整车的安全性。

电动汽车的普及使用，离不开便捷的充电设施和服务。充电过程是车辆与充电系统协同配合并实现电能传递的过程。充电桩是充电系统的一个组成部分，应避免出现欠电压、过电流、漏电和短路情况，保证人身安全。电动汽车充电设施相关技术大部分还处于实际应用的初级阶段，针对可能会危及人员安全的事故或风险，国际电工委员会发布的IEC 61851—2001进行了约束。

1.6.3　电动汽车安全测试与评价

电动汽车因高电压的特性，在极端情况下（如碰撞或翻车、涉水或暴雨等）存在一些安全隐患。

在GB 18384—2020中针对电动汽车安全做出了清晰的要求，同时对测试和检测方法也提出了标准化的详细流程，包括直接接触防护、间接接触防护、整车防水、功能安全防护四方面的测试规范。

除了上述国家出台的强制要求外，关于电动汽车的测试，我国前期已经有两个较为成熟的评价规程：

1）由中国汽车工程研究院股份有限公司（简称中汽研）和新能源汽车国家大数据联盟联合推出的中国新能源汽车评价规程（China Electric Vehicle Evaluation Procedure，

CEVE），目前中汽研以该规程作为基础，制定了"领跑者"团体标准。"领跑者"依据电动汽车特征，系统评估车辆在使用过程中的使用安全（防水涉水、人员触电防护、电磁兼容和防护）、功能安全（失效防护和滥用防护）和碰撞安全（乘员安全和电气安全）。

2）由中国汽车技术研究中心有限公司（简称中汽中心）组织制定的中国电动汽车测评（EV-TEST）。如今，为了把消费者关注的智能化、健康环保等指标纳入，给消费者提供更全面的购车指引，中汽中心组织主导的中国汽车消费者满意度调研与测评（China Car Consumer Research and Testing Programme, CCRT）从用户评价和试验评价两个维度进行综合评价。与EV-TEST类似的中国新车评价规程（China-New Car Assessment Program, C-NCAP）也是测试规程，但其主要是对碰撞安全性能的测试。

第 2 章 电动汽车电气安全基础

2.1 概述

与普通的燃油汽车不同，电动汽车动力系统包含了大量的电气元器件，运行过程中各接触点间也存在不同等级的电压。GB 18384—2020 将电压等级分为 A 级电压和 B 级电压，其中，A 级电压范围为 DC $0 < U \leq 60$V 或 AC $0 < U \leq 30$V（有效值），B 级电压范围为 DC $60 < U \leq 1500$V 或 AC $30 < U \leq 1000$V（有效值），在电动汽车使用过程中发生触电事故时，不同电压等级的元器件或电气系统会对人体造成不同程度的伤害。为了减少触电事故的发生，提高人们安全用电能力，需要普及安全用电常识及相应的防护措施。

本章详细介绍了电动汽车的电气安全基础知识。首先分析了人体阻抗的构成及外界因素对人体阻抗的影响，并基于人体阻抗定量分析了电流对人体造成的伤害程度；然后介绍了触电、短路、静电、雷电灾害、射频电磁场和电气系统故障等电气事故对人体的危害，这对安全使用电动汽车有警示和启发的作用；最后从安全防护的角度出发，对触电防护、电气防火防爆、静电防护和雷电防护四个方面进行了详细阐述。

2.2 人体阻抗

人体的皮肤、肌肉、血液、细胞组织及其结合部分等构成了含有电阻和电容的人体阻抗，包括皮肤阻抗和体内阻抗，其等效电路如图 2-1 所示，人体阻抗是处理许多电气安全问题所需考虑的基本因素，也是能定量分析人体电流的重要参数之一。人体阻抗值易受皮肤的潮湿程度、接触的面积、施加的压力和温度等环境因素的影响。

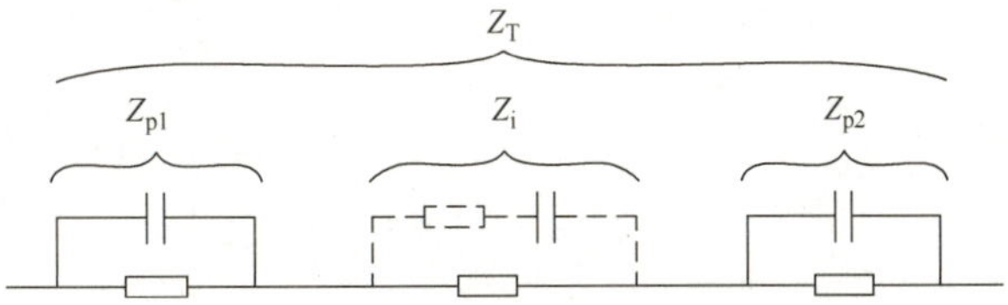

图 2-1 人体阻抗的等效电路
Z_i—体内阻抗　Z_{p1}、Z_{p2}—皮肤阻抗　Z_T—人体阻抗

2.2.1 人体阻抗的构成

1. 皮肤阻抗

人体的皮肤由外层表皮和表皮下面的真皮组成，皮肤阻抗是指皮肤上电极与真皮之间的电阻抗以及皮肤上电极与真皮之间的电容，并通过皮肤电阻与皮肤电容并联来表示。表

皮没有血管和神经细胞，其最外层的角质层电阻很大，在干燥和清洁的状态下，其电阻率可达 $1\times10^5\sim1\times10^6\Omega\cdot m$。皮肤的阻抗值与电压、频率、通电时间、接触表面积、接触压力、皮肤潮湿程度、皮肤温度等因素相关。对于一个较低的接触电压，即使是同一个人，其皮肤阻抗值也会随着条件的不同而发生很大的变化。在较高的接触电压条件下，人体皮肤阻抗会显著降低，而当皮肤被击穿时，其阻抗值可忽略不计。人体皮肤阻抗还会受频率的影响，频率增加，皮肤阻抗减小。

2. 体内阻抗

人体的体内阻抗是除去表皮之后的人体阻抗，虽存在少量电容，但可以忽略，因此人体的体内阻抗大部分可认为是纯电阻，其大小取决于电流路径，与接触面积的关系较小。人体阻抗百分数如图 2-2 所示（参考 IEC TS 60479-1：2016），它表示人体不同部位的体内阻抗，是以一手到一脚为路径的阻抗百分数表示。为了方便计算体内阻抗，可对其进行简化，简化的结果（忽略人体躯干的阻抗）如图 2-3 所示（参考 IEC TS 60479-1：2016）。当电流路径为手到手或手到脚时，肢体阻抗 Z_{ip} 主要是四肢（手臂和腿）。

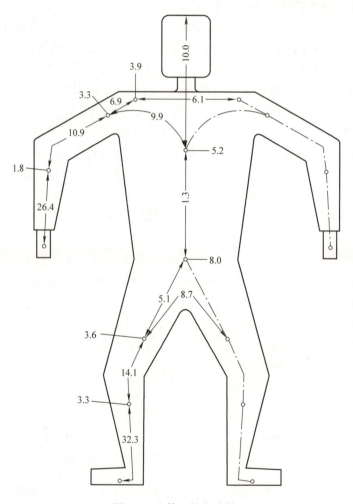

图 2-2 人体阻抗百分数

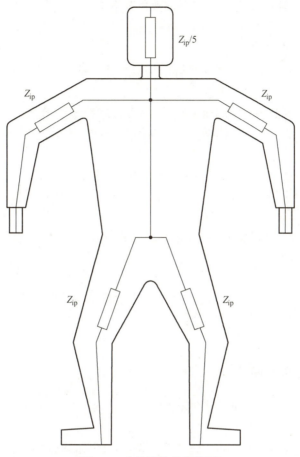

图 2-3 人体阻抗的简化图

2.2.2 环境因素对人体电阻的影响

环境对人体的皮肤阻抗影响较大,在干燥、水湿润和盐水湿润的条件下,其阻抗值相差较大。GB/T 13870.1—2008《电流对人和家畜的效应 第 1 部分:通用部分》及 IEC TS 60479-1:2005 定义了在不同外界环境及接触面积条件下被测对象的人体阻抗的百分比,该标准将接触面积定义为三个等级(数量级分别为 10000mm^2、1000mm^2 和 100mm^2),具体的测试条件及结果可参考标准内的详细内容。

2.3 电流对人体的作用

电流流过人体会使人产生相应的生理效应,例如表现出惊吓、肌肉收缩、心脏纤维性颤动以及皮肤烧伤等,严重时将导致死亡,这与流过人体的电流大小、电流持续时间、电流的种类、电流途径、接触部位等因素相关;工业中为了限制相应用电设备对人体的伤害,要求 50Hz 交流电流过人体的安全电流阈值为小于 2mA,直流电流过人体的安全电流阈值为小于 10mA。同样,电动汽车中对此也做出了相应的规定,要求交流高压及交直流传导连接的高压电路绝缘电阻大于 500Ω/V（＜2mA），直流高压电路绝缘电阻大于 100Ω/V（＜10mA）。电流对人体的伤害中，以电流致伤及电击致命最为常见。

2.3.1 电流致伤的机理

电流致伤主要有4大作用机理：离解、细胞激动、发热、破坏生物电。

1. 离解

离解是分子分离或分解成两个或两个以上部分（原子、分子、离子、基团）的过程。电流通过人体，会引起机体内液体物质发生离解而导致机体组织被破坏。

2. 细胞激动

电流作用于人体组织，可直接引起细胞激动，产生神经兴奋波，传递到中枢神经系统后，还会间接引起人体的其他部分发生异常反应，从而对人体造成伤害。

3. 发热

破坏体内热平衡，导致功能障碍，发热引起液体汽化，所产生的机械力导致机体组织发生剥离、断裂等严重破坏。

4. 破坏生物电

由于人体的整个神经系统是以电信号和电化学反应为基础，且上述电信号和电化学反应所产生的能量十分微弱，故当电流通过人体时，在必要能量以外电能的作用下，神经系统功能很容易被破坏。

2.3.2 电击致命的原因

电流对人体造成的心室纤维性颤动、窒息和电休克，是人体电击致命的主要原因。

1. 心室纤维性颤动

电流直接作用于心肌，可引起心室纤维性颤动，电流也可以作用于中枢神经系统，通过其反射作用引起心室颤动。50mA（有效值）以上的工频交流电流通过人体，一般既可引起心室颤动或心脏停止跳动，也可导致呼吸中止。由于此情况下前者出现的时间要远早于后者，故可知心室颤动是人体电击致命的主要原因。心室颤动是一种无规则的心脏高频率震颤，其幅值较小，每分钟震颤可达1000次以上，从血液动力学的角度来看，无异于心脏停搏，通常数秒钟至数分钟就会导致死亡。

2. 窒息

当通过人体的电流较小时，所导致的心室颤动或心脏停止跳动，主要是由呼吸中止导致机体缺氧引起的，并非电流直接引起。此情况的特点是致命时间较长（10～20min）。但当通过人体的电流超过数安时，也可能因强烈刺激，先使呼吸中止。

3. 电休克

人体受到电流的强烈刺激，导致神经系统抑制，从而因脉搏减弱、呼吸衰竭、神志不清乃至重要生命机能丧失而死亡。电休克状态可以延续数十分钟到数天。

2.3.3 电流效应的影响因素

电流对人体的伤害程度主要与电流大小、电流持续的时间、电流通过人体途径及电流种类等因素有关。

1. 电流大小

流过人体的电流越大，人体的生理反应越明显，感觉越强烈，引起心室颤动所需的时间越短，致命的危险就越大。根据电流通过人体所引起的感觉和反应不同可将电流分为如下三种。

（1）感知电流

通过人体且能引起人感觉的最小电流称为感知电流，人体接触此类电流会有轻微麻痹。根据相关实验表明，成年男性平均感知电流有效值为 AC 1.1mA，成年女性约为 AC 0.7mA。感知电流一般不会对人造成伤害，但随着接触时间加长，皮肤表皮被电解导致电流增大时，人的反应变大。

（2）摆脱电流

人能自行摆脱带电导体的最大电流称为摆脱电流，若通过人体的摆脱电流时间过长，会造成昏迷、窒息甚至死亡，人摆脱带电导体的能力随着触电时间的延长而降低。据相关资料研究表明，一般成年男性平均摆脱电流为 AC 16mA，成年女性约为 AC 10.5mA，儿童相对较小。

（3）室颤电流

引起心室纤维性颤动的最小电流称为室颤电流。由于心室颤动可能导致死亡，因此认为室颤电流是致命电流。电流达到 AC 50mA 以上，就会引起心室颤动，有生命危险。AC 100mA 以上的电流，足以致人死亡。

2. 电流持续时间

随着电流通过人体时间的延长，其对人体组织的破坏程度更加严重，且极易引起心室颤动。如图 2-4 所示，在心脏跳动周期中，心室纤维性颤动始于 T 波的前半部，即心电图上约 0.2s 的 T 波。在这一特定时间内，心脏受电流影响最为敏感，是心脏易损期。根据 GB/T 13870.1—2008 可知，当电击时间长于一个心搏周期时，直流的纤维性颤动阈比交流的要高好几倍，当电击时间短于 200ms 时，其纤维性颤动阈值和交流（以均方根）的阈值大致相同。对于直流电流来说，通常纵向电流（纵向流过人体躯干的电流，例如从手到脚）才会有心室纤维颤动的危险，横向电流（横向流过人体躯干的电流，例如手到手）需要在更大的电流强度下才可能发生，从动物的实验及电气事故资料得知，向下电流（通过人体使脚处于负极性的直流接触电流）的纤维性颤动阈约为向上电流（通过人体使脚处于正极性的直流接触电流）的 2 倍。

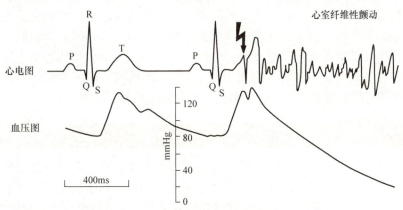

图 2-4　心室纤维性颤动时的心电图和血压图

3. 电流通过人体途径

电流通过人体的不同途径对人体伤害程度不一样。电流通过人体的头部会使人立即昏迷、休克甚至死亡；电流流过人体的脊髓，会使人半身瘫痪；电流流过中枢神经或相关部位，会引起中枢神经系统强烈失调而导致死亡；电流流过心脏会引起心室颤动，致使心脏停止跳动而造成死亡。因此电流通过心脏系统和中枢神经时，危险性最大。实践证明，从左手到脚是最危险的电流途径，因为在这种情况下，心脏直接处在电路内，电流流过心脏、肺部等重要器官；从右手到脚的途径其危险性相对较小，但仍易引起剧烈肌肉痉挛。

参考 GB/T 13870.1—2008，根据心脏的电流系数可以粗略估计不同电流途径下心室颤动的危险性。心脏电流系数 F 可按式（2-1）计算：

$$F = \frac{I_0}{I} \tag{2-1}$$

式中，I 为人体某一电流路径的电流；I_0 为左手到双脚路径的电流。

例如假设从手到手的电流为 225mA，查表 2-1 得到从手到手的电流系数为 0.4，则按照式（2-1）可得，该路径电流与从左手到脚的 90mA 电流具有对心脏处产生相同程度伤害的可能性。

表 2-1 不同电流路径的心脏电流系数 F

电流路径	心脏电流系数
左手到左脚、右脚或双脚	1.0
双手到双脚	1.0
左手到右手	0.4
右手到左脚、右脚或双脚	0.8
背脊到右手	0.3
背脊到左手	0.7
胸膛到右手	1.3
胸膛到左手	1.5
臂部到左手、右手或到双手	0.7
左脚到右脚	0.04

4. 电流种类

常见的电流有 50～60Hz 的工频交流电流、直流电流及远离工频的交流电流。工频交流电流对人体的伤害最为严重，频率较高的交流电反而对人体伤害相对较轻。在直流和高频情况下，人体可以承受更大的电流值，但高压高频的电流对人体依然是十分危险的。电动汽车主要存在三种电流：工频 50Hz/220V（AC）、高压直流电流及数千至数万赫兹的电控驱动电流。与工频交流电流对比，人摆脱高压直流电流相对容易。

2.4 电气事故

电气事故是汽车电气安全工程主要研究和管理的对象，充分分析并总结电气事故对安全使用电动汽车有警示和启发的作用。结合电气事故的特点和事故类别，开展电动汽车电气事故研究对做好电动汽车安全工作具有重要的意义。一般可将电气事故分为触电、短路、静电、雷电灾害、射频电磁场和电气系统故障等。

2.4.1 触电

触电是指人体直接触及带电体，或者带电体与人体之间发生电弧放电时，电流直接通过人体的现象。下面对电击方式及电击后造成的电伤情况进行介绍。

1. 电击

电流通过人体时所造成的内部伤害会影响人的心脏、肺部、神经系统等组织的正常工作，使人出现痉挛、窒息、心室纤维颤动、心搏骤停甚至死亡等现象。按照电气设备的状态，电击可分为直接接触电击和间接接触电击：前者是人体触及正常状态下带电的带电体时发生的电击，后者是人体触及正常状态下不带电但因故障状态下意外带电的带电体时发生的电击。为了防止发生电击事故，电动汽车需满足IPXXB及IPXXD的防护等级要求，并且具备绝缘检测、高压接触器的黏结检测、高压互锁等触电防护措施。

按照人体触及带电体的方式以及电流通过人体的途径，可将电击分为单相电击、两相电击和跨步电压电击。单相电击是指人在地面或其他接地导体上，人体的某一部位触及单相带电体的触电事故；两相电击是指人体的某两处部位同时触及两相带电体的触电事故，其危险性一般较大；跨步电压是指人在带电体接地点周围时两脚之间产生的电压，由此引起的触电事故叫跨步电压电击，高压接地故障处或有大电流流过的接地装置附近都有可能出现较高的跨步电压。

2. 电伤

电伤是指由电流的热效应、化学效应、机械效应对人体外部组织或器官造成的局部伤害，如电灼伤、电烙印、机械损伤、皮肤金属化等。

1）电灼伤，一般有接触灼伤和电弧灼伤两种。接触灼伤多发生在高压触电事故时电流通过人体皮肤的进出口处；电弧灼伤多是由拉合刀闸时产生的强烈电弧引起的。

2）电烙印发生在人体与带电体有良好接触，但人体不被电击的情况下，在皮肤表面留下和接触带电体形状相似的肿块瘢痕。

3）机械损伤是电流作用于人体时，由于中枢神经反射和肌肉强烈收缩等作用导致的机体组织断裂、骨折等伤害。

4）皮肤金属化是由于高温电弧使周围金属熔化、蒸发并飞溅渗透到皮肤表层所形成的金属颗粒。

2.4.2 短路

短路是指电气设备的不同电极之间发生短接，此时短接回路中会瞬间产生大电流，大电流导致元器件瞬间累计很高的热量从而损坏电气设备，短路是电气事故中危害最大的事故之一。工业中为防止短路事故，会采取一些措施，例如回路中增加熔丝、断路器等。

短路也是引起电动汽车起火的常见原因之一，如高压电池发生短路、车辆碰撞导致高压回路发生短路、高压功率半导体发生短路等。为了提高电动汽车的安全性，GB 38031—2020及ECE R100等标准对高压回路有短路实验的要求，要求高压回路所用熔丝在任何极端工况下当高压回路发生短路时都能有效熔断。

2.4.3 静电

处于相对稳定状态的电荷被称为静电，即物质所带的电荷处于静止或缓慢变化状态。

静电现象广泛存在于自然界、工业生产和人们的日常生活中。静电放电也是发生电磁兼容（EMC）的原因之一，静电具有电位高、瞬时电流大以及会引起电子产品内部电场与磁场变换等的特点。静电易损坏电子元器件，对电力电子设备危害较大，故电动汽车必须要做静电抗扰度测试。静电放电抗扰度试验国家标准主要有 GB/T 17626.2—2018《电磁兼容 试验和测量技术 静电放电抗扰度试验》和 GB/T 19951—2019《道路车辆 电气／电子部件对静电放电抗扰性的试验方法》。

电动汽车在防止静电放电危害方面，主要采用以下三点措施：

1）接地。接地是直接将静电放电电荷通过连接导线泄放到大地。接地是静电放电防护措施中最直接、最有效的方法。电动汽车要求每个高压零部件都必须可靠地接到车身地。

2）绝缘。通过绝缘材料将电路与外界隔离开。

3）屏蔽。对于静电敏感的元器件，可采用屏蔽罩等来保护产品免受静电放电的影响。

2.4.4　射频电磁场

射频泛指频率在 100kHz 以上的无线电波或者相应的电磁波，该频率下形成的电磁场可引起生物中枢神经系统的机能障碍、神经衰弱症候群、心率或血压异常、眼睛损伤等症状。在高强度的射频电磁场作用下，元器件内部可能会产生感应放电，从而发生意外爆炸。感应放电对存在爆炸、火灾等风险的场所来说是一个不容忽视的危险因素。此外，当受电磁场作用感应出的感应电压比较高时，也会给人以明显的电击感。

2.4.5　电气火灾与爆炸

电气火灾指电气设备、线路、器具等因故障产生电弧、电火花或其他形式的热量累积而引发的火灾和爆炸。分析国内外大量电气火灾事故的起因可知，引发电气火灾的主要因素包括漏电、短路、过负荷和接触电阻过大等，其中大部分电气火灾是由电气线路接地短路以及线路过热而引发。当出现接地短路故障时，流经线路的电流突然增大，从而使线路绝缘层和局部温度升高，若长时间积累热量，易引燃周围可燃物，从而造成火灾。油浸电力变压器、多油断路器等电气设备不仅存在较大的火灾危险，还存在爆炸的风险。在火灾和爆炸事故中，电气火灾与爆炸事故占有很大的比例。

电动汽车电气火灾是车辆使用安全的重点关注对象，为此国家颁布了 GB 18384—2020《电动汽车安全要求》、GB/T 31498—2020《电动汽车碰撞后安全要求》、GB 38031—2020《电动汽车用动力蓄电池安全要求》等相关标准，以保证电动汽车的电气安全。

2.4.6　异常带电

在高压电气系统中，原本不带电的金属外壳因高压电路故障而导致异常带电，易引发触电事故。在家用电网或工业电网中，电气设备因绝缘故障导致漏电，使金属外壳带电；高压回路故障接地时，在接地处附近呈现出较高的跨步电压，从而形成触电风险；以上是绝缘失效时异常带电的常见表现。

为解决异常带电问题，在电动汽车电气安全相关标准中，GB 18384—2020 要求车辆必须对高压回路的绝缘电阻进行检测。当高压直流回路的绝缘电阻小于等于 100Ω/V 或高压交直流传导连接的回路绝缘电阻小于等于 500Ω/V 时，整车必须做出相应的报警提示并对高压电气系统采取限制措施。整车的各个高压零部件外壳搭铁部分必须可靠接车身地，从而保证等电势符合标准要求以解决跨步电压的问题。整车的高压接插件须有互锁功能，以在维修车辆的高压部分时，防止因高压电路异常而引起触电事故。

2.4.7 异常停电

对于工业用电及民用电，在某些特定场合，异常停电可能会造成设备损坏和人员伤亡。如道路中的交通信号灯突然停电，会引发交通事故；医院的手术室可能因异常停电而被迫停止手术，无法正常施救从而危及病人生命；排放有毒气体的风机因异常停电而停转，致使封闭环境内有毒气体超过允许浓度而危及人身安全等。

在电动汽车正常使用过程中，绝不允许车辆异常断电。例如，电动汽车正常行驶时整车突然断电，车辆失去动力且失控，危及驾驶员及乘客的人身安全；电动汽车发生碰撞时整车突然断电，会导致车门无法解锁，严重时可能发生车辆起火，导致人员无逃生机会等。

2.4.8 雷电灾害

雷电是一种大气放电现象，雷电放电的电流大、电压高，且其释放的能量具有极大的破坏力。直接遭受雷击可导致人员与动物的伤亡，或引发火灾；因雷电波入侵、雷击电磁脉冲干扰等，也会导致电力系统、通信系统、雷达天线及其他电子信息系统故障或失效，进而直接或间接地导致经济损失。以上这些现象统称为雷电灾害。在雷电天气下不应对电动汽车进行充放电，以避免出现人员触电事故。

对于电动汽车充电场站应配备符合 GB 50057—2010《建筑物防雷设计规范》、DL/T 620—1997《交流电气装置的过电压保护和绝缘配合》规定的防雷设施。充电场站供电设备的正常不带电金属部分应做保护接地，严禁做接零保护，且电气设备内部的防雷地线应和机壳就近可靠连接。充电场站配备有专用电力变压器时，其电力线宜采用具有金属护套或绝缘护套的电缆穿过钢管并埋地引入充电场站。电力电缆金属护套或钢管两端应就近可靠接地；信号电缆应由地下进出充电场站，同时电缆内芯线在进站处应加装相应的信号避雷器，避雷器和电缆内的空线对均应作保护接地，站区内严禁布放架空缆线。

2.5 触电防护

触电防护的基本原则是使危险的带电体不会被有意或者无意地触及。常用措施有以下几种：通过设立、张贴专用警示标识提醒人员注意并远离高压部件；通过对带电工作部分及可导电部分增加的绝缘防护等措施来避免人体受到伤害；通过保护高压系统本身的回路来避免人员触电受伤；以及通过实时监测高压系统绝缘状态，在故障发生的第一时间做出响应，来避免人员受到伤害。

2.5.1 警示标识

1. 高压电警告标识

高压电警告标识是警示高压危险的标识。GB 18384—2020 规定，电动汽车上 B 级电压的所有高压部件都应该具有高压标识,高压警告标识符号如图 2-5 所示。符号的底色为黄色,边框和箭头为黑色。放置高压电警告标识的作用是确保人员人身安全,避免他人在未经允许或在不知情的情况下触碰高压部件而发生危险。

2. 高压电线颜色标识

高压电线外皮和高压线束波纹管都是通过橙色提示高压危险,且高压电线还应有图 2-6 所示的高压警告标识。

图 2-5　高压警告标识

图 2-6　高压电线标识

2.5.2　接触防护

接触防护措施主要有绝缘、屏护、间距三种措施:绝缘是利用绝缘材料对带电导体进行封闭和隔离;屏护是一种对电击危险因素进行隔离的方法,例如采用遮栏、护罩、护盖、箱闸等把带电导体同外界隔离,以避免人体触及或接近带电体而发生触电事故;间距是指带电体与地面之间、带电体与其他设备和设施之间、带电体与带电体之间必要的安规间隙,以防止人触及或接近带电体造成触电事故。

1. 直接接触防护

直接接触防护是通过绝缘材料、外壳或遮栏来实现人体与 B 级电压带电部件的物理隔离,电动汽车主要是通过外壳/遮栏、高压接插件、维修开关装置及充电插座几个部分的设计来实现全面直接接触保护。

(1) 外壳或遮栏接触防护设计

电动汽车高压部件的外壳或遮栏应起到隔绝人体触摸到高压部件内部带电部分的作用。对于乘用车产品,所有的高压部件在安装正确后均应满足 IPXXD 防护等级要求。

(2) 高压接插件接触防护设计

高压接插件在装配完好时,应满足 IPXXD 防护等级要求。现应用在电动汽车上的高压接插件通常在打开后非耦合状态下满足 IPXXB 防护等级要求,且具备高压互锁功能。在接插件被打开后,高压系统通过下高压电及主动泄放方式,能将回路电压降低到安全电压以下。打开后不满足 IPXXB 的接插件则需要其他机械装置的设计,保证在拆卸高压接插件前需拆下该机械装置,或者需要满足打开后 1s 内将回路电压降低到安全电压以下的要求。

(3) 高压维修断开装置接触防护设计

高压维修断开装置在装配完好时,应当满足 IPXXD 防护等级要求。当高压维修开关处于被打开或拔出的状态时,一般情况下 B 级电压带电部分应满足 IPXXB 的防护等级要求且触发高压互锁功能,或满足在分离后 1s 内其 B 级电压带电部分的电压降低到安全电压以下的要求。

(4) 充电插座接触防护设计

交流充电插座在未耦合的状态下须满足 IPXXB 防护等级要求,同时需要设计一些控制策略，使其在被拔出后 1min 内将 B 级电压回路降低到 AC 30V（有效值）或 DC 60V 以下，或者电路存储总能量小于 0.2J。但是目前直流充电插座在未耦合状态下无法满足 IPXXB 防护等级要求。

2. 间接接触防护

在高压电气设备、线路等出现故障的情况下，原不带电的外露可导电部分可能变为带电状态，这时会有触电的风险。为避免发生此类人身触电事故而采取的防护措施，称为间接接触防护。电动汽车间接接触防护措施有以下设计要求：

（1）绝缘电阻设计要求

在最大工作电压下，直流电路绝缘电阻应不小于 100Ω/V，交流电路绝缘电阻应不小于 500Ω/V。如果直流和交流的 B 级电压电路可导电地连接在一起，则应满足绝缘电阻不小于 500Ω/V 的要求。

若交流电路有附加防护，则组合电路绝缘电阻要求不小于 100Ω/V。附加防护方法需满足线路有两层及以上的绝缘层、遮栏或者外壳，或者满足电路布置在外壳里或遮栏后，且这些外壳或遮栏应能承受不小于 10kPa 的压强，不会发生明显的塑性变形。

（2）电位均衡设计要求

用于防护与 B 级电压电路直接接触的外露可导电外壳或遮栏等，应传导连接到电平台间，满足外露可导电部分与电平台间的连接阻抗应不大于 0.1Ω，且任意两个可以被人同时触碰到的外露可导电部分，即距离不大于 2.5m 的两个可导电部分之间的电阻应不大于 0.2Ω。电位均衡通路中，如果是采用焊接连接方式，则默认为满足上述要求。

（3）电容耦合设计要求

B 级电压电路中，任何 B 级电压带电部件和电平台之间的总电容在其最大工作电压时存储的能量应不大于 0.2J。0.2J 为对 B 级电压电路正极侧 Y 电容或负级侧 Y 电容最大存储电能要求。此外，若有 B 级电压电路相互隔离，则 0.2J 为单独对各相互隔离的电路的要求。

（4）充电插座设计要求

车辆交流充电插座和直流充电插座均应有端子将电平台与电网的接地部分连接，此外，充电时传导连接到电网的电路的绝缘电阻，在充电口断开时应不小于 1MΩ。

3. 兼顾直接和间接接触防护的措施

兼顾直接接触防护和间接接触防护措施主要有：安全电压、剩余电流动作保护、双重绝缘、加强绝缘及电气隔离。

（1）安全电压

安全电压又称安全特低电压，是属于既能避免直接接触电击，又能避免间接接触电击的防护措施。其保护原理是限制系统可能会作用于人体的电压至安全范围内，从而使触电时流经人体的电流受到抑制。

一般来说，当人体流过 AC 0.5mA 电流时就会产生生理反应，但此大小的电流不会对人体产生任何生理性伤害；当人体长时间通过 5mA 的交流电流时，则会产生强烈的类似于肌肉收缩的反应，不过依旧不会造成生理性伤害；当人体较长时间通过超过 10mA 的交流电流时，将会产生病理性反应，如呼吸困难、心跳加快等。当通过人体的电流增加到一定值、持续通过时间累积到一定程度时，人体有可能发生致命的心室纤维性颤动，进而死亡。

当人体通过 2mA 的直流电流时，就会有明显刺痛的感觉，但不会造成生理性伤害。长时间通过 20 mA 以上的直流电流时，则会造成肌肉和心脏功能紊乱，严重危害人体健康。

（2）剩余电流动作保护

剩余电流动作保护又称为漏电保护，是由剩余电流动作继电器、低压断路器或交流接触器等组成的剩余电流动作保护装置（Residual Current Protective Device，RCD）。RCD 是在正常运行条件下能接通、承运和分断电流，以及在剩余电流达到规定值时能使触头断开的机械开关电器或组合电器。剩余电流是指流过剩余电流动作保护装置主回路瞬时电流的向量和（用有效值表示）。剩余电流动作保护装置是一种低压安全保护电器，主要用于防止人身电击，避免因接地故障引起的火灾。当电气设备发生漏电时，将会出现异常的电流和电压信号。保护装置通过检测异常电流或异常电压信号，经过信号处理，执行相关机构动作，借助开关设备迅速切断电源。

剩余电流动作保护装置的组成示意图如图 2-7 所示，其主要由检测元件、中间环节（放大元件和比较元件）和执行机构三个基本环节组成。此外，还有辅助电源和试验装置。

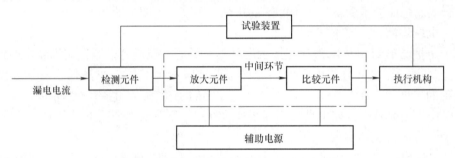

图 2-7 剩余电流动作保护装置组成方框图

（3）双重绝缘和加强绝缘

基本绝缘指带电部分对防触电起基本保护作用的绝缘，位于带电体与不可触及金属件之间；附加绝缘是在基本绝缘损坏的情况下，可防止触电的独立绝缘，位于不可触及金属件与可触及金属件之间；双重绝缘是指由基本绝缘和附加绝缘两部分组成的绝缘；加强绝缘是基本绝缘经改进，在机械性能和电气性能上具备了与双重绝缘同等防触电能力的单一绝缘，其在构成上可以包含一层或多层绝缘材料。

双重绝缘和加强绝缘的安全条件：

1）绝缘电阻。绝缘电阻在直流电压为 500V 的条件下进行测试，要求基本绝缘的绝缘电阻不低于 2MΩ，附加绝缘的绝缘电阻不低于 5MΩ，加强绝缘的绝缘电阻不低于 7MΩ。交流耐压试验要求基本绝缘试验电压为 $2U+1000V$（最小 1500V），附加绝缘试验电压为 $2U+2250V$（最小 2750V），加强绝缘试验电压为 $2U+3250V$（最小 3750V），其中 U 为高压系统最高工作电压。对于可能产生谐振电压的情况，试验电压应比 2 倍谐振电压高出 1000V。耐压试验持续时间为 1min，试验过程中不得出现闪络或击穿现象。

2）外壳防护和机械强度。在正常工作以及打开门盖和拆除可拆卸部件时，具有双重绝缘和加强绝缘的设备能保证人体不会触及仅靠基本绝缘与带电体隔离的金属部件，其外壳上不得有易于接触上述金属部件的孔洞。若利用绝缘外护物实现加强绝缘，则要求外护物必须用钥匙或工具才能打开，同时外护物上不得有金属件穿过，并具有足够的绝缘水平和机械强度。

（4）电气隔离

电气隔离是指在电路中避免电流直接从某一区域流到另外一区域的方式，也就是在两个区域间不建立电流直接流动的路径。虽然电流无法直接流过，但能量仍然可以经由其他方式传递，例如电磁感应、电磁波，或是利用光学、声学，或用机械的方式进行传递。

电气隔离原理图如图2-8所示。图中a、b表示两个人，从触电危险性可以看出，正常情况下，由于N线（或PEN线）直接接地，使得流经人体a的电流沿系统的工作接地和重复接地构成回路，因此人体a被电击时的危险性增大；而流经人体b的电流只能沿绝缘电阻和分布电容构成回路，降低了被电击的危险性。

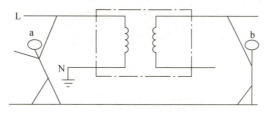

图2-8 电气隔离原理图

电气隔离的安全条件有：

1）电气隔离的回路，交流电压有效值不得超过500V。

2）电气隔离的回路必须由隔离的电源供电。

3）被隔离回路的带电部分保持独立，严禁与其他电气回路、保护导体或大地有任何电气连接。应有可有效防止被隔离回路因故障接地或串联其他电气电路的措施。

4）软电线电缆中易受机械损伤部分的全长应可见。

5）被隔离回路应采用独立的布线系统。

6）隔离变压器二次侧线路电压过高或线路过长都会降低电路对地的绝缘水平，电压与线路长度的乘积不应超过100000V·m，布线系统的长度不应超过200m。

电气隔离的主要作用是减少两个不同电路之间的相互干扰。例如，某个实际电路工作的环境较差，容易造成接地等故障，如果不采用电气隔离，直接与供电电源连接，一旦该电路发生接地，整个电网就有可能受其影响而无法正常工作。采用电气隔离后，该电路接地时就不会影响到整个电网的工作，同时还可以通过绝缘检测装置监测该电路对地的绝缘情况。一旦该电路发生接地，绝缘检测装置就可以及时发出警报，提醒管理人员采取适当措施解决故障，从而避免危险的发生。

2.5.3 短路防护

1. 汽车电路及线路短路故障的分析

汽车线路短路是指汽车电路中的电流未流经用电设备而直接正负极搭接，搭接回路中的负载只有导线电阻，且导线电阻很小可忽略不计，使得电路中的电流非常大，从而损坏电源或使导线过热发生火灾。电动汽车短路故障可分为低压线路短路和高压线路短路两类。

电动汽车低压线路短路故障，主要分为4种，如图2-9和表2-2所示。

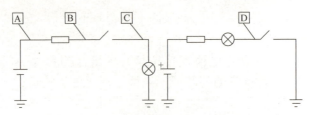

图 2-9 汽车低压线路短路故障分类

表 2-2 低压线路短路故障分类

线路短路类型		常见故障现象
A	电路在熔断器前短路；A 点对地短路	该用电设备不工作，且 A 点到电池正极之间导线过热烧焦或烧毁
B	电路在熔断器后，控制开关或用电设备之前短路；B 点对地短路	该用电设备不工作，且熔断器熔断
C	电路在控制开关之后用电设备前短路；C 点对地短路	开关一闭合，熔断器即熔断
D	电流流过用电设备，但未流过控制开关发生的短路；D 点对地短路	用电设备不受开关控制，处于工作不停的阶段

电动汽车高压线路短路故障，主要分为 3 类：动力蓄电池包短路、电驱动总成负载短路以及其他高压用电设备短路，或高压线束正负极接反短路。电动汽车高压线路短路后，会产生远远大于额定电流的短路电流，轻则烧掉高压回路的熔丝，造成整车故障，重则会出现烧车，危及人的生命财产安全。

2. 短路的原因分析

1）对于车龄较长车辆上的导线或者距离高温零件较近的导线，容易因线路绝缘胶皮老化剥落，使金属导线搭铁。

2）线束固定不牢与金属车身或零件刮擦，导致绝缘层破坏，使金属导线搭铁。

3）加装或改装不当、使用截面积过小的导线，导致线路超负荷，易过热烧坏绝缘层，造成短路。

4）电源供电异常，造成半导体元件损坏，导致短路。

5）导线插接件连接接触不良、搭铁点固定螺栓松动，引发局部过热烧坏绝缘层导致短路。

6）熔断器型号选型过大，造成线路中电流过大时不能及时断开，导致大电流烧坏线路绝缘层引发短路。

7）电动汽车中高压零部件在汽车发生碰撞后使高压正负极搭接，造成短路。

3. 电动汽车高压线路短路防护

1）高压回路加装合适的熔断器。当回路发生短路后，熔断器因大电流的作用熔断切断高压回路，进而保护高压用电设备及高压线线缆。

2）增加高压导线的绝缘能力。选择绝缘能力强及寿命长的导线，防止因老化或过热熔化导致导线接触造成的短路。

3）增加正负极铜排之间的电气间隙及爬电距离。

2.5.4 高压回路主动监测与防护

纯电动汽车工作电压在几百伏以上,工作电流达数十安培甚至数百安培,当发生高压安全故障时,高电压和大电流不仅危及乘客人身安全,还会影响低压电器的正常工作。因此,对纯电动汽车开展高压回路电安全监测与防护工作具有极其重要的意义。

1. 过电流保护

过电流保护是指当电流超过预定最大值时,触发保护装置动作的一种保护方式。当流经被保护元件中的电流超过预先整定的某个数值时,保护装置被触发启动,并依据时限保证动作的选择性,使空开跳闸或做出限制电流措施的同时给出警告信号。相较于低压回路,高压回路中电流过大的危害更大,超过预定值就会烧坏元器件或设备,严重时可能引起火灾甚至危害人的生命。所以过电流问题需引起重视,并做好保护措施。

电驱动总成是提高电动汽车的驱动性能、续驶里程及可靠性的根本保证,是电动汽车的心脏,下文着重对电驱动总成过电流原因进行分析,同时介绍过电流保护方案。

电驱动总成过电流故障产生的主要原因如下:

1)电动汽车电机控制器输出端三相线发生短路,导致过电流。

2)电动汽车出现冲击负载或者电动汽车爬坡出现驱动电机堵转时,驱动电机的两相长时间接通,相线电感饱和,导致过电流。

3)电动汽车急加速(急减速/急制动)时,车子本身负载惯性较大,升速(降速)时间设定太短,电机控制器的工作频率上升太快,原来同步电机处于转子产生的磁场和定子产生的旋转磁场同步的状态下,当出现急加速或急减速时,电机的转子因惯性较大,仍在高速旋转,转子产生的磁场与定子的旋转磁场出现转差过大,导致绕组切割磁感线过快,产生过大的感应电动势,从而导致产生过电流。

4)电机控制器电源侧缺相、输出侧断线、电动机内部故障引起过电流故障。

5)电机控制器的容量选择与负载特性不匹配,引起电机控制器功能和工作异常,产生过电流。

对车用电机控制器的过电流保护主要从硬件和软件处理两方面进行。硬件处理主要包括对传感器的选择,例如:传感器灵敏度和精确度;对 DSP 处理器能力的选择;电流信号检测和处理能力,主要是包括滤波、判断和保护。软件处理主要是基于得到过电流信号后通过程序的比较分析及执行相应的安全策略而进行的保护。

2. 高压互锁检测

高压互锁(Hazardous Voltage Interlock Loop,HVIL)在电动汽车中应用广泛,通过低压信号来检查整个高压系统回路的完整性及连续性,识别回路的异常断开,并及时断开高压输入端的控制电器件。

高压互锁的设计原则:

1)HVIL 回路必须能够有效、实时、连续地监测整个高压回路的通断情况。

2)所有高压插接器应具备机械互锁装置,且高压插接器断开前,HVIL 首先断开,高压插接器接合后,HVIL 再接通。

3)所有高压插接器在非人为的情况下,不能被接通或断开。

4)高压互锁回路在特殊情况下,应可以直接通过 BMS 监测并在监测到 HVIL 异常时直接断高压回路。

5）在识别到 HVIL 有异常时，车辆必须有报警指示，比如以仪表指示灯亮起或发出警告鸣声等形式提醒驾驶员车辆异常。

图 2-10 所示为一种常见的高压互锁检测方案，虚线为高压互锁插件示意，其中 AB 段为铜导线，该导线位于高压互锁插接件中；A′ 与 B′ 右侧部分为高压互锁检测电路，AA′ 端与 BB′ 端为高压插件接触端；AD0 与 AD1 端为模拟信号采集端，车辆控制芯片通过采集 AD0 与 AD1 端的电压值实现高压互锁插件连接状态的检测；在检测电路达到稳态的情况下，AD0 端的电压与 A′ 端的电压相等，AD1 端的电压与 B′ 端的电压相等。高压互锁故障检测电路实际上是检测 A′ 与 B′ 端的电压，并依据该电压进行故障状态判断。

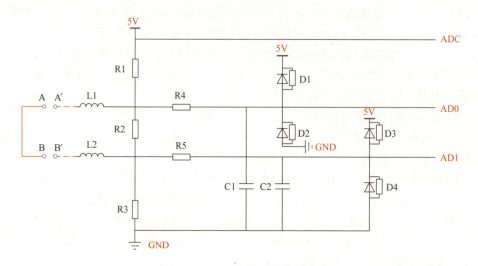

图 2-10　高压互锁检测电路原理图

3. 接触器状态检测

接触器（又称继电器）是一种小电流控制大电流的元器件，其作用有三：一是开关作用；二是负荷过载断电保护作用；三是故障断电保护作用。

电动汽车高压回路中的接触器主要有动力蓄电池包接触器和直流充电口接触器。接触器工作状态可分为导通及断开两种。

电动汽车最常见的故障就是高压总成内部接触器烧结，烧结主要表现为接触器在吸合后一直保持吸合状态，收到命令后不进行动作。而电动汽车内部低压电路控制高压电路的接触器一旦烧结，就会造成车辆无法启动、电驱动功能受限、停车后无法充电等故障。高压接触器烧结可以通过专用诊断仪、万用表及车辆本身的 BMS 检测，其中通过 BMS 进行烧结检测的原理如图 2-11 所示。

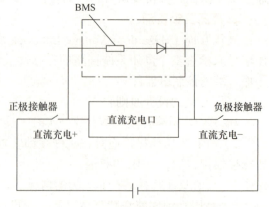

图 2-11　接触器烧结检测原理图

直流充电时，在充电确认阶段前，BMS 通过烧结检测模块分别对直流充电正、负极接触器进行烧结检测。当检测直流充电正极接触器时，BMS 控制直流充电负极接触器吸合，检测光耦元件是否导通，若导通则说明正极接触器烧结。检测负极接触器的原理如图 2-11 所示，需要注意，这时只能检测出发生在直流充电确认阶段前的烧结，若烧结发生在充电过程中，则在该充电过程中不报烧结故障。总结如下。

（1）直流充电正极接触器检测

正常情况：BMS 控制负极闭合，正极断开；BMS 通过烧结模块检测路径不为通路，则正极接触器正常。

故障情况：若正极接触器烧结，则正极接触器必然接通；BMS 控制负极闭合，同时通过烧结模块检测高压路径通路，则确认正极接触器烧结。

（2）直流充电负极接触器检测

正常情况：BMS 控制正极闭合，负极断开；BMS 通过烧结模块检测路径不为通路，则负极接触器正常。

故障情况：若负极接触器烧结，则负级接触器必然接通；BMS 控制正极闭合，同时通过烧结模块检测高压路径通路，则确认负极接触器烧结。

除此之外，常见的接触器检测方法分为外观检测、静态检测和动态检测三个步骤。

判断接触器好坏的检测步骤：

1）外观检查：首先检查接触器静触点，甚至是触点边缘外壳有无明显的高温氧化现象，其次是检查外壳和静触点有无明显的破裂现象，最后是看静触点内螺纹内部有无明显的烧蚀异物等现象。

2）静态检测：首先在线圈不通电的情况下，用万用表检测静触点是否导通，若导通，则说明烧结；然后用万用表测量线圈阻值，若阻值不在设计值要求范围内，则说明线圈电阻异常。

3）动态检测：若静态测试接触器为不烧结，同时线圈电阻正常，则对线圈供电，供电电压参照产品规格书要求值，万用表测试静触点两端是否导通，同时听有无闭合的响声，和摸接触器外壳有无明显的震感；若导通，且有响声、有震感，则为正常；若不导通，且有响声、有震感，则为闭合不导通；若不导通，且无响声、无震感，则为动作机构卡滞故障。

4. 绝缘监控

正常运行情况下，电动汽车动力系统是一个独立的系统，对车辆壳体完全绝缘。但是不排除由于车辆长时间运行后，高压线束老化或受潮导致的绝缘降低而使得车身带电。车辆复杂的工况，振动、温度和湿度的变化，以及酸碱气体的腐蚀等都会引起电动汽车上绝缘层的损坏，使得绝缘性能下降，从而产生漏电风险。因此，实时地检测车辆的绝缘性能对保证人身安全和车辆安全运行具有重要意义。

GB 18384—2020 规定车辆应有绝缘检测功能：在车辆 B 级电压电路接通且未与外部电源传导连接时，能够持续或者间歇性地检测车辆的绝缘电阻值；当该绝缘电阻值小于制造商规定的阈值时，应通过一个明显的信号（例如声或光信号）装置提醒驾驶员。

目前，市面上常见的绝缘检测方法主要包括电流传感法、对称电压测量法、电桥平衡法、低频信号注入法等。其中电桥平衡法与低频信号注入法应用最为广泛，下面分别介绍这两种方法。

1)电桥平衡法系统的原理架构如图 2-12 所示。在电池包正负极串入较大电阻 R(兆欧级别)时,分别测量 U、U_1、U_2 的电压。R 已知,U、U_1 和 U_2 都可测得,通过式(2-2)可求出 R_+ 和 R_-,进而得到电池包的绝缘阻值。

$$\frac{U+U_1+U_2}{R_+ + R_- + R} = \frac{U_1}{R_+} = \frac{U_2}{R_-} \qquad (2\text{-}2)$$

式中,R_+ 为电池包正极对地绝缘电阻;R_- 为电池包负极对地绝缘电阻;R 为串入电池包正负极间的电阻(兆欧级别);U 为电池包总电压;U_1 为 V_1 表所测电压;U_2 为 V_2 表所测电压。

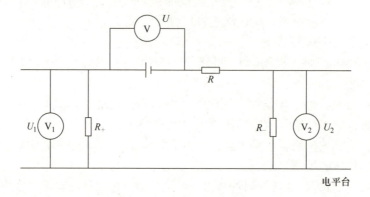

图 2-12 电桥平衡法绝缘检测原理

2)低频信号注入法系统的原理架构图如 2-13 所示,进行低频信号注入法测试时,测试系统内部产生一个正负对称的方波信号,通过绝缘阻抗检测仪连接端子与直流高压系统和电平台之间的绝缘电阻构成测量回路。通过对采样电阻上分压的采集,计算得出绝缘电阻的大小。

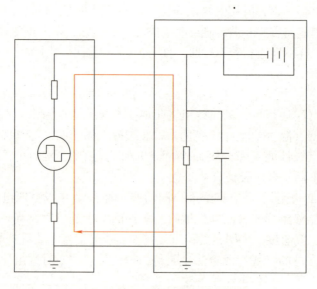

图 2-13 低频信号注入法绝缘检测原理

2.6 电气防火、防爆

电气火灾在火灾和爆炸事故成因中占有较大的比例。统计资料显示，我国发生的电气火灾占全部火灾的30%左右，居于各种火灾成因的首位。

据有关资料，在化学工业领域约有80%以上的生产车间属于爆炸性危险环境；石油开采现场和精炼厂约有70%的场所属于爆炸性危险环境。在爆炸性危险环境中，电气方面的原因，例如电气设备或线路的危险温度、电火花和电弧等会成为引发火灾爆炸的引燃源，极易造成人身伤亡和财产损失。

2.6.1 电气引燃源

电气装置运行中产生的危险温度和电弧是引发可燃物火灾和爆炸的两种基本引燃源，可称之为电气引燃源，下面着重对危险温度进行详细介绍。

电气设备运行时总伴随着一定热效应的产生，从而引起电气设备某部分与周围介质产生的温度差。电气设备在正常运行时，其发热和散热相对趋于平衡，最高温度和最高温升都在允许范围内。当发热量增加，温度升高超过一定范围，就会有一定的风险引起火灾，引起电气设备过度发热的情况大致有以下几种：

1. 短路

短路是指不同电位的导电部分之间包括导电部分对地之间的低阻性短接。发生短路时，线路中的电流增大为正常时的数倍乃至数十倍，载流导体无法迅速散热，温度急剧上升，暂态的大电流将产生很大的电动力，造成电气设备损坏。造成短路的主要原因有：

1）电气设备、元件的损坏，如：设备绝缘部分自然老化或设备本身有缺陷，正常运行时被击穿短路等。

2）自然的原因，如：因遭受直击雷或雷电感应，设备过电压、绝缘被击穿等。

3）人为事故，如：工作人员违反操作规程带负荷拉闸，造成相间弧光短路等。

2. 过载

电气线路或设备长时间过载也会导致温度异常上升，形成引燃源。过载的原因主要有如下几种情况。

1）电气线路或设备选型不合理，裕量考虑不到位，以致在正常情况下出现过热。

2）电气设备或线路使用不合理，负载超过额定值或持续使用时间过长出现过热。

3）设备故障运行会造成设备和线路过负载，如三相电机单相运行或三相变压器不对称运行均可能造成过载。

4）电气回路谐波也可能导致线路电流增大而过载。

3. 接触不良

电气线路或电气装置中电路连接部位是系统中的薄弱环节，也是产生危险温度的主要部位之一。电气接头连接不牢、焊接不良或接头处夹有杂物，都会增大接触电阻而导致接头过热。

2.6.2 电气防火、防爆措施

据统计，电动汽车自燃自爆大概率是由动力蓄电池引起的。并且上市电动汽车车型的

车载动力蓄电池主要是锂离子蓄电池,为了避免锂离子蓄电池的自燃自爆,需要注意以下几点:

1. 锂离子蓄电池切忌过充电

对于锂离子蓄电池,应注意避免过充电,否则电池将会因过充电膨胀变形而损坏,严重时甚至会爆炸。另外电池闲置时间不宜过长,挤压、踩踏、高空扔摔蓄电池组等也都是不允许的,且严禁私拆电池。

2. 及时检查线路

电力线路绝缘皮存在自然老化现象,尤其在工作时温度较高的零部件,如电机、电控等高压器件附近,线束的绝缘皮更容易老化失效,存在漏电、短路等风险。所以做好电动汽车电气线束的定期检查,及时发现和避免电气线路故障是预防电动汽车火灾最有效的手段之一。

3. 避开凹凸道路

据不完全统计,电动汽车60%的起火原因都是底盘受外力冲击,导致动力蓄电池被撞击、挤压乃至刺穿。如今大多电动汽车都加装了底盘护板,但其也只是限于日常城市驾驶时的保护,不足以应付颠簸路面的涉险通过。遇到凹凸道路时,驾驶员应尽量避开或小心驾驶通过。行驶过程中,如果电动汽车发生碰撞后起火,车内人员应立刻逃离车辆。

2.7 静电防护

静电防护是为了防止静电积累所引起的人身电击、火灾和爆炸、电子器件失效和损坏,以及对产生的不良影响而采取的防范措施。其防范原则主要是抑制静电的产生、加速静电的泄漏、进行静电中和等。

2.7.1 静电的产生及危害

处于相对稳定状态的电荷被称作静电。所谓相对稳定状态,是指相对于观察者而言,物质所带电荷处于静止或缓慢变化。静电现象是广泛存在于自然界、工业生产和人们日常生活中的一种十分普遍的电现象。通常将由于某种静电现象的作用或影响而导致人员伤亡、财产损失或环境受到破坏的状态与条件统称为静电危害。静电危害是电动汽车引发火灾和爆炸的主要危险因素之一。除此之外,静电也能给人以电击,造成二次事故;静电还可能妨碍生产。静电最大的危害是引发爆炸和火灾,因此静电防护以防止爆炸和火灾为核心。

1. 静电的产生

汽车静电产生的方式主要有:在汽车行驶过程中,空气中的尘埃与车身金属表面相互摩擦产生;汽车内饰纤维织物,如地毯、座椅垫、衣物等摩擦产生。一般情况下,人体和汽车所带的电量有限,其电压不足以给人体和汽车造成很严重的后果,人体无法感受到1000V以上不足2000V的静电放电。当静电达到2000V时,手指就会有所感觉。当静电超过3000V时,手指有针刺感。汽车在行驶途中,车主在没有任何防备的情况下因一个正常动作而遭受静电袭击时,会在慌忙中出错,导致驾驶动作改变或误操作,可能会引发意外交通伤亡事故。当静电超过7000V时,人体就有明显的被电击感,会严重影响驾驶员的正常驾驶,以致对道路交通安全造成威胁。

2. 静电的消散

静电的消散有两种主要方式，即中和和泄漏。前者主要是通过空气消散，后者主要是通过带电体本身及其相连接的其他物体消散。

（1）静电中和

空气中存在着极为有限的带电粒子，这些带电粒子的存在，使带电体在与空气的接触中，其所带电荷会逐渐得到中和。但这个中和过程是极为缓慢的，一般情况下不会被察觉。

（2）静电泄漏

静电泄漏是指带电体上的电荷通过自身或其他物体等途径向大地传导而使其部分或全部消失的过程。绝缘体上的静电泄漏主要有两条途径：一条是经绝缘体表面泄漏；另一条是经绝缘体内部泄漏。前者遇到的是表面电阻，后者遇到的是体积电阻。

静电通过绝缘体本身的泄漏类似电容器放电，其电量符合式（2-3）的规律：

$$Q = Q_0 e^{-t/\tau} \tag{2-3}$$

式中，Q_0 为泄漏前的电量（初始值）；τ 为泄漏时间常数；t 为泄漏时间。

对于生产过程中产生的有害静电，泄漏时间常数越大，静电越不容易泄漏，危险性越大。通常用带电体上的电荷消散至其初始值的一半时所需要的时间来衡量静电泄漏的快慢，以此来衡量危险性的大小，这个时间叫做电荷半值时间。

3. 静电的影响因素

对静电产生和积累的影响因素有多种，包括材质、工艺设备和参数、环境条件等。掌握静电的影响因素，有利于实现对静电危害的控制。

4. 静电的危害

在生产工艺过程中，静电放电作用、静电感应作用和静电库伦力作用等可带来事故隐患。工艺过程中产生的静电可能引起爆炸和火灾、对人身造成电击伤害、妨碍生产，以及干扰和损坏电子设备。其中，爆炸和火灾是最为严重的危险。

2.7.2 静电危险的安全界限及防护措施

静电安全防护重点是对引发爆炸和火灾的防护，相应防护措施应根据现场环境条件、生产工艺和设备、加工物件的特性以及发生静电危害的可能程度予以研究选用。

1. 静电危险的安全界限

当静电相关量值超过其满足相应条件的安全界限时，就可能引发静电危险。熟悉静电的安全界限，对控制静电危险十分重要。

（1）静电放电点燃界限

导体间的静电放电能量按式（2-4）计算：

$$W = \frac{1}{2}CU^2 \tag{2-4}$$

式中，W 为放电能量（J）；C 为导体间的等效电容（F）；U 为导体间的电位差（V）。

其数值大于可燃物的最小点燃能量时，就有引燃风险。

（2）引起人体电击的静电电位

人体与导体间发生放电的电荷量达到 2×10^{-7}C 以上时，就可能感知电击。当人体的电容为 100pF 时，发生电击的人体电位约 3kV。不同人体电位的电击程度见表 2-3。

表 2-3　不同人体电位的电击程度

人体电位 /kV	电击程度	备注
1.0	完全无感觉	—
2.0	手指外侧有感觉，但不疼	发出微弱的放电声
3.0	有被针刺的感觉，微疼	—
4.0	有被针深刺的感觉，微疼	见到放电的微光
5.0	从手掌到前腕感觉疼	指尖延伸出微光
6.0	手指感到剧疼	—
7.0	手指和手掌感到剧疼，稍有些麻木	—
8.0	手掌到前腕有麻木的感觉	—
9.0	手腕感到剧疼，手感觉麻木沉重	—
10.0	整个手感到疼，有电流流过的感觉	—
11.0	整个手掌感到强烈打击	—

2. 静电防护措施

（1）减少电荷产生

对接触起电的物料，应尽量选用在带电序列中位置较邻近的，或对产生正负电荷的物料加以适当组合，使最终达到起电最小。在生产工艺中，对有关物料尽量做到接触面积和压力较小，接触次数较少，运动和分离速度较慢。

（2）静电屏蔽

带电体应进行局部或全部的静电屏蔽，或利用各种形式的金属网减少静电的积聚。

（3）消除静电放电条件

在设计和制造工艺装置或装备时，应避免存在静电放电的条件，如在容器内避免出现细长的导电性凸出物和避免物料的高速剥离等。

3. 电动汽车中的静电防护应用

（1）安装静电放电器

静电放电器也叫静电释放器，其工作原理就是通过其内部的金属导线将车内静电传导到放电器上，再通过空气或地面传导到大自然，以达到消除车内静电的目的。

（2）做好静电保养

给汽车漆面喷抹、涂覆诸如蜡、釉、膜层和液剂等，主要作用是防止车表静电，原理是隔断尘埃与车表金属摩擦。

（3）养成良好的用车习惯

静电之所以会产生，干燥是一个重要成因，因此可以通过增加车内湿度减少静电的产生，主要的措施是：减少空调的使用、加装车载加湿器和保持手部湿润等。

2.8 雷电防护

电动汽车防雷击主要应用在充电桩防雷。目前，市场上安装的地板充电桩的高度一般不超过 2m，多安装在露天或者半露天的环境，但充电桩的壳体多为金属材料，导电性好，很容易产生向上的引线放电，被雷击的概率大大增加。雷击产生的巨大电流会在桩壳与内部构件之间，桩壳与周围人员、物体之间形成较大的电势差，从而引起重大灾害事故，损坏充电设施，危及附近人员的安全。

充电桩防雷主要有以下措施：首先，科学选址，合理规避雷击高风险区域，尽量避开高层建筑物密集、预期雷击频率较高的区域，尽量远离高压架电力线及其高耸的塔楼。

其次，要做好设备各金属组件之间的防雷等电位连接，将充电桩外壳、支架、金属线管等所有金属组件通过金属螺栓、导线或电涌保护器（Surge Protection Device，SPD）连接到防雷装置上。值得注意的是，当前有不少充电桩金属构件通过利用充电桩提供交流电源的电缆 PE 线接地，虽可对工频泄漏电流进行有效保护，但当设备遭雷击时，从雷击点经 PE 线到最近的重复接地点之间的距离一般较长，PE 线的雷击电流通道阻抗较大，将产生很高的电压。由此可见，仅通过 PE 线连接的方式并不值得推荐。

另外，还要做好屏蔽和合理布线，屏蔽是减少雷电脉冲干扰的基本措施之一，同等条件下建议优先选用金属外壳且板材较厚、电气电子元器件的抗干扰度相对较高、电磁兼容性较好的产品。根据安装方式的不同，充电桩的布线通常可分为下进式和侧进式两种。前者多用于落地式充电桩布线，主要是将电缆布设在埋地电缆沟内引至充电桩基础下方进线，可在一定程度上减少雷击电磁脉冲干扰的影响。后者多用于壁挂式充电桩布线，主要是将电缆沿墙体外立面布设引至充电桩。当线路无屏蔽措施时，极易受雷击电磁脉冲干扰，因此在同等条件下优先选择下进式布线。

最后，对浪涌保护器的选择方面，电源防雷器应适用于 TN-S 三相五线制电源系统，且应具备以下几个特点：低残压；响应速度快；具有超低电压保护水平；在安装过程中，必须有可靠的 PE 接地。

第 3 章 电动汽车电磁兼容基础

3.1 概述

在信息全球化进程日趋加快的今天，电子技术的普及程度已成为衡量社会进步的标志，随之带来的电磁干扰问题成为人们关注的焦点。随着各类新型电子电气技术的不断创新和广泛应用，电磁干扰的影响将持续快速地扩大。在对电磁干扰现象的机理研究和问题解决的过程中，形成了电磁兼容（Electromagnetic Compatibility，EMC）这门学科。电磁兼容是一门研究在有限的空间和时间、特定的电磁环境和频谱资源等条件下，各类电子电气设备可以共存并不致引起其功能发生降级的新兴学科，研究对象从微小的单个芯片到庞大的集成电路系统，无所不包。而电动汽车的电气系统架构远复杂于传统燃油汽车，相应的电磁兼容问题也更加突出。如何保障高度智能化的汽车在复杂的电磁环境下安全运行，是电动汽车研发过程中必须解决的重大课题。电动汽车电磁兼容性设计的重要性不言而喻。

本章首先介绍电磁兼容的基础知识，包括基本概念、常用术语、三要素概念、干扰耦合方式、设计基础（接地、屏蔽及滤波设计）；其次介绍电动汽车电磁兼容基础，从电动汽车面临的电磁兼容问题、电动汽车核心的动力系统分析（包含电驱动总成、车载充电机、DC/DC 变换器以及动力蓄电池包）、整车电磁兼容设计和整车测试标准四个方面展开阐述；最后就公众关注的电动汽车人体电磁防护问题，扼要介绍当前国内外相关的研究成果和要求。另外，基于比亚迪多年一线研发经验总结，电动汽车动力系统电磁兼容的工程应用部分将在第 8 章进行阐述。

3.2 电磁兼容基础

3.2.1 电磁兼容概念与常用术语

GB/T 4365—2003《电工术语 电磁兼容》中给出的电磁兼容的定义为："设备或系统在其电磁环境中能正常工作且不对该环境中任何事物构成不能承受的电磁骚扰的能力"。因此在进行电子设备或系统电磁兼容设计时，一方面应使它具有规定的抗电磁干扰能力，另一方面应使它不产生超过限值的电磁干扰。

在 GB/T 29259—2012《道路车辆 电磁兼容术语》中，车辆电磁兼容性（Vehicle Electromagnetic Compatibility）定义为："车辆、电气电子系统/部件在车辆电磁环境中能正常工作且不影响其他车辆、系统/部件正常工作的能力"。也就是说，汽车电磁兼容问题就是研究在汽车及其周围的空间中，在一定的运行时间内，在某特定的电磁环境和许用的频谱资源条件下，汽车本身及其周围的各类用电设备（广义的还包括生物体）可以共存，不致引起其功能发生降级。

与传统燃油汽车相比，电动汽车最大的不同点在于具有集成了大功率的电力电子器件的电气动力系统，因此，研究电动汽车的电磁兼容性，既要考量与传统燃油汽车具有的共性，又要重点分析其动力系统带来的特殊性。

为了更好地理解电磁兼容理论，列出以下常用术语：

1. 电磁兼容性（Electromagnetic Compatibility，EMC）

设备或系统在其电磁环境中能正常工作且不对该环境中任何事物构成不能承受的电磁骚扰的能力。

2. 电磁环境（Electromagnetic Environment）

存在于给定场所的所有电磁现象的总和。

> 注：通常，电磁环境与时间有关，对它的描述可能需要用统计的方法。

3. 车辆电磁兼容性（Vehicle Electromagnetic Compatibility，EMC）

车辆、电气电子系统/部件在车辆电磁环境中能正常工作且不影响其他车辆、系统/部件正常工作的能力。

4. 车辆电磁环境（Vehicle Electromagnetic Environment）

存在于车辆内外所有电磁现象的总和。

5. 电磁骚扰（Electromagnetic Disturbance）

任何可能引起装置、设备或系统性能降低或对生物或非生物产生不良影响的电磁现象。

> 注：电磁骚扰可能是电磁噪声、无用信号或传播媒介自身的变化。它是一种电磁现象，是客观存在的物理现象，可能引起降级或损害，但不一定形成后果。

6. 电磁干扰（Electromagnetic Interference，EMI）

电磁骚扰引起的设备、传输通道或系统性能的下降。

> 注：术语"电磁骚扰"和"电磁干扰"分别表示"起因"和"后果"。以前在术语上并未将物理现象与其造成的后果明确划分，故统称为干扰（interference）。进入20世纪90年代，IEC60050（161）发布后，才明确引入了"骚扰"（disturbance）这个术语，与过去惯用的"干扰"一词明确分开。

7. 电磁发射（Electromagnetic Emission）

从源向外发出电磁能的现象。

8. 电磁辐射（Electromagnetic Radiation）

能量以电磁波形式由源发射到空间的现象或/和能量以电磁波形式在空间传播。

> 注："电磁辐射"一词的含义有时也可引申，将电磁感应现象也包括在内。此处"发射"与通信工程中常用的"发射"含义并不完全相同。电磁兼容中的发射既包含传导发射，也包括辐射发射，而通信中的发射主要指辐射发射。电磁兼容中的发射通常是无意

的，一些本用做其他用途的部件（如电线、电缆等）充当了发射源的角色，而通信中则是由精心设计与制作的发射部件（如天线、探头等），其发射英文多使用 transmission 一词。

9. 电磁敏感度（Electromagnetic Susceptibility，EMS）

在有电磁骚扰的情况下，装置、设备或系统不能避免性能降低的能力。

10.（对骚扰的）抗扰度 [Immunity (to Disturbance)]

装置、设备或系统面临电磁骚扰不降低运行性能的能力。

> **注：** 敏感性越高，抗扰度越低。实际上，抗扰度与敏感性都反映的是装置、设备或系统的抗干扰的能力，仅仅是从不同的角度描述而言。军用标准体系常用敏感性这一术语，而民用标准体系惯用抗扰度一词。

11. 传导骚扰（Conducted Disturbance）

通过一个或多个导体传递能量的电磁骚扰。

12. 辐射骚扰（Radiated Disturbance）

以电磁波的形式通过空间传递能量的电磁骚扰。

> **注：** 术语"辐射骚扰"有时也将感应现象包括在内。

13.（电磁骚扰的）发射体 [Emitter (of Electromagnetic Disturbance)]

产生的电压、电流或电磁场相当于电磁骚扰的那些装置、设备或系统。

14. 敏感装置（Susceptible Device）

受电磁骚扰的影响，性能可能降低的装置、设备或系统。

15. 耦合路径（Coupling Path）

部分或全部电磁能量从规定源传输到另一电路或装置所经由的路径。

16. 共模电流（Common Mode Current）

在一根缆芯上的电缆中（若有，也包括屏蔽电缆），各缆芯中的电流相量和的幅值。

17. 差模电流（Differential Mode Current）

双芯电缆或多芯电缆中的某两根缆芯中的电流相量差的幅值的一半。

> **注：** 在电缆中通过回流线返回源的电流以外的电流都属于共模电流。共模电流可以流经电缆附近的金属物体，甚至直接通过空间以位移电流的形式流回源端，所以，共模电流的传播途径是很复杂的。从路径上定义，对于信号而言，差模电流就是在信号线与信号地线（回流线）之间流动的电流。借助相应的测试手段，准确区分共模/差模电流是正确分析并高效解决电磁干扰问题过程中很重要的一个环节。

18.（性能）降低 [Degradation (of Performance)]

装置、设备或系统的工作性能与正常性能的非期望偏离。

> **注：** "降低"一词可用于暂时失效或永久失效。

19. 静电放电（Electrostatic Discharge, ESD）

具有不同静电电位的物体相互靠近或直接接触引发的电荷转移。

3.2.2 电磁兼容理论

构成一个电磁兼容（或电磁干扰）问题，必须同时具备以下三个条件。

1）电磁干扰源：产生干扰的电路或设备。
2）电磁干扰耦合路径：能够将干扰源产生的干扰能量传递到敏感源的路径。
3）电磁敏感设备：受这种干扰影响的电路或设备。

因此，上述三个条件通常被称为电磁兼容问题的三要素。也就是说，只要将这三个要素中的一个去掉，电磁干扰问题就将不存在。电磁兼容技术就是通过研究每个要素的特点，提出消除每个要素的技术手段，以及这些技术手段在实际工程中的实现方法。在电子电气设备及系统的设计前期，应充分重视电磁兼容性设计，采用相应的技术手段和防护措施，提前规避产品可能面临的电磁兼容问题，节省大量测试验证和问题整改带来的时间和经济成本。电磁兼容设计实施阶段与产品成本的关系见图3-1。

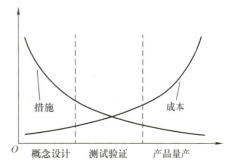

图 3-1　电磁兼容设计阶段与成本关系图

1. 电磁干扰源

凡是对系统的正常工作产生影响的信号或者电磁波都可称为干扰源。事实上，人们一直生活在某种电磁环境中，任何地方均可能存在着电磁干扰问题。应对措施在于人们须清楚地识别并找出那些影响最大、威胁最严重的电磁干扰源，进而对它们进行相应的防范，使之不至于影响身边的电子电气设备及系统的正常运行。

为此，人们常将电磁干扰作如下的分类。按其干扰功能可分为两大类：有意干扰和无意干扰；按其来源可分为两大类：自然干扰源和人为干扰源；按其干扰频域、时域特征可分为：连续干扰和瞬态干扰；按其耦合方式可分为：传导干扰和辐射干扰。

有意干扰是当前电子战的重要手段，为使对方的通信、广播、指挥及控制系统造成错误判断、失效乃至损坏，故意在对方所使用的通信频带内发射相应的电磁干扰信号。而人们常说的电磁干扰主要是指无意电磁干扰，本书主要关注和分析的也是这种无意的电磁干扰源。

2. 电磁干扰耦合路径

干扰源将电磁噪声能量耦合到被干扰对象有两种方式：传导耦合和辐射耦合。

传导耦合是指电磁干扰的能量在电路中以电压或电流的形式，通过金属导线或其他元件（如电容器、电感器、变压器等）耦合至被干扰设备。根据其耦合特点，传导耦合可分为直接传导耦合、公共地阻抗耦合和转移阻抗耦合三种。直接传导耦合是指干扰通过导体、导线、电阻、感、容等实际元器件或寄生电容等耦合到被干扰电路的方式，具体可进一步细分为电路性、电容性和电感性耦合三种干扰耦合方式。

辐射耦合是指电磁噪声的能量以电磁场（波）能量的形式，通过空间辐射传播，耦合到被干扰设备。根据电磁噪声的频率、电磁干扰源与被干扰设备的距离，辐射耦合可分为近场耦合和远场耦合两种。在讨论电力电子系统的电磁兼容问题时，绝大多数是近场或感应场的耦合问题。

（1）传导耦合

1）电路性耦合。电路性耦合是最常见的传导干扰耦合方式，主要靠连接线路的电压和电流起作用。在图3-2所示的每个回路中流过的电流是该回路本身的电流与另一相耦合的电路在其中产生的电流的总和。

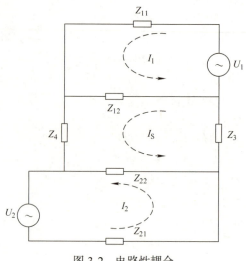

图 3-2 电路性耦合

设图 3-2 中的 U_1 为信号源，U_2 为干扰源，应用回路电流法可得 U_2 在回路 1 中产生的干扰电流 I_S 为

$$I_S = \frac{U_2 Z_{22}}{Z_{21}Z_{22} + (Z_{21}+Z_{22})\left(Z_3 + Z_4 + \dfrac{Z_{11}Z_{12}}{Z_{11}+Z_{12}}\right)} \quad (3\text{-}1)$$

则流过 Z_{12} 的电流 I_{12} 为

$$I_{12} = I_1 \frac{Z_3 + Z_4 + \dfrac{Z_{11}Z_{12}}{Z_{11}+Z_{12}}}{Z_{21} + Z_3 + Z_4 + \dfrac{Z_{11}Z_{12}}{Z_{11}+Z_{12}}} + I_S \frac{Z_{11}}{Z_{11}+Z_{12}} \quad (3\text{-}2)$$

干扰电流 I_S 在被干扰电路的阻抗 Z_{11} 和 Z_{12} 产生的干扰电压 $U_{S_{11}}$ 和 $U_{S_{12}}$ 为

$$U_{S_{11}} = Z_{11} I_S \frac{Z_{12}}{Z_{11}+Z_{12}} \quad (3\text{-}3)$$

$$U_{S_{12}} = Z_{12} I_S \frac{Z_{12}}{Z_{11}+Z_{12}} \quad (3\text{-}4)$$

在给定的工作频率内，如果干扰电压或干扰电流足够大，以至超过了敏感设备的门限值，就会影响设备正常工作，产生不良后果。

2）公共地阻抗耦合。最简单的公共地阻抗耦合的例子如图 3-3 所示，电路 2 为干扰源的相关电路，电路 1 为被干扰的敏感电路。电路 2 的噪声电流将通过公共地阻抗 Z_G 耦合到电路 1 的输入端，从而对电路 1 造成干扰。

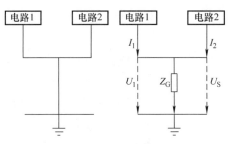

图 3-3 公共地阻抗耦合

3）电容性耦合。当噪声源为高压小电流时，它对周围元器件或系统（设备）的干扰，通常表现为电容性耦合干扰。在两个存在电位差的电路系统或导线上，当系统中导线、线圈或绕组等相对其他系统存在着分布电容时，便构成了干扰传递的耦合路径。图 3-4 给出典型的由一对平行导线构成的电容性耦合的实际电路及等效模型。

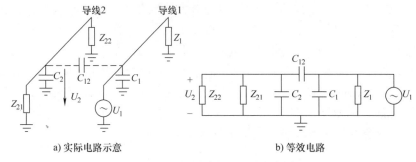

a）实际电路示意　　　　b）等效电路

图 3-4 平行导线间的电容性耦合

假设图 3-4a 中导线 1 所在电路为干扰源电路，导线 2 为被干扰电路。导线 2 上有负载 Z_{21} 和 Z_{22}，C_{12} 为导线 1 和导线 2 之间的单位长度的分布电容，C_1 和 C_2 分别为导线 1 和导线 2 的对地分布电容，U_2 为导线 2 上感应产生的干扰电压，电容性耦合模型等效电路如图 3-4b 所示。

由电容性耦合在导线 2 上产生的电压 U_2 与作为干扰源的导线 1 的电压 U_1 之间的关系为

$$U_2 = \frac{Z_2}{Z_2 + X_{C_{12}}} U_1 \quad （3-5）$$

式中，$X_{C_{12}}$ 为 C_{12} 的容抗，且

$$X_{C_{12}} = \frac{1}{j\omega C_{12}} \quad （3-6）$$

Z_2 为 C_2、Z_{12}、Z_{22} 三者并联后的阻抗，且

$$Z_2 = \frac{X_{C_2} Z_e}{X_{C_2} + Z_e} \quad （3-7）$$

式中，

$$Z_e = \frac{Z_{21} Z_{22}}{Z_{21} + Z_{22}}, \quad X_{C_2} = \frac{1}{j\omega C_2}$$

当频率较低时，$|X_{C_2}| \gg Z_e$，$Z_2 \approx Z_e$，同时 $|X_{C_{12}}| \gg Z_e$，因此式（3-5）可简化为

$$U_2 \approx j\omega C_{12} Z_e U_1 \tag{3-8}$$

由式（3-8）可知，干扰电压 U_2 与干扰源工作频率 $f(\omega = 2\pi f)$、敏感电路对地阻抗 Z_e、耦合电容 C_{12} 和干扰源电压 U_1 成正比。频率越高，电容性耦合越强，相当于敏感电路与地之间连接了幅值为 $I \approx j\omega C_{12} U_1$ 电流源。

当频率较高时，$|X_{C_2}| \ll Z_e$，$|X_{C_{12}}| \ll Z_e$，于是有

$$U_2 = \frac{C_{12}}{C_{12} + C_2} U_1 \tag{3-9}$$

式（3-9）表明，敏感电路与地之间产生的电容性耦合干扰电压与频率无关，但与导线 2 的对地分布电容 C_2、导线 1 和导线 2 之间的分布电容 C_{12} 有关。因此，干扰源回路与敏感设备靠得越近，平行布线的距离越长，电容性耦合就会越严重。

4）电感性耦合。电感性耦合是一种近场耦合，也称为磁场耦合。一般来说，电感性耦合是指干扰源产生的噪声磁场与被干扰回路发生磁通交链，以互感的形式产生传导性干扰。设噪声磁场的磁通密度为 **B**，穿过一个面积为 **S** 的闭合回路，如图 3-5 所示。因电磁感应现象，噪声磁场就会在该回路中产生干扰电压 U_n，即

$$U_n = -\frac{d}{dt} \int_S \boldsymbol{B} \cdot d\boldsymbol{S} \tag{3-10}$$

如果该闭合回路固定不变，噪声磁场为均匀场且随时间作正弦变化，则式（3-10）可简化为

$$U_n = j\omega \boldsymbol{B} \boldsymbol{S} \cos\theta \tag{3-11}$$

式中，**S** 是闭合回路的面积；**B** 是按正弦变化的磁通密度的有效值；ω 是角频率；U_n 是感应电压的有效值；$\boldsymbol{BS}\cos\theta$ 表示耦合到被干扰闭合回路的总磁通量。

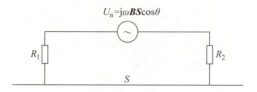

图 3-5 被干扰闭合回路中感生的干扰电压

这一关系也可以用两个电路之间的互感 **M** 来表示，如图 3-6 所示，有

$$U_n = j\omega M I_1 \tag{3-12}$$

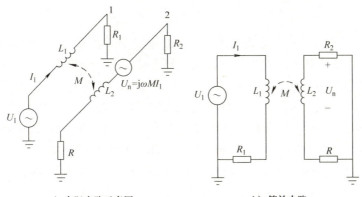

a) 实际电路示意图　　　　　　b) 等效电路

图 3-6　电感性耦合

I_1 为电路 1 中产生噪声磁场的电流，干扰电压 U_n 在电路 2 中产生的电流 I_2 为

$$I_2 = \frac{j\omega M I_1}{R + R_2 + j\omega L_2} \quad (3-13)$$

频率较低时，$R + R_2 \gg j\omega L_2$，式（3-13）可简化为

$$I_2 = \frac{j\omega M I_1}{R + R_{22}} \quad (3-14)$$

频率较高时，$R + R_2 \ll j\omega L_2$，式（3-13）可简化为

$$I_2 = \frac{M}{L_2} I_1 \quad (3-15)$$

由式（3-14）和式（3-15）可知，磁场耦合量 $|I_2/I_1|$ 随频率的升高而增加，当频率达到一定时，其耦合量基本保持不变。

（2）辐射耦合

通过辐射途径造成的骚扰耦合方式称为辐射耦合。辐射耦合是以电磁场（波）的形式将电磁能量从骚扰源经空间传输到骚扰对象的。骚扰传输路径可以是电子电气系统内较短的距离，也可以是系统间相隔较远的距离。许多耦合可看成是近场区耦合模式，而相距较远的系统间的耦合一般是远场区耦合模式。辐射耦合除了从骚扰源有意辐射之外，还有无意辐射。辐射骚扰通常存在四种主要耦合途径：天线耦合、导线感应耦合、闭合回路耦合和孔缝耦合。

1）导体的天线效应。众所周知，任一载有时变电流的导体都能向外辐射电磁能量，反过来，任何处于辐射电磁场中的导体也能感应出电压。因此，金属导体在某种程度上同时可起发射天线和接收天线的作用，比如架空配电线、信号线、控制线均能起到天线的作用，电子电气设备的金属外壳同样如此。理论上，金属导体在辐射电磁场中产生的感应电动势正比于电场强度 E。针对中波无线电广播所发射的垂直极化波，该比例常数一般称为天线的有效高度 h_e，则天线上的感应电压 U_r 为

$$U_r = Eh_e \quad (3\text{-}16)$$

由电基本振子（电流元、短线天线）和磁基本振子（磁流元、小圆环天线）产生的电磁场，在经典电磁场的基本理论中均有相应的公式来表达，但都基于一定的简化假设条件，如需满足基本振子的小尺寸（$l \ll \lambda$，$a \ll \lambda$）和时变电流均匀条件。在实际工程问题中，要求一根长为 l 的导线上的电流均匀分布是不切实际的，毕竟导线的末端电流须为零（边界条件）。在这种情况下，可以将长导线分成若干小段，使每一小段中的电流近似均匀相同，长度 $\Delta l_i \ll \lambda$。如图 3-7 所示，一根长为 l 的导线产生的辐射场在 P 点的场强，等于长度为 Δl_i 的若干个电基本振子在该点产生的场强的叠加（要考虑每一均匀电流段对应的角度变化），球坐标下的各场分量计算式为：

$$E_r = \sum_{i=1}^{n} E_{r_i}, \quad E_\theta = \sum_{i=1}^{n} E_{\theta_i}, \quad E_\phi = \sum_{i=1}^{n} E_{\phi_i} \quad (3\text{-}17)$$

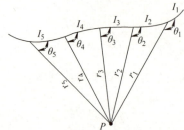

图 3-7　长导体辐射场的分段近似计算

同样地，一个半径远大于波长的载流导线圆环，也可以按其面积分成若干个小圆环，使小圆环的半径 $a_i \ll \lambda$，构成磁基本振子，如图 3-8 所示。这样，大载流导线圆环在空间 P 点产生的辐射场强就等于每一个小圆环在 P 点产生的辐射场强的叠加，即

$$H_r = \sum_{i=1}^{n} H_{r_i}, \quad H_\theta = \sum_{i=1}^{n} H_{\theta_i}, \quad E_\phi = \sum_{i=1}^{n} E_{\phi_i} \quad (3\text{-}18)$$

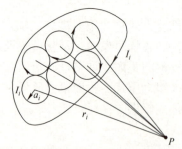

图 3-8　环形导体辐射场的分割计算

如果场点及源点不是处于自由空间，比如当辐射源靠近金属物体时，就需要考虑金属物体表面的电磁场边界条件，还可以利用镜像原理来计算辐射场。

2）辐射耦合方式。辐射耦合包括天线与天线间的辐射耦合、电磁场对导线的感应耦合和电磁场通过孔缝的耦合。

天线与天线间的辐射耦合是一种强辐射耦合,它是指某一天线产生的电磁场在另一天线上的电磁感应。根据耦合的作用距离,可划分为近场耦合和远场耦合;根据耦合作用的目的,可划分为有意耦合和无意耦合。当电磁波传播到天线导体表面时,电磁波将在天线导体中产生感应电流,经馈线流入接收电路。天线有目的地接收特定频率的电磁辐射,属于有意耦合。在实际工程中,往往存在大量的无意电磁耦合。比如电子电气设备中较长尺寸的信号线、控制线、输入和输出引线等均具有较强的天线效应,能够接收电磁骚扰,形成无意耦合,很容易被设计工程师所忽略。

常见的电子电气设备的电缆线一般由信号回路的连接线、电源回路的供电线以及地线一起构成,其中每一根导线都由输入端阻抗、输出端阻抗和返回导线构成一个回路。因此,设备电缆线是设备内部电路暴露在机箱外面的部分,它们最容易耦合外面的骚扰辐射场而感应出骚扰电压或骚扰电流,沿导线进入设备而形成辐射骚扰。对于短导线、低电磁波频率的情况,可将导线和阻抗构成的回路视为理想的闭合回路,电磁场通过闭合回路引起的骚扰属于闭合回路耦合。对于长电缆、高电磁波频率的情况,导线上的感应电压显然不是均匀的,需将感应电压等效成多个分布电压源,采用传输线理论来处理。

此外,即便有些电子电气设备有作金属壳体屏蔽的设计,但金属箱体不可避免都留有电源线、信号线以及散热等所需的孔缝,外部电磁场还是可以通过这些孔缝耦合进金属屏蔽箱内部,对其内部的元器件和电路形成电磁骚扰。

3. 电磁敏感设备

电磁骚扰通过传导、辐射等途径传输到设备,但是否能对设备产生干扰,影响设备的正常工作,则取决于骚扰的强度和设备的抗干扰能力,即设备的电磁敏感性。只有当骚扰强度足够大、超过设备的敏感度门限时才能构成对设备的干扰。设备的敏感度门限是使设备产生不希望有的响应或造成其性能降级时的骚扰电平,敏感门限越低,说明设备的抗干扰能力越差。设备的敏感度门限通常是根据设备内部所含的最敏感电路或元件的干扰临界值来确定的,各类设备的结构不同、电路不同、元器件不同,敏感度门限也不同。为了充分保证设备安全运行在电磁兼容标准中,还规定了设备电磁干扰安全系数,其线性值定义为敏感度限值与现有最大干扰之比,用分贝表示则为

$$K(\mathrm{dB}) = U_0(\mathrm{dB}) - U(\mathrm{dB}) \qquad (3\text{-}19)$$

式中,K 为设备的电磁干扰安全系数;U_0 为设备敏感度门限;U 为设备所接收到的最大干扰。一般要求设备的电磁干扰安全系数不小于 6dB,某些特殊设备如武器和电爆装置等应不小于 20dB。

3.2.3 电磁兼容设计基础

不可预期的电磁辐射从日益复杂的电子产品中泄漏出来会影响其邻近敏感设备、器件的正常工作,甚至造成重大损失。此外,电磁辐射危害人类健康的问题也日益严重。电子技术的小型化、高频化、数字化、高密度化及多功能化的趋势也给电子产品的设计带来更多的不确定性和不可预见性。产品原型被设计出来之后,测试能一次通过的概率很小,甚至小批量生产出来的产品都会存在一定比例不达标的问题,这反映了在产品开发阶段,完全满足 EMC 设计要求具有一定的难度。

电磁兼容设计目标在于获得一个多种设备共存、互不干扰的环境,即要求其中的系统具备良好的 EMI 和 EMS 特性。在系统的开发过程中,要考虑到系统与分系统周围环境之间潜在的相互干扰。每个设计者都应意识到电磁骚扰问题,在系统的开发与设计过程中采取严格的防护措施以减小系统自身的 EMI 水平。有数据表明,将近 80% 的骚扰问题可以在设计开发过程中被解决。不符合电磁兼容设计要求的产品定型以后,工程师们将花数倍的力气去解决系统的骚扰问题;抗扰度问题亦如此。

设计者们首先需明确产品/设备相关的电磁兼容标准,标准是进行设计的基础和方向,其重要性不言而喻。根据相关国际、国家或企业标准要求,将整体指标分解到各功能模块上,细化成系统级的、设备级的、电路级的和元件级的对应指标,然后按照产品/设备需要实现的功能和相关的电磁兼容指标来进行电磁兼容设计。

下面主要从接地设计、屏蔽设计和滤波设计三个方面,扼要介绍下电磁兼容设计的基础理论。

1. 接地设计

接地设计是减小噪声的主要方法之一。正确使用接地技术能够解决很多噪声问题。本节主要介绍系统之间的接地技术。系统接地是抑制电磁干扰、保证设备电磁兼容性、提高可靠性的重要技术手段。正确的接地设计既能抑制干扰的影响,又可抑制设备向外发射干扰;反之,错误的接地设计会导致严重的干扰发生,甚至使电子设备无法正常工作。

介绍接地设计之前先讲下地的分类。"地"是一个看似不需要解释的问题,但是实际工程应用中很多工程师对"地"的概念比较模糊。只有对"地"有清晰的理解才能正确应用接地技术。一般来说,"地"有两种不同的理解:一种是真正意义上的大地;另一种是设计过程中常用到的参考地,即公共电位点。设备接大地的目的显而易见,主要是为了设备和人员的安全,而参考地的作用是在设备系统里建立一个稳定可靠的基准电位点。因此,前一种"地"又被称为安全地,后一种"地"被称为信号地。

(1)安全地

安全接地的目的是使设备与大地有一条低阻抗的电流通路,以保障人身安全和设备安全。而接地手段是否有效主要取决于接地阻抗,阻抗越小越好,一般用接地电阻的大小来衡量。接地电阻的大小与接地装置及环境条件等因素有关。

在图 3-9a 中,Z_1 是电位等于 V_1 的点与机架之间的分布阻抗,Z_2 是机架与地之间的分布阻抗,故机架的电位 $V_{机架}$ 为

$$V_{机架} = \left(\frac{Z_2}{Z_1 + Z_2} \right) V_1 \qquad (3\text{-}20)$$

接地壳体可能具有相对高的电位并有产生电击的危险,还有可能产生绝缘击穿,这是因为它的电位是由分布阻抗的相对值决定的,设计人员很难对它进行控制。但如果机架是接地的,则阻抗 Z_2 变为 0,此时机架的电位就等于 0。

图 3-9b 显示了接地的另一种情形,装有熔丝的交流电源线进入一个机壳,这类情况则更加危险,一旦电源线缆某处的绝缘层因老化或破损而被击穿,使交流电源线与金属机架接触,机架将会具备传输与熔丝熔断电流相同电流的能力。任何与机架和地同时接触的人体或动物都相当于直接与交流电源线连接。但如果金属机架接地,绝缘击穿将使电流直接

流入大地并使熔丝瞬间熔断，从而保护周围人体或动物安全。

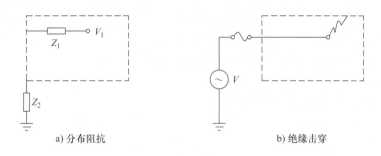

图 3-9 安全接地的两种情况

一般用电设备在使用中会由于绝缘老化、磨损、浸水和潮湿等原因，导致带电导线或部件与机壳之间漏电，或者由于设备超负荷引起严重发热损坏绝缘造成漏电，从而造成伤害。设备的金属外壳除正常接地之外还应与电网零线相连接，即接零保护。接零保护的应用很广，如配电箱、电缆线金属外皮或穿引金属管、机房的配电柜等。采用三相四线制供电的动力设备均须同时可靠接零和接地。

此外，接地还能为雷击电流提供一条泄放路径，当设施或设备中装有浪涌抑制器时，接地是必须的，否则无法泄放浪涌能量。这时，不仅要接地，而且还要"接好地"，接地的阻抗必须很低。在许多静电敏感的场合，接地还是泄放电荷的主要手段。

（2）信号地

与其认为信号地是电路设计中的电位参考点，为系统中的所有电路提供一个电位基准，不如把信号地理解为信号流回源的低阻抗路径。这样就凸显了电流的流动，突出了信号地的功能，更易于后面的理解。设备正常工作时信号电流都需要经过地线形成回路，接地的目的之一就是使流经地线的各电路电流互不影响，或使其影响得到抑制。

首先要认识到的是理想的信号地是不存在的，任何信号地都不可能是零电位、零阻抗的物理实体。事实上，信号地的阻抗往往会产生许多让人意想不到的问题，或给有用信号带来预期不到的干扰。欧姆定律指出，电流流经一个电阻时，即在电阻上产生电压。如果用一根导体做地线，设计不当的地线的阻抗会相当大，当电流流过地线时，就会在地线上产生电压。在设计电路时，往往将地线作为所有电路的公共地线，因此地线上的电流成分很多，电压也很杂乱，即地线噪声电压。

合理的信号接地系统由下面几个主要因素决定：电路类型、工作频率、系统尺寸，以及其他约束条件，比如安全性等。并没有一个万能的接地系统能适用于所有的设计场景，往往需要就具体的设计需求，综合考虑上述几个主要因素来确定合适的接地系统方案。

2. 屏蔽设计

电磁屏蔽和电磁波吸收是解决干扰问题最常用的两个解决方案。屏蔽的作用就是用接地的导电/导磁性材料将干扰源与敏感设备隔离起来；一可阻止内部电磁场向外辐射；二能防止外来电磁场辐射能量的进入。其实质是，将关键电路用一个屏蔽体包围起来，使可能耦合到这个电路的电磁场通过反射和吸收被衰减。用屏蔽设计来解决电磁干扰问题的最大好处是不会影响电路的正常工作，因此不需要对电路做任何额外的修改。

对于不同的场源，其电场分量和磁场分量总是同时存在的，只是在较低的频率范围内，干扰往往发生在近场。高阻抗电场源的近场主要表现为电场分量，低阻抗磁场源的近场主要表现为磁场分量。当频率较高时，干扰趋于远场，此时其电场分量和磁场分量均不可忽略。针对上述三种情况的屏蔽设计分别称为：电场屏蔽、磁场屏蔽和电磁场屏蔽。静电屏蔽和恒定磁场的屏蔽是电场屏蔽和磁场屏蔽的特例。

（1）电场屏蔽

电场主要是通过分布电容进行耦合的。

干扰源 A 和敏感设备 B 的对地电位分别为 U_A 和 U_B，则两者间的关系为

$$U_B = U_A C_1 / (C_1 + C_2) \tag{3-21}$$

式中，C_1 为 A、B 之间的分布电容；C_2 为敏感设备 B 的对地电容。

从式（3-21）可以明显地看出，要减小 U_B，就需设法减小 C_1 或增大 C_2。增大 A、B 间的距离，或在 A、B 间插入屏蔽板都可以有效地降低 C_1，而尽量使敏感设备贴近接地面也可以增大 C_2。

图 3-10 所示为电场通过电容耦合，假设在 A、B 间插入屏蔽板（屏蔽板是接地的），如图 3-11 所示。

由图 3-10 和图 3-11 可见，插入屏蔽板后，C_3 经屏蔽板直接接地，对 U_B 没有影响。而 B 点的对地和对屏蔽板的电容 C_2 和 C_4 实际上是并联的。此时，B 点的感应电压 U'_B 是 A 点电压被 A、B 之间的剩余电容 C'_1 与并联电容 C_2 和 C_4 的分压，即

$$U'_B = U_A C'_1 / (C'_1 + C_2 + C_4) \tag{3-22}$$

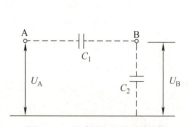

图 3-10 电场通过电容耦合

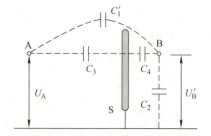

图 3-11 插入屏蔽板后电场耦合

因为 A、B 间电场路径变长，所以 C'_1 远小于 C_1，而 C_2 和 C_4 远大于原来的 C_2，因此 U'_B 相较未屏蔽前小多了。

通过这样简单的分析，可以得出电场屏蔽的几点注意事项：

1）屏蔽板要靠近敏感设备，屏蔽板需良好接地，以便增大 C_4 的值。
2）屏蔽板形状影响剩余电容 C'_1 的值，故对屏蔽性能有很大影响。
3）屏蔽板选择良导体为宜。

（2）磁场屏蔽

对于一根有电流流经的导线，如果仅将其用接地良好的非导磁金属体屏蔽起来，电场的电力线将终止于该金属屏蔽体，而磁力线却几乎丝毫无损地通过，如图 3-12 所示。由此可见，为了使噪声源的磁场不对周围的物体产生电磁干扰，须采用其他的办法将噪声源产

生的磁场削弱到一定程度。

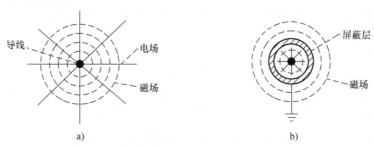

图3-12 电力线与磁力线通过金属屏蔽体的对比

通常，低频磁场屏蔽可以采用高磁导率的材料，如铁磁性材料。用铁磁性材料将敏感器件包围起来后，可有效地屏蔽直流和甚低频磁场。因为铁磁性材料的磁导率很高，磁阻很低，容易使外界磁力线集中在该屏蔽材料中，从而使屏蔽体内的磁场大大减弱。实际上，屏蔽体不可能是完全封闭的，应注意，缝隙和长条通风孔应顺着磁场方向分布，这样有利于屏蔽体在磁场方向的磁阻最小。

因此，为了屏蔽外界磁场，屏蔽材料应选择磁导率越高、磁阻越低的材料。但是磁导率越高，意味着磁性材料越容易饱和，在强磁场应用中可能会因磁性材料饱和而失去屏蔽性能。一个可行的措施是在铁磁性材料中添加高磁导率、高饱和点的铁合金；另一个常用方法是采用两层甚至多层屏蔽方案，如图3-13所示。在外界强磁场的传播方向上，先用相对磁导率较低但不易饱和的材料（如硅钢），将其衰减到一定程度后，再用高磁导率材料来屏蔽敏感设备。

以上的措施都是在敏感设备处屏蔽磁场，保护敏感设备避免外界磁场的影响。下面介绍一种在干扰源处消除磁场噪声的方法，也是高频磁场的屏蔽方法。如图3-14所示，中心载流导线用一个非导磁的金属屏蔽体包围起来，然后让该屏蔽体中流过与中心载流导线电流大小相等、方向相反的电流。如果能做到这样，屏蔽体外部的磁场噪声将为零，就能达到良好的磁场屏蔽效果。这种方法一般用于屏蔽高频磁场。在高频磁场作用下，屏蔽壳体表面会产生电磁感应涡流，根据楞次定律，该涡流将产生一个反磁场来抵消穿过该屏蔽体的磁场，如图3-14所示。显然，涡流越大，屏蔽效果越好。为了提高涡流，在屏蔽体材料的选择上应选择良导体材料，如铜、铝或铜镀银等。频率越高，磁屏蔽效果越好。另外，由于趋肤效应，涡流只会在材料的表面流动，因此，只需一层很薄的金属材料就能起到良好的屏蔽高频磁场的效果。

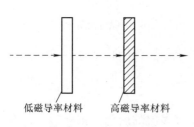

图3-13 多层屏蔽方案结构设计

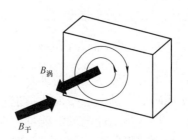

图3-14 高频磁场的屏蔽方法

事实上，这种方法并不陌生。电缆的屏蔽层就是这样一层金属材料，靠它来屏蔽电缆芯线，如图3-15所示。电缆屏蔽层必须两端接地，这样可以将芯线产生的高频磁场抵消掉，以达到高频磁场屏蔽的目的。

（3）电磁场屏蔽

电磁场屏蔽一般采用电导率高的材料作屏蔽体，并将屏蔽体良好接地。它是利用屏蔽体在高频磁场的作用下产生反方向的涡流磁场与原磁场抵消而削弱高频磁场的干扰，以及屏蔽体接地实现电场屏蔽。

电磁屏蔽材料首先需导电，原因在于导电体材料可以切断电磁波在空气中的传播，起到阻挡电磁干扰的作用，而一个好的电磁屏蔽结构通常设计在干扰源或敏感设备周边，根据不同的设备结构特点构建完整的法拉第笼来实现。其优点是无须改变设备本身的电路特性，实现对干扰的电磁隔离；其屏蔽效果是双方面的，既阻挡了干扰源的电磁干扰噪声，又保护了敏感设备不受外部电磁干扰。为达到期望的电磁场屏蔽效果，先决条件是必须在干扰源或敏感设备周围形成完整的导电壁结构。

电磁场屏蔽的关键是保证屏蔽体的导电连续性，即整个屏蔽体必须是一个完整的、连续的导电体。满足这一要求在实际工程应用中颇为困难。比如，一个机壳上会有很多孔缝，进行屏蔽设计时主要考虑如何妥善处理这些孔缝，同时兼顾不会影响机壳的其他性能（美观、可维修性、可靠性等）。如果孔缝尺寸大于$\lambda/2$，电磁波将毫无衰减地通过。随着孔缝的减小，孔缝对电磁波的衰减作用逐渐显现。通常，工业产品应避免孔缝大于$\lambda/20$，在微波环境中甚至要避免大于$\lambda/50$。另外，由于穿过屏蔽机壳的导体（如电缆）会大大破坏屏蔽体的完闭性，导致其屏蔽效能降低，妥善处理这些导体与屏蔽机壳的连接是屏蔽设计中的重要内容之一。在很多应用场景下，比如机箱接合面的缝隙长度超过$\lambda/20$或者设备的敏感/发射频率超过1MHz时，会采用电磁密封圈。电磁密封圈一般采用导电性能良好的衬垫材料，且足够强韧。电磁密封圈可防止缝隙处的高频泄漏，且降低对机械加工的要求，允许接触面有较低的平整度。此外，可减少使用接合处的紧固螺钉，增加了设备美观性和可维护性。

电磁场屏蔽是针对同时存在电场和磁场的高频辐射电磁波的屏蔽，主要用来抑制高频干扰，其屏蔽原理可以用图3-16来说明。

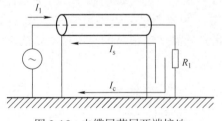

图3-15 电缆屏蔽层两端接地

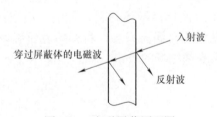

图3-16 电磁屏蔽原理图

首先，当电磁波到达空气与屏蔽体交界面时，由于交界面阻抗不连续，会对入射波产生反射，从而减少大部分电磁波能量进入。剩余的电磁波进入屏蔽体后，有一部分能量会转化成热量，进一步消耗电磁波能量。当电磁波到达屏蔽材料另一面时，再次遇到屏蔽体与空气的交界面，阻抗不连续，又一次产生反射。经过多次的反射和损耗后，仅有一小部分电磁场能量能穿过屏蔽体，进入屏蔽空间。导电材料对远场平面波的反射吸收作用可分别用下列公式来表示：

$$SE_R = 168 + 10\lg\left(\frac{\sigma_r}{f\mu_r}\right) \quad (3\text{-}23)$$

$$SE_A = 1.31t(f\mu_r\sigma_r)^{0.5} \quad (3\text{-}24)$$

式中，SE_R 为反射损耗；SE_A 为吸收损耗；t 为导电材料的厚度；f 为辐射电磁波的频率；σ_r 和 μ_r 分别表示屏蔽材料的相对电导率和相对磁导率。

材料的屏蔽效能可以用以下公式表示：

$$SE = SE_R + SE_A = 168 + 10\lg\left(\frac{\sigma_r}{f\mu_r}\right) + 1.31t(f\mu_r\sigma_r)^{0.5} + \Delta L_m \quad (3\text{-}25)$$

式中，ΔL_m 为多次反射因子。当吸收因子 $SE_A > 6\text{dB}$ 以上时，SE_A 起主导作用，多次反射因子常忽略不计；当屏蔽层很薄或者频率 $f > 20\text{kHz}$ 时，SE_A 很小，ΔL_m 才起作用。对于目前电子行业的常规 EMI 屏蔽设计，通常忽略不计。

从式（3-23）~式（3-25）可以看出，当材料的电导率提高后，其屏蔽效能是增大的，故可以选用导电率高的材料作为高效能屏蔽材料以获得高的屏蔽效能。金、银、铜、铝都是天然的优良屏蔽材料，但金和银都是贵金属材料，成本高，只在一些较高端的应用场合采用；因此，铜和铝就成了常见的屏蔽材料。屏蔽体设计的一般原则须根据实际情况和设计要求，有的放矢地选取经济、有效的屏蔽体设计方案，忌采取单凭经验的试错设计方法。

3. 滤波设计

一般情况下，通过正确的屏蔽和接地系统的设计，一个电子电气系统的电磁干扰可获得相当有效的抑制。但有时电磁骚扰的电平仍高于标准允许的限值，这时往往需同时考虑滤波设计。滤波设计即采用滤波器进行噪声抑制。滤波器是由集总参数的电阻、电感和电容，或分布参数的电阻、电感和电容构成的一种电路网络。

（1）滤波器的类型

安装在电源线上的滤波器通称为电源滤波器，安装在信号线上的滤波器称为信号滤波器。根据要滤除的干扰信号的频率与工作频率的相对关系分类，滤波器有低通滤波器、高通滤波器、带通滤波器和带阻滤波器等多种，如图 3-17 所示。

低通滤波器是最常用的一种滤波器，主要用在干扰信号频率比工作信号频率高的场合。如在数字设备中，脉冲信号有丰富的高次谐波，这些高次谐波不是电路工作所必需，但却是很强的干扰源。因此在数字电路中，常用低通滤波器将脉冲信号中不必要的高次谐波滤除掉。

电源滤波器一般是低通滤波器，它仅允许 50Hz 的电流通过，对其他高频干扰信号有很大的衰减。相对来说，低通滤波器是更为常用的滤波器。其中，π 形滤波器被称为"万能滤波器"，如图 3-18 所示。π 形滤波器的原理很简单，中间是一个较大的电感，两端并联电容，由于阻抗相差较大，电感就起到了良好的分压作用，抑制两端电路中干扰信号的传播。

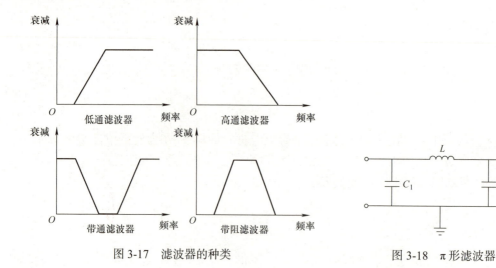

图 3-17　滤波器的种类　　　　图 3-18　π 形滤波器

高通滤波器用在干扰频率比信号频率低的场合，如在一些靠近电源线的敏感信号线上滤除电源谐波造成的干扰。带通滤波器用在信号频率带宽较窄的场合，如通信接收机的天线端口上要安装带通滤波器，仅允许通信信号通过。带阻滤波器用在干扰频率带宽较窄而信号频率较宽的场合，如距离大功率电台很近的电缆端口处要安装带阻频率等于电台发射频率的带阻滤波器。

从本质上讲，滤波器作用是为了滤除电路上的无用信号。很多工程师会片面地理解滤波器就是为了解决传导发射和传导抗扰度的问题。实际上，很多辐射问题也能靠滤波器方案来解决，原因在于大部分 EMI 问题其实是电路的辐射天线作用导致的。例如，当设备的辐射发射超标时，往往是因为电路上有过强的传导干扰电流，尤其是当传导发射的频率较高时往往会造成严重的辐射发射问题。在工程实践中经常会遇到的现象是：电气设备虽然采取了比较完善的屏蔽措施，但是仍然不能符合电磁兼容标准中辐射发射的要求。造成这个问题的原因很大一部分是忽略了设备外接电缆的天线作用。此外，当空间有干扰电磁波时，这种干扰也会通过外接电缆接收后传入电路，对设备形成干扰，可能导致设备抗干扰要求的失败。

（2）滤波器的布局

除了设计一个合适的滤波器拓扑（网络）之外，滤波器的布局也会影响整个滤波网络的滤波效果。滤波器的布局应从以下几个方面考虑：

1）滤波器尽量安装在想要抑制噪声的端口处。为了保证最好的噪声抑制效果，滤波器接入电网或供电网络通常不用熔丝，因此滤波器中用的电容器必须要特别注意安全可靠，并且应当清楚地标明警告指示。须指出，即使在电气设备断电的情况下，滤波器仍旧接在电源网络中。滤波器的外壳必须设计成即使人体意外地接触外壳也不会引起触电的结构，并且必须用不易腐蚀的材料制成。

2）在设计和装配滤波器时，须做到无论是电网中的瞬态电压，还是电气设备引起的浪涌电流，均不会损坏滤波器。对于一个滤波器，须特别说明两个工作限制条件：能正常连续工作的条件和极限工作条件。

3）大电流滤波器的损耗可能会很大，大部分能量将损耗在扼流圈上，因此，须注意对扼流圈的冷却，并使其尽量远离滤波电容器。

4）电力电子装置常导致非正弦的网侧电流，低次谐波较强，由此可能引起明显的低频噪声。应考虑将滤波电感线圈进行浸渍处理，将铁心胶合，保证滤波器电感线圈的紧固，以减小低频噪声。

5）在排布滤波器内部的元件时，应集中考虑以下三个方面的问题：滤波电感器的杂散磁场、滤波电容器的引线走向和接地。

（3）滤波器应用及注意事项

1）电源滤波器。对于电源设备来说，其内部除了功率变换电路以外，还有驱动电路、控制电路、保护电路、输入输出电平检测电路等，这些电路主要由通用或专用集成电路构成。当噪声影响到模拟电路时，会使信号信噪比变坏，严重时会使信号被噪声淹没。当噪声影响到数字电路时，会引起逻辑关系出错。采用电源滤波器可有效地防止电源因外来噪声干扰而产生误动作。从电源输入端进入的 EMI 噪声，在电源的负载电路中会产生感应电压，成为电路产生误动作或干扰电路中传输信号的原因。这些问题同样也可用电源滤波器来加以防止。

电源滤波器按形状可分为一体化式和分立式两种：一体化式是将电感线圈、电容器等封装在金属或塑料外壳中；分立式是在印制板上安装电感线圈、电容器等，构成抑制噪声滤波器。应用中选择哪种形式的电源滤波器要根据成本、特性、安装空间等来确定。

电源滤波器的设计应充分考虑实际工作网络中电源和负载阻抗条件。比如，单级电源滤波器对源和负载的阻抗很敏感，当工作在实际的源和负载阻抗条件下，很容易产生增益，而不是衰减。这种增益通常出现在 150kHz～10MHz 的频率范围内，幅度可以达到 10～20dB。因此，在电子设备上安装一个不合适的滤波器后，可能会增加干扰发射强度和使电子设备的敏感性变得更糟。

电源滤波器采用共模扼流圈和连接在相线间的 X 电容处理差模干扰。如果滤波器用于解决开关电源电路产生的低频高强度干扰问题，则通常需要有比 X 电容所能提供的差模衰减更大的衰减，这时需要采用差模扼流圈。由于磁芯易饱和，因此很难以较小的体积获得较大的电感量，这类滤波器一般体积较大，且较昂贵。

对于共模干扰，电源滤波器常采用 Y 电容连接在相线与地线之间。为了不超过相关安全标准限定的地线允许泄漏值，Y 电容的值一般在几微法左右。通常，Y 电容应连接到噪声干扰较大的导线上。

2）信号滤波器。信号滤波器是用在各种信号线上的低通滤波器。它的作用是滤除导线上不需要的高频干扰成分。信号线电缆和电源线电缆之间的耦合导致传导发射存在高频超标的现象，经常是由于信号线上的高频干扰通过空间耦合到了电源线上造成的。导致这种现象出现的原因在于信号电缆本身是一个效率较高的发射和接收天线。

理论和实践均表明，设备上的电缆是电磁兼容设计过程中相对薄弱和易被忽视的环节。任何穿过屏蔽体或隔离体的导线或电缆都会破坏原有的屏蔽效果或隔离效果，对这些导线，通常须采取滤波措施。信号线滤波以共模滤波为主，这是因为电缆上感应的电流一般都是以共模形式存在的，而对信号电缆上传输的差模信号，则预期不产生任何负面影响。

在安装信号滤波器时须注意：选用高频特性好的滤波器件；无论采用什么滤波器，通常要良好接地；需安装多个滤波器时，应注意并排布置滤波器，否则已经滤波的和未经滤波的信号之间易发生串扰；当滤波器的引线较多时，应考虑使用多级滤波器；滤波器与机箱上电缆接口之间的引线尽量短，必要时可加一个隔挡层。

3.3　电动汽车电磁兼容基础

3.3.1　电动汽车电磁兼容问题

国际上，针对汽车电磁兼容的研究率先在美国开展，1932年美国广播工程师协会论文集上登载了一篇关于汽车接收机干扰的文章，此后美国公布了第一个关于减少发动机点火噪声的标准（SAEJ551）。随后美国、德国、英国、法国、日本等许多国家和国际性组织针对汽车推出了相应的产品骚扰发射（EMI）标准和电磁敏感度（EMS）标准。在汽车企业方面，大众、宝马、福特、丰田等汽车厂商先后建设了电磁兼容研究中心，开始对其汽车及其车载电子零部件进行测试分析。

1992年，我国颁布了GB 14023—1992《车辆、机动船和火花点火发动机驱动装置无线电干扰特性的测试方法及允许值》，但随后对全国各类型汽车开展的摸底普查结果并不理想。近年来，我国汽车行业加强了对电磁兼容性能的要求和控制，国内车企也纷纷加大对电磁兼容性开发的力度和投入，整车EMC合格率有了很大提高，但一次通过率比起合资和进口车型还有一定差距。

进入21世纪后，各类新型电子和机电技术得到广泛应用，由此产生的电磁辐射已成为除排放、噪声之后的第三大污染，车辆运行所面临的电磁环境愈加复杂，电磁干扰现象也愈发突出。EMC性能对汽车的安全性和可靠性越来越重要。这里举一个较极端的例子，如图3-19所示，某车辆在经过一广播发射站周边的道路时，出现车辆故障、难以启动的问题。

与传统燃油汽车相比，电动汽车（插电式混合动力汽车和纯电动汽车）有高低压两套电气系统，低压电气系统与燃油汽车类似，高压系统则是电动汽车特有的核心装置，为电动汽车提供动力来源。混合动力汽车的驱动总成则包含发动机和高压电驱动总成两套动力驱动系统。本章主要针对电动汽车高压系统进行阐述，对传统燃油汽车中发动机点火系统和其他重点

图3-19　电磁环境影响导致汽车故障

低压电器系统将不再赘述。关于传统燃油汽车电磁兼容方面的设计已有不少的专著加以论述，建议读者可以选择性地去阅读和学习。

近年来，我国的电动汽车产业蓬勃发展，市场渗透率节节攀升。我国的电动汽车产业展示出领先国际市场的强大生命力和潜力。随着消费市场的不断拓展和竞争加剧，对电动汽车驱动、充电效率和续驶里程提出了更高要求。动力系统高电压、大电流成为必然趋势，

这种高电压、大电流、大功率系统会严重恶化汽车狭小空间内的电磁环境。其中，高压功率器件的高 dv/dt、di/dt 开关特性将产生高幅值、宽频带的电磁骚扰。面对电动汽车电磁兼容高要求的挑战，系统和深入地分析高压动力系统的电磁骚扰特性和产生机理，是开展电动汽车电磁兼容设计的基础和重要前提。围绕电磁兼容问题三要素，通过研究骚扰产生的机理、干扰源发射特性和干扰源抑制技术，研究骚扰的耦合方式、传播途径和切断传播途径措施，研究敏感设备对干扰的响应、抗扰敏感度和增强抗干扰能力设计等，形成一套完整的电动汽车电磁兼容设计体系。

3.3.2 电动汽车电磁兼容分析

电动汽车高压系统主要由驱动电机、驱动电机控制器、DC/DC 变换器、车载充电器（On-Board Charger，OBC）、动力蓄电池总成等部件组成。某款车型的高压系统组成如图 3-20 所示。

图 3-20　某款车型的高压系统

1. 电驱动总成 EMC 分析

电驱动总成是电动汽车的动力核心。在不同行驶状态下，电动汽车电驱动总成可运行在不同的工作模式，这一点与传统燃油汽车发动机单一的驱动功能有较大区别。如图 3-21 所示，当电动汽车启动、上坡和正常行驶时，动力蓄电池系统给电驱动总成供电，驱动电机带动车轮转动向前行驶；在此过程中，动力蓄电池总成提供汽车行驶的能量，电机控制器工作在逆变模式，即将动力蓄电池提供的直流电转变成交流电驱动电机。当汽车减速或下坡时，多余的能量由电驱动系统回馈给动力蓄电池，实现能量回收；在此过程中，电机控制器工作在整流模式，给动力蓄电池充电。电驱动总成在上坡、下坡、平路的工作状态不同，主要取决于整车载荷和转矩需求。由此可见，电驱动总成的工作状态极其复杂，由此带来的系统 EMI 问题以及整车 EMI 问题也相当复杂。

a) 电驱动总成在上坡、平路的工作状态示意

b) 电驱动总成在下坡的工作状态示意

图 3-21　电动汽车不同工况下电驱动总成状态

（1）干扰源分析

电驱动总成主要由 DC/AC 变换器、驱动电路、驱动电机控制器及电机组成，如图 3-22 所示。电机控制器采用空间矢量脉宽调制（Space Vector PWM，SVPWM）对输入的直流电进行调制，在电机的电感作用下，在电机定子绕组内形成接近正弦波的三相交流。逆变桥共有 6 个 IGBT 模块，每个桥臂分配两个，开关状态相反，当上桥臂为开通时，下桥臂必关断。6 个 IGBT 的开通关断驱动电压信号通过电机控制器进行控制。

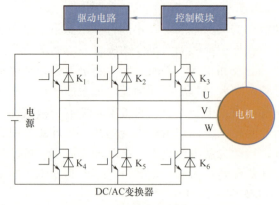

图 3-22　电驱动总成组成示意图

电驱动总成 EMI 的产生与不同组合下的 IGBT 开关状态密切相关。以图 3-23 单相桥臂分析为例，当上桥臂开通时 A 点电位为 $U_d/2$，关断时 A 点电位变为 $-U_d/2$，在周期性开关过程中形成周期性的方波电压。A 点为三相电机 U 相的输入点，该点的周期性波动造成电机输入点电压的周期性变化，从而产生以开断周期为基频的干扰。

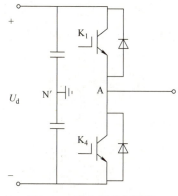

图 3-23 逆变器单相桥臂

开关器件产生干扰的另一个主要原因是当 IGBT 开断时，IGBT 集电极和发射机两端的电压（V_{ce}）波动。如图 3-24 所示，产生 EMI 的波形包含了三个主要成分：一是 IGBT 周期性造成的电压波动，其波动周期与开断频率吻合；二是电压的上升沿和下降沿部分（dV/dt），这是由 IGBT 模块自身的特性决定的，电压上升和下降时间一般为纳秒级；三是开关过程中产生的高频振荡，一般也为纳秒级。

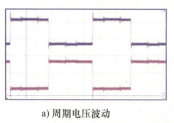 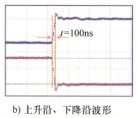 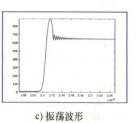

a) 周期电压波动　　b) 上升沿、下降沿波形　　c) 振荡波形

图 3-24　V_{ce} 电压波形的主要成分

图 3-25 中左侧所示梯形波的幅值为 V_e，周期为 T，1 个周期的开通时间为 t_{on}，上升时间为 t_r，占空比 $d = t_{on}/T$，频率 $f = 1/T$，将梯形波进行傅里叶变换可以得到其幅频特性。梯形波经过 FFT 变化得到理论频谱包络，如图 3-25 中右侧所示。

$$V(nf_0) = 2dV_e \left|\frac{\sin(n\pi d)}{n\pi d}\right| \times \left|\frac{\sin(n\pi t_r f_0)}{n\pi t_r f_0}\right| \qquad (3-26)$$

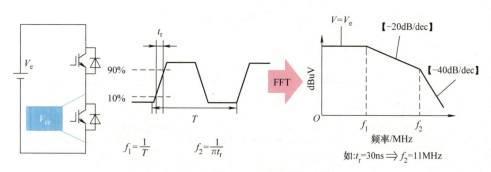

图 3-25　梯形波波形及频谱包络

逆变器桥臂电压产生的干扰源另一部分是开关过程中产生的高频振荡，在幅频特性分析中可以看到 20MHz～30MHz 的凸出的频谱包络，幅频特性如图 3-26 所示，开关器件开关振荡波形是高频噪声主要来源。

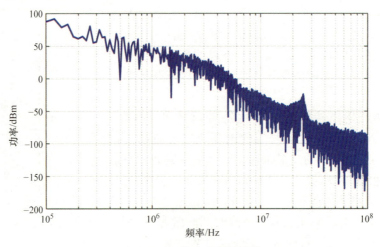

图 3-26　振荡波形幅频特性

（2）干扰路径分析

上节对电驱动总成主要干扰源进行了分析。电驱动总成产生的 EMI 骚扰，在动力系统中主要通过共模和差模两种路径形式传播。

1）共模骚扰。驱动电机系统的共模骚扰主要由功率器件开关过程中的瞬时电压跳变和系统内部的寄生电容相互作用形成。系统中的寄生电容主要由高压电池组和线缆对地、IGBT 对散热器、电机绕组对机壳等寄生电容组成。在开关管动作瞬间，电压跳变作用于系统中的寄生电容，进而产生很大的充放电电流，形成共模电流，其流经路径如图 3-27 所示。图中 $C_{battery}$ 表示动力蓄电池组对公共地的杂散电容；C_{cable} 表示线缆对公共地的寄生电容；$C_{converter}$ 表示 IGBT 对散热器的寄生电容；C_{motor} 表示绕组对电机外壳的寄生电容。

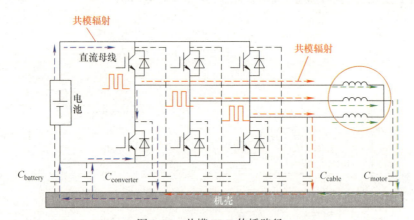

图 3-27　共模 EMI 传播路径

图中共模传导干扰电流流通的路径，其主要的几条传播路径有：

① IGBT → $C_{converter}$ → 公共地 → $C_{battery}$ → 直流侧线缆 → IGBT，如蓝色虚线所示。

② IGBT → 交流侧线缆 → C_{cable} → 公共地 → $C_{battery}$ → 直流侧电缆 → IGBT，如红色虚线所示。

③ IGBT→交流侧线缆→电机绕组→C_{motor}→公共地→$C_{battery}$→直流侧线缆→IGBT，如绿色虚线所示。

路径上流经的共模电流均会通过线缆的天线效应形成辐射骚扰。

2）差模干扰。驱动电机系统的差模干扰是由开关器件在开通和关断过程中产生的 di/dt 与系统中的杂散电感相互作用形成的。系统中的杂散电感主要包含 IGBT 引脚寄生电感、交流侧线缆和电机绕组电感。电机驱动系统差模 EMI 路径如图 3-28 红色虚线所示。若 K1、K6、K2 开通，则干扰从 A 相流经交流侧线缆、电机、直流侧线缆后进入高压电池组形成回路，回路上流通的差模电流经线缆对外辐射形成辐射干扰。

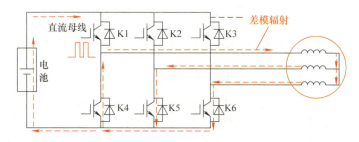

图 3-28　差模 EMI 传播路径

2. 车载充电器 EMC 分析

电动汽车车载充电器（OBC）是安装在电动汽车上，将交流电转换为满足要求的直流电，为电动汽车动力蓄电池进行充电的一种装置。

以常见的单相 3.3kW 车载充电器为例进行噪声源分析。OBC 前端的交流电源经 PFC 电路整流为脉动直流，后经 LLC/CLLC 电路变换为满足需求的高压直流电源。功率开关管作为电路主回路中关键元器件，同时也是噪声的源头。当设备工作时功率开关管处于频繁的开断状态，形成方波。同时，在方波波形上还有明显的电压过冲以及振荡波形，这种矩形波经过傅里叶分解后有丰富的频率成分，尤其在高频部分。频繁的开断产生的噪声在主回路中双向传导，形成回路中的共模干扰，如图 3-29 所示。

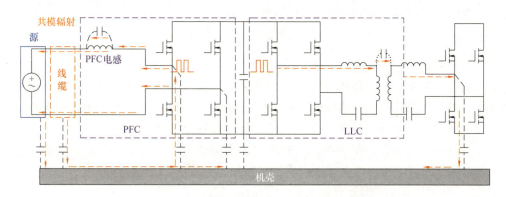

图 3-29　车载充电器功率开关管共模干扰路径

功率开关管及其散热片与箱体之间存在着分布电容，功率模块产生的噪声容易通过分布电容与模块自身的对地电容，在系统中形成共模干扰路径，如图 3-30 所示。

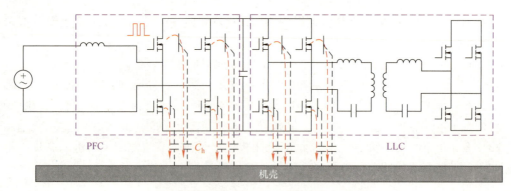

图 3-30 车载充电器功率开关管共模干扰路径

高频变压器作为 LLC 电路中主要磁性元器件，在功率开关管频繁开断过程中，变压器漏感所产生的反电动势 $E=-L_\mathrm{p}\dfrac{\mathrm{d}i}{\mathrm{d}t}$ 叠加在开断波形上，其电压与电流变化率成正比，与变压器漏感成正比，易形成尖峰电压，且功率开关管导通速度越快，形成的尖峰电压越高，严重时甚至会造成回路中功率开关管的损坏。高频变压器层间的分布电容，使开关电源中的高频成分极易在变压器一次侧、二次侧之间传递形成传导干扰。而变压器与箱体之间的分布电容则是另外一条共模干扰的主要路径，高频变压器对于系统的共模噪声有着重要的影响，其路径如图 3-31 所示。

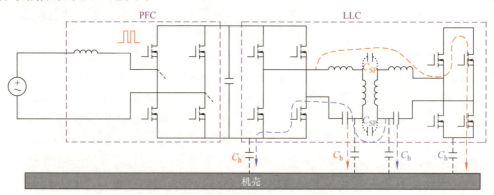

图 3-31 高频变压器共模噪声路径

磁性元器件被大量运用在车载充电器电路中，如图 3-32 所示。其在回路中的主要作用为滤波和储能，回路中的共模噪声均位于磁性元器件端口，且回路中的差模骚扰也与磁性元器件密切相关，磁性元器件的选型与布置是影响车载充电器 EMC 性能的关键因素。

回路上的电容、电感及铜排导线，其阻抗特性随频率的增加变化明显。电感在频率较低时呈感性特征，但随着频率的提高会逐渐呈现出感性与容性共存的特征，出现明显的谐振点，随着频率的进一步提高又呈现出容性的特征，见图 3-33 所示。

3. DC/DC 变换器 EMC 分析

DC/DC 变换器利用电容、电感的储能特性，通过高频开断可控开关（MOSFET 等）为负载提供能量，实现电源和负载间功率平衡。此处 DC/DC 变换器特指 DC/DC 降压变换器，将动力蓄电池提供的数百伏高压转换成 12V 低压给低压电器供电，其基本原理图如图 3-34 所示。

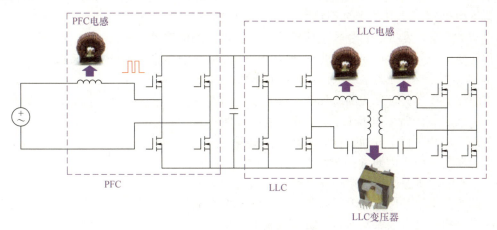

图 3-32　回路上的磁性元器件

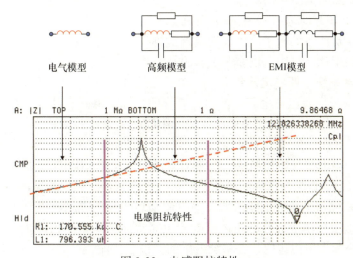

图 3-33　电感阻抗特性

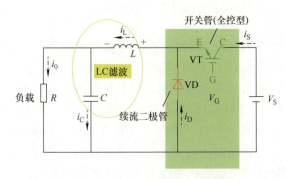

图 3-34　DC/DC 变换器基本原理图

实际的 Buck（升压）电路如图 3-35 所示。连接线路和元件通常存在寄生参数，如连接母排寄生电感 L_S、开关管 T 引线电感 L_T、输出结电容 C_{s1}、续流二极管引线电感 L_D、输出结电容 C_{s2} 等。某些寄生参数还具有非线性特性，如电容 C_{s1} 和 C_{s2}，它们会随着结电压的变化而变化，并且这种变化是非线性的。这些寄生参数会部分地改变电源和负载的特性，如线路寄生参数 L_S、L_T、L_D 会使得电源由电压源性变成电流源性。在开关管 T 关断过程中，其两端会出现电压尖峰；二极管的寄生电容 C_{s2} 使负载由电流源性变为电压源性，在开关管 T 开通过程中，其中会出现电流尖峰。因此在实际应用中通常都会在 L_S 之后加入电容器，来加强电源的电压源性质，减轻开关管 T 关断时的电压尖峰。此外，寄生元件容易形成高频谐振回路，换流单元的换流过程向这个谐振回路引入瞬态宽频带能量。如果回路谐振频率落在这个频带中，便会发生高频谐振，放大其干扰效果。由于 C_{s1} 和 C_{s2} 等寄生参数的非线性特性，谐振频率是随时间变化的。

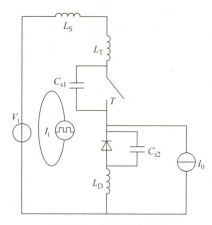

图 3-35　实际电路拓扑

从以上分析可知，DC/DC 变换器中换流单元的周期性换流动作是干扰产生的根本原因，而电路的寄生元件既起到增强高频干扰的作用，也改变了电源及负载端的天线效应。

4. 动力蓄电池系统（简称电池包）

动力蓄电池系统主要包含电芯、模组、热管理系统、BMS、结构件及高低压线束五大部分。其中 BMS 主要包含电池信息采集模块（BIC）、高压监控模块（HVSU）和电池管理模块（BMC）。其中 BIC 负责电池单体/模组电压、温度的采集及电池的均衡；HVSU 负责继电器烧结监测、电池包总电压监测、电流监测及漏电检测；BMC 负责收集 BIC 和 HVSU 采集/监测到的信息进行综合计算和判断、异常报警与其他车载模块通信等。

动力蓄电池系统作为车辆能量来源，为电驱动总成和电源总成供电，电驱动总成和电源总成工作时，由于功率半导体的快速开断产生非常强的高频骚扰，这些高频的骚扰同样也会通过功率回路灌入电池包内，各系统产生的差模干扰流经动力蓄电池包的每一节电芯，图 3-36 为电池包内传导干扰路径图。为了减少电池包内线束，电池包内部采集器一般采用电芯模组直接供电，14～18 节电芯串联为一个采样芯片供电，这就造成功率回路中的差模干扰会经过采样芯片正、负极供电端口对采集器造成干扰，这也是整车回路中差模干扰源在电池包内的主要传导路径。

动力蓄电池系统一般集成 BMS 系统，也会兼顾配电及预充电功能，导致包内配电铜排的走线较为复杂。电池包内部配电铜排及低压线束走线如图 3-37 所示。为了提高电池包整体能量密度，其内部的布置异常紧凑，这就导致低压线束往往都无法满足与主功率回路的安全间距要求，需要针对该问题进行仿真分析，铜排模型如图 3-38 所示。

为了解决用户的补电焦虑，大功率的直流充电逐渐成为发展趋势。在大倍率的充电电流情况下，电池包母排上会长时间地流过非常大的直流或低频交流电流，这些电流往往具有较大的电流纹波，都将在电池包内产生非常强的低频磁场骚扰。图 3-39 为某电池包内低频磁场辐射情况仿真结果。电池包内复杂的配电铜排是电池包内辐射的主要源头。

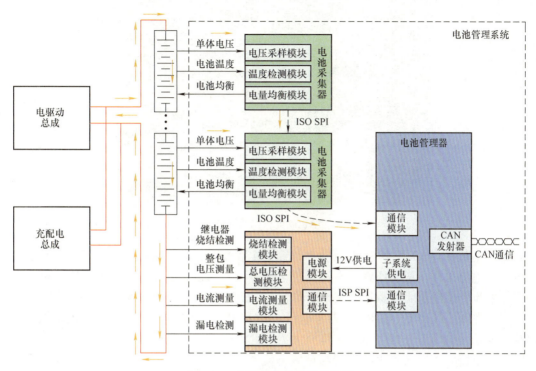

图 3-36 电池包内传导干扰路径

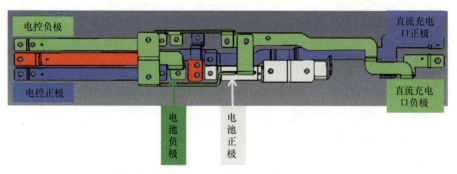

图 3-37 电池包内部配电铜排及低压线束走线

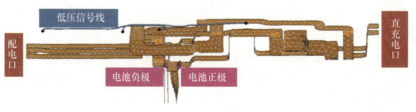

图 3-38 电池包内部铜排仿真模型

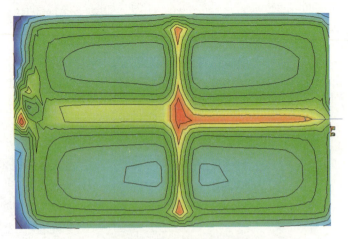

图 3-39　某电池包内低频磁场辐射情况仿真结果

采样电流作为 BMS 中 SOC 及功率计算的主要参数，电流采样的精度及准确性显得异常重要，电流采样一般采用霍尔电流传感器或分流器。霍尔电流传感器的选型又可分为开环霍尔电流传感器及闭环霍尔电流传感器，其中闭环霍尔电流传感器较为常见。图 3-40 为其工作原理图。其中 V_{F-} 与 V_{F+} 为参考电压，V_- 和 V_+ 为霍尔器件产生的信号电压，R_1 和 R_2 两端的电压差作为差分信号输入运算放大器，运算放大器对该信号放大后输出 V_x，并在线圈中产生电流；该电流产生的磁场与被测电流产生的磁场相反，当两者相等时霍尔传感器的磁通为零，此时对 R_m 测得的电压降 V_0 进行检测，可以得到被测电流的大小。

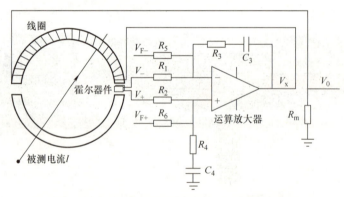

图 3-40　闭环霍尔电流传感器工作原理图

一般情况下电流采样回路集成在 BMS 控制板上，与霍尔元件通过长导线连接，由于传感器输出的补偿电流较小，轻微的耦合量也会造成较大的电流采样偏差，电池包内的低频磁场耦合可能导致采样偏差。

电池包内采样信号及采集芯片可能会受到频段极宽、骚扰极强的电磁干扰以及各类电磁脉冲干扰，而 BMS 一般要求非常高的采样和监控精度，因此抗干扰性能是动力蓄电池系统 EMC 重点考虑的部分。

另外，动力蓄电池包中每块电池对车身都存在一个寄生电容 C_s，电池串联等效模型如图 3-41 所示，不同电池连接方式的等效模型不同。当电池组中电流变化时，各电芯负极电位变化也较大，电池组与底盘之间的分布电容在充放电过程中会形成共模电流，从而产生传导或者辐射干扰。

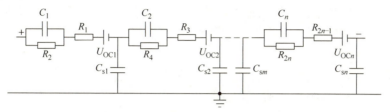

图 3-41 动力蓄电池分布电容模型

3.3.3 电动汽车电磁兼容设计基础

1. 整车 EMC 设计基础

汽车的电磁兼容要求众多的车载电子电气部件共存于一个极其有限的物理空间内，且保证其间功能互不影响，这就要求其中的各电子电气系统具备良好的 EMI 和 EMS 水平。在整车的开发过程中，需全面考虑各系统与所处特定电磁环境之间的相互干扰。设计者应在汽车电子系统的开发与设计过程中，采取严格的防护措施以减小系统自身的 EMI 辐射，并尽量提高其抗干扰能力，尤其是那些敏感的电子部件。统计表明，将近 80% 的 EMC 问题可在设计开发过程中解决。否则，一旦车型产品定型完成以后，工程师们将花数倍的力气去解决车内系统的干扰问题。因此，进行整车的电磁兼容设计重要性不言而喻。

汽车工程师们首先需明确车辆以及电子电气零部件的电磁兼容标准。整车的标准即整车电磁兼容性能的要求，是进行车辆设计的基础和目标。根据相关国际、国家或企业标准要求，将整体指标分解到各功能模块上，细化成系统级的、设备级的、电路级的和元件级的对应指标。然后按照零部件需要实现的功能和相关的电磁兼容指标来进行部件级的电磁兼容设计。在车型开发实践中，熟悉相关电磁兼容标准的汽车工程师，往往还要根据车型定位、市场需求、竞品水平分析，并结合行业发展趋势，制定整车电磁兼容性能目标。

另外，在整车层面，需有一套清晰的电磁兼容性能开发体系，明确整车整体的设计方案，包括整体性能目标、整车系统架构和设计、重点系统/部件性能要求、重点系统架构和布置、重点系统开发和验证、整车验证和提升和整车目标达成验收等开发环节。在实际车型的开发过程中，结合车型项目的开发进度，一环扣一环按阶段实施，各环节开发步骤有设计、有评审、有确认、有验收。

在整车电磁兼容设计阶段，应注重识别整车潜在的干扰源、敏感设备和可能的干扰路径。针对目标开发车型的具体电子电气系统架构、参数和功能，围绕电磁兼容问题三要素，通过整车-系统-部件三层级分解分析，从系统间-系统内-部件多个维度，识别整车潜在的电磁干扰风险并给出相应的对策。结合干扰源骚扰产生的机理、发射特性和抑制技术，形成潜在重点干扰源的骚扰抑制对策；分析电磁骚扰的耦合方式和可能的传播途径，形成对潜在干扰路径的规避对策；识别车内重点敏感部件，评估其对干扰的响应、抗扰敏感度，形成敏感部件的抗干扰设计对策。设计人员应按照以上设计内容，开展系统的整车性能风险评估，形成具体可行的应对对策，并在开发过程中实施必要的方案校核和验收，确保重大电磁兼容风险能在车型产品定型前得到妥善的解决。

2. 整车 EMC 设计方法

汽车方案设计阶段需要进行电磁兼容设计,主要内容包括电气设计和线束设计。电气设计过程中,主要针对电源系统、配电网络、接地回路、和电气设备特性进行分析设计以及 EMC 风险评估;线束设计过程中,主要考虑线型选型、线束布置、线束并行分析等。

(1)基本设计准则

以下以配电、接地、线束设计为例扼要介绍电动汽车整车设计的基本准则。

1)配电设计。整车各电子电气部件布置位置、方向、配电等,要遵循走线顺畅、走线的距离最短、走线形成的环路面积最小的原则,降低线缆作为等效天线向外辐射电磁波的效率,同时降低耦合外界骚扰信号的效率以免影响系统本身正常功能,尤其是大功率器件电源线回路尽量短,敏感件与强骚扰件在布置时需保证系统隔离度,避免强弱信号耦合影响敏感器件正常工作等,如图 3-42 所示。对于电器架构/电源系统,其配电靠近大电流功率设备,需要控制电源走线长度。

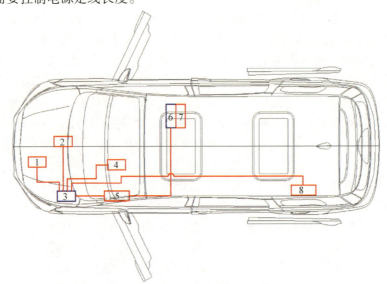

图 3-42 配电设计架构示意

1—风扇 2—DC/DC 变换器 3—前配 4—EPS 5—控制器 1 6—正极熔断器 7—蓄电池 8—控制器 2

2)接地设计。在进行车载电器件的接地设计时,应尽量保证回流面积最小,电源线与地线并行走线。如图 3-43 所示,某电器的电源正负走线回路面积大,对比优化后走线设计,电源走线回路减小,如图 3-44 所示。

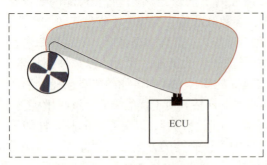 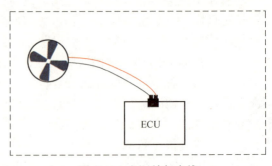

图 3-43 电源走线回路较大　　　　　　图 3-44 电源并行走线

整车接地设计的基本原则是保证车载部件与车身地之间良好的电连接，以便在所需频率范围内呈现足够低的阻抗，实现部件间的等电位连接。等电位连接对系统的电磁兼容性和安全性，甚至产品的功能实现均有十分重要的影响。在设计初期，设计人员就应该重视接地设计，保证各零部件之间的等电位连接。

为保证良好的导电性，一般要求零部件金属壳体表面是导电的或者经过导电处理的，如果金属表面必须要涂漆处理，则要设计保护措施，以保证零部件壳体与车身连接面的导电性。推荐车载电器件使用专门的搭铁接地设计，保证其金属外壳和车身等电势，保证电器件上的干扰信号具有低阻抗的泄放路径，降低对外电磁辐射发射，以保证干扰噪声环路可控。另外，接地设计需注意共地阻抗耦合，根据车载部件电气 EMC 性能矩阵类别：大功率电器单独接地、音视频系统单独接地；强干扰器件和敏感器件避免共同接地；同一器件或者系统的功率与信号分开接地；具有相同属性或者功能的系统并联接地。大功率电机风扇、EPS 电机、刮水器电机等单独接地，车身控制器功率器单独接地，敏感 ECU 如 SRS 单独接地。图 3-45 为某车型车载电器件接地示意图。

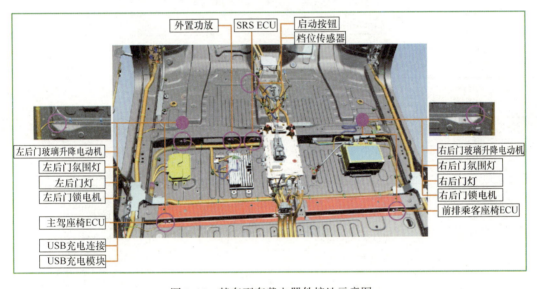

图 3-45　某车型车载电器件接地示意图

3）线束设计。线束是整车电子电气系统对外 EMI 发射和耦合外界电磁干扰的重要途径。同时，线束设计还影响到由串扰、瞬态耦合、地环路、共线干扰等导致的整车兼容性问题。另外，特殊线缆的实现方案，如屏蔽线、通信总线等，设计中也必须考虑 EMC 的合理性。线束设计 EMC 评估的工作主要包括：分析线束原理图、线束数模；评估部件之间的线束共线和串扰耦合、共模辐射发射、接地工艺等对 EMC 性能的影响。

依据线束设计原则对不同电器系统线束选型，如强干扰器件线束采用双绞、屏蔽设计降低其对外干扰发射，敏感器件信号采用双绞、屏蔽线、同轴线缆等设计增强抗干扰性能，线束设计建议见表 3-1 和表 3-2。

表 3-1　电机类产品线束设计建议

种类	电机名	驱动方式	线束类型
长时大功率	冷凝电机	三相驱动	三绞屏蔽线
	电池冷却水泵电动机	三相驱动	三绞屏蔽线
	电驱动冷却水泵电动机	三相驱动	三绞屏蔽线
	鼓风机电动机	三相驱动	三绞屏蔽线
短时小功率	主动格栅电动机	三相驱动	三绞屏蔽线
	门锁/杂物箱锁电动机	双线驱动	普通线
	风门电动机	双线驱动	普通线
	洗涤/前后行李箱锁	双线驱动	普通线
短时大功率	EPB 电动机	双线驱动	双绞线
	座椅电动机	双线驱动	双绞线
长时小功率	车窗电动机	双线驱动	双绞线
	管柱调节电动机	双线驱动	双绞线
	前刮水器电动机	—	普通线
	EPS	—	普通线
	腰撑电动机	双线驱动	普通线

表 3-2　敏感类设备线束选型建议

序号	线束	线型建议
1	摄像头线束	同轴线
2	A2B 线束	双绞线/屏蔽双绞线
3	扬声器线束	双绞线
4	转向盘线束	三芯屏蔽线
5	接显示屏信号线	互绞整体屏蔽线
6	显示屏电源线	双绞线
7	USB 信号线	互绞整体屏蔽线
8	USB 电源线	双绞线
9	传声器信号线	屏蔽双绞线
10	GPS FM 天线	同轴线
11	WiFi 5G 天线	同轴线
12	DMS 信号线	同轴线
13	DMS 电源线	双绞线
14	仪表信号线	同轴线
15	仪表电源线	双绞线

建议将高压系统线束布置于乘员舱外，利用车身屏蔽效果降低对乘员舱的骚扰，原则上高压线与低压器件的距离应大于 100mm，高低压线束分开布线，建议避免长距离平行走

线；低压线与高压线交叉时，尽量使两者成 90°夹角。当高压线与低压线平行走线较近时，注意利用屏蔽、接地、双绞线等措施降低耦合。

（2）设计实施

在实际开发中，具体车型在车载功能、市场定位、系统架构与布局以及选用的零部件电磁特性、集成度等方面均存在差异，因此无法刻板地采用统一的设计规范。在具体车型的 EMC 设计工作开始时，设计者应根据车型相关信息结合整车 EMC 设计原则，在此基础上，针对具体系统方案辅助台架验证手段和仿真手段进行风险评估、措施管理和方案验证，形成一套统筹可行的正向开发设计方案。例如，当某车型布置方案因其他布置需求而不满足基本的电磁兼容设计原则时，可进一步结合仿真手段方案进行分析。

1) 高低压布置评估。举例：如图 3-46 所示，高压线与 EPS 控制器的布置距离不满足整车 EMC 设计原则，通过建立高压线辐射仿真模型，计算直流母线在 EPS 控制器区域的磁场强度（图 3-46 和图 3-47），通过仿真，结合 EPS 抗扰水平评估布置方案的风险，确定方案可行性。

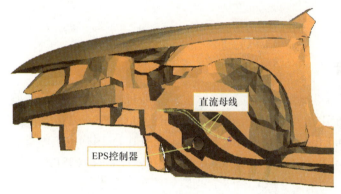

图 3-46 高压线布置

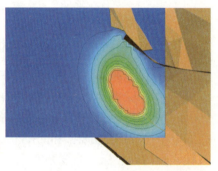

图 3-47 高压线附近磁场仿真结果

2) 线束并行布置评估。举例：如图 3-48 所示，A2B 音频信号线与电机电源线并行布线，并行长度不满足整车 EMC 设计原则。通过仿真，分析不同类型 A2B 信号线耦合的骚扰电流，仿真结果如图 3-49 所示。设计者应根据骚扰电流计算结果，合理选择 A2B 音频专用线束类型。

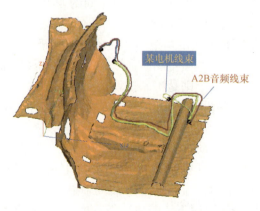

图 3-48 电机线与 A2B 信号线并行布线

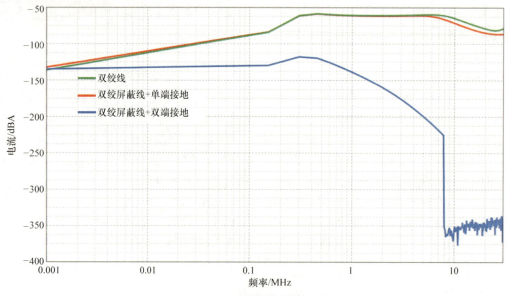

图 3-49　A2B 信号耦合噪声电流

3.3.4　电动汽车电磁兼容标准

汽车电磁兼容标准分为国际标准、地区标准、国家标准和企业标准。国际标准上制定电磁兼容标准的组织有国际标准化组织（International Organization for Standardization, ISO）、国际电工委员会（International Electrotechnical Commission, IEC）、国际电工委员会无线电干扰特别委员会（International Special Committee on Radio Interference, CISPR）等。有代表性的地区标准主要是欧洲 ECE 法规和 EEC 指令。我国的汽车电磁兼容标准化组织为"汽车电子与电磁兼容分技术委员会（SAC/TC114/SC29）"，其任务是组织行业进行汽车 EMC 标准的研究与制定。汽车电磁兼容标准体系涉及的标准众多，下面仅简要介绍部分重要标准，但也涵盖了目前汽车行业最基本、最广泛实施的电磁兼容测试要求。

1. 国家标准

汽车整车 EMC 性能需综合考量外界电磁环境与汽车间、汽车内各车载电器间、车载电器与使用者间、车载电器与可外接到车上的设备间的兼容共存。我国国家整车标准的制定目的在于引导我国汽车制造商设计出符合标准要求的汽车，提升我国汽车产业技术水平，并通过部分强制标准的实施确保上市车型的产品质量。截至目前，SAC/TC114/SC29 已制定了一系列整车 EMC 标准，部分国家标准见表 3-3，其中 GB 34660—2017 是目前我国电动汽车整车强制性法规，其他标准则是国家推荐性标准。由此可见，目前我国汽车电磁兼容标准的强制实施集中在约束外界电磁环境与汽车之间的兼容关系，其他兼容关系的保障主体在汽车制造企业。

（1）GB/T 18387—2017《电动车辆的电磁场发射强度的限值和测量方法》

针对电动汽车电驱动总成可能带来较低频段的电磁兼容问题，我国制定了 GB/T 18387—2017。该标准规定了电动车辆的电场、磁场辐射发射强度的限值和试验方法，试验频率范围为 150kHz～30MHz，适用于纯电动汽车、混合动力电动汽车、燃料电池电动汽车等类型的电动车辆。

表 3-3 国家整车 EMC 标准

序号	试验项目	国家标准	兼容关系
1	电动车辆的电磁场发射强度的限值和测量方法，150kHz～30MHz	GB/T 18387—2017	外界电磁环境与汽车之间
2	道路车辆 电磁兼容性要求和试验方法——车辆电磁辐射发射，30MHz～1GHz	GB 34660—2017	
3	道路车辆 电磁兼容性要求和试验方法——车辆电磁抗扰度，20MHz～2GHz	GB 34660—2017	
4	电动汽车传导充电电磁兼容性要求和试验方法	GB/T 40428—2021	
5	车辆、船和内燃机 无线电骚扰特性 用于保护车载接收机的限值和测量方法，150kHz～2.5GHz	GB/T 18655—2018	车载电器之间
6	车辆电磁场相对于人体曝露的测量方法，10Hz～400kHz	GB/T 37130—2018	车载电器与使用者之间
7	道路车辆 电气/电子部件对静电放电抗扰性的试验方法	GB/T 19951—2019	
8	道路车辆 车辆对窄带电磁能的抗扰性试验方法 第 3 部分：车载发射机模拟法，1.8MHz～5.85GHz	GB/T 33012.3—2016	车载电器与外来设备之间

标准要求电动车辆以 40km/h 的车速运行，使用标准测试天线测量其车前、后、左、右四个方向 3m 远位置的电场发射强度和磁场发射强度（标准天线相对于车辆的布置见图 3-50），并分别针对该工况下最大辐射发射位置进行 16km/h 和 70km/h 车速下的电场、磁场测量，所有测试结果均需满足标准要求的发射限值。电场强度发射限值如图 3-51 所示，磁场强度发射限值如图 3-52 所示。

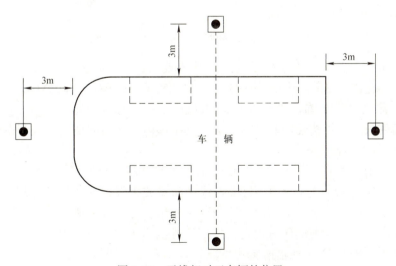

图 3-50 天线相对于车辆的位置

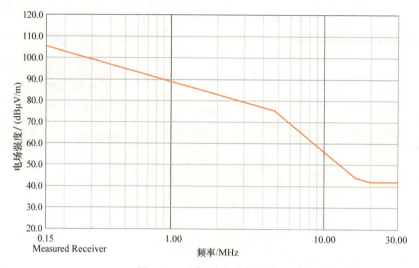

图 3-51 电场强度发射限值

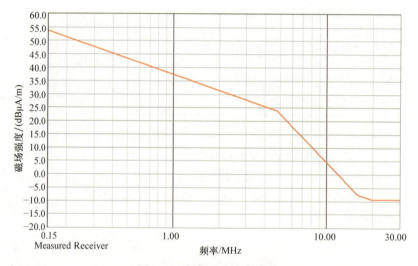

图 3-52 磁场强度发射限值

（2）GB 34660—2017《道路车辆 电磁兼容性要求和试验方法》

1）车辆电磁辐射发射。为保护居住环境中工作在 30MHz～1000MHz 频率范围内的广播接收机，国家制定了强制性标准 GB 34660—2017。标准规定了车辆及其电气/电子部件的电磁发射限值、抗扰性能和试验方法，其中的电磁发射限值用于限制车辆 30MHz～1GHz 频率范围内的电磁发射强度。

整车辐射发射分为宽带辐射发射和窄带辐射发射，对于窄带测试，要求电动汽车整车上电且所有可连续运行的含有大于 9kHz 内置振荡器或重复信号的设备，都处于正常的运行状态；对于宽带测试，要求电动汽车处于 40km/h（1±20%）速度运行状态下并打开长时工作的、能产生宽带发射的所有设备。使用标准测试天线测量距离车辆左侧和右侧 10m 处的电场强度（如图 3-53 车外辐射骚扰试验布置示意图），所有测试结果均必须低于标准要求的限值。窄带准峰值限值如图 3-54 所示，宽带准峰值限值如图 3-55 所示。

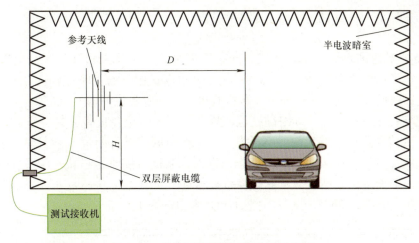

图 3-53 车外辐射骚扰试验布置示意图

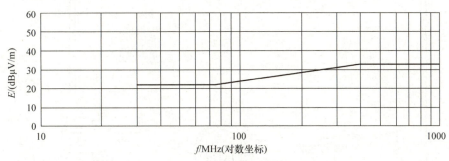

图 3-54 窄带准峰值限值

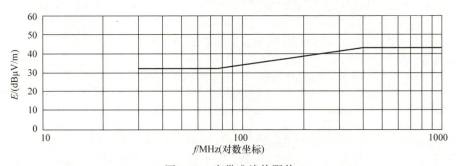

图 3-55 宽带准峰值限值

2)车辆电磁抗扰度。为了保护车辆在驾驶过程中不受窄带电磁辐射能量的影响,避免出现驾驶安全相关的问题,国家制定了强制性标准 GB 34660—2017。标准要求在频率范围 20MHz ~ 2GHz、电场强度 30V/m 的窄带电磁环境中,分别测试车辆(50 ± 5)km/h 运行和制动两种工况下,车辆驾驶安全相关功能不应发生功能状态偏离或降级。测试过程中,采用摄像机、传声器、数据采集器等设备对车上功能(包括灯光、刮水器、门窗、仪表板、倒车系统、空调系统等)、音频、视频、通信数据(包含汽车总线数据、转毂转速等)进行监控和记录,同时也通过声音来判断电器系统是否产生误动作(如喇叭、防盗报警等)。

（3）GB/T 18655—2018《车辆、船和内燃机 无线电骚扰特性 用于保护车载接收机的限值和测量方法》

为了保护车载接收机（如收音机、导航、网络等）不受来自其他车载电器系统的干扰，国家制定了标准 GB/T 18655—2018。由于通过车载接收机实现的车辆功能均与用户体验直接相关，因此针对汽车进行保护车载接收机的无线电骚扰测试尤为重要。

标准规定在 150kHz～2500MHz 频段范围内，对车载电器设备（如：空调压缩机，驱动电机等）沿传导路径及空间辐射路径发射的无线电骚扰进行测量，整车动力系统及所有车载电器都应尽可能处在典型的工作状态，以天线插接器接地为基准，在接收机天线末端进行骚扰电压的测量。车辆辐射发射试验布置示意图如图 3-56 所示。在天线末端测得的骚扰电压不应超过 GB/T 18655—2018 中整车骚扰限值的要求。

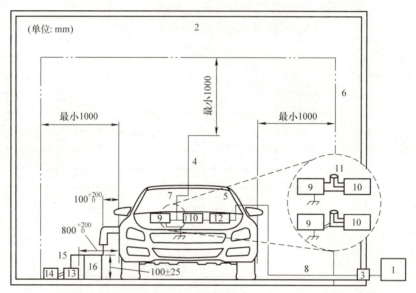

图 3-56 车辆辐射发射试验布置示意图（使用单极天线的视图）

1—测量设备 2—ALSE 3—壁板连接器 4—天线 5—车辆 6—典型吸波材料 7—天线的同轴电缆 8—优质同轴电缆，例如双层屏蔽电缆（50Ω） 9—车载接收机外壳 10—阻抗匹配单元（如需要） 11—改进的"T"型插接器 12—调幅广播段的地隔离网络（如需要） 13—人工电源网络（仅针对充电模式） 14—充电电源（仅针对充电模式） 15—充电电缆（仅针对充电模式） 16—绝缘支撑（仅针对充电模式）

（4）GB/T 40428—2021《电动汽车传导充电电磁兼容性要求和试验方法》

为确保电动汽车传导充电的功能与安全，国家制定了标准 GB/T 40428—2021。该标准是我国首个汽车充电电磁兼容标准，包括电磁辐射发射，沿 AC 电源线射频传导发射，沿 AC 电源线的谐波发射，沿 AC 电源线的电压变化、电压波动和闪烁发射，电磁辐射抗干扰，沿 AC 电源线的电快速脉冲群，沿 AC 电源线的浪涌等诸多电动汽车充电时需要考察的测试项目。本章仅对沿 AC 电源线的射频传导骚扰进行描述，其他在此不再赘述。

该项目是测量车辆在充电过程中产生的通过充电电源线耦合到电网的频率为 150kHz～30MHz 的骚扰，以保证充电车辆与住宅、商业和轻工业环境兼容。测试要求车辆处于交流充电状态，整车动力蓄电池的电量介于最大电量的 20%～80% 之间，充电电流 ≥ 80% 额定电流。试验布置如图 3-57 所示，测试结果应满足标准要求的发射限值。

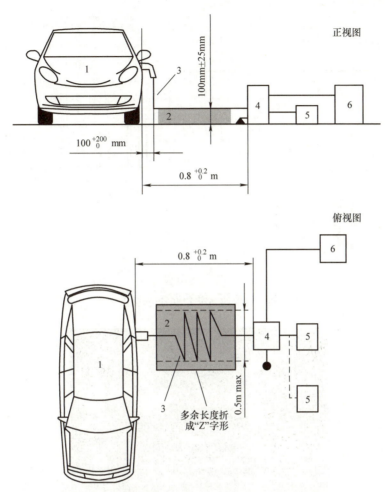

图 3-57 车辆接口在侧面的射频传导骚扰试验布置图
1—车辆 2—绝缘支撑 3—充电线缆 4—接地的人工电源网络 5—模拟交流充电桩 6—测量接收机

2. 企业标准

我国国家强制性标准法规规定了进入我国汽车市场的最低门槛要求，汽车制造企业往往在满足国家强制性法规要求的基础上，兼顾国家其他推荐性标准和国际通用标准，并结合车辆安全可靠性地考量制定具有企业特色的整车 EMC 标准体系。

目前，国内外强制性法规标准对于整车抗扰安全均以 30V/m 窄带电磁辐射强度作为要求。面对日益复杂的电磁环境，以及智能化辅助驾驶潜在的行驶抗扰安全考量，混响室测试方法和更高强度的抗扰要求逐渐被越来越多的汽车制造企业采用。例如，比亚迪汽车对其所开发的电动汽车的 EMC 抗扰要求最高达到 140V/m（图 3-58）。

图 3-59 所示为比亚迪某车型在内部整车 EMC 实验室[⊖]内进行辐射抗扰试验场景。

⊖ 该 EMC 实验室已通过中国合格评定国家认可委员会（CNAS）认可，满足国标 GB 34660、GB/T 18387、GB/T 18655，满足国际标准 ISO10605、ISO11451 系列、美国标准 SAEJ551 系列、IEC61000 系列（充电系统测试标准）、ICNIRP Guidelines 以及欧盟 ECER10.06 认证法规等测试要求。

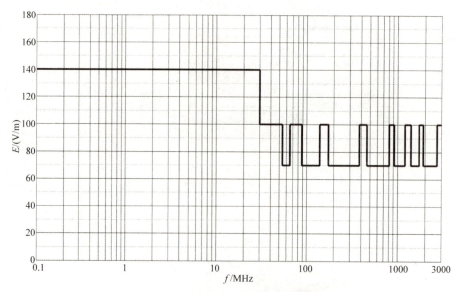

图 3-58 比亚迪整车 EMC 抗扰强度要求

图 3-59 整车辐射抗扰试验

3. 出口认证体系及 EMC 法规

（1）出口认证体系

2016—2020 年，我国汽车整车年出口量达百万量级。其中，乘用车出口量连续 5 年增长，占我国汽车出口量的 70% 以上。目前，我国汽车出口国家达 200 个左右，主要集中在欧洲、拉美、西亚、东南亚等发展中国家和地区。不同国家和地区的认证体系不同，其中，欧盟的型式认证和美国的自我认证引领全球汽车认证体系发展，目前大多国家和地区采用型式认证的市场准入管理制度。

1）欧盟 EMC 认证体系。欧盟的车辆产品认证体系由三部分组成：欧盟认证（EC 认证），即 e-mark，按照 EC 指令要求进行认证；欧洲经济委员会认证（ECE 认证），即 E-mark，按照 ECE 法规进行认证；各国国家认证。

2）美国 EMC 认证体系。美国自我认证主要为安全认证（国家 FMVSS 法规）和环保认证（国家 CFR 法规），这两项法规不包含整车 EMC 内容；美国整车 EMC 要求主要基于美国工程师协会制定的 SAE 标准，可按其要求进行申报备案。

3）俄罗斯国家认证体系。基本上沿用 GOST 认证，自签署了《1958 年协定书》，俄罗斯技术法规大量引用 ECE 法规，认可 E-mark 证书。

4）日本 EMC 认证体系。日本汽车认证体系结合了欧洲的型式认证和美国的召回制度，并在其基础上加入自身独特的管理监督：型式认证制度包括型式指定（批量生产）和型式通告（小批量，且要求多变的车辆）；日本自签署《1958 年协定书》以来，逐步采用 ECE 法规，认可 E-mark 认证。

（2）EMC 法规

目前，国际上大多数国家的 EMC 标准均引用或等同 ECE R10，具体国家采用的版本有区别，见表 3-4。欧洲国家 EMC 认证法规主要依据 ECE R10.06（2022 年 9 月 22 日强制实施）。随着车辆智能化的发展，当前 ECE R10.07 草案加入了对 ADAS 系统的测试要求。

表 3-4 国际上主要国家或地区出口认证依据的 EMC 法规

序号	国家或地区	EMC 法规
1	英国	ECE R10.06
2	欧盟	ECE R10.06
3	非洲地区	无明确 EMC 要求
4	海湾地区	无明确 EMC 要求
5	伊朗	ECE R10.06
6	印度	AIS-004
7	俄罗斯	ECE R10.06
8	韩国	KMVSS article 107（等同 ECE R10.05）
9	日本	保安基准 17-2（等同 ECE R10.05）
10	中国台湾	五十六之三（等同 ECE R10.05）
11	马来西亚	ECE R10.04
12	新加坡	ECE R10.06
13	澳大利亚	无明确 EMC 要求
14	美国	SAEJ 系列
15	墨西哥	无明确 EMC 要求

3.4　电动汽车电磁场人体曝露

3.4.1　辐射的基本概念

"辐射"一直是人们关注的焦点之一。电磁辐射的定义有两种：一种是能量以电磁波形式由源发射到空间的现象；另一种是能量以电磁波形式在空间传播。电磁辐射涵盖范围非常广,从低到高涵盖了电力线、无线电和手机、微波炉、红外线、可见光、紫外线、X射线和γ射线。其中,高于紫外线频段的γ射线和X射线由于光子能量非常高,可以使物质或生物体电离化,属于电离辐射;而低于紫外线频率的电磁波(包括可见光)的光子能量不足以使原子或分子电离化,为非电离辐射。而我们日常生活中使用的电动汽车、广播、通信、雷达等电子设备的电磁频率一般都在300GHz以下,均属于非电离辐射。世界卫生组织也在其官网中明确:非电离辐射是电磁频谱中能量不足以产生电离化的部分,它包含了电场、磁场、无线电、微波和光辐射,其中光辐射包含了红外线、可见光和紫外线。

3.4.2 国际研究概况

1. 国际电磁场计划

随着电力和电器的普及,曝露于各类电磁场是否可能产生有害健康的影响成为全球普遍关切的问题,为此世界卫生组织(WHO)于1996年5月启动了国际电磁场计划,集中对电磁环境的健康风险进行全面评估。该项目汇集了全球各国以及大量国际组织与研究机构近20年发布的全部科学研究成果,包括流行病学研究、实验室细胞研究、动物试验研究、人体试验研究以及机理研究等。

经过近10年的研究,世界卫生组织(WHO)于2007年6月正式发布了《电磁场与公众健康:极低频场曝露(Fact Sheet No.322)》,阐明了WHO"国际电磁场计划"对极低频场公共健康风险的全面评估结论与政策建议。按照标准的健康风险评估程序,工作组的结论是对于公众通常遇到的极低频电场水平不存在实际的健康影响。对于高水平磁场曝露(超过100μT),外部极低频磁场在人体内感应出电场和电流,当场强非常高时会导致神经和肌肉的刺激,并引起中枢神经系统中神经细胞兴奋性的变化。在潜在的长期影响方面,大量针对极低频磁场曝露长期风险的科学研究都将重点放在了儿童白血病上。人们还进行了大量其他与极低频磁场曝露可能有关的有害健康影响研究,包括其他儿童癌症、成人癌症、忧郁症、自杀、心血管紊乱、不育、发育障碍、免疫系统变异、神经生物影响和神经退变性疾病。WHO工作组的结论是:支持极低频磁场曝露和所有这些健康影响有关的科学证据比儿童白血病与极低频磁场曝露的相关性弱得多,在一些研究中的证据显示,极低频磁场曝露不会引起这些疾病。在WHO发布的这个文件中,对两个国际机构的EMF国际曝露导则表示认可和推荐,这两个国际机构为国际非电离辐射防护委员会(ICNIRP)和电气与电子工程师协会(IEEE)。此后,许多国家和地区的电磁场防护标准都是依据这两个机构的标准制定,尤其是ICNIRP的相关导则。

2. 电磁场曝露 ICNIRP 导则

根据电磁场与人体之间的耦合机制,ICNIRP导则对100kHz以下的电磁场严格使用术语电场和磁场进行描述,而对100kHz~300GHz的电磁场使用电磁场进行描述。结合其适用的频率范围,人们习惯称为低频电场、低频磁场和射频电磁场。这三种场与人体的耦合机理也不相同。

1)低频电场与人体的耦合主要在于可以导致身体上感应出表面电荷,进而在体内感应出电流。人类和动物的身体会显著地干扰低频电场的空间分布,在低频时人体是良导体,其外部被干扰的电场线近似与人体表面垂直,处于曝露中的人体表面会感应出交变电荷,交变电荷会在人体中感应出交变电流。

2）低频磁场与人体的耦合与电场不同。对磁场来说，组织的磁导率和空气相同，因此组织中的场和外部相同，人类和动物的身体不能对磁场分布造成显著干扰。磁场产生的主要作用是在导电组织中产生电场法拉第感应和相应的电流密度。

3）射频电磁场与人体的耦合主要是产生明显的能量吸收和温度升高。当生物体曝露在射频电磁场中时，部分能量会被生物体表面发射，部分会被生物体吸收。由于射频电磁场在生物体内的分布严重依赖于射频电磁场的特性、生物体的物理属性及尺寸，这就使得生物体内的电磁场分布非常复杂。

ICNIRP 导则对已发表的大量医学、生物学文献进行归纳和总结，分别从 100kHz 以下和 100kHz ~ 300GHz 频段分析限制曝露的生物基础。依据已知的生物效应，导则制定了限制电磁场暴露的导则。ICNIRP 中的限值按适用范围分职业曝露和公众曝露，限值分基本限值和导出限值。基本限值是指直接根据已确定的健康效应而制定的曝露在时变电场、磁场和电磁场下的限值。导则也将受曝露对象分为"职业"和"公众"两类。"职业"对象通常指的是曝露在已知条件下，并经过培训，了解潜在主要内容和风险，采取了恰当预防措施的成年人。而"公众"包括了事业年龄段和不同健康状况的个体，在许多情况下，公众人员并没有意识到自身已经曝露在电磁场中。同时，也不能期望公众个人会采取预防措施来降低曝露带来的风险。因此，从保护角度来看，公众曝露限值比职业曝露更严格，通常在职业曝露限值的基础上再规定一个合适的安全因子来获得公众曝露限值，对公众曝露的安全因子为 50。

ICNIRP 当前的电磁场防护导则有三个：静磁场防护导则、100kHz 以下电场和磁场防护导则、100kHz ~ 300GHz 射频电磁场防护导则，见表 3-5。其中 100kHz ~ 300GHz 导则的最新版本在 2020 年 3 月更新发布，代替了 ICNIRP 1998 版中 100kHz ~ 300GHz 部分。

表 3-5 ICNIRP 系列导则

序号	适用频段	导则名称
1	0Hz	《静磁场曝露指南》
2	1Hz ~ 100kHz	《时变电场和磁场曝露指南》
3	100kHz ~ 300GHz	《电磁场曝露指南》

3.4.3 国内研究成果

我国从 1988 年开始就制定过多个关于 EMF 相关的标准。2000 年前后，国家质检总局组织有关部门成立了电磁辐射曝露限值国家标准制定联合工作组，负责制定《电磁辐射曝露限值和测量方法》。

2014 年，GB 8702—2014《电场、磁场、电磁场防护规定》发布，是结合我国国情、主要参考 ICNIRP 导则《限制曝露于电磁场的导则（300GHz 以下）》制定的，具体限值要求较 ICNIRP 要求更为严苛，如图 3-60 所示。

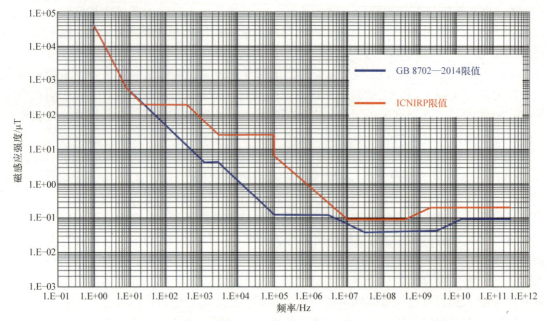

图 3-60　ICNIRP 和 GB 8702—2014 公众曝露磁感应强度控制限值对比

3.4.4　电动汽车电磁场相对于人体曝露的要求

ICNIRP 导则和 GB 8702—2014 规定了人体曝露与电磁场中的限值，但其中对测试方法没有明确的规定，尤其是专门用于汽车的测试方法。在此背景下，由中国汽车技术研究中心有限公司牵头于 2018 年正式制订并发布了汽车专用的测试标准 GB/T 37130—2018《车辆电磁场相对于人体曝露的测量方法》。该标准对于测试设备进行了明确要求，并规定测试频段为 10Hz～400kHz，测试变量为磁场，限值参考 GB 8702—2014。

GB/T 37130—2018 详细的规定了车辆测试的工况，包含了行驶工况和充电工况。行驶工况中：所有车辆正常工作需要启动的电器及所有可以由驾驶人或乘客手动开启且工作时长超过 60s 的器件都应处于开启状态，例如刮水器、空调等；纯电动汽车在测试过程中，车辆电量应在 20%～80% 之间；如果是混合动力汽车，应在电动机和内燃机共同驱动下工作，动力蓄电池的电量应在 20%～80% 之间；测试工况应包含匀速行驶工况、急加速工况（$2.5m/s^2$ 加速度）和急减速工况（$2.5m/s^2$ 减速度）。充电工况时，车辆 SOC 状态应在 20%～80% 之间，充电电流不能低于额定电流的 80%。

GB/T 37130—2018 规定对每一个乘坐位置和驾驶人与前排乘客之间的中控区域都要进行测量，每个乘坐位置测量 7 个点位，分别为头部一个点位、胸部一个点位、腹部一个点位、脚部位置四个点位，完全覆盖驾乘人员在车内空间所处的区域。对于充电工况还要对充电枪位置进行测量。测试位置如图 3-61～图 3-63 所示。按照标准的规定，每个位置的测试结果均应符合限值要求。

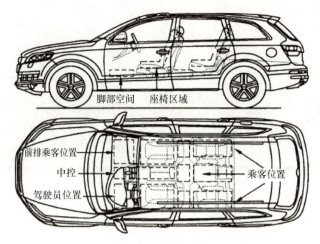

图 3-61 测试区域

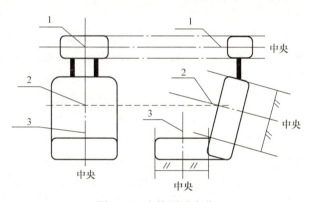

图 3-62 座椅测试点位
1—头枕中央 2—座椅靠背中央 3—座椅中央

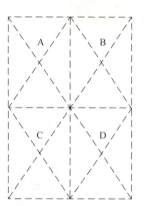

图 3-63 脚部测试点位

此外,国内权威汽车测评机构发布的测评体系主要有中国汽车技术研究中心有限公司发布的 CCRT(智能电动汽车)管理规则和中国汽车工程院有限公司发布的中国汽车健康指数(C-AHI)中的 EMR 部分,均把汽车电磁场人体曝露作为其中的一项测评指标。以 CCRT 为例,其中包含了电动汽车电磁场测试项目,该测评项目中规定:根据 GB/T 37130—2018 进行试验,测量车辆在匀速行驶、加速、减速、充电工况下磁场辐射值,依据 GB 8702—2014 中的公众参考限值要求计算最小裕量,并以该裕量值作为评分依据。按照该测评的规定,车辆测试的最小裕量大于 15dB 且小于 25dB 则得 60 分,裕量大于等于 25dB 则得 100 分,CCRT 评分标准见表 3-6。根据其在官网中发布的数据,其测试的 10 辆新能源汽车 100% 满足限值要求,且裕量均大于 15dB,即车内低频磁场强度小于限值的 17.8%。

表 3-6 CCRT 评分标准(截至 2022 年 10 月)

名称	裕量/dB	得分系数
人体电磁防护	≥ 25	100
	15	60
	3	20
	< 3	0

第4章 电动汽车通用安全规范

4.1 概述

发展电动汽车是实现绿色环保的重要举措之一。随着电动汽车产业的快速发展,电动汽车的安全规范在设计与制造中日益重要。电动汽车与传统燃油汽车相比,虽然在通用的安全规范上有诸多相似之处,但是由于动力系统的不同,除传统汽车所固有的安全问题之外,还存在其自身特有的、易存在安全隐患的系统,如高压系统、电池管理系统、控制系统等。电动汽车的安全性是各项指标中最重要的一项,在设计阶段应充分考虑在正常工况下的运行安全及在异常工况下的安全保护策略。

本章旨在阐明电动汽车在使用过程中通用的安全规范,介绍了电动汽车在设计上的安全性要求,总结了特殊的安全细则,如整车热安全、特殊场景安全、控制安全等,同时阐述了如何通过被动防护设计(如外观标识、电位均衡、线缆和部件的绝缘)以及主动防护(如绝缘状态检测、主动断电)进行电动汽车安全设计。将各系统安全要求细化到国家安全标准之上,为工程技术人员进行电动汽车安全性设计提供了针对性参考。

4.2 一般安全

一般安全是电动汽车最基本的安全需求,包括信号与标志、高压安全标识、车载REESS(车载可充电储能系统)通用要求、操作通用安全要求、提示与警告、故障防护通用要求、人员触电防护通用要求和电压等级等信息。

4.2.1 信号与标志

信号与标志在生活中随处可见,为人们提供事物的信息、状态起到指引作用,在人们的生活中扮演着重要角色。而汽车的操纵件、显示器及图形化声音装置的信号与标志是汽车与驾驶人进行信息交互的重要界面,是车辆显示自身状态、反馈驾驶员关键指令最直接的途径,同时也是车辆功能性、舒适性和技术水平的体现,甚至是车辆发生故障后驾驶员鉴定车辆状态的重要参考。汽车信号与标志的功能是向用户提示车辆状态,例如功率、时速、灯光等。

电动汽车仪表盘的信号与标志其实与传统燃油汽车的并无太大区别。仅在电动汽车特有的信息上略有不同,如图 4-1 所示,动力蓄电池的状态信息、车辆电量显示、插接器状态等。

图 4-1 仪表板信号标志

4.2.2 电动汽车高压安全标识

电动汽车的标签与标识与传统燃油汽车相比,也略有不同。例如,电动汽车高压系统标识、电动汽车专用号牌等都属于电动汽车的标签与标识,如图 4-2 所示。其中,图 4-2a 所示为 GB 18384—2020《电动汽车安全要求》规定的电动汽车高压系统标识,图 4-2b 所示为 GB 18384.3—2015 规定的标识。为了与国外标准中的高压警告标识相统一,在 GB 18384—2020 中特意对该标识做了修改。

电动汽车 B 级电压的电能存储系统或产生装置,如 REESS 和燃料电池堆,应标记高压警告标识。对于相互传导连接的 A 级电压电路和 B 级电压电路,当电路中直流带电部件的一极与电平台连接,且满足其他任一带电部分与这一极的最大电压值不大于 AC 30V 有效值且不大于 DC 60V 的情况,则 REESS 不需标记图 4-2 所示的符号;否则,REESS 无论是否存在 B 级电压,都应该标记该符号,符号的底色为黄色,边框和箭头为黑色。

a) 新高压标识　　　　b) 旧高压标识

图 4-2 新旧高压标识的细微区别

当移开遮栏或者外壳可以露出 B 级电压带电部分时，遮栏和外壳上也应该有同样的符号且清晰可见。评估是否需要此符号时，应考虑遮栏或外壳可以进入或可移开的情况。

在实际应用中，高压警告标识可根据实际情况进行调整，如图 4-3 所示，但必须保证图 4-2 所示标识的形状、比例、颜色等不得改变。

图 4-3　警告标志

4.2.3　车载 REESS 通用要求

目前，车载 REESS 通常指动力蓄电池，电动汽车将动力蓄电池作为驱动汽车的能量来源，将化学能转化为电能来为车辆提供动力。因为电动汽车需具备功率大、续驶里程长等特点，所以要求电池包内部所存储的化学能也就相对较多。若这些能量在短时间内释放，将会对外界或车身、人员安全等造成巨大的冲击和破坏，因而其安全隐患是电动汽车安全问题的核心。理想工作状态下，电池内部发生的化学反应是完全可逆的，不会导致危害事故的发生。动力蓄电池不仅要保证在正常使用下的安全，还要保证在过充电、过放电、短路等极端情况下不会出现电解液泄漏、外壳破裂、起火、爆炸等危害人身安全的情况。通常，动力蓄电池须满足 GB 38031—2020 及 GB 18384—2020 的要求，这两份法规内容是对动力蓄电池系统最基础的安全要求。因此，在满足法规要求的基础上，应尽可能在电、热、机械等多方面提升动力蓄电池系统的安全性，保证电动汽车在各种恶劣环境及工况下的使用安全。

4.2.4　操作通用安全要求

操作安全涉及车辆使用及维修人员的人身安全。对于普通用户来说，一定要按照车辆用户手册上的指导说明来使用，不得擅自触碰车辆的高压零部件，尤其是触碰拆修高压零部件。针对维修操作人员来说，在对车辆进行维修时，一定要确保车辆处于断电状态，且必须佩戴好绝缘手套等防护用品。在必要接触带电部件时，必须在有人员监护的情况下做好个人防护，并防止无关人员靠近车辆。而在设计车辆时，需要考虑到车辆维修或用户误操作而导致触电的可能，因此，需要采取相应措施避免或降低此类风险。

4.2.5　提示与警告

有些异常情况可能会影响车辆驾驶感受甚至带来风险，而驾驶员通常无法识别，故在设计车辆时，需要针对异常情况对驾驶员进行提示或警告，指导驾驶员在面对异常情况时能做出及时且正确的应对。通常电动汽车相较于燃油汽车会有部分特殊的提示与警告。

1. 功率降低提示

如果电动汽车驱动系统因某个原因采取了限制或降低驱动功率的操作，如 EV 功能受限、严重漏电等影响到车辆的正常行驶时，则应有一个明显的功率降低信号给驾驶员以提示。

2. REESS 低电量提示

如果电动汽车的电量低到即将影响车辆行驶或者已影响车辆行驶，应通过一个明显的信号（例如声或光信号）提示驾驶员。

3. 热失控报警

如果电动汽车 REESS 将要发生热失控时，车辆应提前至少 5min 向驾驶员提示远离车辆。常见的引起锂离子电池热失控的主要原因有外部短路、外部高温和内部短路。

（1）外部短路

外部短路极少发生，但不排除在一些极端情况下，短路点越过整车熔断器，同时 BMS（电池管理系统）失效，电路中连接薄弱点拉弧，会有导致电池热失控的风险。

（2）外部高温

由于锂离子电池的结构特性，在外部高温情况下，SEI 膜（固体电解质界面膜）、电解液等会发生分解反应，电解液的分解物还会和正负极发生反应，隔膜融化分解，多种反应导致产生大量的热量，同时隔膜的融化会导致内部短路，电能量的释放会产生大量的热量。相互累积的反应会导致电芯防爆膜破裂，电解液喷出，引发燃烧。

（3）内部短路

内部短路主要是由于电芯的非常使用，过充电或者过放电过程中导致枝晶生长，刺穿隔膜，出现微短路，电能量的释放导致温升，温升又加速了短路的形成，最终导致热失控。如图 4-4 所示。

图 4-4　车辆过温报警

车辆即将发生热失控时，会提示人员"立即撤离车辆"并伴有声音报警。

4. 故障报警

如果电动汽车发生了故障，且该故障可能影响到车辆行驶或者人员安全（如车辆漏电和高压系统断路），车辆应有一个明显的信号提示驾驶员。

4.3　防触电安全

电动汽车的工作电压较高，车辆运行时，可能因操作失误、车辆故障造成人员触电。在设计上，需按照 GB 18384—2020 的准则，并采用各种手段来降低触电风险，在使用中，需要做好触电防护。

4.3.1　使用中触电防护

电动汽车的触电防护包括直接接触防护和间接接触防护，通过设计或采用一定手段从触电原理上直接降低或杜绝人员触电的风险。直接接触防护的原则是让人无法接触带电部件；间接接触防护是从故障防护的角度考虑，即使人接触了因故障带电的可导电部分，也不会造成人身伤害。

1. 直接接触防护要求

（1）遮栏或外壳要求

如果高压系统或某个零部件是通过遮栏或外壳提供触电防护，则B级带电部分应布置在外壳里或遮栏后，防止人员从任何方向上接近带电部分。而遮栏和外壳需要满足如下两点要求：

1）乘客舱内、货舱内的遮栏和外壳应满足GB/T 4208—2017中IPXXD的防护等级要求，乘客舱外、货舱外的遮栏和外壳应满足IPXXB的防护等级要求。

2）通常，遮栏和外壳只能通过工具才能打开或者去掉；若遮栏和外壳在不使用工具的情况下可以打开或者去掉，则要有某种方法使其B级电压带电部分在遮栏和外壳打开后1s内至少满足如下两个要求之一：

① 交流电路电压应降低到不超过AC 30V（有效值），直流电路电压应降到不超过DC 60V。

② B级电路存储总能量小于0.2J。

（2）插接器要求

高压插接器在不使用工具的情况下应无法打开，但以下三种情况除外：

1）高压插接器分开后，应能满足IPXXB的防护等级要求。

2）高压插接器至少需要两个不同的动作才能将其从相互的对接端分离，且高压插接器与其他某个机构有机械锁止关系，在高压插接器打开前，该锁止机构应要使用工具才能打开。

3）在高压插接器分开后，插接器中带电部分的电压能在1s内降低到不高于AC 30V（有效值）且不高于DC 60V。

（3）高压维修断开装置要求

对于装有高压维修断开装置的车辆，高压维修断开装置在不使用工具的情况下，应无法打开或拔出，但以下两种情况除外：

1）高压维修断开装置打开或者拔出后，其中的B级电压带电部分满足GB/T 4208—2017中规定的IPXXB的防护等级要求。

2）高压维修断开装置在分离后1s内，其B级电压带电部分电压降低到不高于AC 30V（有效值）且不高于DC 60V。

（4）充电插座要求

车辆充电插座与车辆充电插头在断开时，车辆充电插座应至少满足以下一种要求：

1）在断开后1s内，充电插座B级电压带电部分电压降到不高于AC 30V（有效值）且不高于DC 60V或电路存储的总能量小于0.2J。

2）满足GB/T 4208—2017中规定的IPXXB的防护等级要求并在1min的时间内，充电插座B级电压带电部分电压降低到不高于AC 30V（有效值）且不高于DC 60V或电路存储的总能量小于0.2J。

2. 间接接触防护要求

（1）绝缘电阻要求

绝缘电阻是电气设备和电气线路最基本的绝缘指标，加直流电压于电介质，经过一定时间后，流过电介质的泄漏电流对应的电阻称绝缘电阻。在最大工作电压下，直流电路绝缘电阻应不小于100Ω/V，交流电路应不小于500Ω/V。如果直流和交流的B级电压电路可导电地连接在一起，则应满足绝缘电阻不小于500Ω/V的要求。若交流电路增加有附加防护，则组合电路至少满足100Ω/V的要求。而目前市场上多数电动汽车以及各高压零部件的绝缘阻值都能到达几十兆欧的级别。

附加防护方法应至少满足以下一种要求：
1）至少有两层绝缘层、遮栏或外壳。
2）布置在外壳里或遮栏后，且这些外壳或遮栏应能承受不低于10kPa的压强，不发生明显的塑性变形。

（2）绝缘监测要求

电动机或其他电气设备停用或备用时间较长时，由于受潮或有大量积灰，电气设备的绝缘性能会下降；长期使用的电气设备，绝缘也有可能老化、端线松弛。测量电气设备的绝缘可发现这些问题，并及时采取措施，保证电气设备的正常运行以及使用者的安全。

车辆应有绝缘电阻监测功能，并能通过GB 18384—2020中6.2.3的绝缘监测功能验证试验，即车辆如果出现了绝缘失效，车辆须监测到绝缘故障。在车辆B级电压电路接通且未与外部电源传导连接时，该装置能够持续或者间歇地检测车辆的绝缘电阻值，当该绝缘电阻值小于制造商规定的阈值时，应通过一个明显的信号（如声或光信号）装置提醒驾驶员，并且制造商规定的阈值不应低于上述对绝缘电阻的要求。绝缘电阻监测功能验证方法如下：

测试过程中，车辆B级电压电路应处于接通状态，且绝缘检测功能或设备已启动，测试中将使用可调节电阻器（如变阻箱等），可调节电阻器的最大阻值不小于10MΩ。

测量步骤如下：

1）在常温下，按照GB 18384—2020中6.2.1绝缘电阻的测试方法，测出当前整车绝缘电阻值为R_i，并记录该测试步骤中较小测量电压U'_1所在的REESS高压侧。

2）按照被测车辆的正常操作流程使车辆进入"可行驶模式"。

3）若步骤1）中U'_1在REESS的正极端，则如图4-5所示，将可调节电阻器并联在REESS正极端与车辆电平台之间。相反，若U'_1在REESS的负极端，则将可调节电阻器并联在REESS负极端与车辆电平台之间。开始测量时，可调节电阻器的阻值为最大值。

4）按照GB 18384—2020中绝缘电阻的要求，若最小绝缘电阻要求为100Ω/V，则将可调节电阻器的阻值减小到目标值R_x。R_x按照式（4-1）计算得到：

$$\frac{1}{\frac{1}{95U_{REESS}}-\frac{1}{R_i}} \leq R_x < \frac{1}{\frac{1}{100U_{REESS}}-\frac{1}{R_i}} \qquad (4\text{-}1)$$

若最小绝缘电阻要求为500Ω/V，则将可调节电阻器的阻值减小到目标值R_x，R_x按照式（4-2）计算得到：

$$\frac{1}{\frac{1}{475U_{REESS}}-\frac{1}{R_i}} \leq R_x < \frac{1}{\frac{1}{500U_{REESS}}-\frac{1}{R_i}} \qquad (4\text{-}2)$$

式中，U_{REESS} 为电池包当前总电压（V）；R_i 为绝缘电阻（Ω）。

5）观察车辆是否有明显的声或光报警。

绝缘监测验证试验原理如图 4-5 所示。

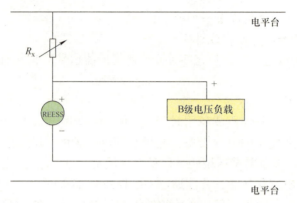

图 4-5　绝缘监测验证试验原理

车辆的绝缘监测功能，一般通过漏电传感器来实现。以往常见的漏电传感器分为两类：交流漏电传感器和直流漏电传感器。

① 交流漏电传感器，是将交流信号（三角波）作为检测信号来计算绝缘电阻的电路。首先需要有一个波形发生器持续输出三角波；其次由电压采样整形模块采集相关点的电压值并整形成有效值输出给比较模块；最后，比较模块将采集整形的有效值，与交流漏电传感器中的基准值进行比较判断，将结果输出给 BMS 执行相应的策略。交流漏电传感器的工作原理如图 4-6 所示。

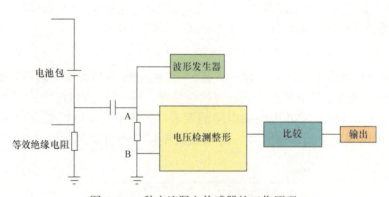

图 4-6　一种交流漏电传感器的工作原理

② 直流漏电传感器的模型示例如图 4-7 所示，是内部提供直流电源，通过检测采样电阻上的电压值来计算高压回路绝缘电阻的电路。其原理为，通过分压分流来直接计算对地绝缘电阻。直流漏电传感器自带一个恒压电源，切换电源改变回路状态，通过检测电阻的不同状态下的参数，从而计算出对地的绝缘电阻值。直流漏电传感器示例如图 4-8 所示。

目前，常用的绝缘监测技术是一种不平衡电桥法，此方法不需要直流注入和交流注入，而是通过不平衡电桥的分压，直接计算出正负极对地的绝缘电阻。

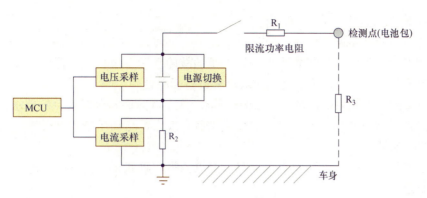

图 4-7　直流漏电传感器模型示例

（3）电位均衡要求

电位均衡也称等电势，就是把所有导体相互做良好的导电性连接，并与接地系统连通。目前电动汽车一般使用搭铁线来完成各高压零部件与车身的等电势，以此来保障人员在触摸各高压零部件与车身时不会触电。用于防护与 B 级电压电路直接接触的外露可导电部分，例如，可导电外壳和遮栏，应传导连接到电平台，且满足以下要求：

图 4-8　直流漏电传感器

1）外露可导电部分与电平台间的连接阻抗应不大于 0.1Ω。

2）电位均衡通路中，任意两个可以被人同时触碰到的外露可导电部分，即距离不大于 2.5m 的两个可导电部分间的电阻应不大于 0.2Ω。

若采用焊接的连接方式，则视作满足上述要求。

注：2.5m 为一般人伸开双手所能触摸的最大距离。

（4）电容耦合要求

电容耦合，又称电场耦合或静电耦合，是由于分布电容的存在而产生的一种耦合方式。

电容耦合应至少满足以下要求之一：

1）B 级电压电路中，任何 B 级电压带电部件和电平台之间的总电容在其最大工作电压时存储的能量应不大于 0.2J。0.2J 为对 B 级电路正极侧 Y 电容或负极侧 Y 电容最大存储电能的要求。此外，对于相互隔离的 B 级电压电路，0.2J 为单独对各相互隔离的电路的要求。

2）B 级电压电路至少有两层绝缘层、遮栏或外壳，或布置在外壳里或遮栏后，且这些外壳或遮栏应能承受不低于 10kPa 的压强，不发生明显的塑性变形。

（5）车辆充电插座接地及绝缘电阻要求

1）车辆交流充电插座，应有端子将电平台与电网的接地部分连接；车辆交流充电插座的绝缘电阻，包括充电时传导连接到电网的电阻，当充电接口断开时应不小于 1MΩ。

2）车辆直流充电插座，应有端子将车辆电平台和外接电源的保护接地相连接；车辆直流充电插座的绝缘电阻，包括充电时传导连接到车辆直流充电插座的电路。当充电接口断开时，应满足 4.3.1 节 2（1）所述的要求。

（6）故障后断电要求

车辆在发生故障后，为了防止出现更严重的故障甚至事故，往往需要有相应的保护措施。若出现较严重的故障，通常会直接对车辆进行断电处理。

如碰撞事故，按照 GB/T 31498—2021《电动汽车碰撞后安全要求》的要求，在车辆发生碰撞后，应当立即进行高压下电，避免碰撞后造成人员与高压带电部分直接接触或间接接触引发的触电事故。

在发生绝缘失效、高压互锁等故障时，建议依据车辆状态，例如行驶速度等具体情况来考量是否进行下电处理。

（7）断电后放电要求

当车辆正常退电或者因故障掉电后，高压系统会将 REESS 和用电负载之间电路切断，电路切断后负载内部的工作电容（X 电容）还留存有电能，如果此时需要对车辆进行维修等作业，工作电容中剩余的电能对操作人员来说有很大的安全风险，因此这部分电能需要在车辆退电后被消耗。

通常解决这个问题需要设置专门的放电电路，用于快速消耗电能，这个电路被称为主动放电电路。依据 GB/T 18488—2015 中的要求：主动放电时间要求为不超过 3s，放电标准为电压降低到不高于 AC 30V（有效值）且不高于 DC 60V 或者电能小于 0.2J。同时为了防止主动放电失效，会增加另外一路放电电路，通常在电路中与电容并联一个电阻，不需要被控制。通过电阻发热来缓慢消耗电能，起到放电的作用，这个电路被称为被动放电电路。被动放电的要求是在 5min 内将电压降低到不高于 AC 30V（有效值）且不高于 DC 60V 或者电能小于 0.2J。

（8）电气间隙和爬电距离

1）电气间隙。电气间隙是指两个导电部件之间沿空间的最短距离，即在保证电气性能稳定和安全的情况下，通过空气能实现绝缘的最短距离，如图 4-9a 所示。电气间隙的大小与老化现象无关，电气间隙应能承受很高的过电压，但当过电压值超过某一临界值后，此电压很快就引起电击穿，因此在确认电气间隙大小的时候必须以设备可能会出现的最大的内部和外部过电压（脉冲耐受电压）为依据。在不同场合使用同一电气设备或运用过电压保护器时所出现的过电压大小各不相同。

2）爬电距离。爬电距离是指两个导电部件之间沿固体绝缘材料表面的最短距离，如图 4-9b 所示。即在不同的使用情况下，由于导体周围的绝缘材料被电极化，导致绝缘材料

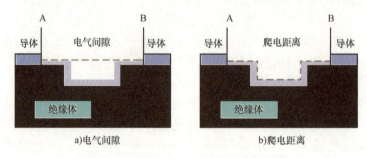

图 4-9　电气间隙和爬电距离示意图

呈现带电现象。此带电区（导体为圆形时，带电区为环形）的半径，即为爬电距离。此外绝缘材料表面也会形成泄漏电流路径。若这些泄漏电流路径构成一条导电通路，则出现表面闪络或击穿现象。绝缘材料的这种变化需要一定的时间，它是由长时间加在器件上的工作电压所引起的，器件周围环境的污染能加速这一变化。因此在确定爬电距离时要考虑工作电压的大小、污染等级及所应用的绝缘材料的抗爬电特性。

高压零部件的电气间隙和爬电距离需参考 GB/T 16935.1 中的要求，根据高压零部件的工作电压、材料、污染等级、海拔系数等参数，需要注意的是驱动电机的爬电距离须参考 GB/T 14711。

（9）高压互锁要求

当 B 级电压电路出现连接松动或者断开的情况，车辆需要能够识别到此种情况，通常采用互锁的方式来实现。互锁通常采用低压信号回路，将需要检测的高压连接器两端连接起来，当动力系统高压回路连接断开或者完整性受到破坏的时候，就需要启动安全措施，如报警或断开高压回路等。另外，还有一种通过电压判断的方式来检测连接器的状态，通过实时检测各个用电负载的工作电压，当负载侧的工作电压低于设定的阈值时，系统即可判断高压回路的连接断开。由于电动汽车动力系统是由多个子系统组成的，子系统两两之间都是靠高压连接器相互连接，同时运行的环境十分恶劣，大多数工况处于振动与冲击条件下，因此高压互锁设计是确保人员安全和车辆设备安全运行的关键。

3. 整车防水要求

自然界中的水因含有矿物离子，所以具有一定的导电特性。当电动汽车高压系统带电部分在接触到水后，不仅会使电动汽车绝缘阻值降低，还会使高压零部件发生短路现象。因而对于电动乘用车，为了保障车辆涉水、清洗、暴雨等暴露于水后的电气安全，需要对车辆进行模拟涉水、模拟清洗试验。车辆在模拟清洗和模拟涉水试验后应能满足 4.3.1 节 2（1）所述的要求，试验方法参考 GB 18384—2020 中的 6.3。

例如比亚迪在新车开发阶段，会对车辆在比国标要求更严格的工况下进行涉水试验，如图 4-10 所示，水深分别为 150mm 和 300mm，涉水前后的绝缘电阻不应有明显变化。

图 4-10　整车涉水试验

4.3.2 碰撞后触电安全

车辆发生碰撞，车身结构和高压零部件可能会因为碰撞导致严重变形和损坏，电动汽车正常驱动或处于高压状态时，其高压零部件有 B 级电压。若车辆发生碰撞导致高压零部件裸露或漏电，人员就会有触电的风险。因此，电动汽车应从设计上防止人员接触碰撞后的高压零部件而导致触电。

4.3.2.1 通用要求

在电动汽车进行碰撞试验后，为了确保车辆上的人员或者救援人员的人身安全，碰撞后的车辆必须满足以下安全要求：

碰撞后高压系统的每一条高压母线至少满足本章 4.3.2.2～4.3.2.5 中规定的四个条款中的一条；如果碰撞试验在车辆的 REESS 与电力系统负载人为断开的情况下进行，则车辆的电力系统负载应满足 4.3.2.4 或 4.3.2.5 中的一条；REESS 和充电用高压母线应满足 4.3.2.2～4.3.2.5 四个条款中的一个。

4.3.2.2 电压要求

高压母线的电压 V_b（正负极之间电压）、V_1（负极对电平台电压）和 V_2（正极对电平台电压）应不大于 AC 30V（有效值）或者 DC 60V。

按照图 4-11 所示测量高压母线的电压（V_b、V_1、V_2），在碰撞发生后 5～60s 之间进行测量，取最小电压值。

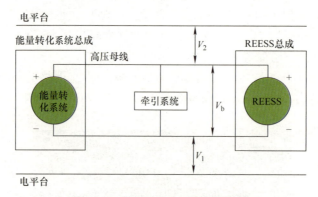

图 4-11 高压母线电压测试原理图

4.3.2.3 电能要求

高压母线上的总电能（TE）应小于 0.2J。TE 可通过两种方式得到：一种是通过专业设备直接连接到需要测试的位置测量能量大小；另一种是通过测量正负极间电压 V_b 和制造商规定的 X 电容器的电容值 C_x 来计算：

$$TE = 0.5C_x\left(V_b^2 - 60^2\right) \tag{4-3}$$

储存在 Y 电容器里的能量 TE_Y（$TE_{Y1}+TE_{Y2}$）也应该小于 0.2J。测量方法是通过测量高压母线正负极分别对电平台电压 V_1 和 V_2，以及制造商规定的 Y 电容器的电容（C_{Y1}，C_{Y2}）来计算：

$$TE_Y = TE_{Y1} + TE_{Y2} = 0.5C_{Y1}(V_1^2 - 60^2) + 0.5C_{Y2}(V_2^2 - 60^2) \tag{4-4}$$

4.3.2.4 物理防护要求

为了防护直接接触高压带电部分，碰撞后车辆应有 IPXXB 级别的保护。在测量时，应不使用工具打开、拆卸或拆除高压零部件周围的任何部件，周围所有余下的部件应被视为人体保护的一部分，然后按照 GB/T 4208—2017《外壳防护等级（IP 代码）》中定义的 IPXXB 试验方法进行测试。

测试时，应该将金属试指以（10±1）N 的试验力，将试指推入外壳上的任何开口。测试时，整个试指拉直进行测试，接着再将各个关节打弯，邻接关节的最大角度为 90°，于各种可能的位置分别进行测试，关节测试棒可以深入外壳内 80mm，但末端（直径 50mm×20mm）不得深入开口内，在测试过程中未接触到任何带电体即为符合该防护等级。

另外，为了防止间接接触的触电伤害，用大于 0.2A 的电流进行测量，所有的外露可导电部分与电平台之间的电阻应低于 0.1Ω。采用焊接连接时，则认为符合此要求。

4.3.2.5 碰撞后的绝缘阻值要求

车辆绝缘组值应符合下面两种情况的要求：如果乘客舱内高压母线只有正极或负极没有受到 IPXXB 级别的保护，则储存在 Y 电容器里的能量（TE_{Y1}，TE_{Y2}）应少于 0.2J。如果乘客舱内有两个或两个以上带电电位没有受到 IPXXB 级别的保护，则本条款不适用。

1. 动力系统由单独的直流和交流母线组成

如果交流高压母线和直流高压母线是互相隔离的，则高压母线与电平台之间的绝缘电阻对于直流母线来说，最小值应为 100Ω/V；对于交流母线来说，最小值应为 500Ω/V。

2. 动力系统由连接的直流和交流母线组成

如果交流高压母线和直流高压母线是互相传导连接的，高压母线与电平台之间的绝缘阻值的最小值应为 500Ω/V。如果在碰撞之后，所有交流高压母线的保护级别达到了 IPXXB，或交流电压等于或低于 30V，则高压母线与电平台之间的绝缘电阻的最小值为 100Ω/V。

4.3.2.6 电动汽车碰撞案例解析

对于纯电动汽车和混合动力汽车，除了进行和传统车型一样的测试外，还需要在现有的正面 100% 碰撞试验、正面 40% 偏置碰撞试验和侧面碰撞试验后进行电气安全附件检测，检测项目包括触电保护性能、电解液泄漏、REESS 安全评价、高压自动断开装置有效性验证。以下为某车型在碰撞后的电气安全检测过程案例，图 4-12 为侧柱碰撞试验结束后的车辆状态。

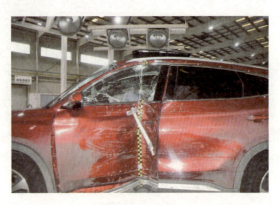

图 4-12　某车型侧柱碰撞试验后的车辆状态

1. 电压测量

用示波器分别测量正负极之间、正极对地、负极对地的直流母线电压。图 4-13 为该车型碰撞过程中的电压测量结果。

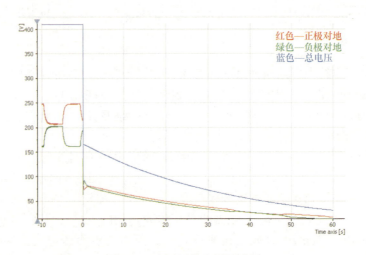

图 4-13　高压母线电压测试图

2. 电能测量

使用高压绝缘测试仪（图 4-14）测量 5~60s 内高压回路的电能值，该设备可接在高压回路正负极之间、正负极对地，用来测量电压和绝缘阻值以及电能值。

3. 物理防护

对碰撞后的车辆进行防直接触电等级测试，应满足 IPXXB。图 4-15 所示为碰撞后车的高压部件外观，可以看出碰撞后的高压线束及插接件均未出现破损现象。

图 4-14　高压绝缘测试仪

4. 绝缘阻值测试

使用测试设备（如绝缘阻值测试仪）对碰撞后的车辆进行正负极对地的绝缘阻值测试。其绝缘阻值大于 500Ω/V，符合 4.2.3 节中对碰撞后绝缘阻值的要求。

5. REESS 安全评价

观察碰撞后的 REESS 是否有电解液从 REESS 中溢出到乘员舱，以及 REESS 是否移动或侵入乘员舱。图 4-16 是经过侧柱碰撞后绝缘阻值测试的电池包。从外观可以看出，该电池包完好无损，在整个碰撞过程中未出现电解液泄漏和起火，REESS 位置也未发生移动，符合 REESS 安全评价要求。

图 4-15　高压部件外观

图 4-16　碰撞后车辆绝缘阻值测试的电池包

4.4　操作安全

汽车出现的故障有很大一部分原因是操作不当。因此，汽车应该从设计的角度来防止用户误操作或者因误操作导致安全事故的发生。同时，应提供相应的汽车安全操作规程提醒和引导用户正确的操作方式。

4.4.1　上下电的安全要求

车辆在上下电时，可能因为系统存在故障而存在安全风险，故设计车辆时，需要考虑车辆本身发生故障时的上下电安全。

从故障防护角度看，车辆在收到上电命令时，应该能判定车辆是否存在安全风险故障。对风险较高故障，应禁止车辆上电；若安全风险较低，可以选择在车辆上电后以声、光信号提示驾驶员。而车辆在下电时，若存在安全风险，也应该在仪表上提示车辆故障。

而从人员操作安全角度，需要按照 GB 18384—2020 中 5.2.1 驱动系统电源接通和断开程序的要求来保证。该要求如下：车辆从驱动系统电源切断状态到"可行驶模式"应至少经过两次有意识的不同动作，且至少有一个动作是踩下制动踏板。从"可行驶模式"到驱动系统电源切断状态只需要一个动作。应连续或间歇地向驾驶员指示，车辆已处于"可行驶模式"。当驾驶员离开车辆时，如果驱动系统仍处于"可行驶模式"，则应通过一个明显的信号（例如：声或光信号）装置提醒驾驶员。车辆停止时，驱动系统自动或手动关闭后，只能通过上述程序重新进入"可行驶模式"。

4.4.2 行驶中操作安全要求

首先，车辆应该按照 GB 18384—2020 中 5.2.2 和 5.2.3 的要求来保证行驶过程中操作的安全性：

1）如果电驱动总成采取了自动限制和降低车辆驱动功率的措施，当驱动功率的限制和降低影响到了车辆的行驶时，应通过一个明显的信号（例如：声或光信号）装置向驾驶员提示。

2）如果 REESS 的低电量影响到车辆的行驶，应通过一个明显的信号（例如：声或光信号）装置向驾驶员提示。

3）如果 REESS 将要发生热失控的安全事件时，应通过一个明显的信号（例如：声或光信号）装置向驾驶员提示。

4）整车控制系统的制动信号和加速信号同时发生时，优先响应制动信号。

5）驾驶员直接驾驶车辆，在车辆静止状态下从非行驶档位切换至行驶档位时，应踩下制动踏板。

6）如果是通过改变电机旋转方向来实现前进和倒车两个行驶方向转换的，应满足以下两个要求之一：

① 前进和倒车两个行驶方向的转换，应通过驾驶员两个不同的操作动作来完成。

② 如果仅通过驾驶员的一个操作动作来完成，应使用一个安全措施使模式转换只能在车辆静止或低速时才能完成。车速判断以车内仪表板显示为准。

如果前进和倒车两个行驶方向的转换不是通过改变电机的旋转方向来实现的，则反向行驶要求不适用。

另外，按照 GB 7258—2017《机动车运行安全技术条件》，纯电动汽车、插电式混合动力汽车在车辆起步且车速低于 20km/h 时，应能给车外人员发出适当的提示性声响。

4.4.3 充电操作安全

首先车辆在进行充电时，应使用符合 GB/T 34657.1 标准的充电桩，并确保车辆高压系统没有故障且所处环境无影响充电安全的风险。比如遇雷暴天气，不建议车辆在户外进行充电，车辆处于充电过程中时，不要打开或拆卸车辆上零部件，或者拔插高压/低压插接器。在交流充电时，建议使用接地良好的充电器，防止发生触电安全事故。

同时在设计上，当车辆通过充电电缆连接到位置固定的外部电源或负载时，车辆应不能通过其自身的驱动系统移动。

4.5 特殊场景安全

4.5.1 故障状态的操作安全

当车辆出现故障并且导致车辆行驶受到影响时，车辆应能识别故障并向驾驶员做出提示和警告。当车辆出现非行驶相关的故障时，首先车辆应能识别该故障并进行提示。当故障影响到人身安全及车辆安全时，车辆应在确保行车安全的情况下进行断电或进入保护状态。当车辆因故障断电时，不要多次重启车辆，以防止出现更严重的故障或者事故。当车辆出现安全风险非常高的故障时（如电池热失控），驾驶员应立即远离车辆，不可对车辆进行检查维修。

4.5.2 碰撞后的操作安全

当车辆发生碰撞时，往往伴随着车身结构变形，高压零部件可能出现破损甚至电气线路短路等问题。当车辆发生碰撞后，若不及时采取相应的保护措施（比如车辆高压未断电），那么车辆和救援人员就会面临极大的风险，如车辆起火、救援人员触电等。

因此，GB/T 31498对电动汽车碰撞后的电压、电能、物理防护、绝缘电阻等进行了相关规定。车辆应在发生碰撞的瞬间将高压系统切断，并对负载内残留电压进行快速泄放，保障电气安全。碰撞发生后，电动汽车救援方式不同于传统燃油汽车，救援人员切勿徒手去碰触车辆高压零部件，防止发生触电事故。在进行撑顶、起重、牵引等操作时，应避免接触高压线缆和电池。如有电解液泄漏、打火、冒烟等现象时，应当立即远离事故车辆。

4.6 整车热安全

相比于传统燃油汽车，电动汽车主要由动力蓄电池、动力总成、充配电等热敏感系数较高的部分组成，这使得电动汽车在整车的设计过程中需要充分考虑相关零部件因过温引发的一系列整车安全问题。

电动汽车在设计过程中应采取有效措施对动力蓄电池、动力总成系统、充配电系统、乘员舱系统进行散热和降温，以免温度过高影响相关系统的寿命以及驾乘人员的舒适性。另外，电动汽车在整车设计过程中，当相关零部件因为过热而超出正常使用范围时，应限制整车的输出功率，并且主动提醒驾乘人员。

4.6.1 电机热保护

驱动电机运行时，可能出现低效大转矩、持续峰值功率、冷却故障或冷却效率低等特殊工况。当电机绕组温度达到或超过温度阈值时，需要对电机系统采取必要的监控和保护措施，防止电机损坏。

电机系统故障保护策略分为三级过温保护机制：
1）一级过温：绕组温度130~140℃，电机过温，开始线性限制转矩。
2）二级过温：绕组温度140~150℃，电机严重过温报警，转矩降为0。
3）三级过温：绕组温度高于150℃，严重故障报警。

4.6.2 电机控制器热保护

电机控制器应具备温度检测功能。若检测到温度过高，系统应具备包括但不限于通过限制电机功率输出或控制电机停止工作等方式使温度不超过限值的能力；同时应通过一个明显的信号（例如：声或光信号）装置向驾驶员提示。

在电机控制器设计中，需考虑零部件规格说明书中的耐温等参数要求，尽量保证零部件在正常使用工况下不会因承受过高温度而失效；在发生失效后，须保证零部件失效不会对电机控制器的高压安全性能产生影响。

4.6.3 动力蓄电池系统热保护

由锂离子蓄电池的结构及工作原理可知，无论在高温还是低温情况下，都有引发电池热失控的风险。因此动力蓄电池热管理系统需结合电池管理模块控制策略和调整功能，控制电芯工作在舒适温度范围内，并降低电芯之间的温差实现性能均衡，从而保证系统热安全性能并延长系统寿命。

当电池热管理系统发生故障（如压缩机、水泵等出现故障或热管理系统发生泄漏），无法控制电池温度在舒适温度范围内时，电池热管理系统应能识别相应的故障，并及时提醒驾驶员采取相应保护措施（如限制充电或放电功率等）。

若无法完全避免发生热失控的风险，需要采取相关的防护措施以降低热失控发生时的危害。如在电芯上设计防爆阀，考虑电芯之间的间距和隔热设计（如隔热罩等）、在电池箱体上设计防爆装置、在电池系统中设计火焰引流装置等，同时，电池箱体（包括上盖、托盘、护板、保温棉、密封条等附件）应采用阻燃材料。

最重要的，动力蓄电池系统需有热失控报警设计，在发生电池包起火、爆炸 5min 之前应提供一个热失控报警信号，提醒驾乘人员逃生。

4.6.4 充电系统热保护

充电系统可分为交流充电系统和直流充电系统。

1）交流充电系统包含车载充电机、车辆插头、车辆插座、高压线缆、交流充电盒、电池包等。充电中，电池管理系统需要持续检测电池包的温度数据，根据温度数据启动电池冷却系统和限制允许充电电流的策略。车载充电机需要持续对其内部温度进行检测，当温度高于保护阈值时，采取冷却和限制充电功率的措施。根据 GB/T 18487.1—2015 的要求，额定充电电流大于 16A 的应用场合，供电插座、车辆插座均应设置温度监控装置，供电设备和电动汽车应具备温度监测和过温保护功能。

2）直流充电系统包含非车载充电机、车辆插头、车辆插座、高压线缆、电池包等。充电中，电池管理系统持续检测电池包的温度数据，根据电池温度数据启动电池冷却系统和限制需求电流。充电中非车载充电机需要持续检测内部的温度，当温度达到保护阈值时，可以采取启动风扇冷却和限制输出功率的措施。如图 4-17 所示，当环境温度达到 60℃时，启动限制输出功率措施。车辆插头、车辆插座均应设置温度监控装置，供电设备和电动汽车应具备温度监测和过温保护功能。对于液冷高压线缆、车辆插头、车辆插座等，充电时车辆或非车载充电机可以根据充电电流以及内部温度检测结果启动液冷系统。当温度高于保护阈值时，应当降低充电电流，避免发生过温烧蚀等现象。

4.6.5 整车空调热保护

电动汽车空调热管理系统包含乘员舱制冷、乘员舱采暖及电池热管理系统，其中电池热保护已在上文阐述。空调乘员舱的热保护包括空调零部件失效时的处理和乘员舱温度过高保护。

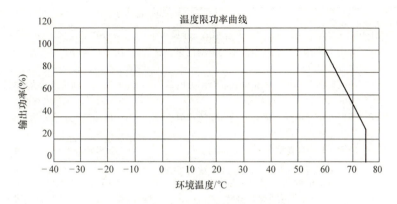

图 4-17　某厂家功率模块温度限功率曲线

空调关键零部件（如高压模块中的压缩机和电加热器）失效时，应及时停机。若故障不可恢复，应断开故障模块的功率输入，确保其不会对高压安全产生影响。如失效模块为系统中的阀体、传感器时，应及时判断是否会对高压模块产生影响，如有影响，应及时断开空调系统中的高压模块。当空调关键零部件失效时，应提醒车内乘员空调有故障发生，并及时对空调故障进行维修。

乘员舱温度过高情况常发生于夏季高温时节。车辆封闭且长期处于暴晒情景，会导致乘员舱温度过高，加速乘员舱内物件老化。因此当乘员舱温度过高时，空调应能实现车内外空气交换，及时释放车内较高温度的空气。

4.7　整车布置与安全防护

GB 18384 国家标准规定了电动汽车在正常使用时需要满足的电安全要求，对于绝缘安全防护问题，电动汽车在设计时采取基本绝缘、外壳防护、漏电监测、手动断开等措施来满足电安全要求的同时，也应考虑系统及相关配置的安全防护。在电动汽车开发过程中，行业高度重视碰撞过程中的动力蓄电池安全防护，提出了较为严苛的 C-NCAP 和 C-IASI 测试评价要求，其中包括了车体变形过程中不能接触到电池包的要求。

在现阶段动力蓄电池能量密度没有突破性进展的情况下，为提升电池包容量电池包的重量和体积不断增加，原本有限的安全空间不断地被压缩，这给开发动力蓄电池的研发工程师增加了诸多的挑战。动力蓄电池包的续航与安全性仿佛成了一对矛盾体，如何在保证动力蓄电池续航的同时，兼顾电池包的安全防护设计也成为研发工程师需要考虑的问题。电池包、电机、电控以及高压线束在受到碰撞后，均有可能出现漏电、电解液泄漏的情况，进而引起人员高压触电、车辆起火的风险。避免这些风险，需要从前期布置、防护结构设计等多方面进行考虑。

4.7.1　碰撞后电安全法规及相关评价要求

电动汽车碰撞后电安全应符合 GB/T 31498—2021 的要求，可参考 C-NCAP 进行测试评价，见表 4-1。

表 4-1 碰撞后电安全法规及相关评价

电安全要求		法规及相关评价体系	
		GB/T 31498—2021《电动汽车碰撞后安全要求》	C-NCAP（2021 版）测试评价要求
适用范围		适用于带有 B 级电压电路的纯电动汽车、混合动力电动汽车	适用于 C-NCAP 中所有带有 B 级电压电路的纯电动汽车、混合动力电动汽车
车辆准备		纯电动汽车和可外接充电式混合动力电动汽车完全充电（最大荷电状态）	纯电动汽车和可外接充电式混合动力电动汽车完全充电（最大荷电状态）
		不可外接充电混合动力电动汽车按车辆正常运行状态准备试验	不可外接充电混合动力电动汽车按车辆正常运行状态准备试验
		碰撞试验应在车辆充电结束 24h 内进行	碰撞试验应在车辆充电结束 24h 内进行
适用工况		50_{-2}^{+0} km/h 正面 100% 重叠刚性壁障碰撞、（50±1）km/h 侧面可变性壁障碰撞，以及（50±2）km/h 后面刚性壁障碰撞	50_{-0}^{+1} km/h 正面 100% 重叠刚性壁障碰撞、（50±1）km/h 正面 50% 重叠移动渐进变形壁障碰撞、（32±0.5）km/h 侧面柱碰撞
		注：50km/h 正碰，空档，踏板放松；50km/h 侧碰，空档，踏板松开；50km/h 后碰试验车挂 N 档，拉电子驻车	注：50km/h 正碰，空档，踏板放松；64km/h 偏置碰，空档，踏板放松；50km/h 侧碰，空档，踏板松开
防触电保护	电压要求	高压母线的电压 V_b、V_1 和 V_2 应不大于 30V 交流或 60V 直流	车辆碰撞开始后，连续测量高压母线的电压值 V_b、V_1 和 V_2；截至碰撞结束后 60s 内，V_b、V_1、V_2 的测量值应由标准电压下降至交流不大于 30V 或直流不大于 60V
	电能要求	试验后 5～60s，测量 X 电容器总电能 TE 和 Y 电容器总电能（TE_{Y1}、TE_{Y2}）均 < 0.2J	试验后 5～60s，测量 X 电容器总电能 TE、Y 电容器总电能（TE_{Y1}、TE_{Y2}）均 < 0.2J
	物理防护	试验后车辆防护级别：IPXXB	直接接触测量：使用 IPXXB 试指对车辆高压带电部件进行接触性测试，试指不可与高压带电部位接触
		当有 $I ≥ 0.2A$ 电流流通时，所有外露的可导电部件与电底盘之间的电阻 $R ≤ 0.1Ω$	间接接触测量：使用测量设备（如万用表）对所有外露可导电部件之间以及外露可导电部件与电底盘之间的电阻进行测量，测量的电阻值需满足 < 0.1Ω
	绝缘电阻	若交流高压母线和直流高压母线互相隔离：绝缘电阻对于直流母线，$R ≥ 100Ω/V$；对于交流母线，$R ≥ 500Ω/V$	若交、直流高压母线互相传导绝缘：直流高压母线与电底盘间绝缘电阻 ≥ 100Ω/V；交流高压母线与电底盘间绝缘电阻 ≥ 500Ω/V
		若交流高压母线和直流高压母线是互相传导连接：绝缘电阻对于直流母线，$R ≥ 500Ω/V$；若碰撞后交流高压母线的保护级别达到 IPXXB，或交流电压 ≤ 30V，绝缘电阻 $R ≥ 100Ω/V$	若交、直流高压母线互相传导连接，高压母线与电底盘间绝缘电阻 ≥ 500Ω/V。若碰撞后，所有交流高压母线保护级别达到 IPXXB 或者交流电压 ≤ 30V，负载高压母线与电底盘间绝缘电阻 ≥ 100Ω/V。REESS 高压母线与电底盘间绝缘电阻 ≥ 100Ω/V
REESS 要求	电解液泄漏	从碰撞结束起至 30min 时间内，不应有电解液从 REESS 中溢出到乘员舱，不应有超过 5.0L 的电解液从 REESS 中溢出。如果无法区分电解液与其他液体，则所有液体都应计入	不应有电解液从 REESS 中溢出到乘员舱，不应有超过 5.0L 的电解液从 REESS 中溢出
	移动要求	位于乘员舱内的 REESS 应保持在安装位置，REESS 部件应保持在其外壳内，位于乘员舱外的任何 REESS 部分不应进入乘员舱	位于乘员舱内的 REESS 应保持在安装位置，REESS 部件应保持在其外壳内。位于乘员舱外的任何 REESS 部分不应进入乘员舱
	特殊要求	碰撞结束 30min 内，REESS 不应爆炸、起火	碰撞结束 30min 内，REESS 不应爆炸、起火
	高压自动断开装置	—	对于装有高压自动断开装置的车辆，可由企业决定是否进行该装置有效性验证
判定逻辑		防触电保护要求"四选一"+REESS 安全评价	基本条款"REESS 绝缘阻值满足要求"、防触电保护要求"四选一"+REESS 安全评价

4.7.2 整车布置与高压安全

整车布置阶段,需要对高压模块的布置位置和相关控件提出要求,如图 4-18 所示。一般高压模块分为:前高压控制模块、电池包、后高压控制模块。为了避免被过度挤压,高压模块与相关车辆结构的距离应满足以下要求。

1)高压零部件内部正负极铜排优先考虑 Y 向错开(降低正负极铜排短接风险);如不能,则须保证 X 向距离较大且 Z 向错开或增加绝缘防护措施,使得在外壳轻微破损(侵入小于 20 mm)的情况下不会接触短路;高压零部件内部正负极铜排及极柱在 X 方向上与金属外壳要确保距离较大,使得在外壳轻微破损(侵入小于 20 mm)的情况下不会与壳体接触漏电,并适当增加绝缘防护措施。

2)高压零部件与后防撞梁外表面距离应不小于 400mm,如果不能满足,则与后防撞梁距离不小于 250mm,并且零部件前方 150mm 之间不能有刚性零部件,以降低高压零部件壳体破损、线束及插接件挤压等风险。

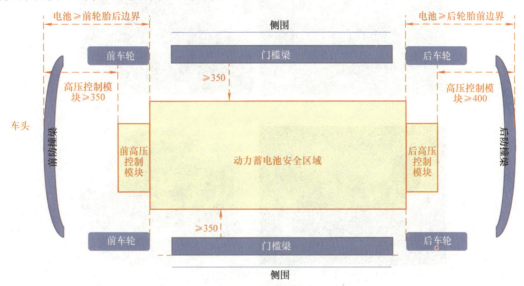

图 4-18 高压模块布置示意图

3)因高压线束及插接件破损会导致铜线外露,引起拉弧起火、漏电、无法完成断电等风险,如图 4-19 所示。针对高压接插件受撞击导致铜线外露的工况,碰撞高压安全设计应对高压线束提出以下要求:

 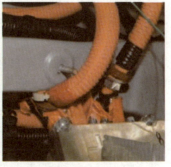

图 4-19 高压线束及插接件受撞击导致铜线外露

1. 尺寸要求

接插件不得超出壳体范围,即将接插件设计在壳体凹槽内或采用直角形接插件,减少接插件在正碰、偏置碰和柱碰工况中的挤压风险。

2. 布置要求

接插件的针脚不能受到直接纵向的撞击,如接插件左右布置、直角形接插件、接插件布置在壳体凹槽等;高压线束周边不能有尖锐结构,如金属卡箍、支架、线束负极端子、车身钣金翻边等;接插件在前围板投影区域内,不得布置带凸起、锐边的金属零部件,如空调管、电磁阀、固定支架、螺栓、卡箍等;接插件前后与刚性部件或钣金距离较大,并且仿真无挤压。符合上述情况,则可认为满足要求。对高压模块布置的错误和正确的演示如图 4-20 所示。

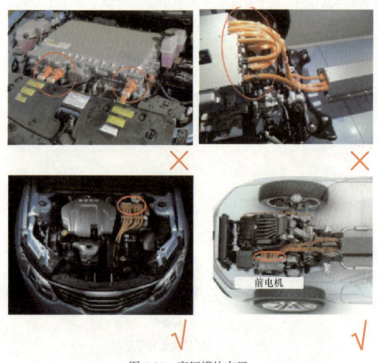

图 4-20 高压模块布置

4.7.3 高压模块本身强度

碰撞过程中,高压模块会受到碰撞,同时电池包可能会受到副车架的挤压以及门槛的挤压,引起高压风险。高压模块本身需要一定的结构强度,避免碰撞后发生破损。

1. 前后高压模块

前后高压模块零部件壳体受到硬点挤压的接触面积应不小于 50mm×50mm,且在壳体承受一定碰撞力下应无明显塑性变形和破损,如图 4-21 所示。力值可以由式(4-5)估算:

$$F = ma_{max} \tag{4-5}$$

式中,m 为车辆质量(kg);a_{max} 为车辆最大加速度(m/s^2)。

图 4-21 高压负载模块壳体破损

2. 电池包

前面碰撞和后面碰撞中，电池包会受到前副车架和后副车架的挤压。设计车身和底盘结构时，尽量通过安装点将副车架承受的碰撞力传递到车身上。然而，高速前碰、后碰中副车架普遍会撞击电池包，如图 4-22 所示，这就需要电池包前后有足够强的防护结构。一般会在电池包前、后设计铝制防护结构，如图 4-23a 和 b 所示。

图 4-22 高压负载模块壳体破损模型图

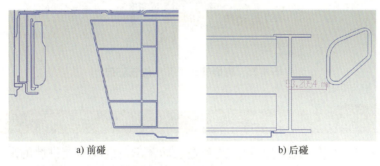

a) 前碰　　　　　　　　　　b) 后碰

图 4-23 电池包防护结构

侧面碰撞中，侧面柱碰工况是对电池包要求最为严苛的，如图 4-24 所示。设计车身结构时，尽量使门槛和横梁将刚性柱的碰撞力传递到车身上，如图 4-24a 所示。然而，由于电池包需要与门槛刚性连接以及侧面吸能空间有限等因素，仍有一定比例的碰撞力会传递到电池包本体。因此需要在电池包侧面设置防护结构，如图 4-25 所示。

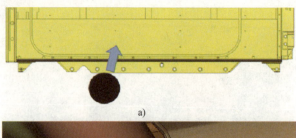

a)

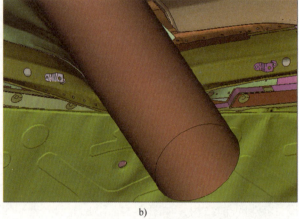

b)

图 4-24 侧面柱碰工况

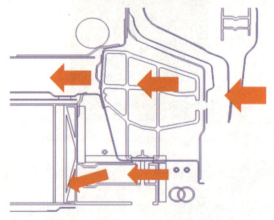

图 4-25 侧面柱碰工况电池包防护

4.8 商用车特殊安全要求

商用车和乘用车存在明显的差别,尤其是电动客车,因其所要搭载的乘客数量较多且有着更高的电池电量储备,故相比乘用车,商用车在性能上有着更多的要求,尤其对安全性、故障率、耐久性的要求更高。因此,商用车的安全性在个别指标上是高于乘用车的。GB 38032 规定了电动客车的安全要求,包括防水、防尘、防火、碰撞等。

4.8.1 防水安全

防水安全对于电动汽车来说是非常重要的,电动汽车因为其工作电压较高,高压零部件进水会导致漏电、短路、起火等各种安全事故，会对驾驶员及乘客造成不同程度的伤害，严重时可能会危及生命安全。

1. 零部件的防水要求

高压零部件的防护等级应不低于 IP67（充电口除外），按 GB/T 4208—2017 中的规定进行测试。在防护等级测试结束后，其绝缘阻值不应有明显降低。绝缘阻值测试方法参考 GB 18384—2020 中的规定，标准中分为对含有 B 级电压电源的电路的绝缘电阻测试方法和不含 B 级电压电源的电路的绝缘电阻测试方法。首先，测量设备内阻不小于 $10\text{M}\Omega$；其次，若车辆绝缘监测系统对测量会产生影响，则应屏蔽，以保证测量的准确性。对于含有 B 级电源的电路，应采用双表法测量；对于不含 B 级电源的电路，则应按照要求使用绝缘电阻测试设备测量，具体方法如下。

（1）含有电源的 B 级电压负载绝缘电阻测量方法

对于含有电源的 B 级电压负载绝缘电阻测量方法，称为"双表法"。具体步骤如下：

1）使车辆上电，保证车辆所有电力、电子开关处于激活状态。

2）用相同的两个电压检测工具同时测量 REESS 的两个端子和电平台之间的电压。待读数稳定后，将较高的测量值记为 U_1，较低的测量值记为 U_1'。

3）添加一个已知电阻 R_0，限值宜选择 $1\text{M}\Omega$，并联在 REESS 的 U_1 侧端子与电平台之间，再用上一步骤中两个相同的电压检测工具，同时测量 REESS 的两个端子和电平台之间的电压，待读数稳定后，将较高和较低的测量值分别记为 U_2 和 U_2'。

4）计算绝缘阻值 R_i，方法如下：

R_i 可以使用 R_0 和四个电压值 U_1、U_1'、U_2 和 U_2' 以及电压检测设备的内阻 r 代入式（4-6）进行计算：

$$\frac{R_i \times r}{R_i + r} = R_0 \left(\frac{U_2'}{U_2} - \frac{U_1'}{U_1} \right) \tag{4-6}$$

（2）不含有电源的 B 级电压负载绝缘电阻测量方法

对于不含有电源的 B 级电压负载绝缘电阻测量方法，具体步骤如下：

1）将被测的 B 级电压负载的所有电源（包括 A 级电压电源）断开。

2）将 B 级电压负载的所有 B 级电压带电部分相互传导连接。

3）将 B 级电压负载所有外露可导电部分、A 级电压部分与电平台传导连接。

4）将绝缘电阻测试设备连接在带电部分与电平台之间，该设备可选用兆欧表。

5）将绝缘电阻测试设备的测试电压设置为不低于 B 级电压电路的最高工作电压。

6）读出 B 级电压负载的绝缘电阻值为 R_x。

如果系统中传导连接的电路中有多个电压等级（例如：系统中有升压变换器）并且某些组件不能承受整个电路的最大工作电压，则可以断开这些组件，用它们各自的最大工作电压对绝缘电阻进行单独测量。

另外，根据 GB 38032—2020 的规定：布置在客舱地板以下且距离地面 500mm 以下的 B 级电压电气设备和与 B 级电压部件相连的插接器，其防护等级应不低于 IP67。

IP67 中，第一位数字表示防止固体异物进入的防护等级，第二位数字表示防止水进入的防护等级。"6"表示等级为尘密，要求无灰尘进入；"7"表示防短时间浸水影响，浸入规定压力的水中并经规定的时间后,外壳浸水量不能达到有害程度。

2. 整车涉水要求

电动客车整车涉水试验模拟了电动客车经过积水路面的情况。车辆应在300mm深的水池中,以5~10km/h的速度行驶500m,时间为3~6min;如果水池长度小于500m,则应重复试验使涉水长度累计不小于500m,包括车辆在水池外的总试验时间应小于10min。

试验完成后10min内,整车绝缘阻值应大于1MΩ。整车绝缘阻值测试方法参考GB 18384—2020 中 6.2.1.4 的规定,具体方法如下:对于所有B级电压负载均能同时工作的车辆,可按照GB 18384—2020 中的 6.2.1.2 "对含有B级电压电源的电路的绝缘电阻测量方法"进行测量;对其余无法完成测量B级电压负载的车辆,需按照GB 18384—2020 中的 6.2.1.3 "对不含电源的B级电压负载绝缘电阻测量方法"对绝缘电阻进行测量,将6.2.1.2 中测量的结果 R_i,与 6.2.1.3 测量的结果 R_x 计算并联结果,即为整车的绝缘电阻。

如果整车有两个或两个以上相互隔离的B级电压电路,则可通过本条方法分别测量和计算出各个B级电压电路的绝缘电阻,并取其最小值作为整车绝缘电阻。

3. 整车浸水要求

安装在客舱地板以下且距地面500mm以下的B级电压电气设备和与B级电压部件相连的插接器(充电口除外),需进行浸水试验。

按照 GB 38032—2020 的规定,车辆在断开A级电压电路和B级电压电路的状态下,在深500mm的水池中浸泡24h之后,将车辆拖至地面空旷处,打开总火开关,并将点火开关开至ON档,2h内车辆应不冒烟、不起火、不爆炸。

4.8.2 防火安全

1. 火情预警

动力蓄电池热失控是指电池在达到热失控临界温度时发生剧烈的放热连锁反应,使温升速率急剧变化引起电池过热甚至起火、爆炸。由于蓄电池是以模块形式或者直接在电池包中紧密排列,所以蓄电池发生热失控时其热量很容易传递到邻近蓄电池,使其触发热失控,进而引发整个动力蓄电池系统的热失控。动力蓄电池系统发生热失控时,热量蔓延速度很快,特别是在起火时火势发展就极其迅猛,因此热失控的早期预警技术极其关键。有效的热失控预警技术可以及时给车上乘员提供热失控信息,给他们尽可能争取更多的逃生时间,避免发生更大的灾难。热失控预警技术的底线是保障乘员的生命安全。所以热失控报警策略在制定中,要以可靠性高、效率高、错误率低、可行性为原则。

纯电动商用车的火情预警主要是针对动力蓄电池系统热失控制定的报警策略。蓄电池发生热失控时,其温度、电压、内阻会出现变化,并且会释放由副反应生成的烟雾和气体使电池包内部压力升高。其中,BMS能够监测并且采集动力蓄电池的电压、温度、内阻与动力蓄电池包的气压、特征气体、烟雾的一种或多种信号,并且对信号参数进行分析,结合热失控的判定条件来实现热失控的早期预警。

(1)温度参数

动力蓄电池热失控的充分必要条件是温度达到其热失控的临界温度,可以说温度是判断蓄电池是否发生热失控与监测热失控发生过程最直观的参数。因此对电池热失控报警系统中温度参数的评估是不可缺少的。目前温度采样点一般会布置在电池的外表面,因电池内外存在较大温差会导致温度采集的热失控报警信息滞后,动力蓄电池体积越大,内外温差带来的滞后风险也越大,同时温度采样精度和准确性还会受到温度采样点的布置位置和数量的影响,所以在热失控报警策略中,BMS 应将温度监测信息与电压、内部气压等其他监测方案联用,并对采样信息进行综合分析,从而准确、及时、有效地完成热失控报警。

（2）内阻参数

蓄电池的内阻是反映性能状态的重要参数。随着温度的升高,电池的内阻会降低,电池热失控后内阻会明显升高。由于电池的内阻会受到 SOC、温度、外界环境、使用状态等很多因素影响,而且蓄电池中各个电器件的接触内阻在数值上占有很大比例,电池因受热造成的内阻变化结果可能不会很明显,因此内阻无法作为电池热失控报警的理想参数。

（3）电压参数

电池处于高温时,电压也会有异常波动,但该波动很轻微;电池发生内短路时,电压会瞬间降为零,此时电池已经发生了热失控。因此电压不能作为热失控报警的唯一参数,现在行业普遍将电压与温度参数联用作为热失控报警策略的主要参考依据。

（4）气压参数

动力蓄电池在热失控过程中,由于电解液、正负极材料、黏结剂在高温时会相互作用发生分解放热反应,产生气体和烟雾,从而导致电池包内压力发生变化。在热失控发生前一般就会有气体从电池内喷出,所以气压是热失控报警策略中相对较为及时的参数。由于成本和技术问题,气压报警传感器还没有广泛应用在动力蓄电池热失控预警中。

（5）气体参数

动力蓄电池在热失控时,会有 H_2、CO_2、CO、CH_4、C_2H_4 等气体产生,图 4-26 为热失控烟气含量统计。这些气体在电池包内浓度参数的变化也会反映电池的热失控信息。从目前的研究来看,蓄电池发生热失控后产生的 H_2、CO_2、CO 相对较多。因此,通常使用 H_2、CO_2、CO 三种或者其中之一的气体传感器对热失控释放的气体进行分析。

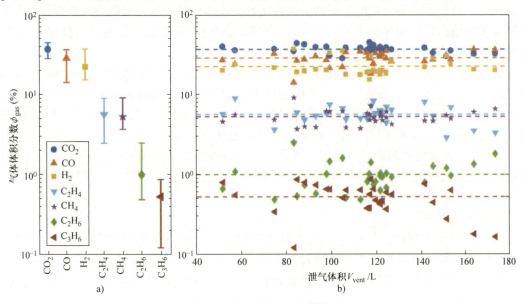

图 4-26 热失控烟气含量统计

（6）烟雾参数

大多城市客车和长途客车都使人们处于一个相对封闭的环境，给火灾处理和人员逃离都带来了很多不便，因此防止火灾的发生和前期的火灾预警就显得尤为重要。在动力蓄电池箱体内安装车载烟雾探测传感器，通过管道式采样器，采样管网上的采样孔主动采集被保护区内的空气样品。经过过滤，再由系统中所使用的高灵敏度激光型点式探测器进行探测分析，实时上报烟雾浓度的大小，便于人员在火灾的初期迅速确定起火位置，及时进行处理。此外，应在仪表台上开孔安装车载烟雾探测报警显示面板。当车载烟雾探测传感器检测到烟雾浓度达到报警值时，会第一时间传送到显示面板上进行报警，驾驶员便可及早地进行处理，给车内乘车人员争取更多的逃生时间。

2. 防火措施

（1）动力蓄电池安全

动力蓄电池系统是电动客车的重要部分，也是整车安全研究的关键。目前电动客车的动力蓄电池广泛采用能量密度比较高的锂离子电池。由于锂离子电池内部隔膜、正负极材料与电解液的耐温程度有限，所以在极端温度条件下，锂离子电池不可避免地发生热失控，严重失控下可能会引发起火、爆炸的现象。GB 38032 中指出动力蓄电池系统最小管理单元在规定的热失控测试中应不起火、不爆炸。锂离子电池在热失控时不会发生起火、爆炸也是在装机前必须要满足的技术要求。

锂离子电池安全性主要与电池的材料体系、生产工艺和结构设计有关。在材料体系方面，电池的安全性能可以通过提升正负极材料、隔膜、电解液的热稳定性来增强。在生产工艺方面，生产人员要保证电池的一致性，生产过程中不可以有杂质污染材料或者电池，极片上不可以出现毛刺。

（2）防火隔离

1）动力蓄电池包内的阻燃防火设计。为阻燃防火，采用在动力蓄电池箱体内壁贴附一层阻燃绝热毯的措施。绝热毯具有柔软、抗压能力强、防水等特性，具有超低的热传导率，材质一般为无定型二氧化硅隔热材料、气凝胶隔热材料或是新型高温陶瓷纤维材料等。当锂离子电池出现冒烟或起火时，箱体内壁的防火阻燃绝热功能可以在一定程度上延缓电池组燃烧及热扩散，从而起到第一层的阻燃防火作用。

2）动力蓄电池包-车身之间的阻燃防火设计。在动力蓄电池包内上表面贴附一层阻燃绝热毯。当上述第一条措施电池箱内的阻燃绝热毯不能完全隔离锂离子电池燃烧的火焰和热量时，动力蓄电池包内上表面的阻燃绝热毯可以延缓电池组的燃烧，从而延缓燃烧产生的有害烟雾向乘客区扩散，起到第二层阻燃防火作用。

3）车厢内地板的阻燃防火设计。车厢内座椅下面采用防火阻燃地板材料。当上述两层阻燃防火措施不能完全隔离锂离子电池燃烧的火焰和热量时，采用防火阻燃地板材料可以起到第三层阻燃防火作用。

3. 内外饰阻燃

汽车内饰有美观性、气味性和驾乘舒适性要求，这些性能都可以通过五官直接感受到，而内饰材料的阻燃特性既不能通过外表看到，不能通过嗅觉闻到，也不能通过触摸感受到。但是内饰材料阻燃特性是一项重要指标，直接关系到人员的人身安全，是设计中必须考虑的因素。

汽车内饰材料阻燃性和试验方法应该满足 GB 8410—2006《汽车内饰材料的燃烧特性》标准，针对燃烧速度的要求如表4-2。

从表4-2可以看到，内饰材料的水平燃烧速度在不同标准、不同的适用范围中的要求是有差异的，在以往的客车内饰设计中水平燃烧速度为不大于 70mm/min 的值。而此次《电动客车安全技术条件》征求意见稿提出的水平燃烧速度标准是不大于 50mm/min，比之前所有标准都更加严格。

汽车内饰材料的种类较多，大体可分为四种：纤维纺织与皮革类、塑料类、橡胶类、复合材料类。这些材料均属于易燃或可燃性材料，内饰材料常用的阻燃办法是在材料中添加阻燃剂。

表 4-2 各标准对内饰水平燃烧速度的要求

标准/法规	燃烧速度要求	适用范围
GB 7258—2017《机动车运行安全技术条件》	≤ 70mm/min	客车
《电动客车安全技术条件》征求意见稿	≤ 50mm/min	纯电动/混合动力客车，车长 ≥ 6m

GB 38032—2020 指出：可充电储能系统（或安装舱体）与客舱之间应使用阻燃隔热材料隔离，阻燃隔热材料的燃烧性能应符合 GB 8624—2012 中规定的 A 级要求，并且按 GB/T 10294—2008 进行试验，在 300℃时导热系数应小于等于 0.04W/(m·K)。电动客车与传统客车设计相比，必须选用隔热性能更加优异的材料。若选择能够满足 300℃时导热系数小于等于 0.04W/(m·K) 的隔热材料，则在技术上达了较高的要求。

4. 阻燃设计

（1）高压部件的阻燃性能要求

GB 38032—2020 中对 B 级电压部件的阻燃性能要求是参考 GB/T 2408—2008 中水平燃烧和垂直燃烧规定的试验方法，对 B 级电压部件进行阻燃性能试验。B 级电压部件所用绝缘材料阻燃性能应满足表4-3的规定。

（2）动力蓄电池系统阻燃要求

1）动力蓄电池系统安全要求蓄电池系统最小管理单元按照 GB 38032—2020 附录 A 规定的试验方法进行过充电后加热的热失控试验，试验对象应不起火、不爆炸。

2）可充电储能系统内零部件材料阻燃要求除单体蓄电池外，可充电储能系统内其他非金属零部件，按照 GB/T 2408—2008 中水平燃烧和垂直燃烧规定的试验方法，对可充电储能系统内零部件材料进行阻燃试验，应满足以下阻燃要求：

① 满足以下任一条件的零部件，其材质需满足水平燃烧 HB 级和垂直燃烧 V-0 级的要求：

——单个零部件重量 ≥ 50g。

——单个可充电储能系统内相同型号的零件总重量 > 200g。

② 其他非金属零部件材质需满足水平燃烧 HB75 级和垂直燃烧 V-2 级的要求。

表 4-3 B 级电压部件所用绝缘材料阻燃性能要求

序号	部件总成	部件名称	标准要求	
			水平燃烧满足 GB/T 2408—2008 规定的 HB 级	垂直燃烧满足 GB/T 2408—2008 规定的 V-0 级
1	驱动电机	外壳	√	√
2		线缆表皮	√	√
3		PCB 电路板	√	√
4		绝缘板	√	√
5		绝缘纸	√	—
6		绝缘薄膜	√	—
7	电机控制器	外壳	√	√
8		线缆表皮	√	√
9	电动压缩机	外壳	√	√
10		线缆表皮	√	√
11	电暖风	外壳	√	√
12		线缆表皮	√	√
13	DC/DC 变换器	外壳	√	√
14		线缆表皮	√	√
15		PCB 电路板	√	√
16	配电箱	外壳	√	√
17		线缆表皮	√	√
18	充电插座	外壳	√	√
19		线缆表皮	√	√
20	热收缩双壁管	所有尺寸规格	√	√
21	波纹管	所有尺寸规格	√	√

注：1. "—"表示该零件不进行此项试验；"√"表示该零件应进行此项试验。
2. 若 B 级电压部件外壳是金属材料，则不需要提供阻燃报告。

4.9 控制安全

基于 GB/T 34590 的相关规定、系统功能概念和技术安全要求，进行系统级别的安全要求定义、系统架构设计、软硬件接口定义规范以及系统级失效分析，为后续硬件和软件设计提供设计输入。

系统设计应基于功能概念、相关的架构设想和技术安全要求。在实现技术安全要求相关的内容时，应从验证系统设计的能力、软硬件设计的技术能力、执行系统测试的能力等方面考虑系统设计。为避免系统性失效，应对系统设计进行安全分析以识别系统性失效的原因和系统性故障的影响；为降低系统运行过程中随机硬件失效造成的影响，应在系统设计中定义探测、控制或减轻随机硬件失效的措施；系统设计中要定义软硬件接口规范，并在后续硬件开发和软件开发过程中进行细化落实。

4.9.1 硬件安全设计

硬件安全设计在硬件电路设计中是必不可少的一个环节。硬件安全设计即在硬件电路设计过程中，根据硬件安全要求来设计安全电路，使之能实现安全保护作用；同时根据硬件失效分析和硬件系统测试的结果来确定改进电路的思路与方向，并进一步改进线路；从硬件安全要求、硬件设计与实现、硬件失效分析及硬件系统测试四个方面对硬件安全设计进行解释说明并形成规范。

1. 硬件安全要求

硬件安全要求应该涵盖每一个涉及安全的硬件要求，包括硬件内部失效的安全要求、硬件外部失效的安全要求、系统对外部连接部件失效的安全要求、故障诊断的安全要求。

（1）硬件内部失效的安全要求

硬件内部失效的安全要求就是能够利用自身相关特性控制产品硬件内部失效的安全机制；硬件ECU内部一般包括电源、时钟、CPU、输入电路（通信、I/O）、输出电路（通信、I/O）、电源IC、驱动IC等。以电源管理IC为例，存在过电压、欠电压、开路、短路等失效模式，会影响到后端芯片，严重时可能会损坏芯片，所以电源管理IC一般会有相应的防护机制和故障诊断机制。

以SBC（系统基础芯片）芯片MC33FS6523CAE为例，该芯片内部有一个故障安全机，可进行故障检测和传输。安全信息通过两个安全输出引脚FS0B和FS1B输出，其中FS0B是主要的安全输出引脚，发生故障事件时，FS0B被置为低电平；FS1B是二级安全输出引脚，当FS0B被置为低电平时，FS1B也被置为低电平，并具有可配置的延迟时间或持续时间；这两个安全输出引脚的目的是驱动独立于MCU的电气安全电路，以停用整个系统并将ECU设置为受保护和已知状态；FS0B可由以下故障时间触发：看门狗刷新不正常或看门狗超时、输出的电源过/欠电压、接收由其他芯片输出的错误信号、故障安全机自检失败等。

（2）硬件外部失效的安全要求

硬件外部失效的安全要求就是当遇到外部故障时，ECU必须具备相应的功能行为。硬件外部失效涉及接口失效和环境失效，接口失效有电源、输入输出I/O、通信、模拟量等故障原因；环境失效有温湿度、振动、EMC等故障原因。除了考虑正常范围的上限和下限，也要考虑超出范围后的失效，分析外部失效后的ECU功能表现，例如当电源输入比较低时，ECU大部分功能就会受限，当低于最低阈值时，进入欠电压保护；当高于最高阈值时，则进入过电压保护。为避免环境失效，应满足车辆运行环境的需求，如针对布置在底盘等重心相对整车较低位置的产品防护等级不应低于IP67，根据GB/T 28046.1的要求，满足低温性能、高温性能、温度冲击性能、温湿性能、盐雾性能、防护性能、自由跌落性能等产品性能要求。

（3）系统对外部连接部件失效的安全要求

系统对外部连接部件失效的安全要求就是使产品符合外部连接部件的安全需求，外部连接部件包括传感器、执行器等。例如由传感器输入至ECU的信号超过正常范围阈值或者电机堵转时ECU未接收到堵转信息，仍在持续输出驱动信号，此时ECU可能会无法完成相应的控制或者直接损坏ECU内部电路或电子元器件，所以应加入电流传感器或其他诊断电路，以诊断其输出是否在正确范围内。

2. 硬件设计与实现

在硬件电路设计中，保护电路是对产品硬件的保护以及产品安全方面考虑的需要来设计的，保护电路主要包括防雷、防浪涌、防静电等防护电路，以及EMC抗干扰电路、安全接地防护等。良好的接地以及保护电路能保证产品电路的有效工作,同时保证产品内部以及外部的安全。总体来说,保护电路可分为输入保护、输出保护等。

输入电路的防护主要涉及过电流、过电压、防反接、防静电击穿、防雷、防浪涌,配合电阻电容、电感等组成 RC 或 LC 滤波电路对输入信号进行处理,得到干净的信号源。输入信号的干扰一般来自电源电路的元件,产生干扰的原因有 PCB 布线不标准、高频信号等电磁辐射、传导干扰等,同时包括信号在传输过程中空间电磁信号的干扰;输入防护电路中常用的电子元件有熔丝、压敏电阻、放电管、TVS 管、热敏电阻等,也包括隔离器件如变压器、光耦、继电器等。

3. 硬件失效分析

在 GB/T 34590.1 中,失效的定义是要素按要求执行功能的能力的终止,依据失效的原因可分为随机硬件失效和系统失效。随机硬件失效的定义是在硬件要素的生命周期中,非预期发生并服从概率分布的失效,比如 Flash 存储器(Flash Memory)由于自身的特性出现位翻转的现象就属于随机故障,原因可能是漂移效应、编程干扰、读操作干扰所产生的错误等,是无法预期的;随机硬件失效模式可根据失效导致的结果分为非安全相关硬件失效模式和安全相关硬件失效模式。

如图 4-27 所示,随机硬件失效除了可由安全故障引起外,安全相关的硬件失效模式还可由单点故障、残余故障、可探测的多点故障、可感知的多点故障、潜伏的多点故障引起。大多数情况下多点故障分析可以限制到双点故障。

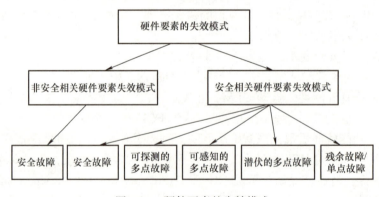

图 4-27 硬件要素的失效模式

1)单点故障可直接导致违背安全目标,且无任何安全机制预防其某些违背安全目标的故障。

2)残余故障可直接导致违背安全目标,且有至少一个安全机制预防其某些违背安全目标的故障。

3)双点故障仅与另一个(双点故障有关的)独立硬件故障联合才能导致安全目标的违背,且可探测的双点故障能通过防止其潜伏的安全机制所探测到,可感知的双点故障可在规定的时间内被驾驶员所感知,潜伏的双点故障不被安全机制所探测也不被驾驶员感知,直到第二个独立故障发生前,系统始终可以运行且驾驶员也不知道发生了故障。

安全故障,顾名思义就是即使发生了也不违背安全目标的故障,非安全相关硬件要素失效模式下的安全故障是与安全目标违背无关的故障，安全相关硬件要素失效模式下的安全故障指的是 n 大于 2 的全部 n 点故障。比如，三个电阻并联以克服短路情况下的单点故障问题，因为需要三个独立的短路才会违背安全目标（n=3），每个独立电阻的短路可视为安全故障。

系统性失效是指以确定的方式与某个原因相关的失效，比如某一部分电路本该使用 10Ω 电阻，却错误地用成了 100Ω 的电阻，只有对设计或生产流程、操作规范、文档或其他相关因素进行变更后才能排除这种失效。系统失效具有三个特征，一是在仅仅进行正确维护而不加修改的情况下，无法消除故障；二是通过模拟失效原因可导致系统失效；三是系统失效是由人为错误引起的，如硬件的设计、制造等。

失效分析可用失效模式及后果分析（Failure Mode and Effect Analysis，FMEA）或故障树分析（Fault Tree Analysis，FTA）。FMEA 作为归纳分析法的一种，是在产品设计和过程设计阶段，对构成产品的子系统、零件，对构成过程的各个工序逐一进行分析，找出所有潜在的失效模式，并分析其可能的后果。简单来说，就是从原因出发自下而上识别出所有可能造成的影响。FTA 作为演绎分析法的一种，以被普遍接受的理论为依据，从理论出发作出假设，然后收集和分析数据去验证假设。简单来说，就是从影响出发找出原因的自上而下的分析方法，通常把顶层影响称为顶层事件或顶事件，底层原因称为原始事件或底事件，FTA 的作用可概括为：识别出可能引起顶层事件非预期发生的原始事件和原始事件组合，筛选出最有可能导致顶层事件非预期发生的原始事件或组合，通过布尔代数理论计算导致顶层事件非预期发生的可能性，确定改进设计的思路和方向。

4. 硬件系统测试

硬件测试的目标是确保所开发的硬件产品符合硬件设计要求，通过集成硬件要素和测试硬件设计，验证其基本功能的实现、可接受的性能指标和可靠性等。硬件测试的安全目标是确保所开发的硬件符合硬件安全要求，通过集成硬件要素和测试硬件设计，验证硬件设计符合适当安全等级的硬件安全要求。

测试前需要对产品进行检视，包括硬件设计审查、原理图检视、PCB 检视（以发现硬件设计原理缺陷、发现成本浪费问题、发现降额不规范设计、发现布局和布线的缺陷、发现 EMC 等专项设计问题）。测试前还需准备好测试计划，测试计划的内容一般要包括测试对象、明确的版本、范围、任务划分、角色和职责、测试通过与否的标准、测试任务安排、测试结束的交付物等。

硬件集成测试用例的生成应考虑 GB/T 34590.5—2017 中的表 10 所列的方法（需求分析，内部和外部接口分析，等价类生成和分析，边界值分析，基于知识或经验的错误猜错法，功能的相关性分析，相关失效的共有限制条件、序列及来源分析，环境条件和操作用例分析，标准，重要变量的分析等）。为了验证针对硬件安全要求的安全机制实施的完整性和正确性，硬件集成测试应考虑 GB/T 34590.5—2017 中的表 11 所列的方法（功能测试、故障输入测试、电气测试）。为了验证硬件在外部应力的鲁棒性，硬件集成测试应考虑 GB/T 34590.5—2017 中的表 12 所列的方法（带基本功能验证的环境测试、扩展功能测试、统计测试、最恶劣情况测试、超限测试、机械测试、加速寿命测试、机械耐久测试、EMC 和 ESD 测试、化学测试）。当通过硬件测试找出了错误之后，还需要通过分析错误产生的原因和错误的分布特征，帮助项目管理者发现当前设计过程的缺陷，以便改进。同时，这种分析也能为设计针对性的检测方法提供帮助,改善测试的有效性。没有发现错误的测试也是有价值的,完整的测试是评定测试质量的一种方法。

4.9.2 软件设计

软件设计是按照相关项开发的范围和复杂度,通过确定适当的方法,启动软件开发各子阶段和支持阶段,以满足要求及其功能安全中相应的 ASIL 等级。

软件设计建议采用标准化软件架构,软件开发应遵循符合功能安全要求的建模规范和代码规范,使用多种模型/代码测试方法(例如 MIL、SIL、PIL、HIL)进行软件集成和测试,确保满足软件覆盖度要求。基于 GB/T 34590.6—2017 的相关规定,进行软件安全需求、软件架构设计、软件单元设计及实现、软件单元测试、软件集成及测试、软件安全要求验证,并满足系统设计和软件安全需求的要求。

软件安全需求分析的目的是依据安全技术规范以及系统设计说明书指定软件安全需求,同时验证软件安全需求与安全技术规范及系统设计说明书是否一致,大致流程如图 4-28 所示。软件安全需求分析阶段须满足完整性、可测试性、可追溯性要求。

进行软件安全需求分析时,应从如下方面考虑:充分识别失效会违反安全技术要求的软件功能;须来源于安全技术要求和系统设计方案;应识别软件与硬件之间所有安全相关的属性;包含足够的硬件运行资源、有效的安全相关信息的确认;软硬件接口说明书应是确认有效的;测试验证方法应是安全有效的。

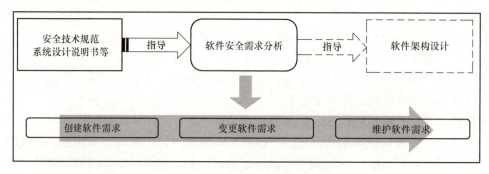

图 4-28 软件安全需求分析示意

4.9.3 功能和操作设计

1. 上下电的操作设计

基于整车各模式下的功能需求,需要对高压系统进行上下电控制,以实现用户对车辆的控制。本节规范了一种整车高压上下电流程及高压系统控制器在上下电过程中所执行的动作。高压上下电控制示意图如图 4-29 所示,K1 为主正接触器,K2 为预充电接触器,K3 为主负接触器,R_1 为预充电电阻,动力蓄电池包为电机控制器等高压负载部件提供高压电,车身控制器负责低压配电及电源档位检测等,电池管理器负责控制 K1、K2、K3 及上下高压过程中各状态巡检,整车控制器负责点亮"OK"/"READY"灯,电机控制器负责母线电压检测及主动放电。

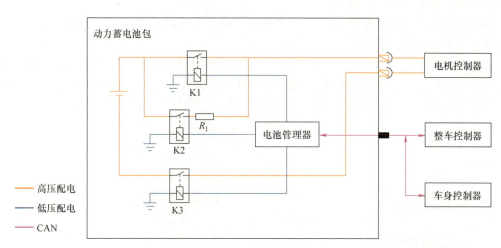

图 4-29　高压上下电控制示意图

2. 上电功能操作与流程设计

高压系统上电流程如图 4-30 所示。高压系统上电控制主要包括以下几个部分：

（1）基于整车模式判断高压上电需求

常见的整车模式有行驶模式、快充电模式、慢充电模式、远程控制模式、定时唤醒模式等。整车处于各模式下工作时，电池管理系统需结合电源档位信号、快充唤醒信号、慢充唤醒信号、远程上电指令、定时唤醒信号、整车是否有严重故障等输入条件进行高压上电需求判断。

（2）高压系统部件唤醒控制

车身控制器、电池管理系统、车载充电器等部件通过对自身特定唤醒信号（如钥匙解锁信号、直流充电唤醒信号、交流充电唤醒信号等）检测后，请求唤醒网络及 IG 电唤醒，高压系统零部件唤醒后进行初始化自检并将自检成功状态发出。

（3）主负接触器闭合

电池管理系统检测上电条件满足后，控制闭合主负接触器并反馈主负接触器处于闭合状态。

（4）闭合预充电接触器及预充电状态判断

电池管理系统控制闭合预充电接触器并反馈预充电接触器处于闭合状态，电池管理系统通过比较动力蓄电池包总电压与高压负载端母线电压，当在规定时间内两电压差值小于一定阈值时，判断为预充电成功。若预充电失败，则结束此次上电流程并上报预充电失败相关故障。

（5）闭合主正接触器

电池管理系统控制闭合主正接触器并反馈主正接触器处于闭合状态。

（6）高压上电完成

在主正接触器闭合后，电池管理系统控制预充电接触器断开并发送放电/充电允许指令及高压附件工作使能，DC/DC 变换器等高压系统部件开始工作。在行驶模式下，整车控制器通过判断高压接触器状态、整车模式状态、整车故障状态等信号后点亮"OK"灯。

3. 下电功能操作与流程设计

高压系统下电流程图如图 4-31 所示。高压系统下电控制主要包括以下几部分。

（1）基于整车模式判断高压下电需求

车身控制器基于钥匙信号、远程下电指令等判断用户是否有高压下电请求，电池管理系统基于整车模式、整车故障状态、充电结束状态等判断是否执行高压下电流程。当判定整车无高压需求流程或有严重故障时，电池管理系统控制执行下高压电流程。

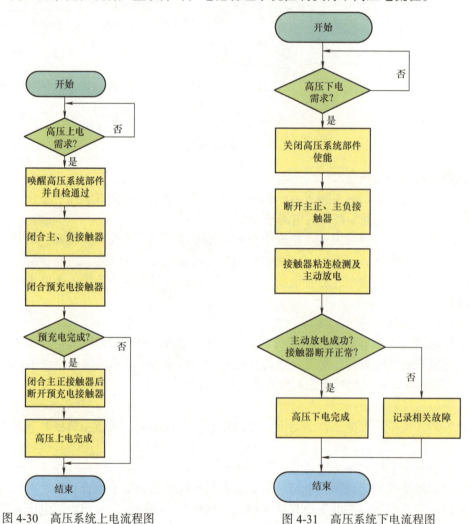

图 4-30　高压系统上电流程图　　图 4-31　高压系统下电流程图

（2）关闭高压系统部件使能

为防止带载切断高压，电池管理系统在断开高压接触器前需关闭高压系统部件工作使能。

（3）断开主正、主负接触器

电池管理系统控制主正、主负接触器断开，切断高压回路。

（4）主正、主负接触器粘连检测及主动放电

为判断高压接触器是否损坏以及预防高压接触器粘连后对高压回路造成的危害，电池管理系统在高压下电过程中通过判断高压采集模块各检测点电压，判定主正、主负接触器

是否断开正常。

电池管理系统发出主动放电指令，电机控制器通过控制逆变器卸载负载侧高压，当高压负载侧电压低于安全电压阈值（60V）时，判定为主动放电完成。主正、主负接触器粘连检测与主动放电同步进行，如果主动放电失败或主正、主负接触器粘连，则记录并存储故障，结束此次下电流程。

（5）高压下电完成

电池管理系统判定高压下电完成，请求控制断开高压部件供电信号及 CAN 网络休眠。

4. 换档的操作设计

电动汽车区别于传统燃油汽车，在传动系统中通过控制电机旋转方向来实现车辆的前进和后退，一般采用电子档位器进行整车档位的控制。电动汽车档位一般设置 P、D、R、N 档。

（1）档位定义

1）P 档：按下 P 档时，车辆主动轮应该被锁止。P 档一般与车辆电子驻车装置进行联动，只有在低车速或静止时才可以挂入。部分电动汽车无 P 档设置，通过传统机械驻车制动拉线方式实现车辆驻车。

2）D 档：为车辆前进驱动档位，通过控制电机正向旋转实现车辆前进。

3）R 档：为车辆后退驱动档位，通过控制电机反向旋转实现车辆后退。

4）N 档：车辆处于此档位时，整车无驱动转矩输出，电机处于关闭状态。

（2）档位控制系统

档位控制系统一般由档位器、档位决策控制器、驱动控制系统及显示系统组成，如图 4-32 所示。其中，档位决策控制器一般为独立的档位控制器或整车控制器。各部分具体功能为：

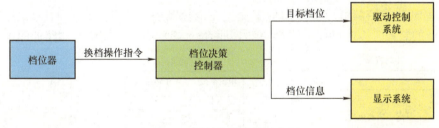

图 4-32 换档控制系统示意图

1）档位器：将驾驶员的换档操作指令转化为电信号，通过 CAN 总线发送给档位决策控制器。档位器应能诊断出与整套换档操纵机构系统相关的故障，主要包括通信故障、开关故障、电压故障、传感器内部故障、档位识别故障等。

2）档位决策控制器：通过判断档位器换档操作指令、换档器故障状态、车辆高压状态、驱动电机转速/车速、制动踏板状态、直流/交流充电插枪状态、整车故障状态等得出整车目标档位，分别发送给驱动控制系统及显示系统，实现整车档位控制及显示。

3）驱动控制系统：接收档位决策控制器的目标档位指令，根据整车目标档位进行动力输出。

4）显示系统：进行整车档位显示，当驾驶员换档操作不规范或换档系统故障时，通过声音或图像提醒驾驶员。

（3）换档策略

设计换档策略时，应保证换档的过程安全、可靠，且能保证平顺性，换档结果指示清晰、准确且符合法规要求。车速较低或驻车时，为防范一些非预期性的车辆转矩输出，非驱动档位切换至驱动档位时，一般需要设置踩下制动踏板条件。D档与R档相互切换时，为保护电机，应在车速或电机转速低于一定阈值时允许换档。常用的一种换档策略见表4-4。

表4-4　常用的一种换档策略

换档策略		当前档位			
		P	R	N	D
切入档位	P	—	车速≤一定值	车速≤一定值	车速≤一定值
	R	OK档，制动踏板踩下	—	OK档，车速≤一定值，制动踏板踩下	OK档，车速≤一定值
	N	制动踏板踩下	OK档	—	OK档
	D	OK档，制动踏板踩下	OK档，车速≤一定值	OK档，车速≤一定值，制动踏板踩下 OK档，车速>一定值	

5. 车外放电的操作设计

为满足用户在户外或特定工况下的持续大功率交流用电需求，电动汽车可设计一种放电方法，通过控制双向车载充电器将动力蓄电池提供的直流电转换为交流电向外部设备供电，以满足大功率、高效率的用电需求。可设计一种对外放电专用装置，一端为交流充电插头，一端为放电用插座，两端通过电缆组件相连接。此专用装置中交流充电插头部分应设计控制引导电路用于对外放电功能连接识别。

（1）控制引导电路

对外放电功能控制引导电路类似于交流充电控制引导电路。由于插座端无检测12V电源/PWM的装置，因此可仅采用CC信号判断枪连接状态，控制引导电路如图4-33所示。

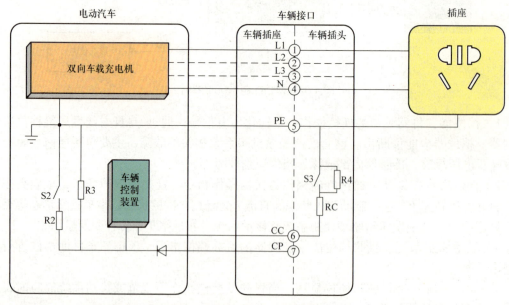

图4-33　车辆对外放电控制引导电路

（2）对外放电流程设计

1）对外放电连接确认与准备就绪阶段

① 车辆插头与车辆插座连接后，使车辆处于不可行驶状态，双向车载充电机唤醒整车网络，高压系统零部件唤醒后自检，车辆进入对外放电模式。

② 确认车辆接口已完全连接。放电车辆控制装置通过测量 CC 与 PE 之间的电阻值来判断车辆插头与车辆插座是否完全连接。未连接时，S3 处于闭合状态，CC 未连接，CC 与 PE 之间的电阻值为无限大；半连接时，S3 处于断开状态，CC 已连接，CC 与 PE 之间的电阻值为 RC+ R4；完全连接时，S3 处于闭合状态，CC 已连接，CC 与 PE 之间的电阻值为 RC。

③ 车辆准备就绪。车辆控制装置检测到对外放电枪完全连接并判断符合设置的对外放电条件时，闭合高压回路并发出对外放电允许。双向车载充电机判定 CC 阻值、电锁控制状态无异常、自身无故障、对外放电允许的情况下，双向车载充电机开始输出交流电。

2）充电能量传递阶段。双向车载控制装置在充电过程中应周期性持续监测 CC 阻值及输出交流电参数，负载用电器功率不允许超过双向车载充电机对外放电功率。

3）对外放电结束阶段。在对外放电过程中，当达到操作人员设置的结束条件、操作人员对放电车辆实施了停止充电的指令时，车辆控制装置应在 100ms 内切断交流供电回路，交流供电回路切断后 100ms 内将电锁装置解锁。

① 放电正常结束。当达到车辆设置的结束条件或者驾驶员对车辆实施了停止充电指令时，车辆控制断开交流回路并停止对外放电。

② 放电异常结束。当车辆控制装置检测到 S3 开关断开、CC 阻值异常、交流电输出异常或由于车辆自身故障时，对外放电停止，放电车辆记录响应故障。

此外，放电插头设计时应遵循 GB/T 18487.1《电动汽车传导充电系统 第 1 部分：通用要求》及 GB/T 20234.2《电动汽车传导充电用连接装置 第 2 部分：交流充电接口》等相关规定，电缆及插座设计应遵循 GB/T 3956《电缆的导体》、GB/T 1002《家用和类似用途单相插头插座 型式、基本参数和尺寸》、GB/T 2099.1《家用和类似用途插头插座 第 1 部分：通用要求》等相关规定，以上标准对控制引导电路及对外放电的流程设计提供了相应的参考。

第 5 章 动力蓄电池系统的安全设计与开发

5.1 概述

当前,全球多个国家逐步推广并普及电动汽车,动力蓄电池(简称电池系统或电池包)作为电动汽车的核心部件,其技术也推动着电动汽车的发展。目前,世界上已开发出的各类电池中,锂离子电池以其高能量密度、高电压、无记忆性、对环境无污染等卓越性能得到了广泛的应用。但锂离子动力蓄电池的比能量较高,因此也存在着较大的安全隐患,有关锂离子电池引发的电动汽车火灾安全事故屡见报道,使得锂离子电池的安全性成为人们所关注的焦点。

本章着重阐述动力蓄电池系统的安全性,分别从电芯、模组及动力蓄电池系统三个层次介绍。电芯层级分别从电芯主材的选取、电芯设计、电芯工艺管控、电芯安全验证及规范电芯安全使用边界等保证电芯的安全可靠性。模组层级分别从模组安全设计、模组材质选取、模组机械安全设计、模组电气安全设计、模组安全验证及模组主动热防护等保证模组的安全可靠性。动力蓄电池系统主要从成组方式、安装、BMS预警、机械安全设计、热防护、电气安全设计、试验验证及运输存储等保证动力蓄电池系统的安全可靠性。本章系统介绍了动力蓄电池系统在设计、防护、验证及使用等方面的安全可靠性。

5.2 动力蓄电池系统简介

动力蓄电池系统的安全主要通过动力蓄电池、动力蓄电池系统及动力蓄电池相关技术进行保障。本节主要从上述三方面对动力蓄电池系统进行简单介绍。

5.2.1 动力蓄电池分类及特点

目前主流的动力蓄电池为锂离子电池,根据目前整车的应用场景可以分为能量型和功率型动力电池。能量型动力蓄电池是以存储更多的能量为侧重点,主要考量的是能量密度(W·h/kg 或 W·h/L)。根据工信部《锂离子电池行业规范条件(2021年本)》要求,三元锂电池的电芯能量密度应大于210W·h/kg,磷酸铁锂的电芯能量密度应大于160W·h/kg。功率型动力蓄电池的主要特性是支持大倍率的充放电,可以为车辆提供瞬间大电流供电,主要考量的是比功率(W/kg 或 W/L)。根据《锂离子电池行业规范条件(2021年本)》要求,功率型单体电池功率密度应大于 500 W/kg。功率型动力蓄电池的特点是放电倍率可以达到 10C,可以在短时间内输出大功率,保障整车动力性、制动能量回收方面的性能。从成本角度对两者进行分析,功率型动力蓄电池因要求内阻低,且电池单体需要价格昂贵、生产工艺复杂的电池隔膜,在制造成本上较能量型动力蓄电池高。

目前能量型动力蓄电池主要应用在纯电动乘用车(BEV)中,如比亚迪的能量型刀片电池应用在汉系列纯电动汽车上,宁德时代的方壳能量型电池主要应用在吉利、长城、长安等纯电动汽车中。目前功率型电池主要应用在插电式混合动力乘用车(PHEV)以及油电混合乘用车(HEV)中,如比亚迪的唐 DM-i、丰田 RAV4 Prime 以及威兰达 PHEV 等车型。

5.2.2 动力蓄电池系统的组成与作用

一般情况下,动力蓄电池系统主要包含动力蓄电池模组、热管理系统(冷板或加热板等)、电池管理系统(BMS:单体监测单元、主控单元、高压控制单元等)、结构件(箱体、安装件、导电金属件等)、电气连接(插接器和接插端子)五大部分。

1. 动力蓄电池模组

动力蓄电池模组作为纯电动汽车唯一的能量载体,是纯电动汽车的核心部件,而电芯又是整个动力蓄电池模组的核心,是纯电动汽车的能量储存单元,承担着整个车辆电能的吸收、存储和释放作用,直接影响着整车续驶里程、动力性、使用寿命等关键指标。电池模组是由电芯通过复杂的串、并联电连接工艺和机械连接工艺构成的,同时电池模组内部还配备温度和电压采样单元,这些单元确保电池模组在恶劣的环境下能够可靠使用。一般情况下,一个电池包中都包含几个模组,数量不同的模组可组成不同规格的电池包,方便批量生产、模块化制造,如图 5-1 所示。

图 5-1 模组及整包成组方式

随着 CTP(Cell To Pack)技术的兴起,电芯直接成组成整包,成组效率和能量密度显著提高,如比亚迪刀片电池 CTP 成组方式,体积成组效率相对于传统模组成组方式提升 50%,零部件数量减少 40%,如图 5-2 所示。

图 5-2 比亚迪刀片电池 CTP 成组方式

2. 动力蓄电池热管理系统

动力蓄电池热管理系统，简而言之就是通过冷却或加热方式对电池系统进行温度控制，对电池温度进行合理地监控，使动力电池维持一个稳定的工作状态。低温时锂离子电池内部电化学反应受到抑制，电池内阻增大，充放电允许使用功率及容量下降；温度较高时电池活性物质损失、容量衰退加速，影响电池循环寿命。安全性也是制约锂离子电池在高能量/高功率领域应用的关键性因素。当电池在低温条件下充放电时，锂离子电池电化学极化明显加剧，大电流充电会发生负极析锂现象，刺穿隔膜易导致电池内部短路，存在安全隐患；而温度较高时，锂离子电池正极晶格结构稳定性变差，引发冒烟、起火、爆炸从而导致热失控。

因此，需要研发性能良好的动力蓄电池热管理系统，将电池温度控制在合理范围内，改善电池的工作环境，从而提高电池的性能、寿命和安全可靠性。目前动力蓄电池热管理系统主要分为：空气冷却系统、液体冷却系统、直冷式冷却系统和相变材料冷却系统（PCM），见表5-1。

表5-1 不同类型热管理冷却方式

	空气冷却	液体冷却	直冷式冷却	相变材料冷却
优点	结构相对简单、所需空间小、重量轻、成本低、能耗低、无有害气体积压、易于维护	比热容大、热导率高、传热系数大、边界层薄、换热能力强、可集成散/预热、均温性好	体积小、重量轻、冷却效率高、冷却与预热能力强	散热效率较高，能应对更大倍率的快充工况
缺点	对流换热系数小、散热所需时间长、进出口压差大、流场不均匀、温度均匀性差、高倍率冷却效果差	体积大、重量沉、易泄漏、成本高、密封性和绝缘性要求高，辅助部件能耗大，系统复杂	成本较高、结构复杂	体积大、重量沉、易泄漏、成本高、密封性和绝缘性要求高，辅助部件能耗大，系统复杂
应用车型	日产 Leaf	特斯拉 Model S	宝马 i3，比亚迪海豚	—

3. 电池管理系统（BMS）

电池管理系统（Battery Management System，BMS）是动力蓄电池关键技术之一，其在整个动力蓄电池系统中负责对电池模组工作状态的监测反馈，并且通过动力CAN或其他通信网络与整车控制模块进行信息交互，来实现电池充放电控制和调节，是动力蓄电池系统的核心部分。

电池管理系统包括充放电管理、均衡模块、热管理模块、采集单元、通信模块、信息存储模块、故障告警，其组成如图5-3所示。

BMS功能一般分为状态管理和故障诊断两种类型，具体对应功能分布如图5-4所示：

电池荷电状态（SOC）是用于评估电动汽车续驶里程的重要参数，准确估计电池的SOC有利于提高电动汽车续驶里程估算能力，以合理规划行驶路线。电池健康状态（SOH）反映了电池的预期寿命，从而准确估计电池的健康状态，提示用户及时更换电池，防止电池发生故障和出现安全隐患。电池功率状态（SOP）是用于电池充放电功率的管理，例如车辆0—100km/h加速时间和车辆充电时间分别对应放电时的SOP管理和充电时的

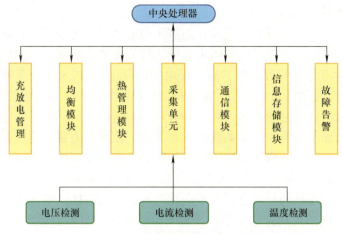

图 5-3 电池管理系统组成示意图

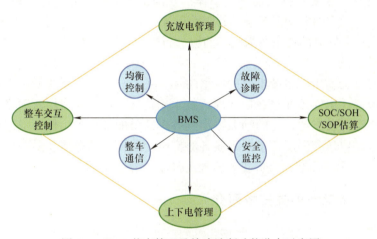

图 5-4 BMS 状态管理及故障诊断功能分布示意图

SOP 管理。0—100km/h 加速时间越短,意味着短时间内放电的功率越大;车辆充电的时间越短,意味着单位时间内的充电功率越大。电池安全保护功能包括当动力蓄电池发生安全故障(单体过压、欠压、电池包电流过流、单体低温、高温、短路和 SOC 超限等)时,对故障进行诊断发出警报并做出相应的紧急处理。安全保护功能的实现,首先是通过对信息的收集,然后由电池管理系统来判断是否要采取相应的安全保护措施。电池均衡管理有利于维护动力电池包中电芯的一致性水平,减少或避免充放电过程中因单体之间不一致性造成的过充电或过放电问题,提高电动汽车的续驶里程及运行安全性,提高电池组的循环寿命,减少电动汽车的运营维护成本。

综上,电池管理系统(BMS)的基本功能是测量、管理、保护和告警。测量功能主要是对电池的电压、电流和温度等参数进行实时监测,同时对电池系统绝缘电阻进行持续测量。管理功能有温度管理、电量管理、均衡管理、充放电管理、上下电管理等。保护功能主要是指控制电池的电流、电压、温度等参数始终在允许的工作范围参数内。故障告警是指 BMS 通过整车总线与整车显示单元、充电机等进行实时通信,将电池的状态和故障进行警示。

4. 动力蓄电池系统结构件

动力蓄电池系统中的内部结构通常是由多个电芯组成的电池模组串联或并联而成。其中，电池模组指的是将电芯通过机械固定与电连接的方式进行成组。除电池模组之外，电池包内还通常包含电池热管理部件、高压配电箱以及电池BMS模块等辅助系统。电池的成组、连接和固定、管理单元的安装、电池的散热结构等，则由电池包的机械构件来完成。电池包的机械结构将各系统和各部件限定和分隔在一定的区域，同时为电池包内部元件提供必要的保护，保证了电池和管理系统的正常工作，使得动力蓄电池成为一个整体，是电池包最重要的部分之一。结构件的作用主要为组装、支承（箱体内部框架结构及各种加强筋，能够抵抗机械冲击和振动）和环境防护（防尘和防水功能）等。

电池包系统设计质量的好坏直接影响电动汽车整车的性能。电池箱体的设计需要考虑多方面因素，如机械结构安全性要求、碰撞安全性要求、电安全性要求、绝缘性能要求、防水防尘密封性要求、散热及加热性要求等。

动力蓄电池包通常要根据电动汽车整体的空间结构与布局来进行合理的布置。同时，电池包的布置还需考虑到电动汽车整车的驱动形式、载荷匹配以及电池包离地间隙等因素。通常，动力蓄电池包安放部位主要为汽车前舱、行李舱、座椅底部和汽车地板下部。

5. 电气连接部分

电气连接是动力蓄电池系统电路的网络主体，主要分为动力系统低压电连接和高压电连接。动力系统高压电连接通过螺栓或焊接技术用连接部件（如多层软铜排、铝排等）将电芯串并联，将动力蓄电池系统的动力输出到各个需要的部件中。低压电连接则如同整车的神经网络，通过电压和温度传感器采集各对应电芯或模组的电压和温度信号，采用柔性电路板（FPC）、线束等传输介质将各类信号实时传输给控制模块。

5.2.3 动力蓄电池相关技术简介

1. 电芯设计

电芯设计包括材料的选取开发和性能表征、动力学和热力学仿真及实验验证、电芯工艺参数设计及表征、安全设计及可靠性验证、寿命预测、电芯关键项测试验证、产线工艺参数设计及验证等技术。

电芯设计是一个需要综合考量的工作，须根据具体设计需求，从安全、寿命、性能、能量密度、工艺成熟度、可靠性、成本等方面综合考虑设计出最优产品。

2. 电池包结构设计

电池包结构设计主要包括电池模组设计及箱体设计，根据整车对电池包的功能、性能、包络尺寸、能量密度、重量、挂接点、防护等要求进行合理设计并通过仿真及实验进行验证。

3. 热管理系统设计

热管理系统设计主要通过对动力蓄电池系统包括电芯、模组、电池系统等不同层次模型的仿真、热测试和验证，优化设计出满足整车功能性能的架构及系统。热管理冷却手段有：空气冷却、液体冷却和直冷等多种形式。

4. 电池包电子电气设计

电子电气设计可以分为电气设计和电子设计两部分。电气设计在整车高压系统总体框架下主要包含高低压线束、插接器、铜巴、汇流排、端子、继电器、熔丝等电气件的设计，主要考虑因素有载流能力、接触阻抗、耐压等级、机械特性、阻燃等级、老化特性、耐腐蚀、绝缘防护、接触防护、密封要求、连接工艺、制造成本等诸多方面。电子设计主要包括电池管理系统设计（包含硬件设计和软件设计），BMS 作为电池包系统的控制核心，需要完成数据采集、计算、上下电控制、能量管理、通信、数据储存、故障诊断分析、告警、保护等多重功能。

5. 动力蓄电池包安全设计

动力蓄电池包安全设计主要包含化学安全、电气安全、机械安全和功能安全。化学安全主要考虑在各种运行工况下的化学稳定性和热稳定性，确保不产生安全风险。电气安全主要包含主动防护和被动防护，主动防护是指各种线缆和插接器的绝缘保护、绝缘状态监控、接触阻抗检测、高低压插接器的闭锁装置及良好的电磁兼容性等；被动防护是指灭火系统设计依据不同级别采取不同灭火警报措施、从电气系统及控制策略制定 24h 监控系统方案等。机械安全主要针对电池包箱体以及内部的结构件，保证在各种机械载荷和外部破坏因素的作用下，电池包的机械特性不会发生重大变化，消除电池包的安全风险。功能安全主要针对电池管理系统，确保 BMS 在任何随机故障、系统故障或共因失效下，都不会导致安全系统故障。

6. 电池包仿真分析及试验验证技术

电池包仿真分析技术主要通过计算机建模和计算，对产品设计进行验证。在产品开发早期，将仿真分析作为主要分析方法，来验证产品设计的合理性，及时发现问题，减少后续设计变更成本和缩短开发周期，在产品开发后期，将仿真分析作为辅助分析手段，可降低对测试的依赖，从而优化测试项目、节约成本。后续通过试验来验证开发产品的性能、安全可靠性等。

5.3 电芯

电芯的安全可靠主要集中在电池原材料选择、电芯可靠性设计以及对电芯规范合理使用等方面。电芯的主要原材料不仅是影响电池安全性能的关键，而且直接影响电芯在循环过程中材料结构改变、内阻增大、金属离子溶解等过程，进而影响电芯寿命。电芯的可靠性设计主要包括电芯绝缘设计、机械可靠性设计、安全可靠性设计、电芯工艺可靠性设计和电芯的生产工艺可靠性管控等。经过前期综合考虑所有安全性所设计出来的电芯，要符合国家的相关法规要求，并通过法规试验测试，保证电芯的安全可靠。

5.3.1 电芯分类

锂离子动力蓄电池可以应用到不同的车型中，因此其类型也同样具有多样性。依据电池正极材料的不同，锂离子动力蓄电池主要分为磷酸铁锂电池、三元电池和锰酸锂电池。依据电池形状的不同，锂离子动力蓄电池主要分为圆柱形、方形和软包电池。依据电池封装材料的不同，锂离子动力蓄电池主要分为铝壳、钢壳和铝塑膜电池。依据电池极芯工艺的不同，锂离子动力蓄电池主要分为卷绕型和叠片型电池（图 5-5）。随着电池技术的发展，新一代电池按照电解质的不同，还可以分为液态锂离子电池和固态（或半固态）锂离子电池两类。

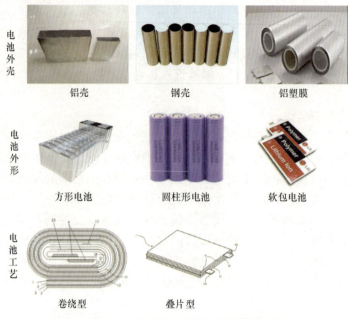

图 5-5 锂离子动力蓄电池的类型

5.3.2 电芯主材

1. 正极材料

目前已经产业化的锂离子电池正极材料根据材料晶体结构的不同,可以分为橄榄石结构、尖晶石结构和层状结构材料三大类,图 5-6 列出了上述三种材料具有代表性的几种化合物晶体结构,各结构的代表材料如下:橄榄石结构的磷酸铁锂材料、尖晶石结构的锰酸锂材料和层状结构的镍钴锰酸锂三元材料。常见锂离子电池正极材料及其性能见表 5-2。

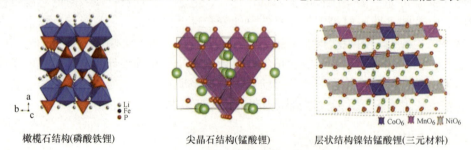

橄榄石结构(磷酸铁锂)　　尖晶石结构(锰酸锂)　　层状结构镍钴锰酸锂(三元材料)

图 5-6 几种有代表性的正极材料晶体结构

表 5-2 常见锂离子电池正极材料及其性能

性能	正极材料		
	磷酸铁锂	镍钴锰酸锂	锰酸锂
化学式	$LiFePO_4$	$Li(Ni_xCo_yMn_z)O_2$	$LiMn_2O_4$
晶体结构	橄榄石	层状	尖晶石
锂离子表观扩散系数	$1.8 \times 10^{-16} \sim 2.2 \times 10^{-14}$	$10^{-11} \sim 10^{-10}$	$10^{-14} \sim 10^{-12}$
理论密度 / (g/cm³)	3.6	4.2	4.2

(续)

性能	正极材料		
	磷酸铁锂	镍钴锰酸锂	锰酸锂
振实密度 /(g/cm^3)	0.8~1.2	2.6~2.8	2.2~2.4
理论克容量 /($mA \cdot h/g$)	170	273~285	148
实际克容量 /($mA \cdot h/g$)	140~145	155~220	130~180
电芯能量密度 /($W \cdot h/kg$)	160~180	180~260	130~180
平均电压 /V	3.2	3.65	3.8
循环次数	2000~6000	1000~2000	500~2000
安全性	优	差	良
适用温度 /℃	-20~75	-20~55	≤50
环保性	无毒	镍、钴有毒	无毒

磷酸铁锂正极材料化学式为 $LiFePO_4$，是在商业领域应用广泛的锂离子电池正极材料之一。磷酸铁锂晶体结构为橄榄石结构，Li^+ 和 Fe^{2+} 占据八面体，轻微扭曲六方紧密堆积的氧序列形成四面体，P 位于四面体位。充放电过程中，锂离子沿 b 轴方向进行一维传递。从结构看 PO_4 四面体位于 FeO_6 层之间，这在一定程度上阻碍了离子的扩散运动。此外，相邻的 FeO_6 八面体通过共顶点连接，具有相对低的电子电导率。另 FeO_6 和 $LiFePO_4$ 结构极为相似，充放电循环产生的应力对材料的力学性能影响小，因此具有良好的循环性能。

镍钴锰酸锂三元材料化学式为 $Li(Ni_xCo_yMn_z)O_2$，是一种极具发展前景的层状正极材料。三元材料晶体属于六方晶系，是层状结构化合物，锂离子和过渡金属离子交替占据 3a 位和 3b 位，氧离子位于 6c 位置。其中 6c 位置上的 O 为立方密堆积，3b 位置的金属离子和 3a 位置的锂交替占据其八面体孔隙，在 111 晶面上呈层状排列。三元材料随着三种金属元素比例的变化显示出不同的性能，衍生出了多种三元正极材料，如 523、622、811 等。Ni 主导电化学反应，Ni 含量越高，材料可逆比容量越大，但热分解温度降低，放热量增加，也就是说材料热稳定性变差。Co 含量显著影响材料的离子导电性，含量越高，材料离子导电性越好，充放电倍率越好。Mn 不参与电化学反应，在材料中起着稳定结构的作用。

锰酸锂正极材料化学式为 $LiMn_2O_4$，是尖晶石结构化合物，具有立方对称性结构，锂离子处于四面体的 8a 位置，锰离子处于 16c 晶格，氧原子处于八面体的 32e 晶格，其中四面体 8a、48f 和八面体 16c 共面而构成互通的三维锂离子通道，锂离子可以在 Mn_2O_4 骨架提供的三维通道中自由地脱出和嵌入到晶格中去，这在一定程度上有利于离子的扩散。但锂离子脱出后，为维持电中性，锰离子的化合价发生变化，导致配位八面体的形状随之发生变化，即 Jahn-Teller 效应，同时伴有体积变化，导致尖晶石结构变化，表现为材料的容量衰减。另高温导致锰酸锂中的 Mn^{3+} 溶解，两相结构逐渐变为稳定的单相结构，这一变化也会造成电池容量的衰减。以上两点造成锰酸锂材料长期循环稳定性差。

2. 负极材料

根据负极材料与锂反应的机理可以把负极材料分为三大类：插入反应电极、合金反应电极和转换反应电极，其中插入反应电极主要指碳类和 TiO_2 基负极材料；合金反应电极具体为锡基和硅基的合金及其化合物；最后一类转换反应电极主要为通过转换反应而对锂有活性的金属氧化物、硫化物、金属氢化物和金属氮化物等。

目前商品化的锂离子电池负极材料有两类：一类为碳材料，主要以石墨化碳为主，另一类为硅类负极材料。石墨化碳负极材料，其导电性好，结晶度高，具有良好的层状结构，有利于锂离子的嵌入和脱出。石墨化碳主要包括石墨化中间相碳微球、天然石墨和人造石墨。其中，中间相碳微球电化学性能较优，主要原因是颗粒的外表面均为石墨结构的边缘面，反应活性均匀，易于形成稳定的SEI膜，有利于锂离子的嵌入和脱嵌。目前市场上的改性天然石墨，是对天然石墨的球形化，表面氧化（包括氟化），表面碳包覆软碳和硬碳材料以及其他表面修饰等，改性后天然石墨电化学性能有了较大提升。

碳类负极材料结构特点：以ABAB层堆积的六方石墨结构如图5-7所示。石墨晶体为C=C双键组成六方形结构，构成一个平面（石墨片面），这些面相互堆积就成为石墨晶体。

充放电机理：锂的插入电位在0.25V以下（相对于Li^+/Li），形成阶化合物，最大可逆比容量为372mA·h/g，即对应于一阶化合物LiC_6，量产实际石墨比容量为350mA·h/g。该插入反应一般是从菱形位置（即端面，亦有人称Z字面和扶椅面），因为锂是无法从完整的石墨烯平面穿过的。但是如

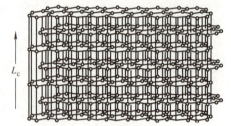

图5-7 石墨结构

果平面存在缺陷结构诸如微孔等，亦可经平面进行插入。随着插入量的变化，形成不同的阶化合物，例如平均四层石墨稀面有一层中插有锂，则称之为四阶化合物，有三层中插有一层称为三阶化合物，以此类推，最高程度可达一阶化合物。

硅类负极材料结构如图5-8所示。晶态硅为金刚石型立方晶体结构，晶面间距为5.43Å。熔点为1420℃，质硬而脆。在常温下不溶于酸，易溶于碱，具有半导体性质。硅在地壳中资源极为丰富，仅次于氧。

充放电机理在第一次嵌锂过程中锂嵌入到硅中形成无定形Li-Si合金相，与硅两相区域共存，随着嵌锂过程的进行，晶态的硅相消失，全部变为无定形a-Li_xSi相，发生完全嵌锂时形成

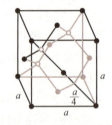

图5-8 硅类负极结构

了晶态$Li_{15±w}Si_4$的可变化学计量比单相区域。在第一次脱锂过程中，随着锂离子的脱出，晶态$Li_{15±w}Si_4$相逐渐转变为无定形a-Li_xSi相和晶态的$Li_{15}Si_4$相，出现两相共存，最终转变为完全的无定形a-Li_xSi相。在第二次嵌锂过程中，随着嵌锂过程的进行，由单一无定形a-Li_xSi相转变为晶态$Li_{15±w}Si_4$的可变化学计量比单相区域。

此外还有一种具有尖晶石结构的钛酸锂负极材料，其理论比容量为175mA·h/g，实际能量密度一般可以达到160mA·h/g，嵌锂电位是1.5V，虽然工作电压较高，但是由于优异的循环和倍率性能，相对于碳材料而言具有安全性方面的优势。但钛酸锂在应用中也面临一个问题，即实际使用时嵌锂态$Li_7Ti_5O_{12}$与电解液发生化学反应会导致胀气。

下一代高容量负极材料包括Si负极，然而合金类负极面临的主要问题是充放电过程中体积变化大，为解决体积膨胀引起的材料粉化问题，常采用合金与碳的复合材料，但合金负极材料在实际电池中的容量发挥受到限制。

3. 隔膜材料

隔膜在电池中起到分隔正负极的作用：一方面防止正负极接触发生短路；另一方面，隔膜还具备让电解质离子通过的作用。隔膜采用不导电材质，其物理化学性能对电池性能产生

较大的影响。锂电池系列的电解液一般为有机溶剂体系，所以采用的隔膜材料需要具备耐有机溶剂的性质。在通常情况下，有着高强度和薄膜化特点的聚烯烃多孔材料成为主要选择。

根据隔膜材质的不同，可以分为 PE、PP 隔膜。根据隔膜加工工艺的不同，隔膜可以分为干法单拉、干法双拉、湿法双拉三种类型。干法工艺是最常用的方法，利用挤压、吹膜的方法，将熔融的聚烯烃树脂制成片状结晶薄膜，并通过单向拉伸或者双向拉伸在高温下形成狭缝状多孔结构。单向拉伸工艺制备的微孔结构扁长且相互贯通，导通性好；生产过程不使用溶剂，工艺对环境友好；薄膜的纵向强度优于横向，横向基本没有热收缩；代表公司主要有美国 Celgard、日本 UBE 及国内的星源材质、沧州明珠等。

干法双向拉伸是中科院化学研究所开发的具有自主知识产权的工艺，通过在 PP 中加入具有成核作用的 β 晶型改进剂，利用 PP 不同相态间密度的差异，在拉伸过程中发生晶型转变形成微孔。双向拉伸的隔膜纵向和横向都具有一定的强度，微孔尺寸及分布均匀。国内代表公司主要有新乡格瑞恩、新时科技等。

湿法工艺在工业上又称为相分离法或热致相分离法。其制备原理是加热熔融在常温下互不相容的低分子量物质（液态烃和石蜡等）和高分子量物质（聚烯烃树脂）的混合物，使其形成均匀的液相，并通过降温相分离压制得到微孔隔膜材料。湿法隔膜比干法隔膜的三维结构更加复杂，微孔迂曲度更高，双向拉伸在横向和纵向上的热收缩率和拉伸强度基本相同，各向同性；但湿法因生产过程中使用溶剂，与干法相比在环保方面相对欠缺优势，且热稳定性差，工艺流程也相对复杂。湿法工艺的代表公司主要有日本旭化成、东燃、三井化学、韩国 SK、美国 Entek 及国内的金辉高科、天津东皋等。

4. 电解质材料

电池中的电解质是离子导体，同时是电子绝缘体。锂电池使用的商业化电解质为液态电解质，其主要由锂盐、溶剂和添加剂组成。

目前用于锂离子电池的有机溶剂主要分为碳酸酯类、醚类和羧酸酯类。碳酸酯类主要包括环状碳酸酯和链状碳酸酯两类。环状碳酸酯主要分为碳酸乙烯酯 EC、碳酸丙烯酯 PC 等。环状碳酸酯介电常数高，与石墨负极材料的兼容性好，但其熔点高、黏度大，故一般不单独使用作为溶剂。相反，链状碳酸酯如碳酸二甲酯 DMC、碳酸二乙酯 DEC、碳酸甲乙酯类 EMC 等溶剂具有较低的黏度、较低的介电常数、较低的沸点和闪点，不能在石墨类电极表面形成有效的 SEI 膜，一般也不能单独作为溶剂用于电池中。所以通常做法是使用环状碳酸酯和链状碳酸酯的混合物作为溶剂。

电解质锂盐不仅是电解质中锂离子的提供者，其阴离子也是决定电解质物理和化学性能的主要因素。锂离子电池主要使用的锂盐为六氟磷酸锂（$LiPF_6$），其含有 $LiPF_6$ 的电解液基本能满足锂离子电池对电解液电导率和电化学稳定性等要求，而 $LiPF_6$ 制备工艺复杂、热稳定性差、遇水易分解、价格昂贵。

添加剂按照作用的不同，通常可分为成膜添加剂、阻燃添加剂、导电添加剂、保护添加剂、多功能添加剂等类别。成膜添加剂主要有碳酸亚乙烯酯 VC、丙磺酸内酯 PS 等，其作用为在负极表面形成优良的 SEI（固体电解质界面）膜，允许锂离子自由进出电极而溶剂分子无法穿透，从而阻止溶剂分子共嵌入对电极的破坏，从而提高电池的循环性能。阻燃添加剂一般由高沸点、高闪点和不易燃的磷酸酯类溶剂组成，可提高电池的稳定性，改善电池安全性，但因其黏度大、电化学稳定性差，对电池循环性能有较大的影响，所以一般不采用。保护添加剂如防过充电添加剂一般通过在电解液中添加氧化还原电对，在正常充电时这个氧化还原对不参与任何化学反应，而当电池充满电时，添加剂开始在正极上氧化，然后扩散到负极发生还原反应，从而防止电池过充电。

5.3.3 电芯容量与外观尺寸

1. 电芯容量

根据整车综合工况条件下纯电续驶里程目标、单位里程能耗分析结果，初步设计动力蓄电池系统总能量需求，基于整车选用的电机和电机控制器额定工作电压，则系统总容量为：

$$系统总容量 = \frac{总能量}{系统额定电压} \tag{5-1}$$

$$系统可用容量 = \frac{总能量 \times 可用SOC}{系统额定电压} \tag{5-2}$$

可用 SOC 范围的选择依据：①动力蓄电池系统在其应用 SOC 范围内必须满足整车峰值放电功率和峰值回馈功率要求。由于动力蓄电池系统的充放电功率能力主要受选用的电芯功率能力限制，其中低温低 SOC 条件下，放电功率受到限制；低温高 SOC 条件下，充电/回馈功率受到限制。因此，需要结合整车动力系统峰值充电/放电功率需求，定义 SOC 可用范围。②根据整车设计的纯电续驶里程目标，通过分析整车能耗情况确定对应的可用能量需求，计算动力蓄电池系统可用能量与整车能量需求差距，并调整 SOC 使用范围要求。③为了更好地保护动力蓄电池系统并延长使用寿命，使动力蓄电池在合适的 SOC 区间运行。④电池均存在一定程度的自放电，考虑到电池包的存放周期可能达到 3 个月以上的情况，为避免因自放电而导致电芯过放电，通常动力蓄电池系统的 SOC 下限应不低于 5%。

综上所述，动力蓄电池系统 SOC 使用区间的选择应该综合权衡以上各个因素，确定 SOC 使用区间的最佳方案。通常，BEV 动力蓄电池系统 SOC 可用窗口为 5%~95%；PHEV 产品 SOC 窗口为 20%~95%；HEV 产品 SOC 窗口为 30%~70%。

电芯容量基于系统串并联数：

$$电芯容量 = \left(\frac{系统可用容量}{电池并联数}\right) \div 系数A \div 系数B \div 系数C \tag{5-3}$$

由于电芯容量与动力蓄电池系统容量存在一定差别，需除以电芯到 PACK（CTP）经验系数，系数 A 与一致性相关（经验值 0.97~0.98），系数 B 与动力蓄电池劣化相关（经验值 0.98~0.99），系数 C 与放电工况相关（经验值 0.95~0.98）。

另根据 GB/T 31486—2015《电动汽车用动力蓄电池电性能要求及试验方法》中的 5.1.4，电芯容量不低于额定容量，并且不超过额定容量的 110%，同时所有测试对象初始容量极差不大于初始容量平均值的 5%。

例如：某设计续驶里程为 400km 的车型能耗 12.3kW·h/100km，可用 SOC 为 100%，系统电量需求 51.8kW·h，系统额定电压 384V，则系统可用容量 = 51.8kW·h/100%/384V×1000=135A·h，电池并联数为 1，系数 A 取 0.98，系数 B 取 0.99，系数 C 取 0.98，则电芯容量 =（135A·h/1）/0.98/0.99/0.98=142A·h。

2. 电芯尺寸、质量和外观

根据动力蓄电池系统额定电压和不同材料体系电芯额定电压（磷酸铁锂电池为 3.20V，三元锂电池为 3.65V），计算系统的单体电池串联数量 n：

$$n = \frac{\text{动力蓄电池系统额定电压}}{\text{电芯额定电压}} \quad (5\text{-}4)$$

选择合适尺寸的电芯在电池箱体中进行布置，可以合理地利用电池箱内部有限的安装布置空间，最大限度提高电池箱的体积利用率。同时，为了兼顾不同车型的布置需求，电芯的尺寸设计需要考虑通用性和标准化。综上，结合电芯数量、电池容量和空间布置确定最优电池尺寸，VDA 动力蓄电池标准尺寸、市场主流电池供应商电池尺寸见表 5-3。

表 5-3 VDA 动力蓄电池标准尺寸

用途	宽度 /mm	高度 /mm
HEV	120	85～89
PHEV/REV	173	85～95
PHEV/REV	148	91～101
EV	173	115～125

参考 GB/T 34013—2017《电动汽车用动力蓄电池产品规格尺寸》中的 4.1 尺寸公差要求"按照 GB/T 1804—2000《一般公差 未注公差的线性和角度尺寸的公差》中关于线性尺寸的极限偏差的规定，选取精密 m 公差等级"及 4.2 尺寸范围要求（见表 5-4）确定电芯尺寸范围。

表 5-4 电芯尺寸公差要求

产品尺寸 /mm	尺寸范围 /mm
＜10	±0.5
≥10，＜100	±2.0
≥100，＜500	±5.0
≥500	±10.0

基于 GB/T 31486—2015 标准要求，电芯重量应符合供应商提供的产品技术条件。外观不得有变形及裂纹，表面干燥、无毛刺、无外伤、无污物，且宜有清晰、正确的标志。端子极性标识应正确、清晰。

5.3.4 电芯设计安全

电芯设计安全主要是为了提高锂离子电池的安全性，抑制热失控的发生。在发生热失控的过程中，从低温到高温排序，锂离子动力电池将依次经历：高温容量衰减；SEI 膜分解；负极-电解液反应；隔膜熔化过程；正极分解反应；电解质溶液分解反应；负极与黏结剂反应；电解液燃烧等过程。图 5-9 总结了电池中不同组分材料在不同温度下发生的反应及相对放热量。

热失控反应机理为：电池内、外部触发如高温容量急剧衰减、内部短路、外部短路或机械冲击等。当温度进一步升高，锂离子电池内部化学反应将开始产热。先发生的放热反应是 SEI 膜的分解，一般认为该反应发生在 80～120℃。在电池温度接近 90℃时，SEI 膜

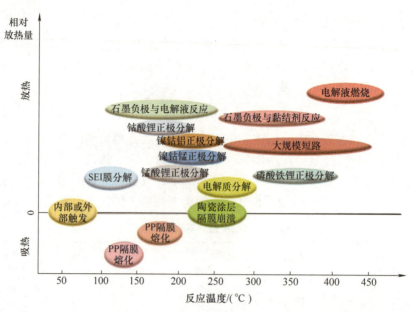

图 5-9 锂离子动力蓄电池组分材料的热失控反应机理

分解反应放热明显，能够被量热仪器检测到。由于负极表面的 SEI 膜发生分解，负极活性物质失去保护，负极内部嵌入的锂金属将与电解液发生反应。负极与电解液的反应会重新生成一些稀疏的 SEI 膜。负极与电解液的反应继续进行，使得锂离子电池温度继续升高。当温度达到隔膜的熔点时，隔膜将会发生熔化并出现热收缩，产生闭孔效应。隔膜熔化是一个吸热过程，所以电池的温升速率将会变慢，甚至暂时为负。常见的隔膜基质材料有 PE（聚乙烯）和 PP（聚丙烯）两种。PE 隔膜的熔化大约在 120℃时发生，而 PP 隔膜的熔化大约在 160℃时发生。当温度进一步升高，隔膜也会收缩。隔膜收缩可能会造成局部正负极接触并发生短路，短路将放出大量的热，导致了隔膜的解体。隔膜解体之后电池内短路发生，放出大量的热量，使得电池温度迅速从 120℃提高至 300℃甚至更高，此时各种化学反应在一起同时发生，电池迅速达到热失控状态。

为了说明锂离子电池热失控的过程，本节将按照各组分的反应温度从低到高，依次介绍正极分解反应、电解液分解反应和黏结剂反应。目前常见的正极材料有 $LiMn_2O_4$（LMO 锰酸锂）、$LiFePO_4$（LFP 磷酸铁锂）和 $LiNi_xCo_yMn_zO_2$（NCM 三元锂）。依据不同正极材料的热失控反应特性，正极材料的安全性程度从低到高依次为：三元锂（NCA < NCM）< 锰酸锂 < 磷酸铁锂，其中 NCA 代表 $Li(Ni_xCo_yAl_z)O_2$ 的正极材料。锰酸锂分解过程中 Mn 的化合价降低，正极材料释放出氧气。相比之下，磷酸铁锂被认为是相对安全的正极材料。在正极反应发生时由于其 $(PO_4)^{3-}$ 当中具有高能量的 P＝O 键使得氧气不会轻易被释放出来。NCM 三元锂正极分解时，在 Ni、Co、Mn 三种元素当中，Ni 最容易发生变价，一般认为 Ni 从 +4 价还原成为 +2 价会是分解过程的主要反应。随着正极材料的分解进行，伴着温度的升高，电解质溶液也发生分解。电解质溶液是电解质盐溶于电解液溶剂中形成的混合溶液，是电池内部的导电介质。随着电解质盐的分解反应的进行，由于氧化程度的不同以及其他副反应的进行，电解质盐还会进一步生成 HF、CO、C_2H_4 等物质。最后就是黏结剂分解反应，一般主要是含氟黏结剂与锂金属反应，

且反应产热量与 PVDF 黏结剂的含量成近似线性关系。

掌握锂离子动力蓄电池组分材料的热失控反应机理，可更有针对性地通过改进材料的安全设计、结构安全设计、工艺设计及生产制造工艺等方面防止热失控的产生。

材料的安全设计主要有：①改善电极材料的热稳定性，提高电池本身安全性能；②改进锂离子电池电解液，使用安全型的电解液；③通过添加特种添加剂，阻断电池内部化学放热反应。

材料安全设计的具体方法包括：对正极材料进行掺杂和包覆，或金属原子替代的方式来提高正极材料的热稳定性；对负极材料进行包覆，或通过电解液添加剂提高负极 SEI 膜的稳定性；采用新型负极，如合金负极等材料提高负极的安全性能；对于电解液采用阻燃添加剂，将液体电解质换成固体聚合物电解质、电解质盐等方式提高电解液的热安全特性，也可以通过在电解液中增加过充保护添加剂的方式来提高电池的抗过充电能力，但目前商品化的安全性电解液还处于试验阶段，还需进一步研究；采用高安全性隔膜，通过陶瓷包覆等手段，降低隔膜热收缩率、提高隔膜崩溃温度。通过上述手段，从化学设计角度保证锂离子电池的安全。

电芯结构安全设计主要有电芯的密封性、绝缘性、结构强度和耐久寿命等。关于密封性的具体方向包括：①电芯壳体，主要包含拉伸铝壳、拉伸钢壳，焊接钢壳，塑料壳；②壳体与顶盖片的配合设计，对于金属壳体与顶盖片的配合目前主要有顶焊、侧焊、铆接后焊接三种方式；③顶柱与顶盖片的配合设计，极柱和顶盖片的连接方法有很多种，如通过铆接、卡簧固定、直接注塑固定等。

关于绝缘性的具体方向包括：①裸电芯（Jell Roll，JR）与壳体及顶盖片之间的绝缘设计，目前国内 JR 与壳体之间的绝缘主要通过麦拉膜片（Mylar）和支架实现的；②顶盖片与极柱之间的绝缘设计，目前国内顶盖片和极柱之间的绝缘主要通过陶瓷、注塑橡胶件进行实现的；③顶盖片与 JR 之间的绝缘，顶盖片与 JR 之间的绝缘目前采用的有两种方法，一种是在顶盖底部加注塑 PP 胶，防止 JR 与顶盖片之间的短路，另外一种是在顶盖与 JR 之间增加一个固定且绝缘的零件——顶支架；④电芯壳体的绝缘，国内外 EV 电芯壳体的绝缘方法主要有顶盖贴片、底板贴片和蓝膜；⑤影响绝缘性的其他因素主要有金属屑、焊缝高度、爬电距离和电气间隙等。

关于结构强度和耐久寿命的具体设计需要满足各种工况下振动、冲击及耐久验证，同时保证电芯防爆阀能够正常开启。电芯的强度设计应满足如下要求：电芯全生命周期产气压力＜防爆阀开阀压力＜电芯破裂压力。

电池工艺设计的目的是最大程度地避免电池内部极化反应的出现，使活性物质得到充分的利用，因此合理的电池设计关系到电池的电化学性能和安全性能。工艺设计是电池制造的首要环节，它决定了材料的选择、工艺流程、工艺与设备的合理配合等；工艺计算决定了工艺配方的选择和工艺参数的确定，使物料合理分配；结构设计包括电池的形状，内部组成的结构形状和排列顺序，连接特点等。对于电池的生产过程而言，工艺计算、工艺设计、结构设计是相互影响、相互关联的。锂离子动力蓄电池的设计不仅要达到规定的容量，还要保证其安全性能。

随着制造技术的发展，锂离子电芯的生产工艺也从手工向自动化方向发展。组装有卷绕式和叠片式两种，外形有圆柱形、方形和软包电池。无论何种结构的锂离子电芯，其制造过程都会直接或间接影响安全和电化学性能，尤其需要严格控制环境温、湿度。电芯的生产工艺控制能力也决定了电芯的可靠性，每一个环节都跟电芯的电化学性能和安全可靠性相关。关键控制点如原材料杂质控制、正负极涂覆面密度的控制、水分控制、粉尘和颗粒控制、极片毛刺控制和极片错位等，若不能满足设计和工艺要求，就可能导致电芯出现安全风险。

1. 正负极浆料的配置

活性物质、导电剂、黏结剂等按一定比例均匀混合在一起，在溶剂中充分地分散，达到将活性物质、导电剂、黏结剂等充分混合，均匀分散的目的。这样才能使各个部分的作用得到充分发挥，使锂离子电芯性能更加稳定。在制备过程中要格外注意水分的影响，因此要对原材料和设备进行干燥处理，并控制室内环境湿度。

2. 极片的浆料涂布

无论电芯正极还是负极都会涉及活性物质的涂布，浆料涂覆的均匀性直接影响电芯的性能，要充分考虑涂布活性物质浆料的厚度、涂布速度和均匀度等。

3. 浆料分散均匀性控制

浆料应充分分散，否则会影响到浆料在极片表面的均匀性，导致电芯在放电过程中出现金属锂的析出、内部电阻改变和体积变化等。同时还要注意控制涂布的厚度和均匀性，以保证活性物质顺利地嵌入和脱出，否则充电过程中会在负极表面产生金属锂沉积。

4. 压片与切片

干燥后压实极片可以使活性物质、导电剂与集流体之间充分接触，有利于活性物质电化学的充分发挥，减少损耗，增加比容量。另一方面，辊压后的极片表面光洁度增大、强度提高，有利于后续加工，辊压的厚度要符合设计要求，厚度太大影响装壳。在压片时要防止极片的变形和掉粉，压实密度不能过大，要保留一定孔隙。极片压实密度过大，可以提高电子导电性，但也会导致离子扩散系数增大。压片后按照规定的尺寸分切，分切过程中避免毛刺的产生，分切后的极片若出现毛刺，将会刺破隔膜，使正负极接触短路。

5. 电芯装配

锂离子电芯的组装要求无尘、干燥的环境，正极活性物质与导电剂、黏结剂混合，均匀涂覆在铝箔上，烘干、辊压；负极活性物质与导电剂、黏结剂混合，均匀涂覆在铜箔上，烘干、辊压。

在叠片之前要对极片除粉尘，防止粉尘刺穿隔膜造成短路；负极极片外形尺寸大于正极极片，以保证充电过程中锂离子均可以嵌入负极材料中，而不会造成材料浪费，防止正、负极接触造成短路。方形锂离子电芯的外壳采用激光焊接，焊接质量会直接影响到锂离子电芯是否会出现短路，是否满足抗冲击、振动等力学性能测试要求。对于电解液的注液量要控制在合理的范围内，电解液过多容易引起安全问题，电解液过少会使电池内阻增大，降低电解液的内部传热等。

生产工艺关键点管控主要包括吸附在隔膜表面的导电粉尘管控、原材料杂质管控、正负极错位管控、极片毛刺管控、负极析锂管控等。

综上，只有综合考虑电芯材料安全设计、结构安全设计、工艺设计及工艺制造管控等才能保证电芯的安全可靠性。

5.3.5 电芯的寿命与可靠性要求

电芯寿命主要包括日历寿命（Calendar Life）和循环寿命（Cycle Life）。随着循环次数和存放时间的增加，电芯随之老化。电芯老化可以通过电芯容量和内阻的变化来表征，一般能量型电池性能衰减用容量的衰减来表征，功率型电池性能衰减用电阻的变化来表征。锂离子电芯是复杂的电池系统，每一种锂离子电芯具有各自的化学组成，电池组分（活性材料、导电剂、电解质、添加剂等）、电芯设计（电芯厚度、孔隙率、压实密度、涂覆面密度、N/P、装配比等）以及电芯的使用策略（温度使用区间、SOC使用区间、充放电电流倍率等）都影响电芯的使用寿命。电池的衰减过程更为复杂，容量降低及能量衰减通常不是由一个单纯因素引起的，而是许多因素相互作用的结果。目前，导致锂离子电芯容量衰减、影响电芯寿命的因素主要有电芯内部活性锂损失、材料结构改变、电芯内阻增大以及金属离子溶解等。

锂离子电芯老化机理汇总如图5-10所示。

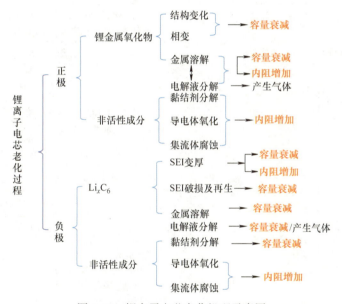

图5-10　锂离子电芯老化机理示意图

电芯的可靠性要求主要包括电芯的可靠性设计、电芯工艺可靠性设计以及电芯的生产工艺可靠性管控等。其中电芯的可靠性设计包括电芯绝缘设计、机械可靠性设计和安全可靠性设计等；电芯工艺可靠性设计主要包括指正负极浆料配置控制、涂布质量控制和干燥、压片与切片等；电芯的生产工艺可靠性管控包括毛刺管控、粉尘管控和金属异物管控等。

5.3.6 电芯的要求与试验

电芯相关国家标准详见表5-5。

表 5-5 电芯相关国家标准

标准编号	章节	具体要求
GB/T 31484—2015《电动汽车用动力蓄电池循环寿命要求及试验方法》	5.1.1 单体蓄电池[①]室温放电容量	蓄电池单体（电芯）其放电容量不低于额定容量，同时不超过额定容量的110%，同时所有测试样品的初始容量极差不大于初始容量平均值的5%
	5.2 标准循环寿命	循环次数达到500次时放电容量应不低于初始容量的90%，或者循环次数达到1000次时放电容量应不低于初始容量的80%
GB/T 38031—2020《电动汽车用动力蓄电池安全要求》	5.1.1 单体蓄电池-过放电	应不起火，不爆炸
	5.1.2 单体蓄电池-过充电	应不起火，不爆炸
	5.1.3 单体蓄电池-外部短路	应不起火，不爆炸
	5.1.4 单体蓄电池-加热	应不起火，不爆炸
	5.1.5 单体蓄电池-温度循环	应不起火，不爆炸
	5.1.6 单体蓄电池-挤压	应不起火，不爆炸
GB/T 31486—2015《电动汽车用动力蓄电池电性能要求及试验方法》	5.1.1 单体蓄电池-外观	外观不得有变形及裂纹，表面无毛刺、干燥、无外伤、无污物等，且宜有清晰、正确的标志
	5.1.2 单体蓄电池-极性	端子极性标识应正确、清晰
	5.1.3 单体蓄电池-外形尺寸及质量	蓄电池外形尺寸、质量应符合企业产品技术要求
GB/T 34013—2017《电动汽车用动力蓄电池产品规格尺寸》	4.1 尺寸公差要求	按照GB/T 1804—2000中关于线性尺寸的极限偏差的规定，选取精密m公差等级
	4.2 尺寸范围要求	产品尺寸 < 10mm，尺寸范围 ±0.5mm
		10 ≤产品尺寸 < 100mm，尺寸范围 ±2.0mm
		100 ≤产品尺寸 < 500mm，尺寸范围 ±5.0mm
		产品尺寸 ≥ 500mm，尺寸范围 ±10.0mm
	5.2 方形电池规格尺寸	磷酸铁锂电池 方形电池厚度 N1 13.5mm 方形电池宽度 N2 75/109mm 方形电池高度 N3 836/960mm
		三元锂电池 方形电池厚度 N1 13.5mm 方形电池宽度 N2 70/83.5mm 方形电池高度 N3 836/960mm
QC/T 840—2010《电动汽车用动力蓄电池产品规格尺寸》	3 蓄电池型号	蓄电池型号应符合GB/T 7169—2011的规定
	4.2 锂离子动力蓄电池-尺寸负公差	外形尺寸 ≤ 60mm，负公差 −2mm
		外形尺寸 > 60mm，≤ 120mm，负公差 −3mm
		外形尺寸 > 120mm，负公差 −4mm
	5 端子形式	动力蓄电池的端子位置与连接方式可与整车企业协商确定

① 单体蓄电池即为电芯。

5.3.7 电芯的使用安全

电芯在使用中应注意以下安全事项：

1）电芯不得接近明火或高温热源，温度过高将导致电芯副反应发生从而引起电芯热失控。

2）若发现电芯外壳破裂、漏液时，必须更换电芯。

3）电芯应在规定的温度范围内进行充放电，过低温度充电将导致电芯内部析锂，造成电芯容量衰减，严重情况下会发生内部短路。过高温度使用将造成电芯内部副反应的发生，从而引起电芯热失控。

4）电芯应在规定的电流范围内进行充放电，过大的充电电流将导致负极析锂，同时产生较大的热量，从而导致电芯热失控。

5）电芯应在规定的电压范围内进行充放电，避免电芯过充和过放，过充将导致电芯负极析锂，过放将导致析铜。

6）使用前应确认电池极性，禁止将电池极性接反进行使用。

7）使用过程应避免挤压、跌落、磕碰、刺穿等导致电芯变形的外力作用，避免电芯内部短路。

8）使用过程应避免电芯与金属物质接触而造成外部短路。

9）组合使用时需采用同一品牌、型号、规格的电芯。

10）组合使用时必须使用保护电路板对电芯进行保护。

11）电芯组合使用前应对电芯一致性进行筛选。

12）电芯组合使用时，采用的材料应符合UL等标准要求，且有良好的阻燃和绝缘性能。

13）电芯组合使用时焊接应焊牢，防止焊点虚焊、脱焊。

5.4 模组

电池模组作为电芯和动力蓄电池包的中间结构形态，其安全可靠性设计，主要包括模组材质选取、机械安全设计、电气安全防护以及热安全设计等。最终依照动力蓄电池相关法规及试验规范进一步验证，保证动力电池模组的安全可靠。

5.4.1 模组的构成

市场上通常按照电芯种类，将模组分为圆柱电芯模组、方形电芯模组和软包电芯模组，但本质上模组都是把电芯通过串、并联的方式，经过模组结构件绝缘隔离并固定，集成电压及温度检测功能单元、电池热管理单元等形成组合体，如图5-11所示。

下面对模组的主要构成进行说明。

1. 电芯

电芯通常在模组设计前定型，可认为是标准化的单元结构。在确定型号和成组方式后，通过其他结构的设计，保证其在全生命周期内的使用安全。

2. 电连接

电连接结构大多通过焊接的方式，将电芯之间的正负极连接在一起传输电能，材质一般是铜、铝或镍，其形状一般有片状、丝状和排状等。设计时主要考虑其连接的可靠性和过流能力，过流不足的情况下可能导致热安全问题。

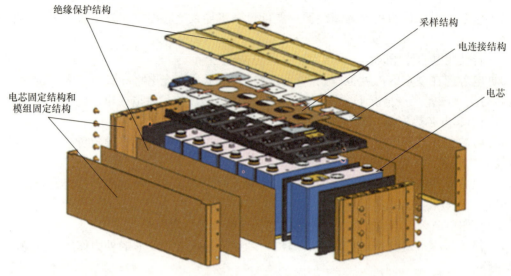

图 5-11　模组组成

3. 绝缘保护结构

为了保证模组的电气安全，对于带电部件需要有绝缘保护结构，例如电芯的绝缘包膜纸、电连接部位的绝缘保护盖等。

4. 电芯固定结构和模组固定结构

电芯一般通过固定框架或者工装对电芯定位后，采用螺栓、焊接、粘接或者捆扎的方式将其固定在框架内。而模组则一般在固定框架上开孔通过螺栓固定在箱体上。现在市场上也有直接把电芯粘接在箱体上的设计。对于电芯和模组的固定结构，最主要考虑的是其结构强度，另外如果是非金属部件需要有一定的阻燃性能，金属部件则需要具备耐腐蚀性。

5. 采样结构

模组内的采样结构至少包括采样线束，有些还有采集器，也有将两者集成在一起的设计。采样的信息一般为电芯电压和温度，用来实时监控电芯的状态，根据这些信息进行充放电控制和热管理。另外采样结构通常还有均衡功能，保证电池包内电芯容量均衡。采样结构对于模组的热安全、电气安全和寿命都起到了重要的作用。

6. 热管理结构

热管理结构一般指与电芯进行热交换的换热器及辅助导热部件，如导热胶、冷却介质和压紧结构等。热交换器的形式包括换热管道（蛇形管、口琴管、吹胀板等）、热管、导热板等，热管理部件除了集成在模组内，还有很多厂家设计的热管理结构作为整体存在电池包内。随着电芯能量密度越来越高，使用环境越来越苛刻，热管理对于保证系统安全起着举足轻重的作用。

5.4.2　模组的材料安全

受热安全影响，模组级别的材料安全主要体现在隔热阻燃，防止滥用或者外部等因素造成局部热事件蔓延导致热失控。另外，出于环保和法规要求，需要限制有害物质的使用，也要避免使用对人体有害的材料。除此之外，对于金属材料需要考虑腐蚀防护的问题。

1. 隔热阻燃

锂离子电池从发生短路到起火的时间非常短，而且火焰最高温度可达800℃以上，严重时甚至会出现火焰喷射，加快火势蔓延速度，所以模组需尽量采用具有耐高温绝热性能的材料，增强隔热阻燃性能，提高电动汽车被动安全性。一般模组内的结构件，如固定结构件、结构胶、绝缘保护盖和采样线束等需要达到UL94-V0等级。

2. 法规要求

模组的材料安全需要满足法律法规的要求，材料需要符合R0HS、REACH等要求，不能含有石棉等对人有害的物质。出口欧洲车辆，必须满足1907/2006/EC中附件Ⅶ限用物质 [其最新版本（包括所有的修改单）适用于本文件] 的要求。有害物质的使用需要满足"2000/53/EC on end-of life vehicles"的规定：除豁免清单外，所有材料中Pb（铅）、Hg（汞）、Cr（Ⅵ）（六价铬）的含量不得高于0.1%，Cd（镉）的含量不得高于0.01%；对于在中国大陆销售的车辆需要满足GB/T 30512—2014《汽车禁用物质要求》[其最新版本（包括所有的修改单）适用于本文件] 的要求。

现用阻燃剂中有些品种本身有毒，或燃烧时产生有毒物质，部分阻燃剂具有生物累积性和致癌性。因此，此类阻燃剂的限量也应成为安全性能的指标之一。

3. 腐蚀防护

对于模组内的金属材料，需要考虑腐蚀带来的风险，比如连接片腐蚀会带来热安全问题，固定结构腐蚀会带来机械安全问题，电芯腐蚀一般发生在防爆阀处。防爆阀腐蚀会导致电芯漏液，因此务必要做好腐蚀防护。

汇流排一般选择铜或铝，表面还可施加镍、锡或银等镀层，目的在于提高其表面抗氧化性、改善焊接性能，并提高防腐能力。固定结构主要关注紧固件的问题，防腐一般通过一定的方法在工件表面形成涂层或者防腐层、以阻碍外界对紧固件本身的影响，达到耐腐蚀的效果。为解决电芯壳体负极容易发生腐蚀的问题，可以把壳体和正极连在一起，使壳体带正电从而防止壳体腐蚀。另外采用液冷方案时需要提前做好成分分析，保证冷却液不会腐蚀模组换热器。

5.4.3 模组的机械安全

电池模组级的机械安全主要体现在结构强度上，可以分为电芯自身固定和模组对外固定两个部分。

电芯自身的固定和连接，使之成为一个整体，并且具备足够的强度和刚度。对于圆柱形电池一般使用带圆柱形凹槽的电芯固定架包裹固定电芯，为防止电芯转动，一般使用胶水粘接电芯；方形电池大多使用金属框架固定电芯，并且金属框架之间连接使用焊接，以增加框架的结构强度；对于软包电芯，由于电芯本身较弱的结构强度，在设计电芯固定时一般会增加一个保护外壳。

电池模组对外的固定结构，需要满足模组在标准工况或者客户要求工况下的耐冲击和耐久性要求，对外固定结构一般在电芯固定框架或者夹板上开孔进行固定，并在固定孔做加厚处理保证强度和刚度。

5.4.4 模组的电气安全

电池模组内的电气安全主要包括绝缘耐压强度和接触防护。

对于材料本身,在生命周期内和全工况条件下,其绝缘电阻应满足至少 500Ω/V 的要求,比如在车辆冷热冲击、湿热循环、冷凝、水密封和绝缘耐压测试后绝缘阻值也应满足要求;耐压则需要满足在 $2U+1000V$ 的情况下,不发生击穿和拉弧等现象,不产生绝缘崩溃或者火花;其次绝缘材料还需要有一定的结构强度,防止磨损或者刺穿。

绝缘耐压性能除了材料本身特性相关外,还与带电部件之间的电气间隙和爬电距离相关。动力蓄电池系统的最小间隙设计应考虑工作和环境条件的影响(例如振动或外力可能会导致电气间隙变化和材料表面污染等)。导电部件之间的最小电气间隙为 2.5mm。电池包两个高压连接端子间的爬电距离 $d \geq 0.25U+5$,式中 d 是被测电池包两个高压连接端子间的爬电距离;U 是电池包两个高压连接端子间的电压差(电池包电压最大值)。

对于接触防护设计,为了保护装配维修等操作人员的安全,电池包内需要满足 IPXXB 的要求;高压连接部分需要使用绝缘盖遮盖,绝缘盖设计也需要满足 IPXXB 的要求。

5.4.5 模组的热安全

模组的热安全性能主要体现在当单个电芯发生热失控时,避免或者延缓热失控事件传播到相邻电芯的能力,模组的热安全设计包括在模组内材料的选择和一些隔离的结构设计等。

首先,一般模组内的结构件,如固定结构件、结构胶、绝缘保护盖和采样线束等,应采用阻燃材料,其阻燃等级应达到 GB/T 2408—2021《塑料 燃烧性能的测定 水平法和垂直法》规定的水平燃烧 HB 级,垂直燃烧 V-0 级,这样即使在热失控的极端环境下,这些零部件至少不会进一步加剧反应。

其次,电芯之间考虑合适的隔热设计,隔绝或延缓相邻电芯的热扩散,现在采用较多的隔热材料包括云母片、气凝胶、陶瓷纤维等。例如,广汽弹匣电池的电芯间采用网状纳米孔隔热材料来隔绝相邻电芯发生热失控;长城大禹电池的电芯间采用双层复合材料,实现既能隔离热源,又耐火焰冲击,有效解决了传统气凝胶不耐冲击的问题。

5.4.6 模组的寿命与可靠性要求

模组的寿命主要受电芯影响,除了长时间高温使用会影响电芯寿命外,电芯膨胀力导致内部压力变大也会引起电芯性能和寿命的衰减。模组应对膨胀压力主要有两种方法:一是进行物理限制,主要通过模组框架的焊接、模组两端板的紧固件,以及使用胶粘;二是预留膨胀间隙,具体设计时,需要把握好间隙和预紧力的相对关系。一般在设计中会同时采用这两种方式。

模组内的可靠性主要以电气连接为主,包括电芯间和对外电连接如温度和电压采样。

电芯间连接的汇流排和对外电连接首先需要满足过流能力的要求,其次其连接必须可靠,现在一般采用锁螺栓或焊接的方式进行连接,如果采用螺栓固定,一般都会有推荐的转矩值,若未按照推荐的转矩值进行拧紧,则会产生较大的接触电阻进而导致温升过大。另外有些采用硬铝排的汇流排需要有一定的变形量来满足电芯在长期循环下的鼓胀,所以硬铝排一般设计有一定弧度的弯曲。

对于温度采样，不同的温度传感器安装方式不同，但是都需要保证完全贴合安装部位及做好保温措施，避免由于热阻较大或向外散热引起的采样偏差。

电压采样装置直接与电芯正负极相连，采集电芯正负极两端的电压，连接位置阻抗过大会影响电压采样的精度，进而影响 SOC 估算、充放电保护阀值等，甚至引起安全事故。因此电压采样的连接方式一般采用阻抗较小且安全可靠的连接方式，如焊接或者再辅助其他连接方式，比如先通过铆接定位，再通过点胶的方式保护焊点。

5.4.7 模组的法规要求与试验

电池模组需要满足 GB/T 31485—2015 中的要求，其主要内容如下。

1. 蓄电池模块充电

室温下，蓄电池模块先以 $1I_1$（A）电流放电至任一单体蓄电池电压达到放电终止电压。搁置 1h（或企业提供的不高于 1h 的搁置时间），然后按照企业提供的充电方法进行充电。

若企业未提供充电方法，则依据以下方法充电：

对于锂离子电池，以 $1I_1$（A）电流恒流充电至企业技术条件中规定的充电终止电压时转恒压充电，至充电电流降至 $0.05I_1$（A）时停止充电，若充电过程中有单体蓄电池电压超过充电终止电压 0.1V 时则停止充电。充电后搁置 1h（或企业提供的不高于 1h 的搁置时间）。

对于金属氢化物镍蓄电池，以 $1I_1$（A）电流恒流充电 1h，然后再以 $0.2I_1$ 充电 1h，充电后静置 1h（或企业提供的不高于 1h 的静置时间）。

2. 过放电

过放电试验按照如下步骤进行：

1）蓄电池模块按照标准充电方法充电。

2）蓄电池模块以 $1I_1$（A）电流放电 90min。

3）观察 1h。

试验要求应不爆炸、不起火、不漏液。

3. 过充电

过充电试验按照如下步骤进行：

1）蓄电池模块按照标准充电方法充电。

2）以 $1I_1$（A）电流恒流充电至任一单体蓄电池电压达到企业技术条件中规定的充电终止电压的 1.5 倍或充电时间达到 1h 后停止充电。

3）观察 1h。

试验要求应不爆炸、不起火。

4. 短路

短路试验按照如下步骤进行：

1）蓄电池模块按照标准充电方法充电。

2）将蓄电池模块经外部短路 10min，外部线路电阻应小于 5mΩ。

3）观察 1h。

试验要求应不爆炸、不起火。

5. 跌落

跌落试验按照如下步骤进行：

1）蓄电池模块按照标准充电方法充电。

2）蓄电池模块正负端子向下从 1.2m 高度处自由跌落到水泥地面上。

3）观察 1h。

对于锂离子蓄电池，试验要求应不爆炸、不起火、不漏液。

对于金属氢化物镍蓄电池，试验要求应不爆炸、不起火。

6. 加热

加热试验按照如下步骤进行：

1）蓄电池模块按照标准充电方法充电。

2）对于锂离子蓄电池，温度箱按照 5℃/min 的速率由室温升至 130±2℃，并保持此温度 30min 后停止加热；对于金属氢化物镍蓄电池，温度箱按照 5℃/min 的速率由室温升至 85±2℃，并保持此温度 2h 后停止加热。

3）观察 1h。

试验要求应不爆炸、不起火。

7. 挤压

挤压试验按照如下步骤进行：

1）蓄电池模块按照标准充电方法充电。

2）按下列条件进行试验：

①挤压板形式：半径 75mm 的半圆柱体，半圆柱体的长度大于被挤压电池的尺寸，但不超过 1m。

②挤压方向：与蓄电池模块在整车布局上最容易受到挤压的方向相同，如果最容易受到挤压的方向不可获得，则垂直于单体蓄电池排列方向施压（图 5-12）。

③挤压速度：(5±1)mm/s。

④挤压程度：蓄电池模块变形量达到 30% 或挤压力（表 5-6）达到蓄电池模块重量的 1000 倍或表 5-6 所列数值中较大值。

⑤保持 10min。

3）观察 1h。

试验要求应不爆炸、不起火。

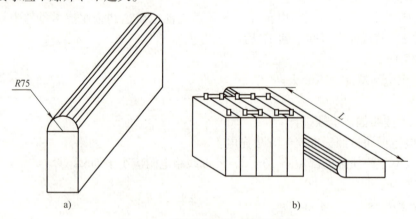

图 5-12 模块挤压板和挤压示意图

表 5-6　挤压力选取表格

挤压面接触单体数 n	挤压力 /kN
1	200
2~5	100×n
>5	500

8. 针刺

针刺试验按照如下步骤进行：

1）蓄电池模块按照标准充电方法充电。

2）用 $\phi 6mm \sim \phi 10mm$ 的耐高温钢针（针尖的圆锥角度为 45°~60°，针的表面光洁、无锈蚀、氧化层及油污），以 25±5mm/s 的速度，从垂直于蓄电池极板的方向，依次贯穿至少三个单体蓄电池（钢针停留在蓄电池中，如图 5-13 所示）。

3）观察 1h。

试验要求应不爆炸、不起火。

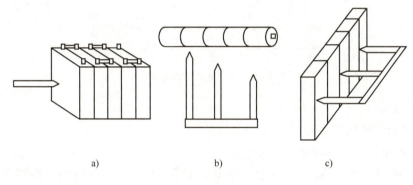

a)　　　　　b)　　　　　c)

图 5-13　针刺示意图

9. 海水浸泡

海水浸泡试验按照如下步骤进行：

1）蓄电池模块按照标准充电方法充电。

2）蓄电池模块浸入 3.5%NaCl 溶液（质量分数，模拟常温下的海水成分）中 2h。

3）水深应完全没过蓄电池模块。

试验要求应不爆炸、不起火。

10. 温度循环

温度循环试验按照如下步骤进行：

1）蓄电池模块按照标准充电方法充电。

2）蓄电池模块放入温度箱中，温度箱温度按照表 5-7、图 5-14 进行调节，循环次数 5 次。

3）观察 1h。

试验要求应不爆炸、不起火、不漏液。

表 5-7　温度循环试验一个循环的温度和时间

温度 /℃	时间增量 /min	累计时间 /min	温度变化率 /(℃/min)
25	0	0	0
-40	60	60	13/12
-40	90	150	0
25	60	210	13/12
85	90	300	2/3
85	110	410	0
25	70	480	6/7

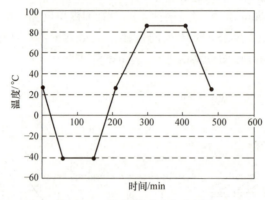

图 5-14　温度循环试验示意图

11. 低气压

低气压试验按照如下步骤进行：

1）蓄电池模块按照标准充电方法充电。

2）蓄电池模块放入低气压箱中，调节试验箱中气压为 11.6kPa，温度为室温，静置 6h。

3）观察 1h。

试验要求应不爆炸、不起火、不漏液。

5.5　动力蓄电池系统

通常通过电芯成组方式、系统设计、安装位置、BMS 安全监测识别、机械强度、热安全防护、电气安全可靠设计等方式保证电池系统的安全性。通过动力蓄电池系统相关试验进一步验证，保证动力蓄电池系统的安全可靠。

5.5.1　电芯成组方式对动力蓄电池系统的影响

一般来说，没有附加任何其他零部件的单个电池称为电芯或单体电池。通常单体电池的电压在 5V 以内，单体容量一般在 2~200A·h 范围内。而对于电动汽车来说，需要几百伏（200~600V）的电压才能满足电驱动总成的高效率，需要几百安时的容量（或者说需要几十到几百千瓦时的电量）才能满足续驶里程的要求。以现有的电池技术，无论何种单体电池，能量、功率、电压等性能参数均不能满足电动汽车实际工况运行所需的电压等级与功率等级。因此目前动力电池均以成组集成方式应用在电动汽车上,即几十甚至上百上千个单体电池串联或并联使用。常见的电池组拓扑主要有四种类型:串联、先并后串、先串后并、混联,如图 5-15 所示。

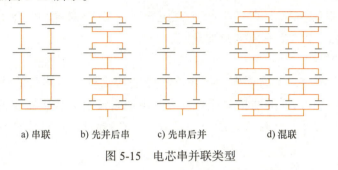

a) 串联　　b) 先并后串　　c) 先串后并　　d) 混联

图 5-15　电芯串并联类型

理论上,电池完全一致的情况下,并联系统电压等于电芯电压,并联系统容量等于所有并联电芯容量的和。串联系统电压为所有串联电芯电压的和,串联系统容量等于电芯容量。但在成组使用过程中由于生产工艺导致电芯不一致问题,电池组性能呈现木桶效应,性能无法完全释放。因此,在电池成组设计阶段应合理选择单体电池类型、型号和连接方式等,保证电池系统达到最优的使用性能。

不同的连接方式将导致电池组的连接内阻、组间电池容量不同。因此应选择适当的串/并联方式,不同成组方式优缺点对比如表 5-8 所示。

表 5-8　不同成组方式优缺点对比

成组方式	优点	缺点	应用
直接串联	电池连接线路简单,方便安装、拆卸以及电池管理	单体电池容量大、安全性低、体积大、单一电池损坏将直接影响系统正常使用	方壳电芯如比亚迪 CTP、长安大模组等
先并后串	以若干个单体并联作为一个小模块,多个模块串联,监控架构简单,BMS 管理通道少,可实现电池模块化管理,可满足小容量、多数量的单体电池使用,单体电池损坏不至于影响系统正常使用	若电芯较大,直接并联工艺可能导致电芯间不均流,并联点多,并联电流大,过流能力不易提高;并联模块中若无保险措施,单体短路将导致整个模块损坏,影响系统正常使用	圆柱电芯如特斯拉、软包电芯如长城等
先串后并	系统过流能力强;两支路间电池均流好;在进行并联可以实现不同容量的模块化组合,有利于系统模块化设计;某一模块因单体损坏而导致无法正常工作,仅需切断该串联模块与系统的连接,其他模块仍然可以正常使用	为了确保电池使用安全,每一单体都需要使用电池管理系统,BMS 管理通道多,相较于大电芯直接串联方案成本有所提高	方壳电芯如长安、长城等
混联	适用于小容量电芯	电池管理系统设计复杂	软包电芯(2P2S 的基本模块结构)如日产聆风

5.5.2　动力蓄电池系统的技术要求

动力蓄电池系统本身是集化学、电气和机械特性于一体的复杂系统,在系统设计时必须满足各方面特性指标,尤其是电芯的化学特性中的安全性和寿命衰减要求。动力蓄电池系统安装在车上使用，需考虑复杂多变的应用环境，要确保电池系统长期安全、耐用。

1. 高压安全要求

（1）高压标识

动力蓄电池系统应贴上高压标识。高压警告标识应满足 GB 18384—2020、GB/T 13306—2011 和 GB/T 25978—2018 的要求。

（2）产品防护等级

在整个寿命周期内，动力蓄电池系统在正常连接高低压插接器的状态下要同时满足 GB/T 4208—2017 中 IP67D 的防护等级。动力蓄电池系统上的插接器或者连接线束在断开时应满足 IPXXB 的要求，在接插好后应满足 IPXXD 的要求，且对接状态下要求达到 360° 的 EMC 屏蔽。

（3）耐电压及 Y 电容

动力蓄电池系统内部可导电部件应避免尖角设计，边缘和表面应控制毛刺和金属浮粉，应做表面防腐处理，防止耐压出现击穿拉弧等风险。

电池包 Y 电容应满足整车设计需求。

（4）等电势

动力蓄电池包暴露的导电部件应连接到车辆地线上。对于属于动力蓄电池包的导电盖子或外壳，应达到足够的等电势。动力蓄电池系统金属壳体 [托盘和金属上盖（若动力蓄电池系统设计为金属上盖）] 上任意两个点之间的等电势电阻应小于 10mΩ。若动力蓄电池系统壳体需要进行涂装，应将搭铁点进行遮挡或者涂装完成后对搭铁点进行打磨，保证搭铁点电气接触良好。

（5）绝缘要求

在生命周期内和全工况条件下，动力蓄电池系统的绝缘电阻应满足要求。比如在车辆冷热冲击、湿热循环、冷凝、水密封和绝缘耐压测试后，动力蓄电池系统的绝缘阻值也应满足要求。具体要求见 5.5.7 章节中的绝缘要求。

（6）电气间隙和爬电距离

电气间隙和爬电距离参考 UL2580 中的要求进行选取。

2. 电连接可靠性

动力蓄电池系统内部主回路各电连接部分应具有有效的低阻抗设计，确保在整个生命周期内保持连接低阻抗的可靠性，动力蓄电池系统内线束高低压连接端子与电线连接应牢固。

3. 碰撞安全

针对整车碰撞衍生出动力蓄电池系统碰撞、挤压、冲击等工况，需要结合整车设计及动力蓄电池系统安装位置有针对性地进行结构设计，保证动力蓄电池系统的机械安全。动力蓄电池系统的结构强度应至少满足 GB 38031—2020《电动汽车用动力蓄电池安全要求》中动力蓄电池系统模拟碰撞和机械冲击的标准要求。动力蓄电池系统冲击安全应至少满足 GB 38031—2020 中动力蓄电池系统机械冲击的要求。动力蓄电池系统挤压安全设计应满足 GB 38031—2020 中动力蓄电池系统挤压试验的要求。

4. 高低压隔离

（1）高低压电气隔离

动力蓄电池系统必须与低压供电系统电气隔离，动力蓄电池系统的正负电位必须与低压供电系统隔离，并且与电池托盘隔离，高低压电气隔离需满足耐电压要求。动力蓄电池系统内的高压系统存在和低压系统的高阻抗连接，只允许连接到车身接地（电池托盘），其阻值不得低于要求的电阻值。

（2）高低压物理隔离

动力蓄电池系统内部的高低压线束应分开走线，尽量不要并行，避免相互接触；如无法避免接触时，尽量交叉并且在接触部位进行二次绝缘保护，且需要使用扎带或线卡固定线束，不要让线束相互摩擦。低压线束间隔 100～150mm 增加一个固定点，高压线束可以间隔 150～200mm 增加一个固定点。

5. 短路保护

动力蓄电池系统内部需布置高压保险来进行短路保护。高压保险设置应合理，高压保险与电池包内连接片或铜排等合理匹配。当动力蓄电池或驱动系统发生短路时，应及时切断短路回路，避免进一步产生危险甚至起火或爆炸。

6. 密封设计

动力蓄电池系统在使用过程中，避免让外部灰尘或水汽进入箱体，影响电池系统绝缘或其他性能，因此对电池系统外壳有较高的密封防护要求。动力蓄电池系统高低压插接器连接完好后，应至少满足 IP67D 等防护等级，可根据厂家要求提高要求，同时动力蓄电池系统应满足国标 GB 38031—2020 中浸水试验要求。

7. 冷凝要求

动力蓄电池系统内外部环境由于存在温度差，在高湿环境下水蒸气或空气进入电池包箱体，将会形成冷凝水。为避免后续使用过程中出现过量冷凝水导致出现整包漏电现象，需要对电池系统进行冷凝验证，不允许出现水珠团聚流动的现象，电气件中有绝缘要求零部件周围不出现水珠水雾，电池包的绝缘电阻应满足 GB 18384—2020《电动汽车安全要求》相关要求。

8. 防爆防护

动力蓄电池在失效情况下会产生大量气体，所以动力蓄电池系统应具备有效的泄压装置，可以平衡内外部气压变化，防止因内部气压过高造成壳体变形引起的防护等级降低或失效。泄压装置安装的位置和方向应避免对乘员舱或车辆周边人员造成人身伤害，泄压位置需要根据电池包内部结构和整车布置设计。

9. 动力蓄电池系统过流能力

动力蓄电池系统内部回路各连接部分应具有在整个生命周期内承受系统最大持续电流的能力如公式（5-5）。设计过流保护措施时，应考虑动力蓄电池系统内所用高压连接线束的过流能力值。电池内部高压连接线束过流能力值须远远大于保险的过流能力值，且过电流保护措施应是可控的。保险作用主要是在高压回路发生过载或者短路现象时，切断回路，能对高压线束以及高压电气部件起到保护作用，避免出现过热甚至熔断起火。

$$过流能力 = I^2 t \tag{5-5}$$

10. 动力蓄电池系统热扩散防护

动力蓄电池系统内部要有防止热扩散的结构设计，关键部件的阻燃设计，来确保动力蓄电池系统的热安全。动力蓄电池系统应尽量避免发生热失控，如果无法完全避免发生热失控的风险，需要采取相关的防护设计以降低热失控发生时的危害。动力电池系统热扩散防护要求应至少满足 GB 38031—2020 要求。

5.5.3 动力蓄电池系统的安装

安装位置和管线的接口位置都与具体车型相关，主要可以布置在车身下部、前舱、行李舱和座椅下部。其布置形式的具体特点比较如表 5-9 所示。

表 5-9 动力蓄电池系统布置形式对比

布置位置	性能等级				
	重心匹配	碰撞安全性	离地间隙	储能容量	拆装性能
前舱	★	★	★★★	★★★★	★
行李舱	★★	★★	★★★	★★★★	★★★
座椅下部	★★★	★★★	★★	★★★★	★
车身下部	★★★★	★★★★★	★	★★★★★	★★★★

目前常见的安装形式有两种：一是整体式布置，二是分散式布置。整体式布置就是将电池模组整合到一起，通过单向输入/输出线路就可以对电动汽车携带的动力蓄电池进行连接。这种方式可以节约电线使用量，布线清晰，减少了导线漏电的概率。分散式布置则往往是根据燃油车结构改造而来，在车内空余的地方"见缝插针"地安装不同电池模组。这种安装形式有效利用了分散空间，但是增加了导线长度，同时不同电池间的连接也使得布线变得复杂，难于更换检修，在发生碰撞事故时需要考虑不同位置电池的安全性。因此，大部分车型所采用整体式布置，将电池包布置在地板下方，与车身采用螺栓紧固，如图 5-16 所示。

图 5-16 整体式布置示意图

随着整车电池包一体化的提出，后续将会向 CTB/CTV/CTC 方向发展，如比亚迪、特斯拉等。将电池布置在电动汽车中部，不仅有效利用了座椅下部空间，而且电池位于车架内侧，降低了整车侧碰时电池的撞击失效风险，同时降低了汽车重心，有利于电动汽车碰撞安全性和操纵稳定性。

轿车因车高限制，在保证必要的人机空间后，预留给电池的布置高度都较小；SUV 车型在高度方向上的优势较大，特别是大尺寸的 SUV，有利于动力蓄电池的高度方向的布置及电池系统的安装。

5.5.4　BMS 的功能

在电动汽车中，BMS 是 Battery Management System（电池管理系统）的缩写。BMS 的基本功能包括采集、保护、管理和警示。

1. 采集功能

采集功能主要是对电池的单体电压、电流、温度等参数进行实时监测。

现有技术采集的信息为总电流、单体电压、选择监控点的温度，部分 BMS 还采集总电压，若不直接采集总电压一般会选择使用单体电压之和当作总电压。采集的总电流是过流和短路保护的依据，也是安时积分法估算 SOC 和 SOP 的基础。采集的单体电压是过充过放保护的依据，也是电池一致性监控和均衡管理的原始数据。温度采集主要是用于温度管理，其数据也能用于电池寿命分布估算或者热失控等安全事故的预警。

（1）电压信号的采集

电池的电压主要指电池正负极的电势差，也是两个电池正负极接线端的端电压，电池的电压来源于正负极材料的电位差，而材料的电位取决于其电化学能级的大小，正负极材料的电位差称作电池的电动势，即 $E = \varphi_a - \varphi_b$。这是一个固定的特征值，但是在由正负极材料、隔膜、电解液等组成的电池中，电动势还受到电解液浓度、温度、压实密度等参数的影响。如果没有电流流过，电池处于静态，此时的正负极电极电位之差称作电池的静态电动势，即 $E_s = \varphi_a - \varphi_b$。而有电流通过的时候，由于电池内阻，会产生一个电压降，电池的内阻由欧姆电阻、离子迁移驱动需要克服的阻力和电化学反应过程的极化等组成，表现的端电压为 $U = E_s - \eta$。电流不同的时候，需要克服的极化阻力不一样，极化电压 η 不一样，端电压也在变化。此外在不同的温度下，电池内部各种活性成分的活度发生了变化，导致离子迁移驱动需要克服的阻力不一样，此时相同电流下的极化电压 η 也不一样。

电压的采集一般使用专门设计的芯片，比如 LTC6813（测量范围 0～5V，最大总测量误差 2.2mV），该类芯片能采集单体电池的电压并进行通信，将采集到的数据传输出去。BMS 自身使用的总电压一般由单体电压累加得到，或者直接采集电池正、负极之间的电压得到。

（2）电流信号的采集

电池的电流跟其他电源的电流完全是等效的。电流采集的精度和可靠性具有传导性，影响到其他电池参数的计算与工作状态的判断。比如以安时积分法为基础的 SOC 估算，就必须有高精度的电流测试数据，而电池的使用比如充放电功率，电流测量的精度也会影响使用效果，BMS 的过流保护等功能也以电流值测试数据作为依据。

电流采集的芯片包括 LTC2949（0.3% 电流采集精度，1% 电量精度）等。我们能够直接采集的参数依然是电压，要采集电流，首先要把电流信号转换为电压信号。这种转换通常可以通过分流器或者霍尔传感器来实现。分流器实际上是一个阻值很小的电阻，直流电流流过电阻时会产生一个电压降，这个电压降就是电流大小的信号，通过芯片来读取这个电压信号可以给出被测量电路中流过的电流值。霍尔传感器的原理是当电路中有电流时，由于霍尔效应，也会感生一个电流，电流再通过放大电路转换为电压，通过AD芯片采集这个电压值，就可以计算出此时电路中的电流值。但是霍尔传感器是根据磁场进行测量的，故而对电磁环境十分敏感，而且使用中有一个磁场建立的过程，线性度也不是很好，其测量精度相对分流器要差。但是分流器也存在热损耗高及散热设计等问题。目前市面上还有磁通门电流传感器，其可以采集电流，并且采集精度高，发热小，但算法相对复杂，且内部电路相对容易受到外部磁场干扰。总体来说电流采集方案是在不断优化完善。

（3）温度信号的采集

温度对电池的影响巨大，以35℃为基准，温度每升高10℃，电池的循环寿命下降约50%。以25℃为容量基准，55℃时电池容量可增大约10%，0℃时容量可减小约20%，-20℃时容量可减小约30%。电池在45℃的环境下保存一年，即使不进行任何充放电，容量也将不可恢复地损失约30%。一般磷酸铁锂电池低于-5℃时充电速度会急剧下降甚至无法充电。如果电池温度过高，比如高于130℃（电芯热箱测试温度），就会引起电池永久损坏，再高可能就会引起内短路导致起火、爆炸等安全事故。因此，既要防止电池超出最高使用温度，也要防止电池温度过低而无法充放电。电池内部、不同电池间的温度分布与电池的使用维护关系也很大。温度不均匀，会迅速导致单体电池之间出现一致性变差，从而导致电池性能下降。

温度值转换为电信号即转换为电压信号，可见电压采集技术对于BMS的重要性。简单的温度采集是使用一个具有明显温度系数的电阻与一个温度系数很小的电阻分压，分压值会随着温度的变化而发生变化。精确的温度采集可以选用专门的芯片，如DS18B20（测量范围-55~125℃，-10~85℃间测量精度±0.5℃）。

2. 保护功能

电池管理系统对于电池的保护，是通过发出降低使用电流的限制信号，或者切断充放电通路来避免电池超出安全的使用条件。保护功能通常有以下几种方式：

（1）过压保护

电池组中某只单体的电压超过了规定允许使用的上限电压，此时BMS就会起到保护作用，一般在充电过程中就会切断充电回路，电池只允许放电；通常BMS也会判断实际电压超过上限电压的范围，如果超过一定数值时，会引发内部化学结构的永久损坏，一般情况是过充电导致析锂，这时即使电池没有出现明显异常情况，也是不允许放电的，需要电池供应商对电池进行检查。一般BMS会在上限电压之下设置一些预警电压，电池达到这个电压的时候，BMS将会发出降低充电电流的要求。

（2）欠压保护

与过充电造成析锂不同，过放电一般会造成电池内部负极表面SEI膜的损坏，这种损坏是不可逆的，所以当电池电压低于一定值后，即使电池没有出现热失控或鼓胀，电池也不可用。同充电过程一样，放电过程BMS会在下限电压之上设置一些预警电压，电池达到这个电压的时候，BMS将会发出降低放电电流的要求，使得电压下降得更为缓慢一点。

（3）过温保护

过温保护的原则是避免电池在超过允许使用的最高温度下工作或者存放，从而避免造成电池不可逆的损伤甚至热失控。一般锂离子电池的最高使用温度为55℃左右，超过此温度继续工作会使得电池内部化学副反应增加,副反应本身会产热,导致电池温度会持续升高,如此恶性循环将引发热失控。同时为了维持电池的使用寿命,一般会在电池的最高使用温度之下设置一些预警温度值,当电池温度达到这些值的时候,BMS 将会发出降低充放电电流的需求,从而降低自身产热;或者是请求整车对电池进行冷却降温管理,通过外部冷媒来降低电池温度,尽可能使电池避免在长期高温下使用。

(4) 低温保护

低温保护的原则是避免电池在低于允许使用的最低温度下工作,从而造成电池不可逆的损伤。同样为了维持电池的使用寿命,一般会在电池的最低使用温度之上设置一些预警温度值,当电池温度达到这些值的时候,BMS 将会发出降低充放电电流的需求,从而防止内部的结构损伤;或者是请求整车对电池进行加热管理,通过外部热媒来升高电池温度。需要指出的是,一般来说电池放电的下限温度要低于充电的下限温度,锂离子电池在低温下充电极易出现析锂的情况,当情况严重的时候,就会出现锂枝晶刺穿隔膜,导致内部短路。

(5) 过流保护

电流过大会对电池内部结构造成不可逆的损害,同时可能引发热失控,造成安全事故。实验表明,放电倍率增大到 3C(C 为充放电倍率,C = 充放电电流/额定容量),相比 1C 的放电倍率而言,循环寿命可降低约 30%。不同的限流值一般会对应不同的时间,当电流达到限流值并超过对应的时间时,BMS 就会控制继电器主动切断相应的放电或者充电回路。一般情况下,放电的限流值要高于充电的限流值。

需要注意的是,BMS 发出请求的时候,需要留给后续模块足够的响应时间。更重要的是,BMS 的过流保护策略必须与整车控制器和负载智能控制器协调,不协调的策略会产生各自正常工作却故障频出的不良现象。过流的现象中,有些是由于短路引起的。短路的识别,在于切断通路保护后,再也无法上电,只要一上电,就会发生电流过大。此时可以与整车控制器的高压配电箱联合检查每一条用电支路,确定是哪条支路发生了短路故障。

3. 管理功能

(1) 容量管理

容量管理的主要工作就是计算电池实际使用过程中真实的容量值。一般来说电池出厂时会有一个额定容量值或者称为出厂容量值,额定容量值是在标准环境下以标准放电电流放至截止电压测量得到的,但是由于电池在使用过程中存在容量衰减,且衰减程度和历史使用情况密切相关,所以真实容量是在不断变化的,而在车辆实际使用过程中基本不存在标准环境下以标准放电电流放至截止电压的情况,故这也增加真实容量测量的难度。实际容量的计算也是 SOH 计算的基础。下面介绍几种普遍使用的容量计算方法。

1) 区间放电容量计算。由于车辆实际使用过程中,很少存在电池放电至截止电压的情况,因为那样的话,汽车就无法起动。所以实际 BMS 会根据某一段 SOC 的放电容量推导出实际容量。当然这一段 SOC 的放电工况必须满足一些条件,比如温度、电流、放电时长等;温度和电流的判定是希望更贴近标称容量测试时的工况,放电时长则是为了增加可信度,总而言之是为了使推导出来的实际容量和真实容量值更贴近。最重要的是此时 SOC 是相对准确的,至于 SOC 的计算,后面会相应的介绍。

2）区间充电容量计算。与区间放电容量相对应，一般车辆充电的时候电流工况都是比较稳定的，所以使用充电时候的容量来计算实际容量触发的概率相对会高一点且会相对准确一点。如果要想在此基础上再提高准确度，可以使用 SOC 底端满充的充电工况来计算，可以理解为将 SOC 的区间拉长。但在汽车实际运行工况中，此计算实际容量方式触发概率较低。

前文提到一个 SOH（State Of Health，电池的健康状态）的概念，一般情况 SOH 就是计算出来的实际容量与额定容量或者出厂容量的百分比。用 100% 减去 SOH 就表示电池在使用过程中的衰减程度。

（2）SOC 管理

SOC 是英文（State Of Charge，荷电状态）的缩写，也叫剩余电量百分比。SOC 管理的基本含义是通过监测电池的某些参数，计算出电池的荷电状态，然后将剩余电量百分比发送给相关的模块。SOC 计算的意义在于规划用电，防止使用过程中出现意外断电或者过充电过放电现象。电池剩余电量百分比如果不实际放电，则不是一个可以直接测量的量，必须通过电池的电压、电流、温度等测量值，以及电池 BMS 之外测得的内阻、容量等参数来进行间接估算。下面简单介绍一些典型的 SOC 估算方法。

当然，直接进行标准 SOC 测试的方式，是按标准放电方法将电池放电到下限电压，测试机给出的放电量就是该测试条件下的标准电量。但是这种方法只能得到一个标准 SOC 的分母值，车辆实际使用过程中，不可能按照标准的放电方式进行放电。

1）以端电压为基础的方法。这种方法的起源是开路电压法，将电池静置足够长的时间，由于电池内部完全达到了平衡，那么端电压就等于电池的静态电动势，这与 SOC 有比较准确的对应关系。但是这种方法是无法用于车辆实时估算 SOC 的，因为使用过程中无法留出足够的时间来静置。即使用于校准 SOC，也不能保证需要的时候就有足够的静置时间。因此，在实际使用中电池的端电压就成为参考的参数。虽然这种方法跟开路电压法比起来，由于电流和使用历史，电池的不平衡部分存在不确定，即存在误差，但是这种误差是相对固定的，每次估算误差都会在同样的范围内，因而是一种可重复的估算方法，结果在误差范围内总是可信的。

电压法的一个难点是电压测试的精度，特别对于磷酸铁锂电池来说，在平台区内，电压的变动范围很小，往往很小的电压变动，SOC 就已经变动很大了。

2）以安时积分为基准的方法。安时法的理论基础是，已用掉的电量加上剩余的电量，等于电池的能量。剩余电量是一个未来参数，但是已经用掉的电量是一个过去参数，可以估算出来。最简单的方法是直接将电流测试值乘以测试间隔时间作为该时间间隔的电量变化，所有电流测试间隔的电量求和得到电量变化值，然后用电池容量减去这个消耗掉的电量，就得到了电池剩余的电量绝对值，但是 SOC 一般显示一个百分数，就用剩余电量绝对值除以电池能量，如式（5-6）所示。这种方法具有累积的特性，比如电流测试值比真实值小，那么估计的电量变化会比真实值小，这就形成了一个误差。

$$\mathrm{SOC} = \frac{Q_\mathrm{n} - Q}{Q_\mathrm{n}} \tag{5-6}$$

为了改进算法本身的精确度，改良的安时积分法应运而生。线性法就是其中之一，线性法不是将两个电流测试间隔的电量变化简单地计算为电流乘以时间间隔，而是将电量变化假设为电流、电压、温度等多种参数的一个线性函数。这种方法等于考虑了电池的使用历史，拟合后消除了安时法的一项误差来源，这是一种进步。但是安时法不只有这么一个误差来源，因此，这种方法在实际使用中还是存在比较大的局限性。

3）卡尔曼滤波法。卡尔曼滤波法，把电池充放电的运行过程看作一个状态转换过程，状态由 n 个状态参数来确定。这里考虑了更多的参数，这种方法还考虑过程激励噪声和观测噪声，分别用方差来表示。然后以当前状态预估下一个状态的状态值，再以下一个状态的实测值来验证。这样一个预估校正过程，能够消除更多的误差。但是单体电池的离散等问题依然无法解决。

（3）SOE 管理

SOE（State Of Energy，电池能量状态）可以理解为电池剩余能量的估算。电池的能量计算公式如式（5-7）所示，而电池的平台电压和电池的正极材料有关，一般磷酸铁锂的平台电压为 3.2V；而三元材料的平台电压一般为 3.6~3.7V。与 SOC 区别的是，SOC 是一个百分比值，而 SOE 是一个常数值。

$$电池能量 = 电池容量 \times 电池电压平台 \quad (5-7)$$

对于整车而言，电池的能量管理，一定程度上来说是为了电动汽车的续驶里程管理，一般里程管理会有两种计算方式。

第一种是将总续驶里程和 SOC 以线性关系对应起来，可以称为标准续驶里程管理。例如 SOC 为 100% 的时候，对应续驶里程为 400km，那么 SOC 为 50% 的时候，对应续驶里程就是 200km。这种情况是比较容易理解，也是比较容易实现的。但是在实际过程中我们经常会听到汽车显示和实际续驶里程相差较多的声音，这是因为通过标准试验方法得到的续驶里程数是在某种特定工况下得到的，而实际用户驾驶的工况不可能和标准试验方法一致，这也是造成差异的主要来源。

第二种是在总续驶里程和电量线性对应关系的基础上增加动态调整，因此可以称为动态续驶里程管理。我们可以先在标准续驶里程的基础上得到单位里程的能量消耗值，然后再根据其他用电模块反馈的单位里程电量消耗值，实时计算按照此时的用电分配情况对应的续驶里程是多少，这种方式得到的续驶里程会更贴近实际情况。但还是存在不可避免的计算误差，再叠加能量本身的误差，这些都会直接反映到续驶里程预估结果上面。

上面提到的通过标准试验得到总里程的方法，具体可以参考 GB/T 18386.1—2021《电动汽车能量消耗率和续驶里程试验方法　第 1 部分：轻型汽车》。

（4）SOP 管理

SOP 中的"P"是英文 Power 的首字母，故称为电池的功率状态。在实际过程中，SOP 管理包括充电功率的管理和放电功率的管理。

功率等于电压与电流的乘积，所以 SOP 管理相当于是电池在不同的电压状态下，对充放电电流的管理；当然对于电池来说，还有一个重要的因素需要考虑，那就是温度。SOP 相对电池系统其他指标可能在车辆上的表现会更加形象一点，例如经常听到的车辆 0~100km/h 加速时间和车辆充电时间分别对应放电时的 SOP 管理和充电时的 SOP 管理。0~

100km/h加速时间越短，意味着短时间内放电的功率越大；车辆充电的时间越短，意味着单位时间内的充电功率越大。

BMS在不同温度和电压下，计算出对应的最大充电电流、最大放电电流以及可以持续的时间。这需要设计电池的时候进行大量的试验，一般需要单独在单体电池上进行试验，然后整个电池系统也要进行相应的试验。单体电池的试验主要验证电池本身能否满足设计要求；整个系统则除了验证电池以外，同时也验证相关的连接电路，如连接铜排、继电器、保险等。然后根据试验得到的数据，再结合整车上其他模块的限制，就可以得出一个和温度、电压以及时间相关的电流参数表；根据之前的端电压计算SOC的方法，有时为了方便，一般会将电压替换成SOC，根据这个表的参数写入BMS程序当中，就可以实现相应的控制了。

这里要单独介绍一下时间这个参数引入的必要性，以放电来说，首先为了尽可能提高整车的一些性能参数，如上面提到的0—100km/h加速时间或者是瞬时加速能力，需要电池瞬时输出的电流也相应增大，会超出常规输出电流。这时就需要对时间进行管控，即使此时的电流不会引起SOC或者电压的降低来相应减小电流，但是到了一定的时间就需要减小电流，否则持续的大电流可能会引发电池热失控，从而造成安全事故。

同时一般SOP是要与SOH相关联的，为了更好地保护电池，维持较长的使用寿命；当电池SOH降低的时候，相应的SOP也要降低。

（5）温度管理

温度对于电池的重要性前面已经作了介绍，这里再对电池发热、散热等情况作一些说明，介绍一些热管理的基本方法。电池内部产热总量可以通过如下方式理解：电池本来的电动势是静态电动势，但是有电流流过的时候成了电池端电压。静态电动势跟电池端电压之间有个差值，这个差值就消耗在电池内部发热了。发热速率也可以定量地表示如式（5-8）。

$$q = (E-V) \times I \tag{5-8}$$

当然，发热在电池内部也不是完全均匀的，因为电池内部的电子电阻、离子电阻和电化学反应位阻在电池内部的分布也不均匀。还有导体之间的连接点、接插件等电阻会比较大，并且随着制造工艺的不同，发热情况有很大的差异。

对于散热来说，要考虑温度场分布、热阻分布和热源分布。热源产生的热量通过热阻路线导向温度场中温度低的方向。

对于一个单体电池来说，发热与流经的电流大小有关，电流越大，产生的热量越多，电池内部的温度会越高。电池表面的导热能力越高，则电池内部最高点温度越低，但是从中心往外壳的温度梯度越大，电池内部温度的不均匀程度也加剧。电池与集流体之间导热能力越好，则电池内部的温升越低，且由于集流体与极片之间是均匀的连接，电池内部的温度均匀性也更好。

对于一个蓄电池系统来说，就必须考虑到电芯间温度和散热环境的差异。温度管理的目的是使电芯组内的电芯温度尽可能均匀，不形成温度过高的热量集聚点，并利用技术手段给电芯降温或者升温，让电芯尽可能工作在一个合适的温度范围内。对于温度管理来说，温度传感器放置的分布也需要考虑。温度传感器应放置在最具有代表性、温度变化最敏感、对于电池的安全和性能影响最大的点位。温度调节方法根据是否有人工控制的热源和冷源，分为主动方式和被动方式两种。主动方式由于热源或冷源的加入，成本高，结构复杂；被动方式则调节效果差一些，调节能力相对更有限。为了加强导热，一般使用流体或者相变材料来与电池换热。流体有空气、水、防冻液以及直接接触电芯的硅油、变压器油等绝缘油。设计的关键是流体对每个电芯有相同的换热能力。

（6）均衡管理

电池的不一致，是指同一组电池内电芯的容量、内阻、端电压等出现差异，这是电池的本质决定的。电池的离散度，是指同一电池模组内电芯的容量、内阻、端电压等参数与平均水平的差异，是电池组内电芯的一种状态。电池的离散度是电芯的不一致性的表现。导致电芯不一致性的原因有多种，首先组成电池的材料本身是不完全一致的，工艺过程中也无法控制到每个电芯在任何细节上都一样。制造完成后，在使用中，由于外部环境的影响，比如温度差异，再加上自放电率的差异，会使得电芯之间的不一致性进一步加剧。通常可以用电压的标准差来衡量电池组内电芯的分散度，2%以内不影响电池组的使用，2%～8%在高倍率大功率使用时性能明显受到影响，大于8%的能够提供正常功能的工况已经很少了。这里可以简单地用"木桶理论"来理解，即当差值为8%时，实际整体的容量就带来8%的衰减。当然这也只是一般的经验数据。

在没有电芯损坏的情况下，电池组的离散可以认为主要是由于不均衡引起的，可以通过均衡来降低离散，从而让电池组在更宽的范围内发挥设计功能。均衡的技术包括均衡电路和均衡控制策略。均衡电路是电能转移的电路，已经发展出了很多品种，可以实现电芯的电量泄放，电芯之间的电量转移。

均衡策略是均衡管理的核心，首先，要确定是否需要均衡，就要计算电池组的离散度。但是由于容量等的差异，同一组电池在同一个循环中的不同SOC区间算出来的离散度是不一样的。一般电池在平台区的离散度是趋于零的，在顶端和底端的离散度会逐渐扩散。因此，要确定充放电的目标点，才能判断当前的离散度是否需要均衡。在使用区间计算超出可接受的最大离散度，如果离散度大到影响电池正常电量的发挥，则需要均衡。

然后确定哪些电芯要参与到本次均衡中，均衡的目的是要在整个目标SOC区间保持电池组的正常功能。如果要简捷有效地达到目的，参与均衡的电芯的选择就有很大影响。

均衡的起点和终点如何设定，需要考虑不同材料的电池特性，比较常用的有顶端均衡和底端均衡，均衡终点的设置也是考虑各方因素，如均衡电流、均衡电路的实际效果等。

4. 警示功能

警示功能是判断需要警示的参数和状态，并且将警示发送给整车控制器。要发送和接收数据，就要有通信，BMS是通过CAN协议与整车控制器等其他模块进行通信的。

BMS定义的警示内容有很多项，大部分都是和自身系统相关的。主要包括以下内容：低SOC、高SOC、SOC跳变、总电压高、总电压低、单体电压高、单体电压低、单体压差大、放电电流大、充电电流大、温度高、温度低、温差大、绝缘阻值低、继电器故障、BMS自检故障、温度测量故障、电流测量故障、单体电压测量故障、CAN通信故障、BMS供电故障、电池热失控报警、碰撞报警等。

绝缘阻值低、继电器故障、BMS自检故障、温度测量故障、电流测量故障、单体电压测量故障、CAN通信故障、BMS供电故障、电池热失控报警、碰撞报警等，都是BMS无法自动解决，需要维修的故障。SOC跳变、单体过充电或过放电、整包压差大、充放电电流过大、温度过高或过低、整包温差大等警示，在 BMS 功能正常情况下，在发出警示的同时会执行相应的保护动作。

5. 热失控和热扩散的识别与预防

其实上面的警示功能中已经提到了热失控，鉴于已经出现各种电动汽车动力电池热失控，且造成极大损失的案例，故将其重点提出，以便读者更为全面地理解。

对于一个电芯而言，热失控一般伴随着以一定速率持续升温，并同时伴随着电压的下降。一般情况温度升高的临界点为 150℃，因为正常电芯一般都会经过 130℃的热箱测试认证（根据正极材料的不同而有所差异）；温升速率和温升时间也是有相应要求的。

对于一个电池系统而言，更为重要的是考虑热扩散对安全的影响。因为如果仅仅只是一个电芯热失控不被扩散到其他相邻电芯，那相对整车来说不是严重的安全风险；但实际这种情况是不太可能的，因为热总是要往周边扩散，而且实际情况热失控的可能不止一个电芯，所以如何预防热扩散是整个电池系统的关键。一般会在两个电芯之间加一层隔热泡棉或者是隔热胶，用以阻止热扩散，同时能提供电池正常膨胀所需要的空间。

至于如何预防动力蓄电池的热失控，仍一个业界难题，目前大致分为两种思路。

第一种思路是从电芯的材料和结构本身进行改善，如大家在新闻中经常看到的"刀片电池"就是一个典型的案例，将正极材料由能量比更高的三元材料换成能量比较低的磷酸铁锂材料，同时将电芯表面积尽量扩大，利于散热，当然这样做会相应损失一些电池容量，导致车辆的续驶里程降低；通过改善隔膜的性能也能起到比较大的作用，例如陶瓷隔膜在内部发生高温的时候，会将锂离子通道闭合，同时不会过度收缩，防止造成内部短路，避免热失控。

第二种思路是从整个电池系统上进行结构的防护，最为直接的是对电池系统的外壳和内部支承结构做加强防护，降低碰撞等异常情况造成电池系统空间极度压缩，而导致不可避免内部短路引发热失控的概率；再有就是优化整个电池系统的热设计方案，例如增加防火导热胶的使用，这样有利于热量的扩散。

对于 BMS 而言，准确识别电池热失控是至关重要的。这就要求预警热失控的策略要十分恰当，能尽可能地避免误报，也要最大限度地避免漏报。BMS 不可能监测每个电芯的温度，即使能测量每个电芯的温度，也不能测量每个电芯所有部位的温度。这就要求电池系统必须选取十分合理的温度测量位置，同时需要制定比较合理的温升速率和温升时间判断标准。由于每个电芯的电压是实时监控的，所以一般判断热失控需要综合电芯的电压作为辅助判断，以提高热失控预警的准确性。

由于温度采样和电压采样都有可能出现异常的情况，有可能是采样线束的异常，也有可能是芯片计算的异常，通常来说采样线束异常的概率相对高一点。所以保证这个电池系统的结构稳定不仅能从物理层面降低热失控的风险，也能帮助 BMS 从软件方面预警热失控，提高动力蓄电池系统的可靠性。

5.5.5 动力蓄电池系统的机械安全

车辆运行过程中对于安装在车体上的动力蓄电池系统可能产生各种幅值与频率的激励，主要包括：①路面不平通过车轮-悬架系统激励车体进而对电池产生的振动输入；②在车辆加速、制动、转弯等行驶工况下由于惯性对电池产生的低频惯性载荷作用；

③车辆发生碰撞等极端恶劣条件下的强冲击载荷，造成车体结构变形，引发挤压、锐物侵入等严重影响安全性的状况。另外，在电动汽车或者动力蓄电池物流运输过程中也可能对电池产生各种振动与冲击激励。

这些振动和冲击都会影响动力蓄电池全生命周期的性能，甚至影响电池的安全性。因此，电池的抗震抗冲击性能、碰撞保护对保证电池的基本性能、安全性、可靠性以及耐久性至关重要。

1. 基于碰撞的安全设计

动力蓄电池的碰撞安全设计，可以从系统外和系统内两个方面考虑。系统外主要考虑电池包的布置位置、车辆碰撞传力路径及车身底盘等为电池包做的防护设计。系统内则主要考虑动力蓄电池箱体自身及内部结构件的一些强度和刚度设计。

在系统外部，根据动力蓄电池包在整车上不同的安装位置，其碰撞防护设计会有所不同，主要包括乘员舱内和舱外两种情况。

对于布置在乘员舱内的电池，由于受到车身框架保护，其受外部机械力影响相对较小，因此，主要考虑电池包在惯性力作用下，电池包脱开从而危及乘员舱内人员安全的情况。为避免此类安全问题，应合理布置电池包安装点，并加强安装点结构设计，以满足强度要求。

对于动力蓄电池布置在乘员舱外的车辆，在发生极端碰撞情况下，可能由于车体结构发生较大的变形，导致电池包被挤压或尖锐物侵入的情况，最终引起电池包内部结构短路，调查显示，频繁的电动汽车爆燃事件多是由于碰撞导致电池包内部短路所引起。因此对于安装在乘员舱外的电池包，开发过程中需要考虑电动汽车在实际道路行驶过程中可能遇到的正面碰撞、侧面碰撞、偏置碰撞、追尾碰撞、柱碰和托底等复杂工况，而电动汽车基本都是承载式车身，车身骨架结构由车体主结构件及相关覆盖件焊接而成，从碰撞时力的传递路径分析出发，碰撞中关键零部件包括前防撞横梁、前纵梁、门槛梁、地板横梁、A柱、B柱、C柱及后纵梁等。基于基础车身结构，通过关键零部件材料、结构及部分搭接结构的优化设计，增加车身整体强度，提升碰撞性能，最大限度地在整车级别有效吸能，使冲击力避开动力蓄电池，使其结构功能保持完好。

对于电池系统本身的碰撞安全设计，可以从电池外壳部分（包括箱体，护板等）和电池内部设计两个方面考虑。

整车发生正碰、后碰及侧碰时，由于碰撞能量较大，超出车身吸能结构的能力，所以需要对电池箱体做一定的吸能设计，避免造成电池出现过大变形、电池模组触点和电气件因过高的冲击加速度，进而导致电池系统内部短路，引发安全事故。

GB 38031—2020《电动汽车用动力蓄电池安全要求》中挤压测试要求：动力蓄电池箱体在 x 和 y 方向，需承受半径 75mm 的半圆柱体，以不大于 2mm/s 的速度，挤压至挤压力达到 100kN（或挤压形变量达到挤压方向的整体尺寸的 30%），并保持 10min，试验期间及试验后 2h 内，无起火或爆炸等现象。这对电池箱体的设计提出了要求，即电池箱体应该有足够的强度和刚度，保证电池箱体内部空间的侵入量在一定合理的范围内，以保护内部电池及电气件。

因此在电池箱体的材料选型及结构设计过程中，可考虑采用挤压成型的铝合金作为箱体的主体材料，箱体多级空腔结构可吸收整车碰撞的剩余能量，防止箱体内部的电芯及元器件因过大的冲击加速度而造成内部短路；通过合理的结构设计，铝合金型材可提供足够的刚度，减小由箱体内部空间侵入导致的电芯过度变形。同时空腔结构也可以进一步减少电池系统重量，对提升电池系统能量密度具有重要意义。

在电池箱体结构开发设计阶段，可以通过材料、结构优化等方法，使电池包在相同碰撞工况下，尽可能缩短电池垂直方向的压缩变形量，避免电芯短路。碰撞过程中，应避免电芯局部变形，尽可能让更多的电芯参与变形吸能，这样有利于分散碰撞冲击能量，防止个别电芯因冲击能量过大而导致突发短路，从而引起更严重的热失控。

如果车体和箱体吸能不足导致碰撞力直接传递到电池内部时，在电池包内部高压电部件之间以及高压电部件和车身之间，则需要尽可能做好绝缘防护设计，避免短路或者漏电。对于带液冷或者直冷的电池包，需要提高热管理结构强度，增加防护设计，避免碰撞过程中冷却介质泄漏导致短路或漏电。

应避免电池单体局部变形，尽可能让更多的电池参与变形吸能，这样有利于分摊碰撞冲击能量，防止个别电池因冲击能量过大而导致突发短路，从而引起更严重的热失控。比亚迪电池包采用刀片电池和上下金属板形成高强度三明治电池包结构，强度验证如图 5-17 所示。

图 5-17　电池包结构强度验证实例 - 碾压

2. 振动可靠性安全设计

由于路面的不平度，电动汽车在行驶过程中所承受的载荷具有振动激励源多样化、随机性的特点，因而常采用随机振动来模拟电池包在该过程中的振动特性。目前针对动力蓄电池系统随机振动条件下的结构疲劳分析，主要使用频域分析方法，即通过采集典型行驶工况对应的路谱信息，得到时间历程的样本函数，并将其转化成和概率有关的函数（如功率谱密度函数）。一般将电池箱体受到的振动来源分解为 x、y、z 三分方向的功率谱密度，电池箱在使用过程中受 z 向振动源的影响较大。

GB 38031—2020 中振动试验方法中规定了功率谱密度曲线如图 5-18 所示（以除 M1/N1 类以外的车辆电池包或系统为例），一个样品每个方向测试 12h。

振动特性分析主要包括仿真和试验两个重要手段。在前期设计阶段，通过建立详细的有限元模型对电池包进行模态和随机振动分析，得到电池共振频率及结构薄弱位置，通过前期结构加强及优化设计，提高振动安全可靠性，如图 5-19 所示。在设计初期阶段完成后，需严格按照国标对电池包进行振动试验，验证其是否满足整包的振动性能要求，主要考虑电池包安装点强度及内部电芯固定件强度等。

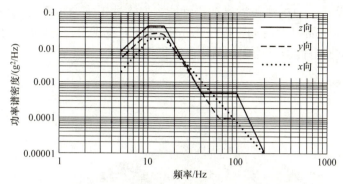

图 5-18　除 M1/N1 类以外的车辆电池包或系统随机振动测试功率谱密度曲线

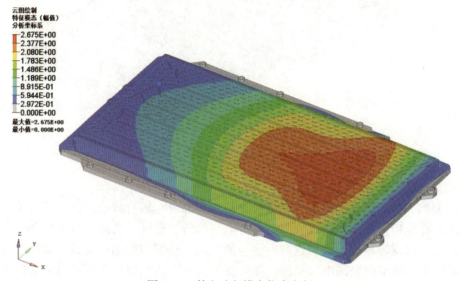

图 5-19　某电池包模态仿真实例

3. 冲击可靠性安全设计

冲击载荷广泛存在于各种复杂路况，贯穿于整车长期使用过程中，其主要特点有强度大、作用时间短、对电池包结构的破坏性大。冲击是复杂非线性动态响应的过程，受冲击结构材料的力学行为可能由弹性行为直接跳跃到塑性阶段，最终可能造成屈曲、断裂等形式失效或破坏，甚至有可能造成电池起火，带来无法预料的后果。

GB 38031—2020 中机械冲击试验要求在施加表 5-10 规定的半正弦冲击波后，应无泄漏、外壳破裂、起火或爆炸现象。试验后的绝缘电阻应不小于 100Ω/V。

表 5-10　机械冲击测试参数

测试程序	参数要求
冲击波形	半正弦波
测试方向	$\pm z$
加速度值 /g	7
脉冲时间 /ms	6
冲击次数 / 次	正负方向各 6

在电池包设计初期,利用机械冲击仿真分析工况,找出电池包设计薄弱点,通过结构加强和拓扑优化设计,使电池包满足冲击性能,提高冲击安全可靠性,减少开发周期和成本,如图 5-20。在产品研发后期,需严格按照国标实验要求,对电池结构进行冲击实验,以验证电池包的抗冲击性能,为优化结构设计提供参考。

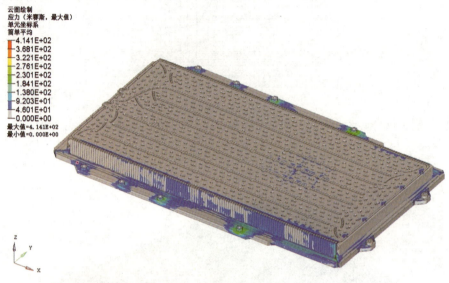

图 5-20　某电池包冲击仿真实例

4. 底部防护安全设计

目前大部分电动汽车的电池包都布置在整车底部,车辆行驶在凹凸不平的路面时,电池系统底部有受到撞击或磕碰风险,需要考虑底部防护设计。实际调查也发现,车企售后有不少因受底部磕碰导致的售后返修电池包的案例,轻则引起用户投诉,重则影响电池系统的正常使用,甚至引发漏电、短路、热失控等安全事故,因此提高动力电池包底部防护能力意义重大。电池箱体结构开发设计阶段,可以通过材料、结构等优化方法,使电池包在相同碰撞工况下,尽可能缩短电池垂直方向的压缩变形量,避免电芯短路。另外考虑减少售后返厂维修电池包,可以通过在电池系统底部增加可拆装的防护结构。

电池系统底部防护结构需要满足诸多功能需求,首先要保证电池包底部发生异物碰撞后,能提供足够的防护,不会引起电池包的失效;其次是要抗石击、结构牢固且耐车辆振动、安装紧固不易脱落;还有些特殊需求如保温等功能。目前底部碰撞异物的情况尚未得到充分研究,也未制定汽车底部碰撞安全设计标准,各家公司设计不一。比亚迪具体验证方式如图 5-21 所示。

5. 全生命周期高防护等级安全设计

动力蓄电池系统作为高压部件,导电液体、金属屑和粉尘等外界异物一旦进入电池包内,很可能造成电池包功能异常,甚至引起短路,因此防水防尘设计不容忽视。除此之外,对于防护设计还必须有效地隔绝人员与电池高压部件产生接触,以及防异物接触。

一般要求在整个寿命周期内,动力蓄电池系统在正常连接高低压插接器的状态下要满足 GB/T 4208—2017《外壳防护等级(IP 代码)》中 IP67D 的防护等级,如表 5-11。近年来也有企业将防护等级增加至 IP68D 和 IPX9。

图 5-21　电池包底部防护验证实例

表 5-11　IP 防护等级表

组成	数字或字母	对设备防护的含义	对于人员防护的含义
代码字母	IP	—	—
第一位特征数字		防止固体异物进入	防止接近维修部件
	0	无防护	无防护
	1	直径≥50mm	手背
	2	直径≥12.5mm	手指
	3	直径≥2.5mm	工具
	4	直径≥1.0mm	金属线
	5	防尘	金属线
	6	尘密	金属线
第二位特征数字		防止进水造成有害影响	—
	0	无防护	—
	1	垂直滴水	—
	2	15°滴水	—
	3	淋水	—
	4	溅水	—
	5	喷水	—
	6	猛烈喷水	—
	7	短时间浸水	—
	8	连续浸水	—
	9	高温/高压喷水	—
附加字母（可选择）		—	防止接近危险部件
	A	—	手背
	B	—	手指
	C	—	工具
	D	—	金属线
补充字母（可选择）		专门补充信息	—
	H	高压设备	—
	M	做防水试验时试样运行	—
	S	做防水试验时试样静止	—
	W	气候条件	—

对于接触防护设计，动力蓄电池系统除了在正常连接高低压插接器的状态下要满足IPXXD之外，为了保护装配维修等操作人员的安全，电池包内一般也需要满足IPXXB的要求，一般高压连接部分需要使用绝缘盖遮盖起来，绝缘盖设计需要满足IPXXB的要求。

动力蓄电池防水防尘主要是通过密封设计实现，市场上常见的电池包密封设计形式包括压力密封和粘接密封。

电池包压力密封一般采用硅胶泡棉或者橡胶圈等密封件，通过连接处加载使密封件受压缩应力，嵌入和填满被密封面上的任一凹凸不平之处而实现密封（图5-22）。同时密封件还要保证足够的刚性，防止压缩过量而导致弹力单元破坏。

对于不同的密封件材料，密封件厂商会根据材料属性给出在不同压缩率下的压缩应力曲线。为了满足防水的设计要求，以IP67的实验要求举例，被测试产品需要浸泡在1m深的水中（此时水压约0.01MPa），则密封件本身的压缩应力以及与密封面的摩擦力需要大于0.01MPa。

为了保证密封的有效，必须将压缩率控制在要求的范围内，如果压缩量太小，密封件没有压紧就不能有效密封，但压力太大会使密封件产生过大的压缩变形甚至破坏。因此，为了正确地使用密封条，必须采用恰好保证密封的最小压紧力，或采用限位套限位的方式来控制密封件的压缩量。另外材料本身的应力松弛、不均匀热膨胀等都会使性能降低。

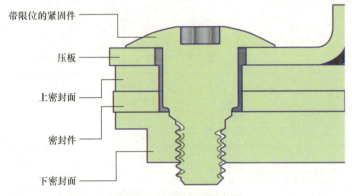

图5-22 密封端面示意图

粘接密封是使用黏结性能较好的黏结剂，通过黏结剂的粘接力代替压缩密封件产生的反弹力，使得安装面充分接触，以达到防水防尘的要求。粘接过程影响因素较多，包括密封面的粗糙度和表面清洁度以及粘接过程的工艺，如涂胶量、晾置时间与温度、多组分胶粘剂的混合容差、固化温度以及固化压力等。

常见的电池箱体有钣金箱体、型材拼焊箱体和压铸箱体。钣金焊接过程中容易出现裂缝、穿孔甚至焊穿的情况，一旦出现这些焊接异常，很可能会导致密封失效。型材拼焊过程中同样也有焊接失效的风险。为了保证密封件统一压缩率，对于箱体需要保证平面度较好的密封安装面，压铸箱体需要在成型后再精加工得到满足要求的安装面。对于使用黏结剂的安装面，为了达到粘接性能，通常需要在粘接前对安装面进行表面处理（如打磨、酒精擦拭、等离子清洗、激光清洗等）。

对于电池包上的接口，如高压插接器、低压插接器、维修开关、防爆阀等也需要密封防护，包括零部件本体密封及装配密封。零部件级别的密封设计由于尺寸较小，一般无法使用发泡材料，另外其压缩量小，对于安装面法兰面的要求较高。

5.5.6 动力蓄电池系统的热安全

1. 可靠热管理系统设计

电池热管理系统的设计目的是结合电池管理系统控制策略和调整功能，控制电芯工作在适宜温度范围内、并降低电芯之间的温差实现性能均衡，从而保证系统热安全并延长系统寿命。

其中，热管理系统要求电芯到热管理结构的热阻尽量小，如电芯壳体优选导热性能较好的材料；电芯、电芯壳体与热管理组件之间采用导热性能较好的胶粘剂；电芯、电芯壳体与热管理组件保持良好的平面度，同时工艺上保证涂覆均匀，尽量避免空隙的存在等。

此外，热管理结构的设计应满足一定的密封性要求，避免发生冷却或加热介质泄漏，同时冷却或加热介质应满足一定的绝缘性要求，避免泄漏时造成电芯外短路。

再次，热管理组件的设计须同时考虑电池包内冷凝水防护，如减少空气空间、在电连接部分及电池热管理组件部分覆盖憎水材料、内部增设除湿装置等。

若电池热管理系统发生故障或无法满足上述要求时，应设计有相应的故障识别、报警及保护措施，如压缩机、水泵等出现故障或热管理系统发生泄漏时，车辆能采取保护措施（如限制充放电功率），并且及时提醒驾驶员。

2. 热扩散防护设计

由于电动汽车使用工况复杂、电池生产工艺控制能力有限，目前动力蓄电池系统无法完全避免发生热失控，需要设计防护结构及功能以降低热失控发生时的危害。动力蓄电池系统热扩散防护要求应至少满足国标 GB 38031—2020 中热扩散的要求。

热扩散防护设计须从电芯、系统两个层次进行考虑。电池内在的安全可靠性通过选取热分解温度较高的正极材料及优化电池结构设计进行保证。如比亚迪磷酸铁锂刀片电池，通过针刺试验验证（图 5-23），电池本体温度依然可保持在 30~60℃，主要原因为其结构设计拥有较大的比表面积（表面积/体积）散热能力，且磷酸铁锂材料热分解温度较高不易分解。单个电芯发生热失控时，系统具备避免/延缓热失控事件传播到相邻电芯的能力，如电芯上防爆阀的设计，电芯

图 5-23 刀片电池针刺试验

之间考虑合适的间距和隔热设计（如隔热罩、气凝胶及云母片等）。电池系统发生热失控时，系统具备避免/延缓热失控事件传播到车辆及驾乘人员及减弱对驾乘人员的逃生的影响，如电池包箱体上设计电池包防爆装置，电池系统中设计火焰引流装置等。

另外，电池箱体（包括上盖、托盘、护板、保温棉、密封条等附件）应采用阻燃材料。动力蓄电池系统需有热失控报警设计，在发生电池包发生起火、爆炸之前 5min 提供一个热失控报警信号，用以提醒驾乘人员逃生。

3. 关键部件阻燃设计

为延缓热失控扩散，延长乘员逃生时间，动力蓄电池系统应使用阻燃材料，阻燃材料

的阻燃等级应达到 GB/T 2408—2021 规定的水平燃烧 HB 级，垂直燃烧 V—0 级，这样即使在热失控的极端环境下，这些零部件至少不会进一步加剧反应，动力电池系统应至少满足国标 GB 38031—2020 中外部火烧的要求。

5.5.7 动力蓄电池系统电气安全

要求在电池包外部以及内部高压电气部件的第一可视面或者清晰醒目位置设置高压危险标识，能警示用户与维修人员在保养与维修过程中注意这些高压部件。具体见 5.5.2 高压安全要求。

1. 绝缘要求

动力蓄电池系统需要有一定的绝缘要求，电池系统的绝缘设计应满足 GB 18384—2020 的要求。

（1）绝缘电阻要求

根据 GB 18384—2020 规定，对于没有嵌入在一个完整的电路里的电池系统，如果在整个寿命周期内没有交流电路，或交流电路有附加防护，其绝缘电阻除以它的最大工作电压，应不小于 100Ω/V；如果包括交流电路且没有附加防护，则此值应不小于 500Ω/V。如果电池系统集成在了一个完整的电路里，行业内一般要求电池系统的输出端（正极和负极）与电池箱体之间的绝缘电阻大于 2.5MΩ。

（2）绝缘耐压要求

动力蓄电池系统内部可导电部件应避免尖角设计防止放电击穿拉弧，边缘和表面应控制毛刺和金属浮粉，应做表面防腐处理。防止耐压测试出现击穿拉弧等风险。

动力蓄电池包应该有足够的耐压等级，包括高压电路与低压电路之间，高压电路与车身地之间，试验电压下，不允许发生击穿和拉弧等现象，不允许产生绝缘崩溃或者火花，耐压测试后电池包的所有功能正常。

电池系统的输出端（正极和负极）与电池箱体之间的耐电压强度应满足 GB 18384—2020 规定的相关要求。

电池系统耐压测试时使用频率为 50～60Hz 交流电压，持续时间为 60s。

高压零部件耐压要求如表 5-12。

表 5-12　电池系统绝缘耐压要求

零部件种类	试验电压
基本绝缘	$2U+1000$（交流电压有效值）

注：1. 此处，U 为最大工作电压，试验电压根据设备取较大值。
　　2. 同时使用交流电压有效值的 1.41 倍的直流电压作为补充试验电压。

（3）电气间隙和爬电距离要求

a）动力蓄电池系统外露极柱的电气间隙要求：

动力蓄电池的最小间隙设计应考虑工作条件和环境条件的影响，例如，振动特别是外力可能会导致电气间隙变化。且电气间隙不应受到材料表面污染程度的影响。导电部件之间的最小间隙为 2.5mm。

b）对于正常使用时不会发生电解液泄漏的动力蓄电池系统，应该按照GB/T 16935.1—2008《低压系统内设备的绝缘配合　第一部分：原理、要求和试验》的要求，将污染度控制在适当的范围内（表5-13）。

表5-13　电池系统避免由于电痕化故障的爬电距离要求

额定绝缘电压 U/V	不同污染等级的最小爬电距离/mm									
	1	2	1	2			3			
	印制线路材料		非印制线路材料组别							
	所有材料组别	所有材料组别，除Ⅲb	所有材料组	Ⅰ	Ⅱ	Ⅲa和Ⅲb	Ⅰ	Ⅱ	Ⅲa	Ⅲb
10	0.025	0.04	0.08	0.4	0.4	0.4	1	1	1	1
16	0.025	0.04	0.1	0.45	0.45	0.45	1.1	1.1	1.1	1.1
20	0.025	0.04	0.11	0.48	0.48	0.48	1.2	1.2	1.2	1.2
32	0.025	0.04	0.14	0.53	0.53	0.53	1.3	1.3	1.3	1.3
40	0.025	0.04	0.16	0.56	0.8	1.1	1.4	1.6	1.8	1.8
63	0.04	0.063	0.2	0.63	0.9	1.25	1.6	1.8	2	2
80	0.063	0.1	0.22	0.67	0.95	1.3	1.7	1.9	2.1	2.1
100	0.1	0.16	0.25	0.71	1	1.4	1.8	2	2.2	2.2
160	0.25	0.4	0.32	0.8	1.1	1.6	2	2.2	2.5	2.5
200	0.4	0.63	0.42	1.0	1.4	2	2.5	2.8	3.2	3.2
250	0.560	1.000	0.56	1.25	1.8	2.5	3.2	3.6	4	4
320	0.750	1.60	0.75	1.6	2.2	3.2	4	4.5	5	5
400	1.0	2.0	1	2	2.8	4	5	5.6	6.3	6.3
500	1.3	2.5	1.3	2.5	3.6	5	6.3	7.1	8.0	8.0
630	1.8	3.2	1.8	3.2	4.5	6.3	8	9	10	10
800	2.4	4.0	2.4	4	5.6	8	10	11	12.5	12.5
1000	3.2	5.0	3.2	5	7.1	10	12.5	14	16	16

对于满足GB/T 30038—2013《道路车辆　电气电子设备防护等级（IP代码）》防护等级IP6K（防尘试验）/IP9K（防水试验）的高压元件，如果没有内部因素，按照GB/T 16935.1—2008《低压系统内设备的绝缘配合　第一部分：原理、要求和试验》应使用至少污染等级2。对于防护等级小于IP6K（防尘试验）/IP9K（防水试验）的高压元件，至少按照GB/T 16935.1—2008《低压系统内设备的绝缘配合　第一部分：原理、要求和试验》应使用污染等级3。

将绝缘材料按其电痕化指数（CTI）值划分为四组，CTI值是根据GB/T 4207—2012《固体绝缘材料耐电痕化指数和相比电痕化指数的测定方法》使用溶液A所所测得的。具体分组如表5-14。

表5-14　不同CTI值对应的绝缘材料组

材料组别	CTI值
绝缘材料组Ⅰ	CTI ≥ 600
绝缘材料组Ⅱ	400 ≤ CTI < 600
绝缘材料组Ⅲa	175 ≤ CTI < 400
绝缘材料组Ⅲb	100 ≤ CTI < 175

不建议使用绝缘组Ⅲb的绝缘材料。如果使用这种绝缘材料，所需的最小爬电距离应乘以1.6。

如果有发生电解液的泄漏可能，爬电距离满足以下要求：

1）电池包两个高压连接端子间的爬电距离：

$$d \geq 0.25U + 5$$

式中，d为被测电池包两个高压连接端子间的爬电距离（mm）；U为电池包两个高压两个连接端子间的电压差（电池包电压最大值）(V)。

2）电池包高压连接端子与车身地之间的爬电距离：

$$d \geq 0.125U + 5$$

式中，d为被测连接端子与车身地之间的爬电距离（mm）；U为电池包两个高压两个连接端子间的电压差（电池包电压最大值）(V)。

（4）防护等级

动力电池系统应具有一定的防护等级，具体要求：

1）导电外壳，盖子应使人不可接触带电部件。

2）带电部件的保护盖应固定安全，并且在操作中不能松动。

3）保护盖的移动和打开应只能通过工具才能实现。

4）可导电外壳、盖子应依据Ⅰ类设备来设计；不导电外壳、盖子应依据Ⅱ类设备来设计，带双重或加强绝缘。

注：Ⅰ类设备是依靠基本绝缘对带电部件进行防触电保护，并把这个设备中外露可导电部件与保护导体相连的设备；Ⅱ类设备是使用双重绝缘或加强绝缘进行防触电保护的设备。

动力蓄电池系统高低压插接器连接完好后，应满足一定的防护等级，动力蓄电池系统上的插接器或者连接线束在断开时应满足IPXXB，在接插好后应满足IPXXD的要求，且对接状态下要求达到360°的EMC屏蔽。

在整个寿命周期内，动力蓄电池系统在正常连接高低压插接器的状态下要同时满足GB/T 4208—2017中IP67D的防护等级。

2. 电位均衡

动力蓄电池包暴露的导电部件应连接到车辆地线上，等电势电阻应小于40mΩ，电池包上的所有可接触的导电金属部件（比如模组金属端板/侧板、电池箱体金属上盖、金属支架、水冷板等），都必须与电池箱体是等电位连接的。对于等电位连接所用的导体（比如接地线等），要求其颜色是黑色，便于维修和拆卸时辨认。等电位连接的螺栓或线束还需要满足一定截面积大小的要求，一般要求等电位连接的导线或螺栓其截面积总和需大于等于电池系统中高压导线截面积。

3. 电连接可靠性设计

动力蓄电池系统内部主回路各电连接部分应具有有效的低阻抗设计，确保在整个生命周期内保持连接低阻抗的可靠性，连接失效后需要有设计方案如温度检测（温度检测偏差＜±5℃）用于识别失效。动力蓄电池系统内线束高低压连接端子与电线连接应牢固。

（1）系统过流能力

1）电池系统内部主回路各连接部分应具有在整个生命周期内承受系统最大持续电流的能力。

2）电连接面积选择考虑温升和老化要求。

（2）电气连接可靠性

1）电池系统内部主回路各电连接部分应具有有效的设计。

2）电池系统内部主回路各电连接部分的连接阻抗应具备明确的指标及检测方法，以便在生产及维护时进行检测。

3）电池系统内线束高低压连接端子与电线连接应牢固，应满足 QC/T 29106 汽车电线束技术条件中的规定。

4）插接器需要具有一个锁紧装置以避免分离或接触不良。高压插接器应具有高压互锁功能。

5.5.8 动力蓄电池系统的法规要求与试验

1. 安全性法规与试验

动力蓄电池是电动汽车能源供给的核心，它的安全运行对整车安全起着至关重要的作用。动力蓄电池不仅要保证在正常工作时的安全，还要保证在过充电、短路、火烧等滥用情况下的安全。安全性试验最重要的目的在于验证动力蓄电池系统保护自身的能力以及在发生危险情况下对乘员的保护能力。安全性测试包括过充电、过放电、短路、挤压、火烧、热扩散等试验，最新的国内外动力蓄电池安全性标准可见表 5-15。

表 5-15 动力蓄电池安全性标准

序号	标准号	标准名称
国标	GB 38031	电动汽车用动力蓄电池安全要求
欧盟标准	ECE R100	关于在电力传动系统特定要求方面车辆认证的统一规定
美国标准	SAE J2929	Ⅰ 纯电动和混合动力汽车用动力蓄电池系统安全性标准：锂离子可充电电池
	SAE J2464	电动和混合动力电动汽车充电储能安全和滥用试验
	UL 2580	电动汽车用动力蓄电池安全标准
	SAND 2005—3123	电动和混动汽车使用的电能储能系统滥用测试手册
国际标准	GTR 20	电动汽车安全全球技术法规
	ISO 12405-3	电动道路车辆 - 锂离子牵引电池组和系统的试验规范第 3 部分：安全性能要求
	IEC 62660-2	电动道路车辆用锂离子动力蓄电池第 2 部分：可靠性和滥用测试
	IEC 62660-3	电动道路车辆用锂离子动力蓄电池第 3 部分：安全要求
	IEC 62660-4	电动道路车辆用锂离子动力蓄电池第 4 部分：内短路可选测试方法
	IEC 61982-4	电动汽车用动力蓄电池（锂电池除外）- 镍氢电池包及模块安全要求

2. 电性能法规

动力蓄电池电性能反映了不同温度、不同充放电方式等不同使用条件下电池的能力，验证其是否符合动力蓄电池系统的设计目标，是否满足整车实际需求。电性能测试包括容量和能量测试、自放电测试、内阻和功率测试等，最新的国内外动力蓄电池电性能标准见表 5-16。

表 5-16 动力蓄电池电性能标准

序号	标准号	标准名称
国标	GB/T 31486—2015	电动汽车用蓄电池电性能要求及试验方法
	GB/T 31467.1—2015	电动汽车用锂离子动力蓄电池包和系统第 1 部分：高功率应用测试规程
	GB/T 31467.2—2015	电动汽车用锂离子动力蓄电池包和系统第 2 部分：高能量应用测试规程
国际标准	IEC 62660-1	电动道路车辆用锂离子动力蓄电池第 1 部分：性能试验
	IEC 61982	电动汽车用动力蓄电池（锂电池除外）- 性能和耐久性测试
	ISO 12405-1	电动道路车辆 - 锂离子动力蓄电池包和系统测试规程 - 第 1 部分：高功率电池
	ISO 12405-2	电动道路车辆 - 锂离子动力蓄电池包和系统测试规程 - 第 2 部分：高能量电池

3. 循环寿命标准

动力蓄电池的循环寿命直接影响整车续驶里程衰减和使用年限，是动力蓄电池的关键指标。动力蓄电池的循环寿命受到整车充放电电流、使用温度、SOC 使用区间、环境湿度的影响，需要建立一个系统的测试条件，动力蓄电池循环寿命标准见表 5-17。

表 5-17 动力蓄电池循环寿命标准

序号	标准号	标准名称
国标	GB/T 31484—2015	电动汽车用蓄电池循环寿命要求及试验方法
国际标准	IEC 62660-1	电动道路车辆用二次锂离子蓄电池：锂离子电池性能试验
	ISO 12405-1	电动道路车辆——锂离子动力蓄电池包和系统测试规程——第 1 部分：高功率电池
	ISO 12405-2	电动道路车辆——锂离子动力电池包和系统测试规程——第 2 部分：高能量电池

5.5.9 动力蓄电池的包装与运输

与消费类电池相比，动力蓄电池的能量密度更高，电芯数量更多，能量更高。当发生事故时，常规的手段无法有效控制热量的快速蔓延或阻止电池的连续爆炸，可能会产生严重后果，因此动力蓄电池在运输环境条件下的安全也需充分考虑。

1. 运输检测标准

动力蓄电池运输检测可参照联合国《关于危险货物运输的建议书——试验和标准手册》第 3 部分 38.3 款（简称 UN38.3）内容要求。当动力蓄电池为锂离子电池时，动力蓄电池运输时就需要满足联合国对锂离子电池的运输要求。

2. 包装及运输要求

（1）包装要求

1）动力蓄电池的包装应满足防潮、防振的要求，应采取措施防止动力蓄电池与同一包装内导电物质相互接触。

2）动力蓄电池内部所有零部件应按照正常生产要求进行固定。

3）动力蓄电池所有接口需进行独立保护，防止碰撞和短路。所有电气接口安装绝缘阻燃防护罩，确保接口处无金属部分裸露在外。

4）动力蓄电池设有维修开关（MSD）的，包装前确保维修开关已经取下，且维修开关接口处有绝缘材料进行包裹保护。

5）包装箱应考虑运输环境条件（公路运输、铁路运输、水路运输等情况），包装箱需经过堆码试验、跌落试验等试验测试。

6）包装箱应易于制造、装配，便于储运、机械装卸。

7）包装箱内应在指定位置装入随同动力电池提供的文件和物料。

8）包装箱应设置产品标签，包含下列内容：名称、物料编码、客户名称、制造厂名或商标等、生产日期、SN、每箱的数量、净重和毛重、堆码重量极限。

（2）运输要求

1）动力蓄电池建议在 40%SOC 以下状态运输，以 30%SOC 为宜。

2）动力蓄电池建议在 −20 ～ +45℃ 环境温度状态下运输。

3）动力蓄电池在运输过程中，电池机械接口和电气接口确保绝缘密封良好，内部接触器等开关确保电池包处于断电状态。

4）动力蓄电池在运输过程中，须远离火源、热源、高压线、易燃、易爆等危险物品，并设置高压警示标志。

5）动力蓄电池与包装箱必须完全定位锁死，包装箱与运输工具也需通过转运架等完全锁死；在运输过程中，应防止剧烈振动、冲击、暴晒、雨淋。

6）包装和运输过程中，要避免人员对动力蓄电池的踩踏和不良接触。

7）运输器具满足运输试验要求。

8）运输器具要求绝缘，防止意外短路。

9）消防设备能满足运输车辆发生紧急事故的需求。

5.6 开发案例

5.6.1 刀片电池

1. 刀片电池简介

刀片电池，顾名思义就是指电芯像刀片一样扁平且长条，再将多个"刀片形状"电芯进行组装形成电池包。刀片电池是比亚迪于 2020 年 3 月 29 日发布的产品，该电池采用磷酸铁锂正极，通过结构创新实现电池能量密度提升，使其在能量密度上媲美传统的三元电池，可谓"超级磷酸铁锂电池"。

通常来说，动力蓄电池由电芯、电池模组和电池系统三部分组成。电动汽车传统电池包内部采用的是由多个电芯组成的模组，再将模组安装到带有横梁、纵梁的外壳上，组成电池包，形成电芯-模组-电池包三级装配模式。但是这种装配模式存在空间利用率低的问题，模组、横梁、纵梁都占用了寸土寸金的电池包空间。有数据显示从电芯组装到模组的环节，模组的空间利用率一般为 80%；从模组到电池包的环节，需要布置 4～5 根用于支承电池包结构的横梁和纵梁，再加上电池包内部的盖板、托盘等结构件，这一环节的空间利用率为 50%，因此传统电池包的空间利用率仅为 40%，这大大限制了电池包能量密度的提升，且无法满足市场对电动汽车日益增长的续驶里程需求，限制电动汽车产业的进一步发展。

目前有两种主流方式来提升电池包的能量密度。一种是采用高能量密度的材料体系，如高镍三元体系。但是这类材料在高温下结构不稳定，容易引发热失控等安全问题；另一种是通过改变电池电芯形状和电池包封装形式，减小电池包的重量和占用空间，提升系统集成效率从而提升电池包的能量密度。

刀片电池正是采用第二种方式，在保障电池安全的前提下，通过改变电芯形状和排布方式，增加电芯搭载量，从而实现整体能量密度的提升。在刀片电池内部，直接去除了模组、横梁和纵梁，由电芯直接组成电池包，并承担模组和梁所起到的固定和支撑作用。因此刀片电池既是能量体，又是结构件。具体而言，刀片电池就是将电芯拉长，并固定在电池包的边框上，最终使电池包的空间利用率达到60%以上，相当于空间利用率提升了50%，使电池包的能量密度达到240W·h/L，相应地整车续驶里程也随之提升。材料体系方面，刀片电池采用磷酸铁锂体系，在材料安全方面具有天然优势，不易燃易爆，热稳定性良好，并通过特殊结构设计弥补了与三元锂电池的能量密度差距。可以说刀片电池兼具了高能量密度和高安全性，被视为下一代动力蓄电池的重要方向，可谓针对电池系统安全问题交出的一份"完美答卷"。传统电池包与刀片电池对比见图5-24和表5-18所示。

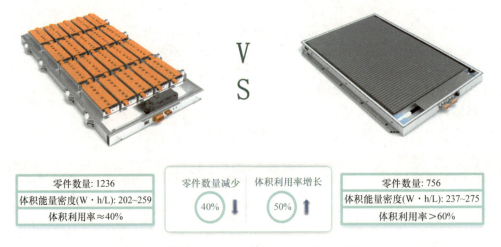

图5-24 传统电池包（左）与刀片电池（右）的对比

表5-18 传统三元锂电池包和刀片电池性能对比

类型		传统三元锂电池包	刀片电池
体积能量密度/（W·h/L）		202～259	237～275
体积成组效率（%）		40	>60
零件数量		1236	756
循环寿命		约1500次	约3000次
安全性能	针刺	起火、剧烈燃烧	不起火、不冒烟
	挤压	剧烈喷火	仅冒烟、不起火、不爆炸
	炉温	先喷射大量火星，然后剧烈燃烧	不起火、不爆炸
	过充电	大量火星喷射，剧烈燃烧	2.6倍电压过充电不起火、不爆炸
	热扩散	剧烈燃烧	仅冒烟、不起火、不爆炸

2. 刀片电池开发流程

刀片电池是在大力发展电动汽车的背景下，基于比亚迪成熟并领先的磷酸铁锂技术、比亚迪丰富的方壳电池制造经验而诞生的。

比亚迪对刀片电池的研发最早可以追溯到 2002 年，经过不断的技术革新，首款动力型磷酸铁锂动力蓄电池于 2005 年上市（图 5-25）。2008 年比亚迪推出了搭载磷酸铁锂电池的纯电动汽车 e6，并首次将磷酸铁锂电池应用到混合动力电动汽车 F3DM 上。这是比亚迪的第一代动力蓄电池系统，采用传统的电芯 - 模组 - 电池包装配模式，电池容量达到 45A·h，体积利用率为 40%。第一代动力蓄电池系统主要应用到王朝系列车型上，采用复合模组，在尽可能提高电芯成组效率的同时，也提高了电芯容量。

图 5-25　比亚迪第一代电池系统和电芯

虽然磷酸铁锂电池具有成本低、热稳定性强的优势，但是其在能量密度上存在局限性。尽管可以通过不断优化磷酸铁锂材料体系，如在磷酸铁锂电池中加入锰元素来提升磷酸铁锂电池的能量密度，但其体系能量密度上升空间已达到极限。而三元电池具有更高的能量密度，单电芯能量密度可达 200～300W·h/kg，组装成电池包系统后达到 160～200W·h/kg，可以满足市场对高续驶里程电动汽车的需求，并很快成为市场上乘用车搭载的主流动力电池。但与此同时，由电池热失控引发的电动汽车自燃现象频发，动力蓄电池的安全性能日益受到重视。随着国内电动汽车政府补贴退坡，电池行业降本增效的需求增长，能量密度、安全、成本成为动力蓄电池发展中不可忽视的三个要素。磷酸铁锂电池在安全性和成本上优于三元电池，如何提升能量密度成为其发展的关键。

面对三元电池的挑战，坚守磷酸铁锂技术路线的比亚迪从电芯工艺结构着手，通过提升系统成组效率来提升能量密度和整车续航能力。2013 年，比亚迪推出第二代动力蓄电池系统（图 5-26），将电池结构的设计思路从复合模组转向扁平化、单层模组方向，体积利用率已经提高到 45%。

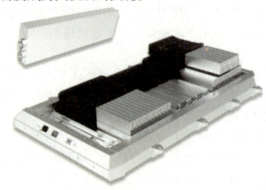

图 5-26　比亚迪第二代动力蓄电池系统和电芯

通过电池结构的不断创新和技术迭代，2020 年，比亚迪推出采用新结构、新工艺的第三代电池系统——刀片电池（图 5-27）。刀片电池通过下述策略解决磷酸铁锂电池的能量密度问题：

1）通过"压扁、拉长"外形提高电芯能量密度，减少单位体积内放置多块电芯和多颗小电芯并联带来的结构件引起的空间浪费；

2）"扁长"型电芯接触面积大，散热效果更佳，因此可以通过简化温控系统，提升电池包空间利用率；

3）通过将电极布局在电池两侧，减少布

图 5-27　比亚迪刀片电池

线长度和 Z 轴空间浪费,进一步提升空间利用率;

4)通过取消模组、电芯由立放改为侧放,精简了横梁、纵梁等支承结构件,改善电池包空间利用情况。

这一系列的策略使刀片电池的体积能量密度相比传统磷酸铁锂电池包提升了 50%,具有高安全、高强度、高体积能量密度、高功率、长寿命的特点,整车寿命可达百万公里以上。

3. 刀片电池的安全设计

刀片电池始终牢守电池安全红线,针对电池使用的内部短路、外部短路、过充电、碰撞、高压、连接、危险气体这七重安全维度,从材料安全、电气安全、热安全、机械安全、环境安全五大方面进行安全评价验证,同时也从电芯、模组、电池包、系统这四个层级构建全方位的动力蓄电池安全体系,全面确保电池安全。

(1)材料安全

刀片电池正极材料采用稳定性良好的磷酸铁锂体系。磷酸铁锂的热失控温度在 500℃以上,而 NCM 三元材料的热失控温度为 205～210℃,远低于磷酸铁锂,更容易发生材料分解,且三元材料在分解时会产生氧气,加速材料热失控进程。此外,三元材料的放热速率和总放热量也远大于磷酸铁锂,发生分解的速度更快,如图 5-28 所示。因此,刀片电池选用更为安全的磷酸铁锂材料体系,

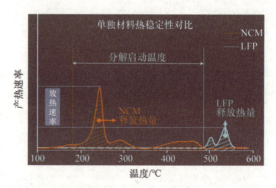

图 5-28 磷酸铁锂和三元材料热稳定性对比

能够从源头上改善动力蓄电池的热失控问题,提高动力蓄电池系统的安全性。

(2)电气安全

刀片电池主要从绝缘耐压强度和接触防护两个方面保障电气安全。绝缘耐压强度方面,采用高压绝缘设计,如图 5-29 所示,突破传统有机材料包覆的高压铜、铝排设计,添加无机非金属材料提供双重高压绝缘设计,通过内层涂覆耐高温涂层和外层添加云母,使其绝缘电阻在生命周期内和全工况条件下,满足至少 500Ω/V 的要求,保证极端情况(如在车辆冷热冲击、湿热循环、冷凝、水密封、和绝缘耐压测试后)下绝缘有效。接触防护设计方面,电池包内满足 IPXXB 的要求,高压连接部分使用绝缘盖遮盖,绝缘盖设计满足 IPXXB 的要求。

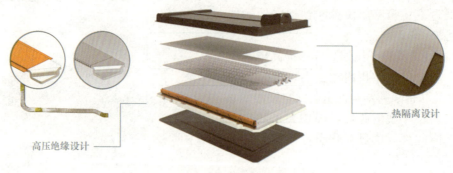

图 5-29 刀片电池电气安全和热安全设计

（3）热安全

刀片电池的热安全性能主要表现在材料选型和热隔离结构设计方面，如图 5-29 所示。选型方面，采用磷酸铁锂材料体系，降低电池热失控的风险，并采用高阻燃等级的结构件（如固定结构件、结构胶、绝缘保护盖和采样线束等），即使在热失控的极端环境下，延缓热失控的反应进程。热隔离结构设计方面，在电芯之间增加隔热材料，隔绝或延缓相邻电芯的热扩散，并通过试验验证，确定隔热材料的最佳厚度、材质；在电池包与整车之间，通过特殊的结构设计防止冷凝水聚集并实现电池包和整车的热隔离。

电芯安全方面，刀片电池在针刺试验中可以做到不冒烟、不起火、不爆炸，电池最高温度仅为 60℃，如图 5-30 所示；在挤压试验中可以做到仅冒烟、无起火、不爆炸，如图 5-31 所示；在炉温试验中，炉温梯度升温至 300℃（5℃/min），做到无起火爆炸现象，如图 5-32 所示；过充电试验中，过充电至 10V（最大电压的 2.6 倍），无起火爆炸现象，如图 5-33 所示。整体安全性能远远超出国标要求。

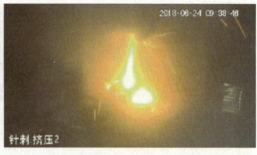

图 5-30　刀片电池（左）和三元电池（右）针刺试验结果对比

图 5-31　刀片电池（左）和三元电池（右）挤压试验结果对比

图 5-32　刀片电池（左）和三元电池（右）炉温试验结果对比

图 5-33　刀片电池（左）和三元电池（右）过充电试验结果对比

在电池系统方面，刀片电池在整个热扩散测试过程中的最高温度为 350℃，邻近电池背面温度最高约 80℃，仅冒烟，无起火，不爆炸，高于国标"热事件报警后 5min 内不起火不爆炸"的要求，如图 5-34 所示。

图 5-34　刀片电池热扩散试验前后结果对比

此外，在电池系统的冷却液泄漏测试中，可以做到在冷却液完全泄漏和密封失效后，雨水进入电池包到淹没的整个过程不发生起火，整个试验持续 45 天，全程无冒烟、起火和爆炸现象。

（4）机械安全

刀片电池的机械安全主要表现在结构强度上，具体可以分为电芯本身固定和电池包对外固定两个部分。

电芯层级，刀片电池采用薄铝壳叠片电芯增强技术。在极芯内部设置边缘功能涂层，增强边缘极片强度，防止内短路现象的发生，如图 5-35 所示。在电芯外部，通过特殊的极耳设计及电芯固定设计增强电芯强度：使用隔圈固定极耳，降低极耳弯折区影响；使用极耳模切技术，增加隔圈对电芯的支撑，如图 5-36 所示；电芯通过侧板与盖板固定，防止窜动；边梁内设置排气通道，在热失控等极端条件下，电芯防爆阀开启后内部的火焰、烟雾等可通过排气通道排出，避免对电芯造成二次伤害；且边梁采用高强度铝型材形成蜂窝结构吸收外部撞击，起到保护电芯的作用，如图 5-37 所示。多重技术结合使刀片电芯的抗冲击强度大于 $80g$。

电池包层级，创新性的使用整包三明治结构，如图 5-38 所示。基于刀片电芯超大长宽比设计开发相应的高性能黏结技术与电芯密排技术，实现电池包超高刚度、强度。高性能黏结技术方面，开发覆盖全温度范围的高性能黏结剂，全局优化涂胶轨迹，降低整包温差；开发高精度高自动化黏结剂涂覆工艺，满足刀片电池超大面积需求；开发全温度可靠性评价方法，为整包可靠性提供全面评价体系。电芯密排技术方面，采用高强度电池包边框设计，限制电芯膨胀，优化电芯膨胀间隙，延长电池包使用寿命；采用刀片电池独特长宽比

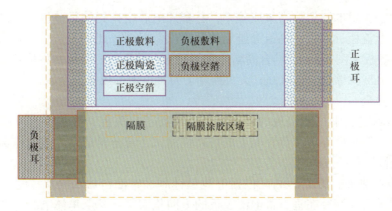

图 5-35　刀片电芯内部边缘功能涂层示意图

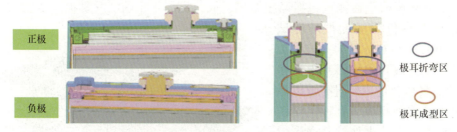

图 5-36　刀片电芯极耳结构示意图

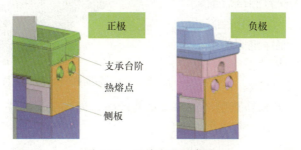

图 5-37　刀片电芯示意图

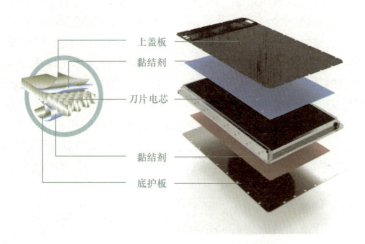

图 5-38　刀片电池内部结构示意图

大面组排设计，实现电池包超高集成效率，且多片电芯组排侧放后整包强度得到加强，电芯组排后通过上盖板、端板、侧板等避免外部撞击、振动；此外，采用轻质高强蜂窝结构的复合材料防护板（图5-39），结合高精度底部冲击、静态挤压等仿真评价技术，减少底部冲击能量可达78%。综合上述措施，大大提升了刀片电池的机械安全性。

（5）环境安全

针对在实际工况中可能出现的失效风险，进行了热失控、盐水浸泡、温度循环、冷凝、湿热循环、盐雾循环等严苛工况下的可靠性测试，充分验证刀片电池在实际环境下的可靠性与安全性。

刀片电池在热失控方面的测试包括电池包针刺、电池包盐水浸泡、电池包加热测试等，可以做到耐高温钢针在垂直蓄电池极板的方向依次贯穿三个单体电芯无起火爆炸现象产生；浸没在3.5%NaCl的溶液中2h无起火无爆炸；加热至300℃无起火爆炸现象产生。

刀片电池环境适应性测试包括温度循环、低气压、水密封、盐雾循环等测试，刀片电池经过反复高低温温度循环测试（25℃→-40℃→25℃→85℃→25℃），无起火爆炸及漏液现象；刀片电池在11.6kPa的低气压环境中经过充放电循环无起火爆炸漏液现象，且无电流锐变及电压异常；刀片电池的外壳防护等级达到IPX7级，水密封测试后绝缘电阻值符合以下条件：当电压U满足$60V \leqslant U < 500V$时，绝缘电阻值不小于$2.5M\Omega$，当电压U满足$U \geqslant 500V$时，绝缘电阻值不小于$3M\Omega$；当电池

图5-39 高强蜂窝结构的复合材料防护板示意图

经过盐雾循环测试后，开盖检查电池包内无水迹产生，内部金属器件无腐蚀现象，绝缘电阻值同样满足上述要求，且无起火爆炸现象。

4. 刀片电池技术成果

凝结了比亚迪在动力蓄电池领域近20年的研发和应用经验，集成了比亚迪从电池的原材料制取到动力蓄电池包制造的全产业链优势的刀片电池，是全球首创的兼具高能量密度和高安全防护的动力蓄电池技术。该技术打破了传统动力蓄电池系统模组的概念，突破传统涂布技术制约，攻克超薄铝壳焊接技术，成功研发出超大长宽比、厚度仅为13.5mm的刀片电池，实现了超高的体积集成效率，使磷酸铁锂电池的体积能量密度媲美三元电池，在安全性能方面遥遥领先，可谓是动力蓄电池领域的创举。为此，高性能的刀片电池作为电动汽车的"心脏"，助力比亚迪在乘用车及平台关键技术方面遥遥领先，并荣获30余项国家级、省部级奖项，如"高性能电动汽车动力系统关键技术及产业化"获得国家科学技术进步奖二等奖，"高端纯电动乘用车关键技术研发及产业化"获得中国汽车工业科学技术进步奖。

刀片电池首次搭载在比亚迪汉车型上，使汉在安全性、续驶里程、车内空间方面优势突出。在安全性方面，刀片电池具有更好的热稳定性，独特的造型和专利工艺使热量不易

聚积，电池升温缓慢；在续驶里程方面，刀片电池通过提升空间利用率和集成效率，使汉EV的电量达到79kW·h，工况续驶里程可以轻松达到605km；车内空间方面，刀片电池的特殊组排方式使其电池包垂直高度比块状电池包降低近50mm，能够确保车内具有充裕的乘坐空间，同时有利于整车造型设计。刀片电池助力汉车型在乘用车销量榜上名列前茅，并应用到比亚迪的更多车型上。

5.6.2 CTB 技术

1. CTB 技术简介

CTB 技术，全称 "Cell to Body"，是比亚迪在 2022 年提出的一种全新电池集成方式，通过将电池直接集成到车身上，进一步提升整车空间利用率和电动汽车性能。

比亚迪的 CTB 技术，是在刀片电池的基础上发展起来的。刀片电池通过取消模组、简化结构件，实现空间利用率和体积能量密度的提升。CTB 技术则是将车身地板面板与电池包上壳体合二为一，集成到电池上盖与门槛及前后横梁形成的平整密封面上，通过密封胶密封乘员舱，电池包底部通过安装点与车身组装。换而言之就是将电池系统作为一个整体与车身集成，这样既可以满足电池本身的密封及防水要求，又可以简化电池与乘员舱的密封方式，提高整车强度，同时降低电池风险。

CTB 技术将原本的"电池上盖板 - 电芯 - 底护板"结构进化为"车身踏板集成电池上盖 - 电芯 - 底护板"的整车三明治结构，如图 5-40 所示，大大简化结构，减少因车身与电池盖连接而导致的空间损失，有望进一步提高电池 - 车身整体的空间利用率。并且在 CTB 这种结构模式下，电池不仅仅是能量体，同时也作为结构体参与整车传力和受力，能够使整车侧柱碰侵入量减少 45%。

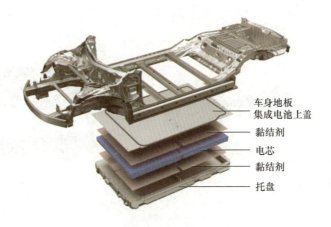

图 5-40 CTB 结构示意图

此外，CTB 技术实现了车身与电池系统的高度融合，将整车扭转刚度提升了 1 倍，使搭载 CTB 技术的纯电动汽车的车身扭转刚度可达 40000N·m/°。而整车扭转刚度的提升能够有效抑制车身振动，提高整车在实际场景如连续减速带、鹅卵石等特殊路况中的驾驶和操纵性能。CTB 技术与传统电池包的性能指标对比见表 5-19。

表 5-19 CTB 技术与传统电池包的性能指标对比

类型		CTB 电池包	传统电池包
体积能量密度/（W·h/L）		270	202～259
空间利用率（%）		66	40
扭转刚度/（N·m/°）		40500	—
轻量化系数		1.75	—
Z 向空间增加量/mm		10	—
安全性能	挤压	仅冒烟、不起火、不爆炸	起火
	底部球击	通过	起火
	热扩散	通过	起火

2. CTB 技术开发流程

（1）电池集成方式的革新

在电动汽车市场的较量中，电池的集成方式直接影响电池系统的空间利用率和能量密度，进而影响车辆续驶里程和车身重量，因而被视为电动汽车的重要发展方向之一。

传统的电池集成方式被称为 CTM，即"Cell to Module"，是将电芯集成到模组上，再由模组集成到电池包，即"电芯-模组-电池包"的配置模式，如图 5-41 所示。但是这种模组存在一个显著的问题，模组和结构件的存在不可避免占用电池包体积，使得这种配置方式的空间利用率仅为 40%，大大限制了其他部件的空间。此外，这种配置方式的模组机械强度不足，在遇到事故的时候，很容易因为电池挤压而引发电池爆炸。

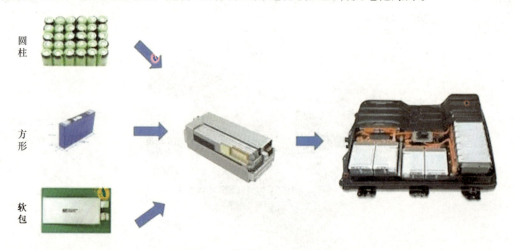

图 5-41 传统的 CTM 集成方式

为了提升电池的能量密度，缓解电池成本压力，电池装配模式不断向着高集成度的方向发展，CTP 技术应运而生。CTP 技术的全称是"Cell to Pack"，即取消模组，将电芯直接集成在电池包上，从而提升电池包的空间利用率和能量密度。其中典型的代表就是比亚迪的刀片电池，如图 5-42 所示。它通过取消模组，减少模组层级冗余的附属部件，并将超大长宽比的电芯紧密排列，像"刀片"一样直接插入电池包，实现超高的电池包体积利用率（60%）和媲美三元材料的能量密度（240W·h/L）。

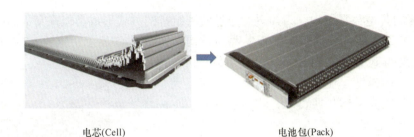

图 5-42　刀片电池的集成方式

随着电动汽车的发展，安全性受到越来越多的重视。燃油车安全性的重点在于乘员舱，但是对电动汽车而言，电池的安全性同样不可忽视，通常需要对其层层防护，与此同时，汽车的很多性能指标，如动力性、操纵性、舒适性、美观性都是相互耦合的，额外保护电池势必影响其他性能的发挥，同样限制了电动汽车的能力拓展。CTB 技术通过将电池车身一体化，如图 5-43 所示，实现了整车性能与电池安全的平衡。CTB 技术将电池上盖和车身地板进一步合二为一，从原来的刀片电池三明治结构进化为整车三明治结构，动力电池系统既是能量体，也是结构件。这种融合了车身结构和生产工艺的集成方式，是对传统车身设计的一次颠覆性变革。

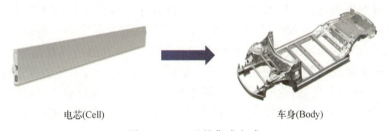

图 5-43　CTB 的集成方式

（2）CTB 技术的开发思路

CTB 技术是在刀片电池的基础上发展起来的。兼具高能量密度、高安全性、高强度的刀片电池具备本征安全，可以轻松通过针刺测试。同时，刀片电池既是能量体又是结构件，这为 CTB 技术提供了坚实的安全基础。

CTB 刀片电池采用耳熟能详的蜂窝结构（如图 5-44 所示），在提升电池系统强度的同时能够实现轻量化。蜂窝结构能将看似十分柔软的材料组成十分坚硬的结构，并且重量很轻。在蜂窝结构的基础上，延伸出蜂窝铝板。在两片薄薄的铝箔中间填充蜂窝铝芯，形成三明治结构蜂窝铝板，从而大大提升了结构强度。

图 5-44　蜂窝铝板结构

在CTB刀片电池系统中，刀片电芯通过紧密组排的方式形成类似蜂窝铝芯的结构，然后通过上盖板和底板组成类蜂窝铝板三明治结构，如图5-45所示，这让CTB刀片电池系统的结构强度得到突破。CTB刀片电池系统的高安全和高结构强度，让其不需要额外保护而牺牲其他整车性能指标。换言之，CTB技术有助于进一步提升整车性能。

CTB技术依托刀片电池自身的强度，可以进一步提升电池与车身的集成程度。传统的CTP结构的电池包上方有很大空腔，密封盖在受到气流窜动、涉水液面冲击带来的应力释放时，容易有开裂风险。CTB刀片电池系统中，电池包上密封盖板与电芯通过黏结剂融为一体，消除电池包内部空腔，集成关系图如图5-46所示，减小了电池包在受到撞击之后的形变，同时保护电池包受不到外界气流、水花、冲击等的影响，有效提升了电池系统的可靠性与安全性。电池上盖板与车身地板集成后释放出原来多层结构占用的空间，使CTB刀片电池系统的体积利用率提升至66%，系统能量密度相比CTP电池系统提升10%；电池包的超强密封盖与车身地板集成，可以节省车身底板的拼装冲压材料成本；CTB刀片电池系统中，电池包与车身融合，作为结构件参与整车传力，安全性能大幅提升；电池包与车身结合更紧密，可以有效提升整车扭转刚度。扭转刚度的提升，一方面可以提高车辆的操控性能，使车辆在转弯时车尾的跟随响应更快，车身姿态更稳定，另一方面能够有效抑制车身振动，使搭载CTB技术的汽车在通过减速带、颠簸坏路等路况时应对自如，更平稳，更舒适。

得益于CTB技术带来的技术优势，搭载CTB技术的电动汽车在安全、操控、高效和美学方面都达到了新的高度，赋予整车更强的性能表现。

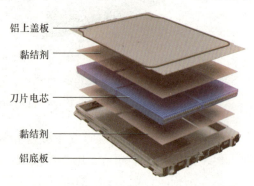

图5-45 刀片电池系统三明治类蜂窝结构

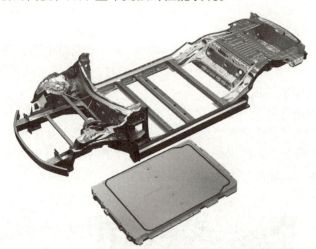

图5-46 CTB技术中刀片电池和车身的集成关系

3. CTB技术的安全设计

CTB技术在机械安全、电气安全、热安全方面进行多重优化设计，并经过在针刺、盐雾、跌落、搁底、浸水、底部球击等多种极端条件下的安全测试验证，保证其安全性。

(1) 机械安全

CTB 技术通过高强度的刀片电池、上密封盖板和地板组成"类蜂窝"三明治结构，有效提高电池系统结构强度。其中搭载 CTB 技术的海豹车型已经顺利通过 50t 重卡碾压的极端测试，如图 5-47 所示，表明 CTB 电池系统能够保证在严苛复杂条件下的结构强度。

图 5-47　CTB 刀片电池系统碾压测试

CTB 刀片电池系统中使用钢板密封盖，自身具有很高的强度，可承载强力冲击带来的应力释放，降低密封盖开裂风险，如图 5-48 所示，在电池包受到撞击后起到支撑的作用，减小其在撞击后产生的形变。

CTB 技术通过电池包上盖板与车身集成，使其作为结构件参与整车受力、传力；此外，整车中还保留了能够提供侧向强度和扭转刚度的横向钢梁，使侧向强度/扭转刚度更高，安全性能大幅提升。

图 5-48　CTB 刀片电池系统与车身集成

(2) 电气安全

CTB 技术通过密封棉、高强度结构胶将电池和车身密封为一体，大大提高密封性。同时在电池包上盖板中首次采用聚氨酯复合材料作为绝缘材料，降低因绝缘失效引起的上盖板拉弧击穿风险，确保乘员舱内人员不受伤害。在拉弧试验中（图 5-49），未加绝缘涂层的电池上盖板被拉弧击穿，加绝缘材料的上盖板无拉弧现象产生。

图 5-49 CTB 刀片电池系统拉弧试验结果

此外，CTB 刀片电池系统在电池回路中增加高压防护设计，避免了高压漏电，解决了电池系统绝缘问题。

（3）热安全

CTB 刀片电池系统底护板中添加了钢复合材料，增加电池底部防护，确保电池搁底后不冒烟、不起火。并在电池包中填充灌封胶，降低电池在极端情况下发生热失控的速度。在搁底试验中（图 5-50），设计台车经过高度为 170mm 的石头，电池包侵入量为 70mm，台车速度 50km/h，使用 CTB 技术的电池包无起火冒烟现象产生。

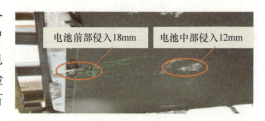

图 5-50 CTB 刀片电池包搁底试验结果

4. CTB 的技术成果

CTB 技术在集成效率、结构强度、安全等方面的优势，使得搭载 CTB 技术的比亚迪 e 平台 3.0 车型在整车性能方面实现了新的突破。特别是海豹作为首款搭载 CTB 技术的 e 平台 3.0 车型，其安全、操控、能效、舒适等性能突出。

CTB 技术超高的结构强度使整车具有更高的安全性能。CTB 刀片电池系统中由紧密排列的刀片电池、上密封盖板和底板组成"类蜂窝"三明治结构，使电池形成一个刚性体。同时 CTB 电池包上盖与车身地板集成，与车身形成一体化设计，参与整车传力，大幅提升整车安全性能。搭载 CTB 技术的海豹车型，正碰车内结构安全系数提升 50%，侧碰车内结构安全提升 45%，侧柱碰撞试验结果如图 5-51 所示。

图 5-51 海豹侧柱碰撞试验结果

CTB技术让高刚性的刀片电池和车身结合更紧密，有利于提升整车扭转刚度。海豹车身扭转刚度突破40000N·m/(°)，与豪华轿车水平相当。提升扭转刚度有利于增强整车操纵性能，海豹车型的单移线测试通过车速133km/h，最大横向稳定加速度1.1g，达到跑车级别水准。

CTB电池包的质心更均衡，同时CTB电池上盖与地板的集成降低了整车质心，整车前后轴荷达到50∶50，稳定性更高；结合中型平台的整车布置优化，降低整车惯量，提高整车响应速度。

CTB技术的超高集成，有效提高了整车空间利用率。CTB技术将车身地板与电池上盖集成后，同样的车高尺寸下垂向乘坐空间增加了10mm，有利于提升乘坐舒适性；同时可以使整车造型更为低趴，为提升空气动力学性能提供了基础。海豹的风阻系数低至0.219，有利于整车续驶里程的提升。此外，CTB技术的高空间利用率为底盘提供了充裕空间进行升级。海豹使用前双叉臂+后五连杆的高性能悬架组合（图5-52），有利于在横向、纵向、垂向三个方向上整车运动学性能的全面提升，横向侧向支撑力更强，操纵性能更好，纵向抗俯仰能力更好，垂向悬架摩擦力更低，舒适性更优。

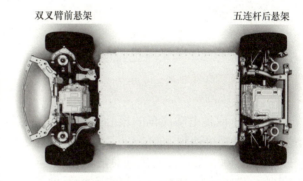

图5-52　海豹的底盘结构

CTB技术为电驱动总成的设计提供了更灵活的空间。因此，海豹车型采用前异步电机+后同步电机的高效四驱动力架构。基于这套动力架构，海豹的动力性、经济性更加出色，0—100km/h加速仅用3.8s，并且能耗低于12.7kW·h/100km。

CTB技术同样为海豹的高电压平台提供了基础。海豹采用e平台3.0的高电压电驱动升压充电方案（图5-53），能够通过高压平台提升充电功率，充分利用国标电流上限，实现宽域恒功率充电，充电15min，续驶里程提升超过300km，且兼容当前所有的公共充电桩。

图5-53　海豹的高电压电驱动升压充电架构

CTB技术的高度集成、高安全和高强度，带来了整车技术的变革，海豹正是这些先进技术的集大成者，实现了整车性能的飞跃。

第 6 章　电驱动总成的安全设计与开发

6.1　概述

电驱动总成是电动汽车的核心部件之一，决定了整车的动力输出和回馈制动能力，目前电机峰值转矩可达到 400N·m，峰值功率达 230kW，工作电压达 500~800V，峰值转速达 16000~20000r/min。电驱动总成的高转矩、高峰值功率、高电压、高转速以及深度集成等特性，对电气、机械、热等安全性带来了全新挑战。在电气安全方面，整车工作电压远超安全电压，电驱动总成存在绝缘、高压防护失效等安全风险，需要对电机绕组、控制器等的绝缘系统进行安全设计，并开发主动及被动保护功能；在机械强度方面，驱动电总成负载工况苛刻，工作转矩大，工作转速远高于传统燃油车发动机，动载荷也由于瞬时加速性能强而极大增加，需要开发高安全、高可靠机械结构；在热安全方面，电机定转子及电机控制器功率元器件发热量大，总成内部件存在热失效风险，因此需要对关键零部件进行电-磁-热耦合设计、选配耐高温高阻燃材料、开发热预警功能，并做好高温接触防护；此外，电驱动总成通常布置在前舱下部（电驱动总成前置）或下车身（电驱动总成后置），工作环境恶劣，整车运行工况复杂多变，需要在整个生命周期内适应高温、内涝、高寒、高原等环境，必须具备良好的防尘性、防水性、气密性及完善的故障保护机制。综上，电驱动总成需要基于电、磁、热、力等多物理场耦合进行综合设计，同时满足国家法律法规、功能安全等方面要求，并通过相关试验验证。

本章旨在详细说明电动汽车电驱动总成设计中需要遵循的安全要求和设计规范。首先介绍了电驱动总成的构成，阐述了目前常用电驱动总成主要部件的类型和构型。然后针对电驱动总成各主要部件的高压电、机械结构、热控制等安全性能的开发，详细论述了安全设计的项目、目标及考核标准，并介绍了其防水、防尘、气密性等防护设计要求。其次定义了电驱动总成故障触发、保护和恢复的机制和类型，分析了典型的电驱动总成故障问题及其处理策略；汇总了电驱动总成开发验证过程中涉及的主要法规和试验方法参考标准。最后，本章以比亚迪电驱动总成安全开发为例，介绍了比亚迪智能转矩控制系统（iTAC）安全设计的方法、验证技术和成果，以及比亚迪混动技术（DM-i、DM-p）的结构和控制策略的安全设计。

6.2 电驱动总成的构成

电驱动总成主要由驱动电机、电机控制器和变速器集成。其中驱动电机是将电能转换为机械能输出至变速器,以及将变速器输入的机械能转换为电能的装置;电机控制器是控制动力电池与驱动电机之间能量传输的装置,可实现动力电池的直流电与驱动电机的三相交流电之间的相互转换;变速器对驱动电机起到减速增扭作用。图 6-1 为电驱动总成结构原理图。

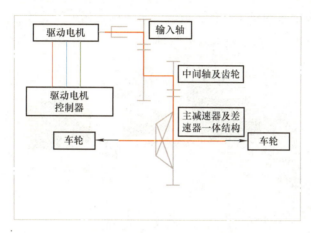

图 6-1　电驱动总成结构原理图

6.2.1　驱动电机

目前应用于电动汽车上的驱动电机主要有直流电机、感应电机、开关磁阻电机和永磁同步电机。如图 6-2 所示。

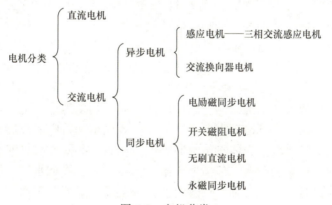

图 6-2　电机分类

其中永磁同步电机应用最为广泛。其定子绕组通三相交流电后产生旋转磁场,与转子永磁体产生的磁场相互作用,驱动转子旋转。该类型电机转子不需要电励磁同步电机的集电环和电刷结构,因而结构较为简单,降低了加工和装配费用,提高了电机的可靠性;又因转子无励磁电流,不产生励磁损耗,可以提高电机的效率和功率密度。

永磁同步电机特点如下：

1）体积小、重量轻、转动惯量小、功率密度高，利于电动汽车空间布置；

2）效率高、功率因素高、转子不需要励磁电流，没有转子铜（铝）损耗；

3）转矩惯量比大、过载能力强，尤其是低速时输出转矩大，适合汽车的起步加速。

电机除了输出动力，还能回收能量，在整车需要制动力时作为发电机使用，将机械能转化为电能，给整车动力蓄电池充电，减轻传统燃油车制动盘发热、制动能力衰减的情况，还能有效提高整车续驶里程。

驱动电机主要由定子和转子组件组成。定子组件包括电机壳体、定子铁芯和定子三相绕组；转子组件包括转子铁芯、永磁体、转轴、轴承等。驱动电机结构如图6-3所示：

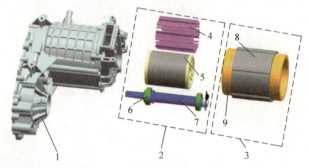

图6-3 驱动电机结构

1—电机壳体 2—转子组件 3—定子组件 4—永磁体 5—转子铁心 6—轴承
7—转轴 8—定子铁心 9—定子三相绕组

电机壳体通常由主壳体和端盖组成（根据冷却方式不同会有轻微调整），内部为定子、转子、旋转变压器等零部件提供安装支承，并对其进行防护，防护等级要求≥IP67；外部为水管硬管、排气管、三相线、旋转变压器、温度传感器等提供安装位置。电机壳体行业内通常使用压铸成型（如使用YL113等材料）、挤压成型（用6063铝合金）等方法制造。壳体壁厚要求均匀，保证毛坯件在冷却时候速度一致，减少气孔、砂眼、缩孔等不良工艺问题。一般壳体壁厚3~5mm，大转矩电机强度要求较高，壁厚可做到7mm；后续可根据电机其他性能要求调整壁厚，如针对NVH性能增加壳体壁厚来提高动刚度以减少噪声。

目前常用的壳体冷却方式有水冷、油冷和空冷。针对水冷或者油冷电机，电机壳体上设有特殊的水道结构或者油道结构，以便冷却介质能均匀地冷却电机定子，避免电机因局部过热引发电机烧蚀。空气冷却需要在电机壳体表面增加特殊的散热片结构，通过增加散热面积满足电机散热需求。壳体除了给驱动电机本身一些附件提供安装点以外，还需要给整车其他零部件提供安装凸台，包括但不限于低压线束、冷却水管、压缩机、真空泵和PTC等。在对壳体进行结构疲劳强度仿真时候需要同步考虑壳体表面的相关附件，避免壳体强度不足导致整车运行过程中驱动电机壳体开裂、破损。

电机定子主要由定子铁心和绕组两部分组成。定子绕组通三相交流电后，在铁心中形成旋转磁场，带动转子旋转。定子铁心一般由多片较薄的硅钢片叠压而成，每片硅钢片表面涂有绝缘涂层以减小涡流损耗，铁心上开有多个线槽，供绕组嵌线使用。绕组由漆包线绕制而成；漆包线由电磁线和绝缘层组成，绝缘层覆盖于电磁线表面用以避免线与线之间短路；通常将多根漆包线缠绕成一根较粗的铜线使用。漆包线按照设计的匝数嵌入定子铁心槽内并引出 U、V、W 三相线。绕组线包上绑扎温度传感器用于检测绕组温度，考虑漆包线在生产制作过程中不可控的缺陷，电机运行过程中绕组温度不能超过 150℃；当温度超过 150℃时，电机控制器应降低电机输入功率，避免因电机长期过温导致电机内部绝缘系统寿命降低，在整车寿命周期内出现电机绝缘失效，引起电机烧蚀的重大安全问题。

电机转子主要由永磁体、转子铁心、转轴、轴承、旋转变压器、隔磁板等组成。目前常用的永磁体为烧结钕铁硼材料。转子铁心与定子铁心均是由多片较薄的硅钢片叠压而成，构成磁场的主磁路。转子硅钢片（冲片）上开有永磁体（磁钢）槽，用以嵌入永磁体，为驱动电机提供主磁通；此种内嵌式永磁体结构，可以提供较大的磁阻转矩，从而提高电机功率密度。永磁体槽型通常有"V""双V""△"等形式，槽型构型及几何形状需根据电机性能要求进行匹配设计以满足不同车型需求。转子铁心中未构成磁路的区域可去除，形成减重孔或冷却油路，实现转子轻量化或提升冷却效果；同时转子硅钢片（冲片）上有连接键，与转轴配合输出转矩。转轴通过花键将转矩传递到变速器，最终输出到轮端。转轴花键分为内、外花键两种，具体型式根据与变速器配合形式确定。转轴机械强度要求很高，目前常用材料为 20CrMnTi 合金结构钢。

轴承用于装配转子总成，与电机壳体、端盖上的轴承座配合。电机轴承润滑形式有油润滑和脂润滑两种。使用脂润滑轴承电机内部不需要添加润滑油，转轴输出端不需要增加油封，可以缩短轴向空间，避免出现一系列的漏油问题；但是脂润滑轴承在高转速或大转矩下润滑效果不足，如果电机工作转速超过 15000r/min，建议考虑油润滑轴承，具体方案还需要根据整车具体工况进行轴承寿命校核判断。

旋转变压器是检测转子位置的一种传感器，为驱动电机闭环控制提供反馈信息，由旋转变压器定子与旋转变压器转子组成。旋转变压器定子固定于电机壳体上，绕有三组线圈，一组为励磁绕组、另外两组分别为正、余弦绕组；旋转变压器转子固定在电机转轴上，为椭圆形或者对称的凸凹极形状。当电机转子旋转时，旋转变压器励磁绕组会输入正弦波信号产生磁动势，同时旋转变压器定、转子间的气隙也会变化引起磁路磁导的变化，磁动势与磁导综合作用使得正弦余弦绕组反馈的电压信号有规律地变化，电控对正余弦绕组的信号进行解码得出当前电机转子位置与转速的信号。

6.2.2 电机控制器

电机控制器通过控制电机的输入电压或电流，完成对电机的驱动转矩和旋转方向的控制。直流电机依靠接触器改变电枢或磁场电流方向，实现电机旋转方向切换，存在控制电路复杂、可靠性低的问题；而交流电机则通过改变磁场三相电流的相序实现旋转方向的切换，可使控制电路简化。此外，采用交流电机及其变频调速控制技术，可以使电动汽车的制动能量回收控制更简单。

一般交流电机控制器的结构如图 6-4 所示，主要由功率器件、薄膜电容、霍尔电流传感件、插接件、控制电路、检测电路等部件构成；其中功率模块分别构成 U、V、W 三相驱动半桥，可通过控制功率器件的开关均匀地改变电机的端电压，从而控制电机电流，实现电机的无级调速。目前广泛使用的功率器件为绝缘栅双极晶体管（IGBT），而 SiC MOS-FET 功率器件凭借其高耐压、高耐温、低损耗等优点，正在逐步推广使用。

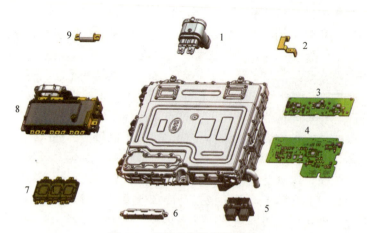

图 6-4　交流电机控制器结构

1—高压插接件　2—功率铜排　3—驱动板　4—DSP 控制电路　5—低压插接件
6—霍尔电流传感器　7—功率器件　8—薄膜电容　9—熔断器

电机控制器各主要部件在设计过程中需要实现的功能及满足的设计要求包括：

1. DSP 控制电路

电机控制器 DSP 控制电路设计主要包括：主控芯片控制电路设计、供电电源单元电路设计、旋转变压器解码单元电路设计、驱动及故障保护电路设计、CAN 通信电路设计和开关信号处理电路设计。

电动汽车电机控制器的 DSP 控制电路根据各种输入信号判断电机运行状态，并依据驾驶员意图控制电机运行。DSP 控制电路以控制芯片为核心，包括相应输入输出信号处理电路、通信电路和硬件保护电路。

在设计电动汽车电机控制器 DSP 控制电路时，一方面由于控制算法以及过流保护的需要，必须实时精确地获得电机转子位置、转速和三相线电流信息；另一方面为了计算电压利用率、提高逆变器效率以及对母线欠压、过压、过流等进行判断与保护，需要对逆变器母线电压电流进行测量。此外，出于对系统安全考虑，还需对逆变单元温度和电机温度等进行采集。

2. 驱动板

驱动板功能：

1）驱动板接收到控制板的 6 路 PWM 信号后，经过缓冲模块的施密特触发器，对控制信号进行再调制，保证信号不失真；再将调制后的信号输入到驱动模块进行信号放大，最终通过驱动模块将放大后的 6 路 PWM 信号输入到 IGBT 模块，控制三相交流输出。

2）驱动模块能够监控 IGBT 的工作状态，当检测到 PWM 信号输出逻辑有误、高压侧过压欠压、低压侧欠压、IGBT 过饱和等故障，输出故障信号至控制板，由控制板激活复位信号，关闭 PWM 波输出，并进行复位处理。

3）IGBT 模块内部置有热敏电阻（NTC），用来检测 IGBT 模块每个桥臂的工作温度。将热敏电阻接入检测模块，同时进行分压跟随采样，将温度信号输出至控制板，控制板通过采集热敏电阻的分压值来评估 IGBT 模块的工作温度，若温度超过规定阈值，控制板按照既定策略进行限矩，直至关闭 PWM 波。

4）检测模块对母线电压和三相电流进行采样，再将采样值输出到控制板，用于电机控制。

3. IGBT 模块

IGBT 的全称是绝缘栅双极晶体管，简单理解为电压控制型半导体开关，通过 IGBT，可以将电池包输出的直流电转换为电机驱动所需的三相交流电，因此被称为"电机控制器的心脏""电动汽车核心零部件"。

IGBT 模块的关键参数包括：

1）V_{CES}：在门极 - 发射极之间处于短路状态时，集电极 - 发射极间能够外加的最大电压。

2）I_{CM}：电极上集电极的容许最大直流电流。

3）V_{GES}：在集电极 - 发射极间处于短路状态时，门极 - 发射极间能够施加的最大电压。

4）T_j：使元件能够连续工作的最大芯片温度（需要设计成即使在最坏态也不超过的值）。

5）$V_{GE(th)}$：处在特定 V_{CE} 电压下，C-E 间有微小电流开始流过的 V_{GE} 值（用于作为衡量 IGBT 开始导通时的 V_{GE} 值的尺度）。

6）$V_{CE(sat)}$：在指定 V_{GE} 下，集电极流过额定电流时的 V_{CE}。

在电机控制器 IGBT 模块进行选型时，可根据以上关键参数，结合实际需求进行选型匹配，需保证在既定的散热结构下，IGBT 工作在任何工况下的结温与 V_{CE} 不能超过规格书上规定的最大值。

4. 母线电容

电容用于表征容纳电荷的本领，用字母 C 表示，容纳电荷的器件叫电容器。母线电容的作用包括：

1）当 IGBT 开通时，辅助电池/电源共同提供输入电流给 IGBT，起辅助备用电源的作用。当 IGBT 关断时，吸收关断所引起的峰尖电压，避免器件因瞬时过压而击穿，对系统起保护作用。

2）当负载陡增（如急加速等）时，对负载提供瞬时峰值功率。当负载骤减（如急刹车等）时，吸收来自电源的多余功率。

3）在 IGBT 开关动作时，使直流母线上的电压保持在一定范围内。

4）在逆变电路中，对输出电压进行平滑滤波。

变频器带感性负载时，无功能量只能靠直流环节中滤波器的储能元件来缓冲，电压型变频器用电容储能。

5. 高压插接器

高压插接器是在高压电缆间、高压电缆与高压部件间提供连接和分离功能的具有一组或者多组导体端子的部件。高压插接器关键性能参数要求如下：

1）耐压等级：高压连接系统导体与导体之间、导体与外壳之间、导体与屏蔽层之间应能承受耐电压试验电压（工频 $2U_{max}+1000$），无介质击穿或电弧现象。

2）绝缘电阻：高压连接系统导体与导体之间、导体与外壳之间、导体与屏蔽层之间的绝缘电阻应不小于 100MΩ。

3）温升：高压连接系统在正常连接工作时，系统各点温升不应大于55K。

4）载流容量：可以长时间持续工作的最大电流。

5）接触电阻：接插件连接部位的接触电阻越小，发热量越小，使用寿命越长。为了减小插接器的接触电阻及其变化，常对接触表面进行涂层处理，提高抗氧化和腐蚀能力，如喷锡、银、金等金属层。

6. 功率铜排

在交流电流作用下，电子因受磁场力的影响，使得电子沿导体表面流动，形成趋肤效应（又称集肤效应），导致导体有效的截面积减小。因而在实际设计使用中，功率铜排避免使用圆形单芯铜线，通常使用矩形铜排或者多股铜细线。

7. 电流传感器

电流传感器作为一种检测装置，能检测到被测电流的信息，并能将检测到的信息按照一定规律变换为符合一定标准需要的电信号或者其他所需形式的信息输出；霍尔传感器就是一种常见的电流检测设备，在驱动电机控制器中用来测量电机相电流的大小。电流传感器应该满足至少以下两点要求：

1）电流测量范围应覆盖电机控制器的最大输出电流。

2）电流测量精度应足够高，以满足电机控制器对转矩控制精度的要求。

8. 泄放电阻

泄放电阻用于释放母线电容中的能量，使母线电容两端电压在规定时间内下降至安全电压以下，因此泄放电阻的设计应至少满足以下两点要求：

1）泄放电阻的阻值能够使电机控制器满足泄放时间的技术要求。

2）泄放电阻能承受的最大发热功率应大于它实际的发热功率。

6.2.3 变速器

变速器是用来改变来自动力源（发动机或者驱动电机）的转速和转矩的机构，它能固定或分档改变输出轴和输入轴传动比。

1. 变速器的功用

（1）减速与变速

汽车起步与行驶时，要求作用在驱动轮上的驱动力足以克服各种外部阻力，如地面对车轮滚动的阻力和空气对车身的阻力等。如果汽车发动机或驱动电机直接驱动车轮，由于车轮得到的驱动转矩很小，无法令汽车行驶；另一方面，发动机、驱动电机等动力源转速较高，一般为每分钟数千转（驱动电机可以达到上万转），如果这一转速直接作用在车轮上，汽车将达到几百公里的时速，如此高的车速是不实用的，也没有实现的可行性。因此，要求传动系统应具有减速增矩的作用，使驱动轮的转速降低到发动机、驱动电机转速的若干分之一，相应地使驱动轮的转矩增大到发动机或驱动电机转矩的若干倍。一般把驱动轮得到的转矩与发动机或驱动电机的输入转矩之比（或者发动机或驱动电机转速与驱动轮转速之比）称为传动系统的传动比。

（2）实现汽车倒车

汽车除了前进以外，在某些情况下还需要倒向行驶，而发动机是不能反向旋转的，这就要求传动系统能够改变驱动轮的传动方向，以实现汽车的倒向行驶，一般是在变速器中设置一个倒档；而驱动电机可以由控制器实现反向旋转，故电动汽车的变速器无须设置倒档机构。

（3）中断动力传递

在起动发动机后、汽车行进过程中换档以及对汽车进行制动时，要暂时切断动力的传动路径。为满足此要求，在发动机与变速器之间设置一个可由驾驶员控制的两者断开或逐步结合的结构，称为离合器。另外在变速器中设置空档，即各档位齿轮都处于非传动状态，满足汽车在发动机不停止运转时能长时间中断动力传递。

（4）差速

汽车在转弯行驶时，左右驱动车轮在同一时间内滚过的距离不同，如果两侧的驱动轮用一根刚性轴驱动，则两轮转动的角速度必然相同，使汽车车轮在转弯时产生相对于地面的滑动，这将使转向困难，汽车的动力消耗增加，传动系统内部某些零部件和轮胎磨损加剧。为避免这些情况的出现，在变速器内（或驱动桥内）布置了差速器，使左右驱动车轮以不同的角速度旋转。动力由主变速器传递到差速器，由差速器分配给左右半轴，最后传到轮端。

2. 变速器的类型

根据工作原理的不同，目前电动汽车中常用的变速器有如下几种形式：

（1）单档变速器

传动变速器因发动机输出转矩以及转速变化范围小，为了适应整车复杂的使用工况，通过不同齿轮组啮合以达到变速、倒车等功能。相对于传动燃油汽车，纯电动汽车采用驱动电机驱动，由于驱动电机具有启动转矩大、转速范围广且高效区间广的特点，目前电动汽车上的大部分采用了固定速比的单档变速器（也称减速器）即可满足要求。

单档变速器一般有平行轴式和同轴式两种。其中平行轴式单档变速器通常采用两级固定齿数比的齿轮传动，而同轴式单档变速器通常采用行星齿轮结构传动。

（2）两档或多档变速器

在部分电动汽车上的电驱动总成也配有两档或多档变速器，与单档变速器相比，该构型变速器增加了一组或多组固定速比齿轮，并增加了同步器或离合器、执行结构（如拨叉、换档电机）、换档电机控制器等，实现电驱动总成档位自动切换。两档或多档变速器可拓宽驱动电机的高效区覆盖范围，提升电驱动总成综合效率，增加整车续驶里程。一般情况下，一档时轮端转矩输出更大，可以提升整车动力性（如起步加速性能、爬坡性能），高档位时可提升最高车速并提高驱动电机工作效率。

3. 变速器的组成

变速器主要由传动机构和操纵机构两部分构成：

（1）传动机构

传动机构大多采用普通齿轮，也有的用行星齿轮，主要作用是改变转矩、转速和方向，通过差速器实现差速功能；

（2）操纵机构

操纵机构包含换档杆、换档拨叉、换档电机等，主要作用是控制传动机构，实现变速器换档，以达到改变转速和转矩的目的。

6.3 电驱动总成的高压电安全

相对于传统内燃机汽车而言，电动汽车一般有高达几百伏的电气系统，超过了安全直流电压限值（直流60V），如不采用合理的设计和防护，将可能带来人员电击等高压安全问题。在高压安全方面应主要考虑绝缘电阻、耐电压、屏蔽与接地、高压放电、高压电防护与警示、高压互锁、碰撞后安全、电气间隙与爬电距离、高压接口安全、低压线束连接安全等技术要求和措施。

6.3.1 绝缘电阻要求

1. 驱动电机定子绕组对机壳绝缘电阻要求

驱动电机定子绕组对机壳的冷态绝缘电阻值应大于20MΩ，热态绝缘电阻值应不低于按式（6-1）计算的值：

$$R = \frac{U_{dmax}}{1000 + P/100} \qquad (6-1)$$

式中，R 为驱动电机定子绕组对机壳的热态绝缘电阻（MΩ）；U_{dmax} 为最高工作电压（V），为直流母线电压最高值；P 为驱动电机的持续功率（kW）。

按上式计算的绝缘电阻低于0.38MΩ时，则取0.38MΩ。

2. 驱动电机定子绕组对温度传感器绝缘电阻要求

若驱动电机的温度传感器固定于定子绕组中，驱动电机绕组对温度传感器的冷态绝缘电阻值应大于20MΩ，热态绝缘电阻值应不低于式（6-1）的计算值，若按该式计算的绝缘电阻低于0.38MΩ，则取0.38MΩ。

3. 驱动电机控制器绝缘电阻要求

B级电压的驱动电机控制器动力端子与外壳、动力端子与信号端子之间的冷态及热态绝缘电阻均不应小于5MΩ，信号端子与外壳之间的冷态及热态绝缘电阻不应小于1MΩ。以上测量应按照最高工作电压选择兆欧表。

若高压器件由几个分立器件组成，分立器件的绝缘电阻等级应高于他们组成的器件的绝缘等级；绝缘电阻等于所有并联的高压触点与汽车地线间电阻、高压正极和汽车地线间电阻以及高压负极和汽车地线间电阻的合成电阻。绝缘电阻的要求适用于待使用的高压器件。高压器件的绝缘电阻在整个生命周期内都应该符合要求。

4. 绝缘监测要求

通常电池包内部集成的绝缘监测功能可以针对整车高压系统的直流侧绝缘情况进行监测和报警，建议驱动电机控制器具有交流侧绝缘监测功能。

6.3.2 耐高压要求

电驱动总成耐压测试需要按照电驱动总成的最高工作电压设定测试电压，并根据冷态、热态制定不同要求，具体如下：

1. 驱动电机绕组的匝间冲击耐电压要求

应符合GB/T 18488.1—2015《电动汽车用驱动电机系统 第1部分：技术条件》中

5.2.8.1条的规定，驱动电机绕组匝间耐压试验冲击试验电压的峰值应满足以下要求：

1）驱动电机电枢绕组匝间绝缘冲击试验电压峰值应不低于按式（6-2）的计算值（有刷直流电机的电枢除外），并按四舍五入原则修约到百数位（百伏）的数值。

$$U_\text{T} = -2.7 \times U_\text{G} \qquad (6-2)$$

式中，U_T为驱动电机绕组匝间绝缘冲击试验电压峰值（V）；U_G为驱动电机绕组对地绝缘工频耐电压试验值（有效值V）。

2）驱动电机励磁绕组匝间绝缘冲击试验电压峰值：对于驱动电机的励磁绕组，其匝间绝缘冲击试验电压峰值一般不低于式（6-2）的规定，当绕组总匝数为6匝及以下时，其冲击试验电压峰值为250×被试绕组的总匝数，单位为伏（V），最低应为1000V。

此外，以上电枢和励磁绕组匝间耐压试验冲击试验电压，除了电压峰值要求外，其波前时间建议为 $0.2^{+0.3}_{-0.1}$ μs 和 $1.2^{+0.3}_{-0.3}$ μs，优先推荐0.2μs。通过驱动电机绕组匝间冲击耐压试验测得的参考绕组与被试绕组放电波形，应为两条无显著差异的正常衰减振荡波形。

2. 驱动电机绕组对机壳的工频耐电压要求

应符合GB/T 18488.1—2015的规定，最高工作电压是指直流母线电压最高值。漏电流控制值按照技术文件要求执行。驱动电机绕组应能满足表6-1规定耐压限值的工频正弦耐电压试验，无击穿现象，漏电流限值应符合产品技术文件规定。

表6-1 驱动电机绕组对机壳工频耐电压限值

序号	驱动电机或部件	试验电压（有效值）
1	持续功率小于1kW且最高工作电压小于100V的驱动电机的电枢绕组	500V + 2倍最高工作电压
2	持续功率不低于1kW或最高工作电压不低于100V的驱动电机的电枢绕组	1000V + 2倍最高工作电压，最低为1500V
3	驱动电机的励磁磁场绕组	1000V + 2倍最高励磁电压，最低为1500V

3. 驱动电机绕组对温度传感器的工频耐电压要求

温度传感器对驱动电机壳体的工频耐电压测试要求和限值应符合GB/T 18488.1—2015中5.2.8.2.2条的规定，若驱动电机的温度传感器固定在定子绕组中，驱动电机绕组对温度传感器应能承受1500V的工频耐电压试验，无击穿现象，漏电流应不高于5mA。

4. 驱动电机工频耐电压测试电压及测试次数的要求

驱动电机的工频耐电压应仅对成品电机进行测试，验收时避免对绕组重复进行全值耐压测试。如果应客户要求进行第二次或多次耐压测试时，试验电压值应为前一次测试电压值的80%，直到测试电压降至AC 1500V最低试验电压，测试时间为1min。

对于完全重绕的绕组，等同新驱动电机对待，采用全值耐电压测试。

对于部分重绕的绕组或经过大修后的电机进行耐电压试验，则推荐采用下述细则：

1）对部分重绕绕组的试验电压值为新驱动电机试验电压值的75%。试验前，对旧的绕组应仔细地清洗并烘干。

2）对经过大修的驱动电机，在清洗和烘干后，应承受1.5倍额定电压的试验电压，如额定电压为AC 100V及以上时，试验电压至少为AC 1000V，如果额定电压为AC 100V以下时，试验电压至少为 AC 500V。

5. 驱动电机控制器工频耐电压要求

在产品认证时，驱动电机控制器需按照 GB/T 18488.1—2015 中 5.2.8.2.3 条的规定进行工频耐压测试。对于有 Y 电容的驱动电机控制器，允许出厂检验进行直流耐压测试，测试值为规定工频耐压值的 1.414 倍。

驱动电机控制器动力端子与外壳、动力端子与信号端子之间，应能耐受表 6-2 所规定的试验电压，驱动电机控制器信号端子与外壳之间，应能耐受 500V 的工频耐电压试验。驱动电机控制器动力端子与外壳、动力端子与信号端子、信号端子与外壳间的工频耐电压试验持续时间为 1min，无击穿现象，漏电流限值应符合产品技术文件规定。对于驱动电机控制器信号地与外壳短接的控制器，只需进行驱动电机控制器动力端子与外壳件的工频耐电压测试。

控制器整机装配完成后必须先进行绝缘和耐电压检测，测试通过以后才允许上高压运行。

1）耐电压测试要求如表 6-2。

表 6-2 驱动电机控制器动力端子与外壳间、动力端子与信号端子间工频耐电压限制

最高工作电压 U_{dmax}/V	试验电压（有效值）/V
$U_{dmax} \leq 60$	500
$60 < U_{dmax} \leq 125$	1000
$125 < U_{dmax} \leq 250$	1500
$250 < U_{dmax} \leq 500$	2000
$U_{dmax} > 500$	$1000 + 2 \times U_{dmax}$

2）试验过程和试验方法如下：试验过程中，驱动电机控制器的各个动力端子应短接，各个信号端子应短接。根据表 6-2 的要求设置试验电压，在驱动电机控制器动力端子与外壳、控制器信号端子与外、控制器动力端子与控制器信号端子之间进行试验。对于控制器信号地与外壳短接的情况，不进行控制器信号端子与外壳的耐电压测试。

在驱动电机控制器动力端子与外壳，以及控制器信号端子与外壳的耐电压试验过程中，不参加实验的其他端子或部件应与外壳连接，外壳接地。在驱动电机控制器动力端子与控制器信号端子之间的耐电压试验过程中，动力端子和不参加实验的其他元件应与外壳连接，外壳接地。对有些因电磁场感应等情况而导致高电压进入低压电路的部件（如脉冲变压器、互感器等），可在试验前予以隔离或者拔除。记录试验过程中漏电流的大小。

3）漏电流限值按照技术文件要求执行，因耐压测试对某些器件产生一定的损伤，会影响器件的使用寿命，所以应尽量减少耐压测试的次数。如果应客户需求进行第二次或多次耐压测试时，试验电压值应为前一次测试电压值的 80%，直到测试电压降至 AC 1500V 最低试验电压，测试时间为 1min。

6.3.3 屏蔽与接地

1. 高压线束屏蔽与接地要求

驱动电机电控高压线束连接系统应带有屏蔽层，屏蔽层两端与高压部件外壳有效接地，实现电缆两端全方位屏蔽，每端接地电阻不大于 40mΩ。高压屏蔽电缆层应满足整车电磁兼容要求。

2. 低压线束屏蔽与接地要求

旋变位置传感器线束应采用双绞线,并外套屏蔽层,建议屏蔽层两端良好接地。电机控制器 CAN 通信线束建议使用屏蔽双绞线,屏蔽层在电机控制器端应良好接地,或者按照技术文件要求执行。

3. 驱动电机、驱动电机控制器及其他功率控制器外壳接地要求

驱动电机、驱动电机控制器及其他功率控制器产品金属外壳的接地电阻应不大于 100mΩ。驱动电机机座、控制器壳体等与底盘或者车身地之间应有永久、可靠和良好的电气连接。接地线端子的连接应可靠锁紧并具备防松功能。

4. 等电位连接

驱动电机系统的典型高压拓扑如图 6-5 所示。当高压部件正负极均出现绝缘问题(如正负极同时与外壳短路或局部漏电)的情况下,为满足人员防触电要求,驱动电机系统可导电外壳(遮栏)与整车电气地应实现可靠的等电位联结。

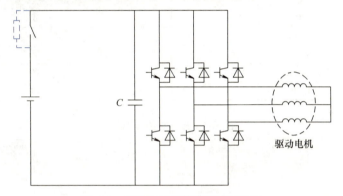

图 6-5 驱动电机系统典型高压拓扑

等电位联结形式可采用如下三种方式连接,如图 6-6 所示:
1) 通过导体:如可导电的支架。
2) 电线束:如等电位联结线,颜色为棕色。
3) 直接连接:驱动电机控制器直接通过螺栓与电平台相连或者焊接在车身上。

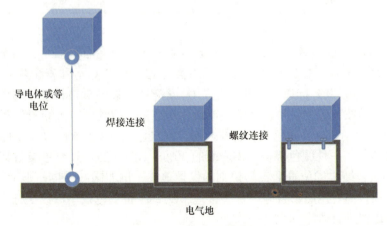

图 6-6 等电位联结形式

等电位联结要求：

1）阻值要求：电机系统的可导电外壳（遮栏）与整车电平台之间的电阻应小于100mΩ。电驱动总成壳体任意两点之间的等电势电阻应小于10mΩ，直至其寿命终结。

2）短路电流：等电位联结应承载短路电流直至过流保护做出动作。

3）寿命：等电位的电阻需保持直至高压元件的指定寿命时间末。

4）连接要求：对于与车身地紧固的等电位联结形式，等电位联结线及螺栓应耐腐蚀，并且不允许自动松开。

5）接地端子不应兼作他用。

6）接地端子的螺栓和整车接地导线应有足够截面积，接地螺栓最小直径按表6-3的规定，接地导线截面积按表6-4的规定。

表6-3 保护接地螺栓最小直径

电机额定电流/A	保护接地螺栓最小直径/mm
≤20	4
20～200	6
200～630	8
630～1000	10
>1000	12

表6-4 接地导线截面积

相线截面积/mm²	接地导线或防护导线截面积/mm²	相线截面积/mm²	接地导线或防护导线截面积/mm²
4	4	95	50
6	6	120	70
10	10	150	70
16	16	185	95
25	25	240	120
35	25	300	150
50	25	400	185
70	35		

5. 接地要求

接地点应有明显的接地标志。若无特定的接地点，应在有代表性的位置设置接地标志。接地标志依据GB/T 4026—2019《人机界面标志标识的基本和安全规则 设备端子、导体终端和导体的标识》标以"保护接地"⏚形符号，必要时再设置字母符号"PE"标志。这些标志不应放在螺栓、可拆卸的垫圈或用作连接导线的可能拆卸的零部件上。

保护地线应使用绿-黄双色组合标识。绿-黄双色组合应做到：在使用颜色标识的任一15mm长导体上，一种颜色覆盖导体表面的30%～70%，另一种颜色覆盖其余表面。

对于从形状、结构或位置上容易识别的保护地线，例如同心导体，则不需要在导体全长使用颜色标识。但宜用图形符号"保护接地"⏚绿-黄双色或字母数字符号PE，在其端部或易触及的部位进行清晰标识。

如果外部导电部分用作PE导体，不需要使用颜色标识。

6.3.4 高压放电

在高压回路断开后，由于电机控制器内部储能器件存在剩余能量，如母线电容等，储能器件内部高压并不会立即消失，而是缓慢下降，在常规维护或者售后维修时可能导致高压电击，造成人员伤亡。因此，为避免如上事故，电机系统需同时具备主动放电和被动放电功能，即使主动放电失效，被动放电依然有效，且在规定时间内必须降到安全电压以下，具体要求如下：

1. 主动放电要求

在电动汽车中使用的电机控制器输入端电压通常高于安全电压，为保护人身安全，要求在电机控制器的直流侧电容须配有放电电路，以快速降低直流侧电容的电压。电驱动总成必须具备主动放电功能。主动放电可以通过电机绕组或者外接专用放电电阻实施。

按照 GB/T 18488.1—2015 中 5.5.3 条的要求，当对驱动电机控制器有主动放电要求时，驱动电机控制器支撑电容放电时间应不超过 3s。当 B 级电压系统断电后，应在 3 s 内将直流母线电压降至安全水平（DC 60V 以下）。

2. 被动放电要求

电驱动总成还应具备被动放电的功能，在直流侧接入被动放电元器件实施。即使主动放电功能无法完成，被动放电装置仍可对直流侧电容进行放电。此功能必须始终有效，而非被触发后才有效。按照 GB/T 18488.1—2015 中 5.5.3 条的被动放电要求，当 B 级电压系统断电后，应在 5min 内将直流母线电压降至安全水平（DC 60V 以下）。

6.3.5 高压电防护与警示

1. 高压警告标记要求

应满足 GB/T 18384—2020 5.1 章节的内容。当移开遮栏或外壳可以露出 B 级电压带电部分时，遮栏和外壳上也应有清晰可见的高压警告标记。标记示例如图 6-7 所示。符号的底色为黄色，边框和箭头为黑色。当评估是否需要此符号时，应当考虑遮栏/外壳可进入和可移开的情况。

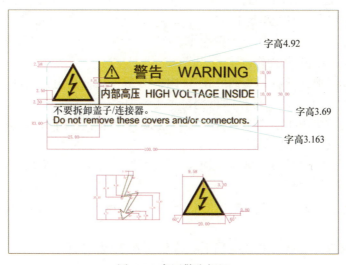

图 6-7　高压警告标记

2. B 级电压电线标记要求

应满足 GB/T 18384—2020 关于 5.2 章节的要求，B 级电压电路中电缆和线束的外皮应用橙色加以区别，外壳里面或遮栏后面的除外。B 级电压插接器可通过与之连接的线束来区分。

3. 直接接触防护要求

直接接触防护要求是为了避免人员与带电部件直接接触而发生触电事故。直接接触防护可以通过 B 级电压部件的遮栏和外壳，实现人员与 B 级电压带电部分的物理隔离。除了 B 级电压部件的遮栏和外壳，高压插接器、高压维修开关在插接 / 耦合及断开 / 非耦合状态下，都应该满足相应的要求。

在进行直接接触防护测试过程中，车辆应处于整车断电状态，且车辆所有遮栏和外壳应完好。测试过程中，检测人员在不使用其他工具的前提下，按照 IPXXD 和 IPXXB 的测试方法，仅使用探针或试验指对车外和车内的开口和插接器等进行 IP 等级测试。此外，可通过目测并结合制造商说明，验证插接器、高压维修断开装置以及车辆充电插座对于直接接触防护要求的符合性。

（1）遮栏外壳要求

如果通过遮栏或外壳提供触电防护，则 B 级带电部分应布置在外壳里或遮栏后，防止从任何方向上接近带电部分。遮栏和外壳需要满足如下两点要求：

1）乘客舱内、货舱内的遮栏和外壳应满足 IPXXD 的防护等级要求，乘客舱外、货舱外的遮栏和外壳应满足 IPXXB 的防护等级要求。

2）通常遮栏和外壳只能通过工具才能打开或者去掉；若遮栏和外壳在使用不适用工具的情况下可以打开或者去掉，则要有某种方法使其中的 B 级电压带电部分在遮栏和外壳打开后 3s 内至少满足如下两种要求之一：

① 交流电路电压应降到不超过 30V（有效值），直流电路电压应降到不超过 60V。

② B 级电路存储总能量小于 0.2J。

（2）插接器要求

高压插接器在装配完好时，应满足 IPXXD 防护等级要求。如果高压插接器可以徒手打开，需要至少满足以下三个条件之一：

1）在处于非耦合状态下满足 IPXXB 的防护等级要求。

2）高压插接器的分开需要至少两个非连接的步骤，且需要先打开某个机械锁止机构才能进行高压插接器的打开操作。

3）高压插接器被分开后，车辆应在 3s 内将 B 级电压回路电压下降到 AC 30V（有效值）以及 DC 60V 以下，或电路存储总能量小于 0.2J。

选用的配对耦合高压插接器物理结构上的连接引导部分应不同，以满足防错插功能。

（3）高压维修断开装置要求

如果车辆具有高压维修开关且高压维修开关可以被徒手打开或者拔出，那么高压维修开关至少满足一下两个条件之一：

1）在高压维修开关被打开或拔出的状态下，高压维修开关的车辆端应满足 IPXXB 的防护等级要求。

2）在高压维修开关被打开或拔出后，车辆应在 3s 内将 B 级电压回路电压下降到 AC 30V（有效值）以及 DC 60V 以下，或电路存储总能量小于 0.2J。

对于未配备高压维修开关的车辆，需通过其他措施来保障 3s 内将 B 级电压回路电压下降到 AC 30V（有效值）以及 DC 60V 以下，如断开 12V 电源、电子维修开关等。

6.3.6 高压互锁

高压互锁是用低压信号监视高压回路完整性的一种安全设计方法。该互锁回路首尾连接在自动断开装置上，当高压电气回路上任何一个高压防护罩或插接件从回路上断开，就会触发一个低压电信号，高压立即被断开，且高压系统不能再次上电。对于满足防护等级 IPXXB 的高压接插件和可拆卸的外壳应采用高压互锁措施；如没有互锁措施，应能保证先触发高压系统切断并保证外壳拆掉前有足够的时间使高压系统电压低于 60V。高压互锁形式多样，可以用公母端接插件对配、微动开关或机械互锁等。推荐乘用车产品具备高压互锁功能，建议商用车产品选用高压互锁功能。如果高压接线系统具备高压互锁功能，系统的功率端子和信号端子应满足：

1）高压连接系统连接时，功率端子先接通，信号端子后接通。
2）高压连接系统断开时，信号端子先断开，功率端子后断开。

6.3.7 碰撞后安全

如果整车使用过程中发出碰撞，电驱动总成需保障不发生电泄漏；在电驱动总成设计时，需保障碰撞侵入量不会导致高压短路、拉弧、起火等；同时在碰撞时电驱动总成需根据整车控制系统指令执行一个或多个保护措施。

1）驱动电机控制器切断负载电流，无功率输出。
2）电驱动总成激活无负载状态。
3）激活电驱动总成安全状态。
4）对高压电路主动放电。

具体指标要求如下：

1）当高压系统切断时，必须立即根据整车控制系统要求开始高压回路的主动放电。
2）在碰撞信号发出的 3s 内，高压回路的电压应≤ AC 30V 或 DC 60V。

为了防止直接接触高压带电部位，碰撞后车辆应有 IPXXB 级别的保护。

如果交流高压线束和直流高压线束是互相传导绝缘的，高压线束与电平台之间的绝缘电阻对于直流线束来说，最小值应为 100Ω/V；对于交流线束来说，最小值应为 500Ω/V。

如果交流高压线束和直流高压线束是互相传导连接的，高压线束与电平台之间的绝缘电阻的最小值应为 500Ω/V。如果在碰撞之后，所有交流高压线束的保护级别达到 IPXXB，或交流电压≤ 30V，则高压线束与电平台之间的绝缘电阻的最小值应为 100Ω/V。

6.3.8 电驱动总成电气间隙和爬电距离要求

电气间隙为两导电部件之间在空气中的最短距离，与产品冲击耐受电压、污染等级、海拔高度有关。对电驱动总成的高压部件，包括电机及控制器，在设计时均需要考虑电气间隙和爬电距离要求。

1. 电机爬电距离和电气间隙要求

根据电机的耐压等级和海拔高度确定电机的电气间隙和爬电距离。对于电动汽车常用的低压电机，其电气间隙与爬电距离要求如下：

1）下列电气间隙和爬电距离应不小于表 6-5 的规定。否则应符合第 2）～4）条的规定：

① 通过绝缘材料表面及空间的。

② 不同电压的裸露带电部件之间或不同极性之间的。

③ 裸露的带电部件（包括电磁线）和驱动电机工作时接地（或可能接地）的部件之间的。

2）仅对有电刷电机的静止部件（如刷握），处在换向器和滑环的区域中，由于炭灰的沉积（如：在刷握绝缘上），其电气间隙和爬电距离应大于表 6-5 的规定，并至少应增加 50%，否则应提供合适的隔板、套环或类似的部件。

3）第 2）条所规定的增加电气间隙和爬电距离的要求不适用于机座号大于 90 的电机。

4）绕线转子电机的转子绕组及离心开关，其电气间隙和爬电距离可能会小于表 6-5 的规定，但应保证不会产生有害的后果。

表 6-5　裸带电部件的最小间距

相关部件	涉及的最高电压 /V	最小间距 /mm					
		不同电压的裸带电件之间		非载流金属与裸带电件之间		可移动的金属罩与裸带电件之间	
		电气间隙	爬电距离	电气间隙	爬电距离	电气间隙	爬电距离
机座号 90 及以下的电机							
接线端子	31～375	6.3	6.3	3.2	6.3	3.2	6.3
	＞375～750	6.3	6.3	6.3	6.3	9.8	9.8
除接线端子外的其他零件，包括与这类端子联结的板和棒	31～375	1.6	2.4	1.6	2.4	3.2	6.3
	＞375～750	3.2	6.3	3.2*	6.3*	6.3	6.3
机座号大于 90 的电机							
接线端子	31～375	6.3	6.3	3.2	6.3	6.3	6.3
	＞375～750	9.5	9.5	9.5	9.5	9.8	9.8
除接线端子外的其他零件，包括与这类端子联结的板和棒	31～375	3.2	6.3	3.2*	6.3*	6.3	6.3
	＞375～750	6.3	9.5	6.3*	9.5*	9.8	9.8

注：* 电磁线被认为是一个非绝缘的带电部件，然而，在电压不超过 375V 的地方，被可靠固定并保持就位在线圈上的电磁线与不带电的金属部件之间，通过空气或表面的最小间距为 2.4mm 是合格的。在电压不超过 750V 的地方，当线圈已进行适当浸漆处理或被囊封，2.4mm 的间距是合格的。

固体带电器件（例如在金属盒子中的二极管和可控硅）与支撑的金属面之间的爬电距离，可以是表 6-5 规定值的一半，但不得小于 1.6mm。

5）导线插接器，包括压力型连接（快速连接型）应防止转动或移动，以防电气间隙和爬电距离减小到小于第1）条的规定。除非插接器左右转动30°时，电气间隙和爬电距离维持不变；当插接器的螺杆绝缘时，防止插接器转动的措施可以省略。

6）表6-5中指定的电气间隙和爬电距离可以通过使用绝缘隔板来获得，这种隔板应由下列指定的材料制成：

① 如果裸露的带电部件在绝缘隔板里面或可能进到里面而与这种绝缘隔板接触，则应采用耐热、耐潮材料（如：瓷绝缘子、酚醛塑料、聚酯、碳酸聚酯、尼龙、云母等）。

② 合适的耐潮纤维和类似的吸湿材料隔板，可用于不会与裸露的带电部件（除电磁线之外）接触的位置，其厚度应不小于0.66mm。如果电气间隙和爬电距离超过规定值的一半，则可以采用厚度不小于0.33mm的绝缘隔板。其他的厚度小于0.33mm的绝缘材料（如厚度不小于0.25mm的纯云母）如果通过检验，证实它们具有的机械和电气特性足以满足所有正常的使用条件，则可以被采用。

2. 控制器电气间隙和爬电距离要求

电机控制器高压系统的电气间隙和爬电距离参考GB/T 16935.1—2008《低压系统内设备的绝缘配合 第一部分：原理、要求和试验》，具体要求如下：

1）电气间隙根据耐压等级、环境污染等级、工作海拔高度等确定；参考GB/T 16935.1—2008附录F.2，海拔修正系数参考GB/T 16935.1—2008中的表A.2。

2）爬电距离根据环境污染等级、材料CTI值、工作电压等确定；参考GB/T 16935.1—2008附录F.4。

3）当主电路与控制电路或辅助电路的额定绝缘电压不一致时，其电气间隙和爬电距离可分别按照其额定值选取。主电路或控制电路导电部分之间具有不同额定值时，电气间隙与爬电距离应按照最高额定绝缘电压选取。

在设计中须以最大工作电压来选择绝缘材料、电气间隙和爬电距离，也应充分考虑其他影响高压器件的因素。固体绝缘材料必须满足相应的耐压等级，耐压等级参见"耐压"要求。定义电气间隙和爬电距离时，所有与低压系统和车身地有电气连接的元件都要考虑。爬电距离和电气间隙应满足GB/T 16935.1—2008中海拔4500 m要求和防污染保护的要求，建议电控电气间隙大于5mm，爬电距离大于12.5mm。

高压电路的带电部分与低压电路的带电部分的绝缘，以及与整车地的绝缘，在整个服务年限内应该满足相应要求。

6.3.9 高压接口安全要求

1. 防松脱设计要求

（1）可插拔高压接插件要求

可插拔高压接插件至少有两级锁止装置，需要至少两个不同的动作才能将其从相互的对接端分离；接插件之间具备防错插功能。可插拔高压接插件应满足GB/T 37133—2018《电动汽车用高压大电流线束和连接器技术要求》附录A的要求。

高压插接器的直接插拔力或采用的助力装置的操作力均应小于100 N。在进行误插接操作时，施加不大于表6-6的插接力，高压插接器不应损坏，且高压插接器配合时，各导体端子应对应唯一的接触端子。

表 6-6　插接试验力

最大持续工作电流 /A	插接力 /N
≤ 20	100
> 20 ~ 40	200
> 40	300

高压插接器的保持机构在工作状态下，最小保持力见表 6-7 要求。沿高压插接器接触端子分离方向施加拔出外力时，连接不应断开，且保持结构不应损坏。

表 6-7　高压插接器保持力

最大持续工作电流 /A	最小保持力 /N
≤ 20	100
> 20 ~ 40	150
> 40	500

高压插接器应保证插拔寿命不小于 50 次。根据寿命要求对高压插接器进行空载插拔试验循环，试验结束后，应满足：

1）无明显的外观、结构和使用功能劣化。
2）插拔力符合上述要求。
3）保持力符合上述要求。
4）性能复试满足电气性能和物理性能要求。

（2）其他方式连接的要求

高压连接系统的电缆压接、螺纹连接、焊接等连接装置，应无松脱、断裂等连接缺陷。

2. 高压连接系统防护要求

正常连接时高压连接系统的防护等级应不低于 IPXXD。若高压连接系统可不通过工具手动断开，则非连接状态的高压连接系统各部分的防护等级应满足 IPXXB。

3. 高压连接系统耐振动要求

高压连接系统的耐振动要求应满足 GB/T 37133—2018 第 7.4 条的要求。高压连接系统应进行随机振动试验，随机振动的严酷度限值及试验持续时间应符合 GB/T 28046.3—2011《道路车辆　电气和电子设备的环境条件和试验　第 3 部分：机械负荷》的规定。试验中，对高压连接系统进行电路连续性监测，应无大于 1μs 的瞬断。试验后，高压连接系统应满足以下要求：

1）高压连接系统导体与导体之间、导体与外壳之间、导体与屏蔽层之间的绝缘电阻应不小于 100MΩ。
2）高压连接系统在正常连接工作时，系统各点温升不应大于 55K。
3）高压连接系统正常连接后，系统各连接部位的设备防护等级应满足表 6-8 的规定。

表 6-8　设备防护等级

密封分级 *	防护等级	适用场合示例
S1	IP67 和 IPX6	除 S2 外的其他位置
S2	IP6K9K、IPX7 和 IP68	底盘等位置较低处，高压水可到达位置

注：* 高压连接系统连接不同使用场合的部件时，系统各部分可根据需要符合相应密封级别的相关要求。

6.3.10 低压线束连接安全要求

1. 低压线束连接可靠性

低压线束经耐振动性能试验后应符合以下要求：去掉电线保护管，电线应无目视可见的磨损现象；对所有的电路进行通电检测应无短路、断路、错路现象。

电线束包胶（包扎胶带）如图 6-8 所示，应满足下列要求：

1）电线应全数被捆扎，胶带端部不应翘起。
2）半叠式包胶，叠层宽度以不低于胶带宽度的 1/5 为宜，包胶区域不能看见外露电线。
3）粗包胶，胶带与胶带间的节距应为胶带宽的 1.5 倍以下。
4）局部包胶，包胶重叠层数至少为 2 层。
5）分支点应交叉包胶，交叉缠绕方式应符合图样及技术文件的要求。
6）用胶带固定的定位件，胶带缠绕圈数至少 3 层。
7）插接器部位包胶，应不存在如图 6-9 所示的单根电线松弛现象。

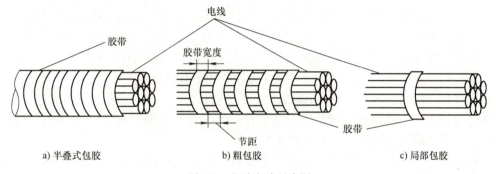

图 6-8 包胶方式示意图

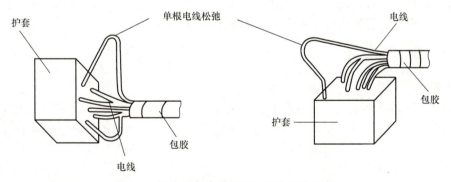

图 6-9 插接器部位单根电线松弛包胶示意图

2. 低压插件碰撞保护要求

设计时低压接插件应布置于不易受碰撞的地方或者应有一定的防碰撞保护，避免系统在运输、安装、运行过程中受损。

3. 低压线束密封性检查要求

正常连接时低压连接系统的防护等级应不低于 IP67。

6.4 电驱动总成的机械安全

电驱动总成相对于传统内燃机汽车来说，机械结构更加简单，但是电动汽车电驱动总成功率密度、转矩密度远超发动机，峰值及常用驱动转速也是发动机的 2~5 倍，轻量化、高效率等高要求使得总成结构设计安全裕量小。由此可见，各因素综合作用导致电驱动总成结构强度面临严峻挑战，例如超高速导致的驱动电机转子强度问题，高速重载、轴电流等导致的轴承疲劳寿命问题，电驱动总成壳体自身强度耐振动、冲击、碰撞问题，频繁的大转矩冲击导致花键、法兰盘、电机转轴、变速器传动轴等部件的强度问题等。同时，因电驱动总成特有的高频、高压、大功率工作特性，若发生机械故障造成的后果相对于燃油车更加严重。综上，电驱动总成的机械安全是影响整车安全的重要因素，然而电驱动总成运行工况更为复杂、严苛，受限于整车要求，其设计自由度更少，难度更大，其结构强度设计需要多方面综合评估，并通过试验进行有效验证。

6.4.1 电机转子强度

电机转子由转轴、转子铁心、永磁体等部件组成，是电机电能和机械能互相转换的重要执行单元。电机在任意规定工况运行时，其转子应正常运行，转子各部件不应出现严重变形、断裂、松动、脱落和异响等异常情况。为了使电机在各极限工况下转子各部件的应力及形变不超出最大限值，转子的机械强度设计和动平衡精度至关重要。

在转子结构设计过程中，应使用 CAE 仿真工具评估其在 1.2 倍电机最高转速、转子极限温度等极端工况下的强度，确保转子各部件最大应力在许用应力范围内，且转子铁心形变量小于电机气隙的 10%，不影响电机正常运行。

同时，驱动电机转轴强度应能满足各种运行工况下电机输出最大转矩的要求。在设计阶段，要求校核转轴输出最大转矩时的扭转刚度、扰度、应力集中、疲劳等性能指标。在制造阶段，要严格把控热处理、机加工、检验等环节。验证阶段需进行静扭试验和扭转疲劳试验，其静扭强度后备系数应不小于 2.5 倍的峰值转矩。

6.4.2 轴承可靠性

1. 轴承油脂、润滑、密封维护要求

轴承的工作环境要求较高，在装配、运输以及工作运行过程中，均不能有水或其他杂质进入轴承内部，可以按照保养要求定期更换轴承油脂或更换轴承，确保轴承有效润滑及正常运转。

2. 轴承声音主观检测要求

电驱动总成进行出厂噪声检测时，可以通过 NVH 测试设备来判断电动力总成的噪声是否含有轴承特征阶次，同时结合主观评价，检测轴承噪声。

3. 轴电压和轴电流的防护

轴电流较大可能引起电机轴承出现早期电腐蚀，导致轴承寿命下降，出现轴承异响的情况，因此建议高频 PWM 供电电机采取电流抑制措施，可以采取的措施有以下三种：

1）设计合理的滤波器，减小变频电源共模电压，可以较好地消除 PWM 电机控制器产生的高频谐波。

2）电机轴承采取绝缘措施来抑制轴电流。可以采用绝缘轴承，或者在轴承座或端盖轴承室上设置绝缘结构来实现。

3）将轴与外壳进行电气短接形成旁路回路，释放共模轴电压，保护轴承不受电腐蚀而损坏。

6.4.3 壳体强度

壳体的强度要满足不同工况下车辆的使用需求，按照 GB/T 28046.3—2011 或者客户标准，保证在发生碰撞时，在保证车内人员安全的前提下，尽可能地减少对电机的损害。

1. 壳体离地间隙要求

整车布置过程中，应保证驱动电机壳体要高于车架或副车架，并留有一定的安全距离，防止车辆在满载、过坑洼路面等极限工况下出现电机托底问题，保障行车安全。

2. 机械防触碰与警告

车辆传动装置为旋转部件，应在设计过程中考虑旋转部件对人身造成的伤害，通过物理结构将旋转部件与人体隔离。对于无法进行防护的旋转部件，应在周边应粘贴或安装醒目的警告标识，以避免对人身的伤害。防护功能应在全生命周期内能承受飞石冲击、振动、盐雾等环境影响，不发生失效，且警告标识可辨识。

水/油接头的设计应首先保证冷却管路的密封性、承压性、耐高温性和安装便利性。保证冷却水/油道的压力检测值不小于 250kPa，或依据客户要求大于此检测值；通常采用湿式检测法或干式检测法判别水道的密封性和承压性。

高、低压接插件应满足产品的 IP67 防护等级，同时对线束在一定长度范围内进行安装固定，防止在长期振动环境下运行对接插件造成伤害。接插件周边和线束应设置有效的物理防护（例如金属或非金属保护罩、网），防止在运输、装配、车辆运行过程中破坏接插件。

6.4.4 输出法兰防松脱要求

驱动电机系统输出法兰与传动轴连接设计应完成仿真校核，并通过试验验证。

装配前应确保零部件质量合格，包括但不限于：输出法兰端面粗糙度、摩擦系数等。装配时应严格按装配工艺进行，确保螺栓拧紧力矩合格。对于有防松要求的连接结构，需要按设计要求实施防松步骤。

车辆在运行一定周期或里程后，需要对电机输出法兰、传动轴及其相互间的紧固件等相关部件进行检查、维护。通常采用力矩检查法或划线标记法判别电机连接是否发生松动，一旦发现松动，应立即进行连接位置的锁紧、防松。对于自带防松设计的连接螺栓，应更换新螺栓后再重新锁紧。若发现任何连接件过度磨损、破损、明显变形等缺陷，应及时更换，避免车辆在使用过程中发生驱动电机松动、脱落，而导致交通事故发生。

6.4.5 花键润滑要求

驱动电机轴和变速器主轴通过内/外花键连接，对润滑有一定要求。长期暴露在空气中使用，花键极易发生锈蚀、磨损，造成花键连接失效，在设计之初应考虑花键的润滑密封等问题。通常水冷的动力总成，花键两端一端设计有密封件，另一端为盲孔，在花键处填充一定量的润滑脂；油冷的动力总成设计油道使得花键可以通过润滑油进行润滑；两种方式均能保证花键润滑有效。在设计的基础上同时结合实际的台架耐久及路试耐久试验情况，判断设计是否满足要求；耐久工况根据车型不同，要求也不同，通常台架耐久需满足30万公里（部分车型60万公里）、路试耐久需满足4.8万公里不失效。此外，水冷动力总成一旦进行拆装，需重新填充润滑脂。

6.4.6　变速器静扭强度

变速器静扭强度后备系数设计不小于2.5，应完成仿真校核并通过试验验证，试验方法如下：

（1）试验条件

1）输出轴固定，输入轴扭转转速不超过15 r/min；

2）输入轴和输出轴只承受转矩，不允许有附加的弯矩作用；

3）齿轮受载工作面与正驱动工况相同。

（2）试验步骤

1）将变速器正转，开机加载，直至损坏或者达到规定的转矩为止，然后卸载到0，记录出现损坏时或者达到规定的转矩时输入轴的输入转矩以及转角；

2）每台测试一次，共计测试三台，取最小值。

（3）试验结果

由下式计算静扭强度后备系数 K_1：

$$K_1 = \frac{M}{M_{emax}} \tag{6-3}$$

式中，M 为实验结束时记录的转矩；M_{emax} 为最大输入转矩。

6.4.7　电驱动总成换档与驻车安全

变速器换档功能须可靠，非人为操作下，不应出现自动跳档、乱档、脱档现象，不应出现无法摘档、无法挂档的现象。

电驱动总成驻车功能应满足车速小于5km/h时，能够安全驻车，车速大于5km/h时，任何情况下，都不能实现驻车；驻车后，不允许出现自动脱档导致溜车的现象；车辆需要行驶时，应能保证车辆顺利摘除驻车档；电驱动总成驻车应能保证车辆能安全停靠在坡道上，无溜车现象；应设置手动解锁功能。

6.5　电驱动总成热安全

电驱动总成过载系数大，驱动电机、驱动电机控制器功率元器件等发热量大，而且其内部电子电气元器件热敏感性高，如果设计过程中未充分考虑电驱动总成的热设计和冷却功能，可能会直接造成电驱动总成内部烧毁，严重影响行车安全。

6.5.1　热预警、降额、保护

驱动电机采用温度传感器对绕组温度进行测量，电机控制器实时监控传感器数据；当采样温度达到阈值时，控制器实施保护策略。

在驱动电机系统研制过程中，须进行多温度传感器样机摸底测试。根据多温度传感器样机测试结果，确定批量供货产品的温度最高点以及与其他埋置点温度传感器的温度差值。为了有效保护电机绕组，温度传感器尽可能布置在温度最高点。

电机系统采用三级温度保护机制，电机控制器实时监控电机传感器采样温度，当绕组温度达到一级过温阈值时，按第一级热保护策略控制电机输出转矩逐渐减小至0；如绕组温度达到二级过温阈值时，则发出严重过温报警，控制电机输出转矩为0；达到三级过温阈值时，则触发严重故障报警。

6.5.2 转子防高温退磁

驱动电机转子上永磁体性能的稳定对于电机的输出性能至关重要，转子温度过高易使永磁体产生不可逆退磁，从而降低驱动电机的转矩输出能力，甚至损坏电机。

在电机设计阶段，须对各种工况下电机电磁场及温度场进行准确地仿真和分析。通过收集和测量供应商不同牌号的永磁体在不同温度下的剩磁、矫顽力等数据，输入仿真软件，计算电机外特性，以及铁心、永磁体、绕组等部件的损耗，进行温度场分析，设计电机冷却构型；电机设计结果需校核极限工况（三相短路、峰值电流、峰值功率、额定工况长时间运行等）下永磁体的工作状态，确保永磁体工作点高于"膝点"，如图6-10所示。也可采用反电动势对比法计算永磁体不可逆退磁比例，并根据计算结果选用合适的永磁体牌号。

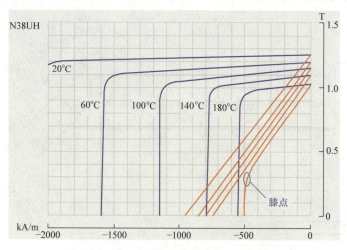

图6-10　N38UH永磁体各温度下退磁曲线

6.5.3 轴承、绝缘材料和密封材料耐温要求

驱动电机轴承选型，应考虑实际工况下电驱动总成温度场分析结果，并结合轴承的载荷评估和寿命计算结果；通常情况下驱动电机的轴承工作温度介于-40 ~ 150℃。

驱动电机绝缘系统温度等级取决于电机和电控设计方案及各种绝缘材料最低耐温等级。现有驱动电机的绝缘材料如绝缘纸、套管、绑扎带、绝缘漆等，其耐温等级通常均不低于H级（H级标准允许最高工作温度180℃），绝缘材料耐温等级具体参数可参考标准GB/T 20113—2006《电气绝缘结构（EIS）热分级》。

根据驱动电机温度分布和热传导特性，选用的密封材料耐温都应大于 150℃，如密封胶、密封圈、密封垫、油封和水封等。

6.5.4 阻燃材料使用

用于电机高压系统连接的线束和塑料件的阻燃性能应符合标准 GB/T 2408—2021 规定的水平燃烧 HB 级，垂直燃烧 V-0 级的要求。

试验要求如下：

条状试样尺寸应为：长（125±5）mm，宽（13.0±0.5）mm，而厚度通常应提供材料的最小和最大的厚度，但厚度不应超过 13mm。边缘应平滑同时倒角半径不应超过 1.3mm。

1. 水平燃烧试验步骤

（1）水平燃烧试验装置如图 6-11 所示，试验步骤如下：

1）测量三根试样，每个试样在垂直于样条纵轴处标记两条线，各自离点燃端（25±1）mm 和（100±1）mm。

2）在离 25mm 标线最远端夹住试样，使其纵轴近似水平而横轴与水平面成 45°±2° 的夹角。在试样的下面夹住一片呈水平状态的金属丝网，试样的下底边与金属丝网间的距离为（10mm±1）mm；而试样的自由端与金属丝网的自由端对齐，每次试验应清除先前试验遗留在金属丝网上的剩余物或使用新的金属丝网。

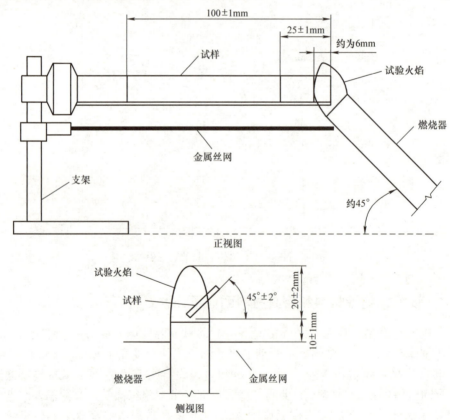

图 6-11　水平燃烧试验装置

3）如果试样的自由端下弯同时不能保持2）步骤规定的（10±1）mm 的距离时，应使用支撑架。把支撑架放在金属丝网上，使支撑架支撑试样以保持（10±1）mm 的距离，离试样自由端伸出的支撑架的部分近似 10mm；在试样的夹持端要提供足够的间隙，以使支撑架能在横向自由地移动。

4）使喷灯的中心轴线垂直，把喷灯放在远离试样的地方，同时调整喷灯，使喷灯达到稳定的状态；有争议时，使用水平燃烧试验火焰作为参比或仲裁试验火焰。

5）保持喷灯灯管中心轴与水平面近似成 45° 角同时斜向试样自由端，把火焰加到试样自由端的底边，此时喷灯管的中心轴线与试样纵向底边处于同样的垂直平面上；喷灯的位置应使火焰侵入试样自由端近似 6mm 的长度。

6）随着火焰前端沿着试样进展，以近似同样的速率回撤支撑架，防止火焰前端与支撑架接触，以免影响火焰或试样燃烧。

7）不改变火焰的位置施焰（30±1）s，如果低于 30s 试样上的火焰前端达到 25mm 处，就立即移开火焰；当火焰前端达到 25mm 标线时，重新启动计时器。

8）在移开试验火焰后，若试样继续燃烧，记录经过的时间 t，单位为 s，火焰前端通过 100mm 标线时，要记录损坏长度 L 为 75mm；如果火焰前端通过 25mm 标线但未通过 100mm 标线的，要记录经过的时间 t，单位为 s，同时还要记录 25mm 标线与火焰停止前标痕间的损坏长度 L，单位为 mm。

9）另外再试验两个试样。

10）如果第一组三个试样中仅一个试样不符合下述判据，应再试验另一组三个试样；第二组所有试样应符合判据。

（2）水平燃烧相关计算

火焰前端通过 100mm 标线时，每个试样的线性燃烧速率 V，单位为 mm/s，采用下式计算：

$$V = \frac{60L}{t} \qquad (6\text{-}4)$$

式中，V 为线性燃烧速率（mm/s）；L 为记录的损坏长度（mm）；t 为记录的时间（s）。

水平燃烧 HB 级材料应符合下列判据之一：

1）移去引燃源后，材料没有可见的有焰燃烧。

2）在引燃源移去后，试样出现连续的有焰燃烧，但火焰前端未超过 100mm 标线。

3）如果火焰前端超过 100mm 标线，但厚度为 3.0～13.0mm、其线性燃烧速率未超过 40mm/min，或厚度低于 3.0mm 时未超过 75mm/min。

4）如果试验的厚度为（3.0±0.2）mm 的试样，其线性燃烧速率未超过 40mm/min，那么降至 1.5mm 最小厚度时，就应自动地接受为该级。

2. 垂直燃烧试验步骤

（1）垂直燃烧试验装置如图 6-12 所示。试验步骤如下：

1）夹住试样上端 6mm 的长度，纵轴垂直，使试样下端高出水平棉层（300±10）mm，棉层厚度未经压实，其尺寸近似 50mm×50mm×6mm，最大质量为 0.08g。

2）喷灯管的纵轴处于垂直状态，把喷灯放在远离试样的地方，同时调整喷灯，使其产生符合 IEC 60695-11-4：2004 A、B 或 C 的标准 50W 试样火焰。等待 5min，以使喷灯状态达到稳定；有争议时，应使用水平燃烧试验火焰作为参比或仲裁试验火焰。

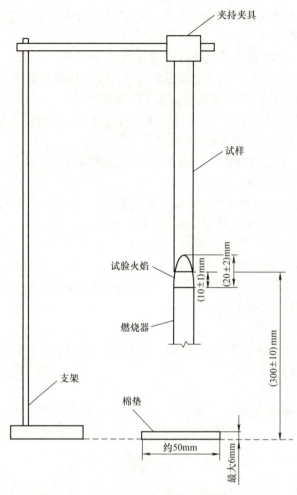

图 6-12 垂直燃烧试验装置

3）使喷灯管的中心轴保持垂直，将火焰中心加到试样底边的中点，同时使喷灯顶端比该点低（10±1）mm，保持（10±0.5）s，必要时，根据试样长度和位置的变化，在垂直平面移动喷灯。如果在施加火焰过程中，试样有熔融物或燃烧物滴落，则将喷灯倾斜45°，并从试样下方后撤足够距离，防止滴落物进入灯管，同时保持灯管出口中心与试样残留部分间距离仍为（10±1）mm，呈线状的滴落物可忽略不计。对试样施加火焰（10±0.5）s之后，立即将喷灯撤到足够距离，以免影响试样，同时用计时设备开始测量余焰时间 t_1，单位为s，注意并记录 t_1。

4）当试样余焰熄灭后，立即重新把试验火焰放在试样下面，使喷灯管的中心轴保持垂直的位置，并使喷灯的顶端处于试样底端以下（10±1）mm的距离，保持（10±0.5）s；在第二次对试样施加火焰（10±0.5）s后，立即熄灭喷灯或将其移离试样足够远，使之不对试样产生影响，同时利用计时设备开始测量试样的余焰时间 t_2 和余辉时间 t_3，准确至秒；记录 t_2、t_3 及 t_2+t_3；还要注意和记录是否有任何颗粒从试样上落下并且观察是否将棉垫引燃。

5)重复该步骤直到五根试样试验完毕。

6)如果在给定条件下处理的一组五根试样,其中仅一个试样不符合所有判据,应试验经受同样状态调节处理的另一组五根试样;作为余焰时间 t_f 的总秒数,如果余焰总时间在 51~55s 时,要外加一组五根试样进行试验;第二组所有的试样应符合所有规定的判据。

7)某些材料经受这种试验时,由于它们的厚度、畸变、收缩或会烧到夹具,这些材料(倘若试样能适当成型),可以按照 ISO9773:1998 进行试验。

(2)垂直燃烧试验相关计算

由两种条件处理的各五根试样,采用下式计算该组的总余焰时间 t_f:

$$t_f = \sum_{i=1}^{5}(t_{1,i} + t_{2,i}) \tag{6-5}$$

式中,t_f 为总的余焰时间(s);$t_{1,i}$ 为第 i 个试样的第一个余焰时间(s);$t_{2,i}$ 为第 i 个试样的第二个余焰时间(s)。

垂直燃烧 V-0 级材料,应符合表 6-9 判据:

表 6-9 V-0 级材料判据

判据	V-0 级
单个试样余焰时间(t_1 和 t_2)	≤10s
任一状态调节的一组试样总的余焰时间 t_f	≤50s
第二次施加火焰后单个试样的余辉时间($t_1 + t_2$)	≤30s
余焰和(或)余辉是否蔓延至夹具	否
火焰颗粒或滴落物是否引燃棉垫	否
注:如果试验结果不符合规定的判据,材料不能使用本试验方法分级,可采用水平燃烧试验方法对材料的燃烧行为分级。	

B 级电压电缆防护用波纹管及热收缩双壁管的温度等级应不低于 125℃,性能应满足表 6-10 要求:

表 6-10 热收缩双壁管 125℃性能

序号	项目		单位	125℃热收缩双壁管
1	100mm 纵向收缩率 [试验条件:热收缩试验温度为(200±2)℃; 热收缩试验时间:(180±5)s]		%	≤10
2	径向收缩率 (试验条件同 1)		%	≥30
3	壁厚不均匀度		%	3
4	拉伸强度(热收缩后,试验条件同 1)		MPa	≥13.8
5	断裂伸长率(热收缩后,试验条件同 1)		%	≥200
6	168h 热老化 (试验温度:158℃,试验时间:168h)	拉伸强度	MPa	≥9.7
		断裂伸长率	%	≥100

（续）

序号	项目	单位	125℃热收缩双壁管
7	4h 热冲击 （试验温度：225℃，试验时间：4h）	—	无裂纹，不滴流
8	低温弯曲性 （试验温度：-40℃，试验时间：4h）	—	在低温下弯曲缠绕，无裂痕
9	电气强度	kV/mm	≥ 15，不击穿
10	氧指数	%	≥ 26

注：100mm 纵向收缩率计算方法按下式计算：

$$E_L = \frac{L_1 - L_2}{L_1} \times 100\% \tag{6-6}$$

式中，E_L 为纵向收缩率；L_1 为收缩前长度，取样件长度为 100mm；L_2 为收缩后长度的数值（mm）。

径向收缩率计算方法如下式：

$$E_D = \frac{D_1 - D_2}{D_1} \times 100\% \tag{6-7}$$

式中，E_D 为径向收缩率；D_1 为收缩前内径的数值（mm）；D_2 为收缩后内径的数值（mm）。

壁厚不均匀度计算方法如下式：

$$E_M = \frac{M_1 - M_2}{M_1} \times 100\% \tag{6-8}$$

式中，E_M 为壁厚不均匀度；M_1 为最大壁厚的数值（mm）；M_2 为最小壁厚的数值（mm）。

波纹管的阻燃性能（燃烧速率）应 ≤ 100mm/min（GB 8410—2006《汽车内饰材料的燃烧特性》）。

6.5.5 人体防护与警示

1. 停机高温警示

任何可能被操作、维保人员触及的高温部件（例如壳体等）、冷却液/油路等应有高温警示标志。具体停机高温警示要求由整车厂确定，例如对于采用 H 级绝缘的电机，当绕组温度超过 160℃时，整车面板上应提示电机温度过高；电机绕组温度达到 170℃后应停机保护，停机后水冷电机金属壳体温度可能高达 120℃，油冷电机的油路也有较高温度，30min 内请勿直接用手触摸，以免烫伤。

建议电驱动总成上粘贴当心高温表面的警示标志，当心高温表面警示标志应满足 GB 2894—2008《安全标志及其使用导则》中 4.2.3 章节的内容。

2. 故障报警要求

当电驱动总成发生故障时，必须通过仪表板进行提示，并进行声、光、电综合报警。

6.5.6 冷却系统定期检查与保养

建议电驱动总成的冷却系统（水泵、油泵、油冷器、滤清器、管路、连接件等）每半年或整车每行驶 4 万公里时进行一次检查，或者按照整车厂提供的维护保养手册执行。检查冷却管道外部、进出水口或油口附近、油泵、油冷器、滤清器、电机、电机控制器上是否有冷却液渗出；如有异常，判断泄露部位，进行相应维修或更换。维修或更换冷却部件后，应按维修手册或其他技术指导文件要求检查水道或油道气密性，并重新加注或补足相应冷却液至正常液量。

6.5.7 电驱动总成油温要求

电驱动总成中润滑油主要用于润滑及散热。如果油温太低，会导致润滑油的黏度和搅油损失过大，影响动力总成传动效率；如果油温太高，则会造成局部温度过高及局部油膜厚度不够，从而造成零件局部失效，此外，油温太高会加速润滑油老化，降低其使用寿命。通常动力总成油温最高不应超过130℃，最低不应低于-40℃，应尽量使其工作油温保持在40~60℃区间内，这样既能减小能耗，又能保障零部件耐久性能。

6.6 防护安全

IP防护是机械安全设计必须考虑的因素，电驱系统的密封设计或选型应能满足IP6K7和IPX9K要求。

6.6.1 防水/防尘设计：端盖、轴密封性设计

1. 液冷（水、油等）介质防尘要求

驱动电机及控制器应具有防尘、防水能力，其防护等级应满足标准或客户规定的要求，最低要求不低于IP67。

电机在安装后，应满足在车辆断电状态下，在水深50cm的水池浸泡24h后，整车开机，电驱动开关置于"ON"位置时，电机及电机控制器不应由于本身原因引起安全事故（例如起火等）。

2. 油冷电机生产过程的防尘要求

油冷电机在装配和使用过程中，应特别注意电机的防尘。防止因灰尘、异物等进入电机内部，对绝缘、轴承等造成影响。

需要针对不同的零部件分别制定清洁度控制指标。清洁度需要同时控制杂质总重量和最大杂质颗粒两项指标。清洁度指标按照企业内部标准执行。

3. 旋转密封设计要求

水冷式电机和油冷式电机的旋转密封设计有明显的不同，前者一般没有润滑介质，而后者有润滑介质。

一般需要在密封部件（例如电机、变速器等壳体）上增加透气阀或通气阀，平衡内外部的气压，避免因为呼吸效应导致油封密封部位出现气流的进出。规范油封的安装，油封安装完后，须检测密封性。旋转密封件需要按照保养手册定期检查维护，必要时更换。

4. 控制器的防尘控制要求（针对现场维修）

驱动电机控制器维修需要在干燥、无尘、有静电防护的区域进行。维修前需要彻底清洁驱动电机控制器，维修后应进行全面测试。

6.6.2 气密性

1. 驱动总成冷却管路密封性检查要求

冷却水道气密检查需考虑充气压力、充气时间和保压时间。检测时间和压降需根据具体产品规格确定，也可以采用负压法测试。

2. 电驱动总成箱体密封检查要求

壳体密封检查要求：在高压接插件、低压接插件耦合状态下，需考虑充气压力、充气时间和保压时间。检测时间和压降需根据具体产品规格确定，也可以采用负压法测试。

电机旋转密封检查可参考 GB/T 4942—2021《旋转电机整体结构的防护等级（IP 代码）分级》标准进行相关要求的试验。

3. 防冷凝要求

电驱动总成产品在其生命周期内防尘防水等级应达到 IP67；此外，电驱动总成在温度变化时，其壳体内部压强会发生变化，因呼吸效应会产生凝露现象，使产品腔体内积水，进而造成电气故障及零部件锈蚀。因而电驱动总成通常根据所需透气量选配防水透气阀，安装在产品的上部或侧面，避免冷凝现象的发生。透气阀与箱体配合处防护等级在全生命周期内应达到 IP67 等级。

4. 电驱动总成涉水及涉水后的检查要求

按照 GB/T 18384—2020 中 8.3.1 和 8.3.2 的要求：

1）电机、电机控制器按照 GB/T 18488.1—2015《电动汽车用驱动电机系统 第 1 部分：技术条件》中 5.2.8.2 要求进行耐电压测试，冷态绝缘电阻应符合产品出厂测试标准；

2）按照产品出厂测试标准检查控制器、驱动电机气密性。

6.7　电驱动总成故障保护机制

乘用车电驱动总成的保护机制至少需要包括下列内容，具体处理策略实施可由整车厂与电驱动总成供应商协商达成一致。商用车电驱动总成的保护机制可参考乘用车要求，可按照与整车厂协商结果执行。

6.7.1 故障触发机制

根据一个或多个条件的判断，在一定的时间内判定当前故障状态是否已被触发的机制，叫做故障触发机制。基本的故障触发机制包括以下类型：

1）电路板上单一物理量单次超出既定限值，触发故障状态。可以是模拟信号触发硬件故障保护，也可以是硬件驱动故障触发故障保护。

2）软件内部单一量单次超出限值（可标定），触发故障状态。

3）软件内部单一量多次超出限值（可标定），触发故障状态。

4）软件内部单一量在一段时间 T（可标定）内 N（可标定）次超出限值（可标定），触发故障状态。

5）软件内部单一量与实时监控计算值（不可标定，变量）的偏差超出限值（可标定），触发故障状态。

6）软件内部多个量超出限值（可标定），并根据一定的逻辑判断后，触发故障状态。

7）主控芯片利用本身的检测机制保证程序执行正确性，否则触发故障状态。

例如：主控芯片检测时钟信息，若锁相环 PLL 丢失（不可标定），则触发故障；同时通过 lockstep 机制检测故障来保证程序计算结果的正确；程序流也可以依据芯片内置的 watchdog 来保证执行周期和检测故障。

8）外设其他功能安全芯片保证主控芯片正常工作，否则触发故障状态。具体时序参考芯片手册。

9）在一段时间 T（可标定）内未完成预设功能，触发故障状态。其中，预设功能不为电机控制器设计的基本功能，例如自学习、主动放电等。

6.7.2 故障保护机制（进入安全状态或切换安全状态）

当故障状态被触发后，根据当前的实际运行状态，在尽量减小对驾驶员产生干扰的前提下将系统进入安全状态的机制，称为故障保护机制。当故障条件发生变化时，安全状态也可以随之切换。

基本的故障保护机制包括以下类型：

1）软件检测电压、转速、温度等信号，若信号超出设置值（可标定），则系统进入 ASC 主动短路状态或关波状态，上报故障信息，存储故障信息，冻结相关数据帧。

2）硬件检测到的模拟值超出限制值（可标定）或存在硬件驱动故障时，系统根据 IGBT 当前的故障状态（上桥故障、下桥故障），进入 ASC 上桥短路状态或 ASC 下桥短路状态。

3）进入零转矩模式。上报故障信息，存储故障信息，冻结相关数据帧。

4）进入跛行回家（Limp-home）模式，采取降额措施，具体降额的量以及比例与故障源物理量相关，其相关性可标定。上报故障信息，存储故障信息，冻结相关数据帧。

5）进入冗余模式，不做故障上报，存储故障信息。

6）根据当前转速、电压等模拟信号，经过一定时间从主动短路 ASC 的安全状态可以切换到关波的安全状态，进入低压上电完成后的初始状态模式。

6.7.3 故障恢复机制

当故障状态被触发并进入安全状态后，根据当前的实际运行状态，使系统退出故障状态并具备重新实现原有功能的能力的机制，称为故障恢复机制。

基本的故障恢复机制包括以下类型：

1）重新上低压电唤醒，清除故障。

2）故障条件不满足时，重新上高压电，清除故障。

3）故障条件不满足时，CAN 通信发出特定指令后，清除故障。

4）故障条件不满足时，经过一段时间 T（可标定）后，或者满足一定计数条件（可标定），清除故障。

5）故障条件不满足时，自动清除故障。一些降额故障或者零转矩模式可以自动恢复，但是建议恢复阈值的设计考虑滞环。

6.7.4　电驱动总成故障保护示例

下述内容是保护策略实施案例：

1. 转矩反馈异常

故障描述：实际转矩与命令转矩偏差超过一定范围时，进行故障计数；当偏差在正常范围内时，故障计数值需要减少。根据故障计数值达到不同阈值进行分级处理，故障分级阈值可以进行标定。转矩异常的原因可能是初始旋变位置错误或者电机参数不正常。

故障处理策略：

1）1级故障进行降额处理，降额系数可标定，如果计数值小于故障阈值表示此故障可以进行恢复，取消降额保护。

2）3级故障根据当前转速信息进入关波状态或者主动短路处理，当转速降低到一定转速时，主动短路状态建议进入低压上电完成后的初始状态。

2. CAN 通信故障

故障描述：

1）超时监控。通过检测同 ID 报文的 Livecounter 计数值来进行监控，当 Livercounter 的不连续的情况出现一次，则故障计数值加一，当故障计数在一定时间内出现一定次数，则报出通信失效故障，否则故障计数值清零。

2）探测总线通信失效，发送信息回读。MCU 从总线上回读已发送信息并与原始信息做比较。MCU 发送一帧特殊信息帧给整车控制器，整车控制器经过一个周期回复此信息，MCU 接收到之后进行比较。如信息不一致，报出通信故障。

3）探测帧计数器异常和帧丢失。整车报文中每个单独有关安全的帧都包含一个作为信息一部分的计数器；当 MCU 接收整车报文时，MCU 能通过验证计数器的值是否增加了来探测任何的帧丢失或者帧未更新。如果帧未更新，则报出帧丢失故障。

故障保护策略：通信故障报出后可以进行降额处理，此故障在 CAN 通信监测恢复后可以设置一定的转矩恢复斜率，但是当 CAN 通信在一定时间内多次出现故障后建议取消恢复机制。

3. 微控制器故障

故障描述：

1）时钟频率监测，MCU 提供内部时钟监控功能，可以监测芯片各模块的时钟信号。芯片内可以生成 100MHz 的时钟信号，独立于 PLL 系统工作。系统以这个时钟为参考，生成一个参考计数器来校验其他模块的时钟。如果计数器有溢出，则说明发生错误。可以检测到计数器要么低于下限值（时钟过慢）要么高于上限值（时钟过快）。

2）静态随机存取存储器的错误探测纠错码，静态随机存取存储器可以执行 4 个代码间距的错误代码修正，修正单字节错误和检测双字节错误。

3）程序存储器错误探测纠错码，为了预防数据损坏，程序存储器中数据包含错误探测纠错码。在程序存储器中数据可以进行两个位误差校正，三个位错误检测。

故障保护策略：根据芯片手册查询确认保护机制。

4. 高压电容快速放电故障

故障描述：当主动放电时间超过 3s，且母线电压未降低到放电要求电压时，报放电超时。

故障保护策略：退出放电模式或者切换到其他放电模式，建议采用电机放电和电阻放电的其中一种方案。

5. 控制器直流侧短路

故障描述：当检测到直流侧发生短路时，报出故障。

故障保护策略：控制器一般报出 Desat 故障，驱动芯片会关掉 IGBT，如果进入三相短路状态，需要知道当前是哪个管报的 Desat 故障，转速较低时，可以进入关波状态。

6. 控制器交流侧短路

故障描述：包括相间短路、对壳体短路、对母线正/母线负短路、交流传感器检测到过流、其他驱动芯片报 Desat 故障等。

故障保护策略：过流故障根据当前转速信息进入关波状态或者主动短路的处理策略，当转速降低到一定值时，主动短路可以退出并进入关波状态。Desat 故障同上。其中对壳体短路，一般会检测出三相电流之和较大，不合理。

7. 自检异常

故障描述：MCU 检测异常。

故障保护策略：报自检故障，禁止执行预充操作。自检时间整车厂一般会明确要求。此外如果整车厂单独要求添加自学习功能，则需要考虑自学习时间和自学习失败的报警。

8. 过电压（高压）

故障描述：母线检测电压高于过电压阈值。

故障保护策略：

1）一级过电压：随着电压升高，电机响应转矩线性降低。

2）二级过电压：电机响应转矩保持为 0。

3）三级过电压：三相短路。当转速降低到一定值时，主动短路可以退出并进入关波状态。

9. 欠压（高压）

故障描述：母线检测电压低于欠压阈值。

故障保护策略：

1）一级欠电压：随着电压降低，电机响应转矩线性降低。

2）二级欠电压：电机响应转矩保持为 0。

3）三级欠电压：三相短路；当转速降低到一定值时，主动短路可以退出并进入关波状态。

10. 断路/开路（高压）

故障描述：当检测到断路/开路时，报出故障，交流侧断路可以检测三相不平衡。

故障保护策略：根据当前转速信息进入关波状态或者主动短路的处理策略，当转速降低到一定值时，主动短路可以退出并进入关波状态。

11. 过流（高压）

故障描述：当检测到过流时，报出故障。

故障保护策略：根据当前转速信息进入关波状态或者主动短路的处理策略，当转速降低到一定值时，主动短路可以退出并进入关波状态。

12. 驱动电机过温保护

故障描述：驱动电机温度检测高于过温阈值。

故障保护策略：

1）一级过温：随着驱动电机温度上升，驱动电机响应转矩线性降低。

2）二级过温：驱动电机响应转矩为 0。

3）三级过温：根据当前转速信息进入关波状态或者主动短路的处理策略，当转速降低到一定值时，主动短路可以退出并进入关波状态。

13. 驱动电机控制器过温保护

故障描述：控制器温度检测高于过温阈值。

故障保护策略：

1）一级过温：随着驱动电机控制器温度上升，电机响应转矩线性降低。

2）二级过温：驱动电机响应转矩为 0。

3）三级过温：根据当前转速信息进入关波状态或者主动短路的处理策略，当转速降低到一定值时，主动短路可以退出并进入关波状态。

14. 驱动电机控制器低压欠压

故障描述：当检测到驱动电机控制器低压欠压时，报出故障。

故障保护策略：根据当前转速信息进入关波状态或者主动短路的处理策略，当转速降低到一定值时，主动短路可以退出并进入关波状态。

15. 旋变故障

故障描述：

1）SIN/COS 超出范围（幅值超限）（DOS）。

2）EX 短路、开路，EX 的相位和 SIN/COS 相位超范围（LOT）。

3）SIN/COS 短路、开路（LOS）。

4）SIN/COS 正弦度不好（DOS）。

5）SIN/COS 大小波（包络幅值周期性变化）（DOS）。

故障处理策略：进行故障计数；当偏差在正常范围内时，故障计数值需要减少。根据故障计数值达到不同阈值进行分级处理，故障分级阈值可以进行标定。

1）1 级故障进行降额处理，降额系数可标定，如果计数值小于故障阈值表示此故障可以进行恢复，取消降额保护。

2）3 级故障根据当前转速信息进行关波状态或者主动短路处理，当转速降低到一定值时，主动短路应当退出进入关波状态。

16. 位置信息检测异常

故障描述：驱动电机在转矩控制过程中，无论根据外部解码芯片得到的位置信息，还是 MCU 本身自带的软件解码功能得到的位置信息，都建议与估算的转子位置进行二次校验。保证转子位置信息的正确性。

故障处理策略：当检测到转子位置偏差较大时，根据当前转速选择策略，可以到切换无位置传感器控制算法并降低转矩输出或者进入三相短路保护状态。

17. 驱动电机超速

故障描述：当检测到驱动电机转速超过超速阈值时，报出故障。

故障保护策略：

1）一级超速：随着驱动电机转速上升，驱动电机响应转矩线性降低。

2）二级超速：驱动电机响应转矩为 0。

3）三级超速：三相短路当转速降低到一定转速时，主动短路应当退出进入关波状态。

18. 12V/24V 供电丢失或者异常

故障描述：

1）无供电、毛刺、振荡、偏移。

2）过电压。

3）欠电压。

故障处理策略：芯片检测到供电异常切入备用 12V/24V 电源，如果没有备用电源则考虑延迟下电来进行降额停机处理。

19. PWM 输出异常

故障描述：PWM 信号出现常开、缺相（无输出）、频率漂移、占空比漂移、上升下降沿漂移等故障。

故障处理策略：根据当前转速信息进行关波状态或者主动短路处理，当转速降低到一定值时，主动短路应当退出进入关波状态。

20. IGBT 功率输出模块异常

故障描述：IGBT 模块出现短路、过电压（母线电压主接触器断开、集成电感过大）、过流（负载过大导致过电流）、开路等故障。

故障处理策略：根据当前转速信息进行关波状态或者主动短路处理，当转速降低到一定值时，主动短路应当退出进入关波状态。

21. IGBT 结温过高

故障描述：IGBT 借助控制器损耗等信息进行结温估算，当超过一定阈值时，进行故障处理。

故障处理策略：

1）一级过温：随着电机控制器温度上升，电机响应转矩线性降低。

2）二级过温：电机响应转矩为 0。

3）三级过温：根据当前转速信息进入关波状态或者主动短路的处理策略，当转速降低到一定值时，主动短路可以退出并进入关波状态。

6.8 电驱动总成的法规要求与试验

6.8.1 电驱动总成的主要法规与试验方法

电驱动总成的主要法规与试验方法参考标准如表 6-11 所示。

6.8.2 电驱动总成的主要试验项目

电驱动总成的主要试验项目列举如表 6-12 所示。

表 6-11 电驱动总成主要法规与试验方法参考标准

文件编号	文件名称
GB/T 755—2019	旋转电机 定额和性能
GB/T 18488.1—2015	电动汽车用驱动电机系统 第 1 部分：技术条件
GB/T 18488.2—2015	电动汽车用驱动电机系统 第 2 部分：试验方法
GB/T 10068—2008	轴中心高位 56mm 及以上电机的机械振动 振动的测量、评定及限值
GB/T 30512—2014	汽车禁用物质要求
SJ/T 3212—1989	电子产品运输包装总技术条件
GB/T 3859.1—2013	半导体变流器 通用要求和电网换相变流器 第 1-1 部分：基本要求规范
GB/T 17626.1—2006	电磁兼容 试验和测量技术 抗扰度试验总论
GB 18384—2020	电动汽车安全要求
GB/T 36282—2018	电动汽车用驱动电机系统电磁兼容性要求和试验方法
JB/T 7929—1999	齿轮传动装置清洁度
QC/T 470—1999	汽车自动变速器操纵装置的要求
QC/T 568—2019	汽车机械式变速器总成技术条件及台架试验方法
QC/T 580—2022	汽车变速器总成安装尺寸
QC/T 29063—2019	汽车机械式变速器总成技术条件
GB/T 191—2008	包装储运图示标志
2005/64/EC	关于机动车辆再使用，再循环，再恢复性的形式认证
94/62/EC	包装及包装废物
2000/53/EC	报废汽车指令
1907/2006/EC	化学品的注册、评估、授权和限制
2006/66/EC	欧盟电池指令
EU 2019/1021	关于持久性有机污染物的条例
ISO 11469: 2016	塑料产品的通用标识与标记
SAE J1742—2005	车载高压电线束连接试验方法和一般性能要求
ISO 6722-1: 2011	道路车辆 60V 和 600V 单芯电缆 第 1 部分：铜导体电缆尺寸试验方法和技术要求
QB/T 2423—1998	聚氯乙烯（PVC）电气绝缘压敏胶粘带
HG/T 2196—2004	汽车用橡胶材料分类系统
QC/T 413—2002	汽车电气设备基本技术条件
GB/Z 17625.3—2000	电磁兼容 限值 对额定电流大于 16A 的设备在低压供电系统中产生的电压波动和闪烁的限制
GB/Z 17625.6—2003	电磁兼容 限值 对额定电流大于 16A 的设备在低压供电系统中产生的谐波电流的限制
GB/T 2298—2010	机械振动、冲击与状态检测 词汇
GB/T 2423.7—2018	环境试验 第 2 部分：试验方法 试验 Ec:粗率操作造成的冲击（主要用于设备型样品）
ISO-16750-3: 2007	道路车辆 电气和电子设备的环境条件和试验 第 3 部分：机械载荷
ISO 26262	道路车辆、功能安全

表 6-12 电驱动总成主要试验项目

序号	检测对象	试验项目	样品类型	测试数量
1	电驱动总成	温升试验	电驱动总成	3
2		高速试验	电驱动总成	3
3		超速试验	电驱动总成	3
4		动态密封试验	电驱动总成	3
5		差速可靠性试验	电驱动总成	3
6		总成 NVH 试验	电驱动总成	3
7		总成耐久试验	电驱动总成	3
8		接触斑点试验	电驱动总成	3
9		湿热试验	电驱动总成	3
10		电磁兼容试验	电驱动总成	3
11		防护试验	电驱动总成	3
12		高低温存储试验	电驱动总成	3
13		盐雾试验	电驱动总成	3
14		馈电特性	电驱动总成	3
15	驱动电机系统	耐电压	电机 + 驱动电机控制器	3
16		绝缘电阻	电机 + 驱动电机控制器	3
17		转矩 - 转速特性	电机 + 驱动电机控制器	3
18		堵转转矩	电机 + 驱动电机控制器	3
19		控制精度	电机 + 驱动电机控制器	3
20		驱动电机系统效率	电机 + 驱动电机控制器	3
21		响应时间	电机 + 驱动电机控制器	3
22		主动放电	驱动电机控制器	3
23		被动放电	驱动电机控制器	3
24		工作电流	驱动电机控制器	3
25	驱动电机	绕组冷态直流电阻	驱动电机	3
26	变速器	变速器传动效率试验	变速器	3
27		传动间隙试验	变速器	3
28		静扭强度试验	变速器	3

6.9　开发案例

6.9.1　iTAC 技术

1. iTAC 技术简介

（1）iTAC 开发背景

传统单一动力源的燃油汽车驱动系统可分为两驱和四驱系统，其中四驱系统又可分为分时四驱、全时四驱和适时四驱三种。分时四驱通过驾驶员手动操控分动器进行两驱和四驱的切换，但由于其不具备轴间差速功能，因此长时间在四驱模式下行驶极易造成传动系统机械硬件损坏；全时四驱可根据路面附着情况对前后轴转矩进行主动或被动分配，可充分利用前后轮胎的附着力，从而提升汽车的动力性、稳定性和操控性；适时四驱系统主要以轴间限滑差速器的形式实现轴间转矩分配控制。目前应用四驱系统较多的车型有奥迪的 quattro、奔驰的 4MATIC 和宝马的 XDrive，这些四驱系统均可实现固定或变分配比例的前后轴转矩分配形式。上述四驱系统基本上都是在单一动力系统的燃油汽车上实现的，由于传统机械结构（中央传动轴）的限制，导致其最终控制效果和效率并不能达到最优，所以传统燃油汽车转矩控制系统并不适用于多动力源电动汽车。

（2）iTAC 简介

随着汽车三电系统（电池、电机和电控）的发展，多动力源电动汽车已经成为未来电动汽车发展的重要方向，因此对电动汽车驱动控制系统提出了更高的要求。

得益于多动力源电动汽车机械结构简单和转矩响应快速的特性，开发一种可根据驾驶员需求和车辆运动状态实时调节前后转矩分配比例，以获得最佳动力性、舒适性和高效的智能电四驱系统成为可能。

iTAC（intelligent Torque Adaptive Control，智能转矩自适应控制）作为比亚迪独立研发的智能转矩控制系统，包含驾驶员风格和意图识别模块，车辆状态判断模块，路面环境感知模块和转矩分配调节模块，相比于传统电动汽车的转矩控制系统，具有更加灵活的转矩分配方式。通过驾驶员驾驶风格和驾驶意图融合识别算法以及车辆运动状态和实时路面环境识别算法，iTAC 转矩分配方式可实现主动转矩分配和被动转矩分配。驾驶员驾驶风格类型一般可分为激进型、普通型和谨慎型等，驾驶员驾驶意图一般可分为加速、制动、入弯和出弯等；车辆运动状态一般可分为稳定状态、中间状态和失稳状态等；路面环境一般可分为低附路面、中附路面和高附路面等。

iTAC 驾驶员风格识别模块将驾驶员的操作信号和车辆运动状态信号（包括加速踏板行程、制动踏板行程、方向盘转角、整车纵向加速度和侧向加速度等信号）作为输入，采用了 K-means 聚类算法，如图 6-13 所示，对驾驶风格进行离线分类，并确定各自类别所对应的驾驶员风格，然后根据实时数据，对驾驶员驾驶风格进行在线识别，此举可有效提高驾驶意图识别的准确性。如图 6-14 所示，驾驶员意图是指驾驶员通过加速踏板、制动踏板和转向盘等操纵装置使车辆执行包括但不仅限于加速、制动、巡航、转向和滑行等动作。

传统车辆状态判断模块通过轮速传感器来判断车轮的滑转状态，iTAC 基于电机旋变传感器，在车轮即将发生滑转时，可提前通过电机转速信号识别车轮滑转状态，以实现对电机快速调扭，保证在不同附着路面轮胎都具有较好的抓地力。电机旋变传感器和轮速传感

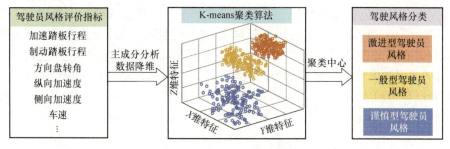

图 6-13　驾驶员风格识别流程

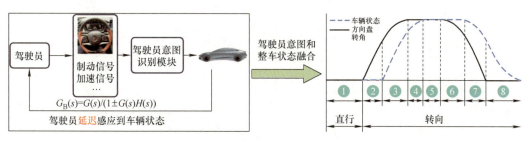

图 6-14　驾驶员意图识别流程

器的工作原理都是基于电磁感应来测量旋转物体的角位移和角速度,如图 6-15 所示。电机旋变传感器的优势在于其识别频率可达到 4096 字以上,相比于轮速传感器 48 字的识别频率,其在测量精度上有了较大的提升,同时得益于 VCU 和 MCU 之间的核间通信,电机转速信号传输速度也要快于轮速信号。因此通过电机转速信号可实现对车轮状态快速和准确的识别。

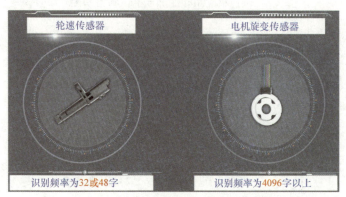

图 6-15　轮速传感器和电机旋变传感器

iTAC 路面环境感知模块主要是为了识别当前路面类型,确定路面附着系数,计算各类路面能提供给车辆的最大驱动(制动)力矩。一般按照附着系数的大小可以将路面附着等级分为三级:高附路面、中附路面和低附路面。其中高附路面一般包括沥青路面和混凝土路面等;中附路面一般包括砾石路面和干湿土路等;低附路面主要包括冰面和雪面等。由于电机低速转矩大和转矩响应快的特性,当路面附着较差时,电机输出转矩极易超过路面承受极限,造成车轮滑转,出现单轴或者双轴侧滑的危险工况,传统的牵引力控制系统在此种工况下会降低电机输出转矩，直到车轮滑移率低于预设阈值时，以滑移率为目标恢复电机转矩，即包含转矩降低和转矩恢复两个阶段，然而由于没有路面附着估算模块，在转矩恢复阶段很容易出现再次打滑情况，对整车安全性、舒适性和通过能力有较大影响。iTAC 路面环境感知模块基于路面附着识别算法，可实时估算路面可承受最大驱动力矩，在转矩恢复阶段提供最大参考转矩，在保证安全的前提下尽可能提升车辆在低附路面的舒适性和通过能力，图 6-16 所示为有无路面附着识别下的转矩控制曲线。

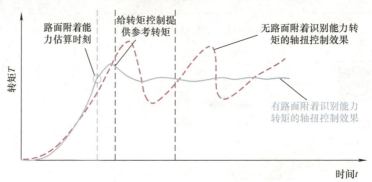

图 6-16　路面附着识别下的转矩控制曲线

表 6-13 为搭载 iTAC 功能的海豹与某合资电动汽车转矩控制功能对比表。

表 6-13　海豹（搭载 iTAC）与某合资电动汽车转矩控制功能对比表

功能算法	海豹（搭载 iTAC）	某合资电动汽车	亮点
固定转矩分配	√	√	根据加速踏板角度和车速固定分配前后电机转矩
车轮状态快速识别	√	×	可快速识别车轮滑转状态，降低最大打滑轮速
驾驶员意图识别	√	×	可识别驾驶员当前加速和转向需求，使得整车响应更加符合驾驶员意图
车辆状态判断	√	√	可判断车辆实时运动状态，调整车身姿态，提升汽车在极限工况下的性能
路面承载能力计算	√	×	可估算当前路面附着状态，减小转矩突降次数，提升舒适性
动态转矩分配	√	×	可根据车轮滑转状态、驾驶员意图、车辆实时运动状态和路面附着，对前后电机转矩进行动态分配，提升整车的加速性、舒适性和操控性

iTAC 转矩分配调节模块主要对驾驶员需求、车辆运动状态和路面附着等级等信息进行融合，合理分配、转移或降低前后电机转矩，从而实现整车安全性、操控性和舒适性多目标的融合；同时针对不同驾驶员的驾驶风格，以整车安全性为首要权重，调节操控和舒适两大目标的权重配比，通过转矩分配调节实现整车驾驶体验的多样性。基于上述控制目标，iTAC 转矩分配调节模块主要可以分为转矩主动分配和被动分配，转矩主动分配主要在车辆处于稳态的前提下，对前后电机转矩进行分配和转移，使得整车运动姿态更加符合驾驶员预期；转矩被动分配主要在车辆处于即将失稳或已经失稳状态时，对前后电机转矩进行转移和降低，使得整车运动状态快速从非稳态到达稳态，保证行驶安全。基于整车安全的转

矩分配占有最高优先级。

2. iTAC 开发流程

iTAC 技术开发流程主要包含项目策划、方案设计、产品和过程设计和过程开发四个阶段（图 6-17）。

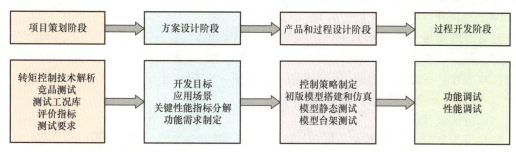

图 6-17　iTAC 技术开发流程

（1）项目策划阶段

项目策划阶段的工作主要是转矩控制技术解析和竞品车型测试。转矩控制技术解析主要分析了有关转矩控制架构和方法的专利，为 iTAC 转矩控制架构提供参考。竞品测试方面测试了某车型在不同应用场景下的转矩分配性能表现，并整理出测试工况库和评价指标，为后续 iTAC 功能的开发、测试和验收确定好相关应用场景和性能指标。其中测试路面包括但不限于沥青路面、混凝土路面、洒水玄武岩路面、洒水瓷砖路面、均一冰面、均一雪面、对开路面、对接路面、棋盘路面和对开坡道等；测试工况包括但不限于角阶跃、角脉冲、蛇形、麋鹿和稳态回转等；驾驶员操作包括但不限于起步不同加速踏板深度加速、定初速度不同加速踏板深度加速和一定车速下不同制动踏板深度减速等。评价指标包括驾驶员主观评价和测试数据客观评价指标。其中驾驶员主观评价可分为操控性主观评价和舒适性主观评价，操控性主观评价包括但不限于纵向加速度响应速度，即加速踏板曲线是否"跟脚"，横摆角速度响应和超调是否符合驾驶员预期和最高车速通过标准操稳工况的驾驶难度等；舒适性主观评价包括但不限于整车抖动程度和顿挫程度等。测试数据客观评价包括但不限于加速到目标车速所用时间、最大打滑轮速、最大纵向加速度、最大侧向加速度、首次打滑时间、冲击度、横摆角速度反应时间、横摆角速度超调量、制动距离和可通过标准操稳工况的最高车速等。

（2）方案设计阶段

方案设计阶段主要包括 iTAC 开发目标制定、iTAC 应用场景确定、iTAC 关键性能指标分解和 iTAC 功能需求制定。iTAC 开发目标包括但不限于标准、法规对整车转矩管理的要求、竞品车型的转矩管理水平和 iTAC 功能亮点的确定。iTAC 应用场景主要包括但不限于低附路面、对接路面、棋盘路面和封闭赛道等。针对以上应用场景，将 iTAC 的关键性能指标进行分解，如动力性指标、舒适性指标和操控性指标等。动力性指标包括最大纵向和侧向加速度等，舒适性指标如整车冲击度等，操控性指标如横摆角速度反应时间等。iTAC 功能需求说明书，主要包括 iTAC 功能清单、功能描述、应用场景、iTAC 转矩控制架构、iTAC 功能输入输出信号和交互等需求，为后续 iTAC 功能的具体设计起到指导作用。

（3）产品和过程设计阶段

产品和过程设计阶段主要包括 iTAC 控制策略的确定、iTAC 初版模型搭建和仿真、

iTAC 模型静态测试和台架测试。基于 iTAC 需求说明书，将 iTAC 的功能描述转变为具体的控制结构，完成 iTAC 控制模型的搭建。控制模型搭建完成后，选取典型应用场景和测试工况，对初版控制模型进行闭环仿真验证，以完善在功能需求和模型搭建过程中的缺陷。最后进行模型静态测试和台架试验。

（4）过程开发阶段

过程开发阶段主要包括 iTAC 实车功能调试和性能调试。iTAC 是一个包含多模块的转矩控制系统，因此需要对 iTAC 各子模块的功能交互进行调试，确保各子模块之间的功能可以正常交互。在完成功能调试后，需要对各子模块的性能进行调试。

3. iTAC 的安全设计

（1）方案设计阶段

算法开发初期需进行需求分析、算法的设计、算法的仿真验证，分别用来确定开发目的、开发内容以及开发有效性。流程图如图 6-18 所示。

1）需求分析。依据市场调研及竞品车性能分析，前后双电机四驱车辆的前后轴间转矩动态分配相对于单驱车辆具有更大的潜力，更能充分利用路面附着能力，提高车辆的加速性能及操控性能。

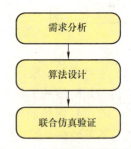

图 6-18 方案设计阶段流程图

2）算法设计。车辆运行工况复杂，如低附路面、高附路面、对接路面及对开路面等，为了使车辆在不同路面上均有良好的控制效果，算法应具有较高的鲁棒性，并具有可移植性。为此，在算法设计阶段运用车辆已有的传感器信号进行 iTAC 系统开发，如电机转速信号、电机转矩信号、整车加速度信号、横摆角速度信号和轮速信号等。

① 快速识别算法。传统的驱动防滑控制中，以车轮滑移率为控制目标，存在滑移率计算不准的问题；同时车辆轮速传感器齿圈齿数少，分辨率低，无法准确有效识别快速微小的转速波动；而电机转速旋变传感器分辨率高，可以准确有效识别微小波动，电机转速测量相对于轮速而言更快、更准确。故而利用电机转速可精确快速预测车辆状态的变化趋势，提前进行转矩控制，大幅提升车辆动态控制精度及响应速率。

② 驾驶员意图识别算法。根据驾驶员操作加速踏板和转向盘角度的变化，再结合整车车身姿态的变化，算法可对转矩进行实时控制，使整车控制贴合驾驶员操纵意图，提升车辆的过弯能力及驾驶乐趣。

③ 动态转矩分配算法。依据整车状态参数的变化，动态转矩分配算法通过运用鲁棒性较强的抗饱和变参数 PID 算法计算转移转矩，结合多种转矩平滑算法适应不同情况下对转矩变化速率的要求，动态调整前后轴转矩分配，从而充分利用前后车轮对路面的抓地能力，提升车辆的加速性能、舒适性能。

④ 路面承载能力算法。转矩分配控制算法使用一套标定参数难以同时覆盖高低附工况，估算出路面附着力可为转矩分配算法切换标定参数提供参考，提高转矩分配控制算法的工况适应性。

⑤ 转矩安全设计。转矩安全是对电机的期望目标转矩、电机转速和车速做安全监控，出现异常时进行干预，保证转矩控制功能安全。转矩安全问题一般可以分为轮端转矩加载

与卸载速率突变、转矩超限、超速故障、电机实际与目标转矩不匹配等四类。

轮端转矩加载与卸载速率突变确认：当 iTAC 激活时，对目标转矩加载和卸载速率进行监控，当电机轮端目标转矩上升或下降最大速率超过预设门限值 1 且持续若干时间时，突变异常确认；异常确认后，对输出转矩进行限制并发送目标转矩异常标志，若输出转矩限制持续若干时间，轮端目标转矩上升或下降最大速率低于预设门限值 2，速率突变异常恢复，发送目标转矩正常标志，输出转矩以预设速率恢复到目标转矩，若在恢复过程中再次异常，则按照异常确认处理。

转矩超限确认：当 iTAC 激活时，对电机目标转矩进行检测，当电机目标转矩超出对应最大转矩限制和对应最小转矩限制范围且持续若干时间时，转矩超限故障确认；超限确认后，对输出转矩进行限制并发送目标转矩超限标志，若输出转矩限制若干时间内，电机目标转矩未超出转矩上限或下限，转矩超限故障恢复，发送目标转矩正常标志，输出转矩以预设速率恢复到目标转矩，在恢复过程中再次异常，则按照异常确认处理。

超速故障确认：当 iTAC 激活时，对电机转速进行检测，若电机转速超过允许范围则进行安全干预。当电机转速超过预设门限值 3 时，超速故障确认；超速确认后，对输出转矩进行限制并发送转速超限标志，当电机转速低于预设门限值 3 时，超速故障恢复，输出转矩以预设速率恢复到目标转矩，在恢复过程中再次出现超速故障，则按照超速故障确认处理。

电机实际与目标转矩不匹配确认：当 iTAC 激活时，对电机实际和目标转矩进行检测，当电机实际转矩与目标转矩的差值大于预设阈值 4 且持续一段时间时，电机实际转矩与目标转矩不匹配故障确认，输出目标转矩限制为 0，发送电机不允许开波标志；电机实际转矩与目标转矩不匹配故障确认后，若干时间内检测到电机实际转矩持续为 0，且驾驶员输入目标转矩大于 0 时，则电机实际转矩和目标转矩不匹配故障恢复，发送电机允许开波标志，输出转矩以预设速率恢复到目标转矩，在恢复过程中再次异常，则按照异常确认处理。

3）仿真验证。为了验证开发算法的可行性及有效性，缩短算法开发的周期，需进行联合仿真（图 6-19）。常采用的联合仿真手段主要有：车辆动力学仿真软件 CarSim；多体动力学分析软件 ADAMS；涵盖机械、流体、电磁于一体的系统级仿真软件 AMESim 等。通过建立被控对象，模拟车辆实际运行情况，有助于提高算法开发效率。

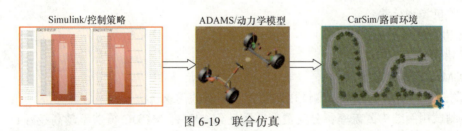

图 6-19 联合仿真

（2）软件开发阶段

1）建模规范。随着汽车控制软件越来越复杂，基于模型的控制策略开发已成为主流。在模型开发过程中，模型的质量很大程度上取决于工程师个人的能力和经验，为保证模型的质量，MAAB（Mathworks Automotive Advisory Board）控制算法建模规范应运而生。MAAB 是制定 MATLAB，Simulink，Stateflow 以及 Embedded Coder 使用规范的组织。

MAAB 控制算法建模规范的主要功能如下：

① 可读性：提高模型的可读性，提高功能分析的可读性，防止模块之间的连接错误，统一的模型风格；

② 提高模型的可复用性；

③ 仿真与验证；

④ 保证系统能正确地仿真，保证系统易于测试；

⑤ 代码生成；

⑥ 提高代码生成效率，确保代码的鲁棒性。

MAAB 控制算法建模规范主要包含如下几个方面：命名规则、模型架构、模型配置选项、Simulink 规则、Stateflow 规则和数据类型使用规则。

2）单元测试。为了保证自动生成代码的质量，需进行单元测试并出具《XXX 控制算法测试报告》。单元测试主要有静态测试、MIL 测试、SIL 测试等。

① 静态测试。控制策略模型开发后，为消除模型中存在的潜在风险，需对其进行静态测试。静态检测是对单元模型的建模规范、数据溢出、功能安全、逻辑处理等方面进行不编写测试用例的规则检查，主要包含如下内容：

模型检查：检查单元模型的具体实现是否符合建模规范或设计意图；

规则检查：<1> Modeling Standards for MAAB——可维护性和可读性；<2> Modeling Standards for High-Integrity Systems——模块的安全使用；<3> 生成代码可靠性、安全性；<4> Modeling Standards for MISRA C：2012——期望保证代码精简、可靠。

② MIL 测试。为验证模型是否满足设计的功能需求，需进行 MIL 测试。一般根据功能需求，用 Simulink_TestSequence 编写单元测试用例，测试用例与设计需求相对应，主要思想如下：

a）确定相关的输入：

i. 基于需求的测试：最常用的测试方法，验证单元模型是否实现了需求；

ii. 接口测试：验证单元模型内的接口是否正确。

b）确定相关输入的数值：

i. 逻辑覆盖 [包括语句覆盖（SC）、判定（DC）、条件（CC）、条件组合（MCC）、修正条件判定覆盖 MC/DC 等]；

ii. 等价类划分法；

iii. 边界值分析法；

iv. 错误猜测法。

c）MIL 测试通过准则：

i. 测试用例需求覆盖率：测试用例覆盖了所有的需求；

ii. 测试用例结构覆盖率：分支覆盖率需达到 100%，MCDC 覆盖率越高越好；

iii. 测试用例准确性：测试用例内容正确，与需求目标一致且期望结果唯一。

3）SIL 测试

为了验证自动生成的代码和用于代码生成的模型行为上是否一致，即验证生成的代码是否正确，需进行 SIL 测试。

基于策略模型，生成 SIL 代码 Block，对策略模型和 SIL 代码 Block 给定一致的输入，查看两者的输出是否一致。SIL 测试的通过准则：使用一致的测试用例给定单元模型及其 SIL 代码 Block 输入，两者的输出完全一致。

（3）整车测试阶段

1）标定。为了进一步提升控制算法的控制效果，需对控制参数进行标定。控制算法对工况具有一定的适应性，常规的标定工况如：高附工况、低附工况、麋鹿工况、坡道工况、稳态回转工况等，赛道漂移工况：8 字漂移、定点漂移等。多种工况的测试保证了算法的可靠性。

2）路试。采用代表性的工况进行路试，进一步验证车辆的可靠性和功能性，查看各功能之间是否会相互干涉，保证功能安全。

4. iTAC 的成果

iTAC 通过实时分析电机转矩、转速和加速度变化趋势，可准确和快速地识别出车辆状态，然后根据转向盘转角、加速踏板和制动踏板等信号对驾驶员意图进行识别，并结合路面附着估算算法，制定最优转矩分配策略，提升汽车在复杂路面的行驶性能。选取典型路面，包括压实雪面、冰-沥青对接路面、雪地角阶跃和雪地圆环对 iTAC 功能和性能进行测试验证。

（1）压实雪面测试

测试工况压实雪面 0—60km/h 全油门起步加速，如图 6-20 和图 6-21 所示，iTAC 基于快速识别算法，能够提前 50ms 通过电机转速识别到车轮的滑转状态，从而有效降低车轮首次打滑的最大打滑轮速和打滑时间；iTAC 基于路面附着识别算法，在整个驱动过程中实时计算路面可承受最大驱动力矩为整车提供最大转矩参考，提升整车动力性和舒适性，图 6-22 为有无 iTAC 功能的雪地直线加速对比图。

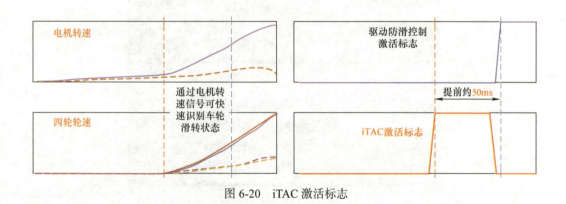

图 6-20　iTAC 激活标志

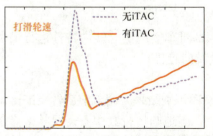
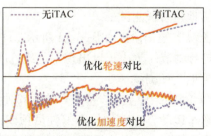

图 6-21　打滑轮速和整车纵向加速度曲线

图 6-22 雪地直线加速对比图

（2）冰-沥青对接路面测试

测试工况冰-沥青对接路面全油门起步加速，如图 6-23 所示。iTAC 通过快速降低后轴转矩，增加前轴转矩，可在尽量不损失动力的前提下实现车辆快速平稳起步。

图 6-23 冰-沥青对接路面全油门起步加速测试

（3）雪地角阶跃测试

测试工况雪地角阶跃如图 6-24 所示，iTAC 对车辆的实时转向特性进行识别，从而对前后转矩进行调节，防止车辆出现不足或过度转向趋势。

（4）雪地圆环测试

雪地圆环测试中，iTAC 基于驾驶员驾驶意图识别结果，调节前后转矩配比，如图 6-25 所示，让整车运动姿态更加符合驾驶员预期，在雪地圆环行驶中不需要频繁修正转向盘角度，从而降低驾驶员的操作难度，图 6-26 为雪地圆环测试转矩分配曲线对比图。

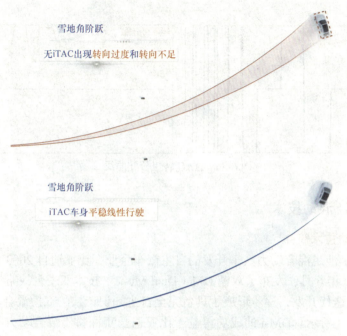

图 6-24 雪地角阶跃测试

图 6-25 雪地圆环测试

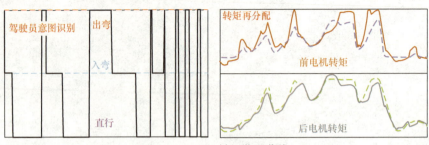

图 6-26 iTAC 转矩分配曲线

6.9.2 BYD 混动技术

1. 比亚迪混动技术简介

作为国内较早涉足混合动力汽车开发的自主汽车企业,比亚迪自 2003 年开始混合动力系统的研发,2020 年 6 月,发布了双模 DM(Dual Mode)技术双平台战略(DM-p 和 DM-i 平台),经过四代迭代开发,逐步形成了具备完全自主知识产权的双模混合动力技术,综合性能表现如表 6-14 所示。DM-i 的成功得益于比亚迪长年深耕于混合动力架构设计与整车性能匹配技术的研究,早在 F3DM 这款车型上,比亚迪就选用了 P1+P3 的串并联架构,希望主打燃油经济性的同时具备稳定的动力输出。然而,受限于当时电驱技术的成熟度、非混动专用的发动机方案和动力电池的超高成本,F3DM 并没有达到市场对于性价比的期望,但也正是这款车在动力架构上的超前布局,为比亚迪双电机串并联技术发展奠立了坚实的基础。

表 6-14 国内外典型混合动力车型综合性能对比表

市场区域		日本		德国	美国	中国			
车企		车企 1	车企 2	车企 3	车企 4	车企 5	车企 6	车企 7	比亚迪
代表车型		车型 1	车型 2	车型 3	车型 4	车型 5	车型 6	车型 7	秦 Plus—DM-i
车重 /kg		1539	1620	1750	1804	1790	1810	1582	1620
混动类型		串并联	功率分流	并联	功率分流	串并联	功率分流	功率分流	串并联
发动机	发动机排量	2.0L	2.5L	1.4T	1.5T	1.5L	1.5T	1.5T	1.5L
	发动机功率 /kW	107	131	110	125	71	110	133	81
	发动机转矩 /N·m	175	221	250	210	125	225	290	135
电机	电机功率 /kW	135	88	85	96	115	100	100	145
	电机转矩 /N·m	315	202	330	235	250	320	320	325
0—100km/h 加速时间 /s		7.6	8.6	7.7	7.8	7.2	7.9	6.9	7.3
亏电油耗 /(L/100km)		4.2	3.8	5.5	4.9	4.4	4.3	3.8	3.8

第6章 电驱动总成的安全设计与开发

与此同时，一个重要的问题摆在所有走上新能源赛道的车企与供应商面前：新能源到底能给整车性能带来什么样的变革？虽然当时串并联技术尚未成熟，但是比亚迪没有停止对新动力架构模式的尝试，对于这个问题，比亚迪给出的答案是整车动力性能，于是打造了"542"（0—100km/h加速用时5s、4驱、每百公里油耗2L）的标签。DM2.0是标准的并联架构，但是不同于传统主机厂"油改电"的P2路线，比亚迪仍然将电机放在P3的位置，发动机选用了2.0T，功率和转矩较DM1.0的1.0L发动机有了越级提升，并由串并联方案更换成了配备双离合变速器的并联方案，保证发动机在任何时刻都可以介入驱动。同时，借助比亚迪长期深耕三电技术的成果，P3电机在转矩和功率上也得到了大幅提升。由此，一套"强油+强电"的并联式动力系统在2013年落地。

如第1章中内容所述，标准并联式混合动力的一个特点是没有独立的发电机，且驱动电机承担发电角色时效率较低，对于燃油经济性并不友好。因此，DM3.0在DM2.0的基础上主要做了三大技术提升。第一，在原四驱架构上引入了25kW的大功率BSG电机，可实现智能发电，辅助换档，急加速助力和怠速起停四大功能。该电机可以在发动机起动时介入，提前提高发动机转速，避免发动机在燃烧不充分、振动大的低转速区域点火，实现发动机快速平稳地启停。此外它还能够为发动机进行调转，可以让发动机启动后迅速达到最佳工况转速，让其长期处于高效运转区间，减少能量损耗。同时由于BSG电机位于传动带端，因此发动机带动其发电效率更高，解决了低电量下油耗高的问题。第二，DM3.0对于系统及零部件方案有针对性地进行了性能提升和技术变革，对发动机本体也进行了优化，提升了NVH特性，而后电驱的峰值功率由110kW提升至180kW，同时对电控系统进行了升级，实现"电驱三合一"，减小了体积和重量。第三，为了更进一步满足消费者的多样化需求，除旗舰的三擎四驱（P0+P3+P4）架构外，DM3.0还创新推出了两种差异性组合架构：双擎两驱（P0+P3）、双擎四驱（P0+P4）。

比亚迪混动技术的具体历程如表6-15所示。

表6-15 比亚迪历代双模代表车型动力系统基本参数

	发布时间	2008年	2013年	2018年	2020年
	发展代数	DM1.0	DM2.0	DM3.0	DM4.0
	架构	P1+P3	P3（+P4）	P0+P3（+P4）	P1+P3（+P4）
	代表车型	F3DM	唐DM（2015款）	唐DM（2018款）	秦PLUS DM-i
发动机	发动机型式	1.0L	2.0T	2.0T	1.5L
	峰值功率/kW	50	151	151	81
	峰值转矩/N·m	90	320	320	135
电机	P0峰值功率/转矩/(kW/N·m)	—	—	25/60	—
	P1峰值功率/转矩/(kW/N·m)	25	—	—	75/90
	P3峰值功率/转矩/(kW/N·m)	50	110/250	110/250	145/325
	P4峰值功率/转矩/(kW/N·m)	—	110/300	180/380	200/350
	变速器形式	单档ECVT	6DCT（湿式）	6DCT（湿式）	单档ECVT
	代表车型综合油耗/(L/100km)	2.7	2.0	1.6	0.7
	代表车型0—100km/h加速时间/s	10.5	4.9	4.3	7.3

DM3.0让市场见证了比亚迪的"新能源速度"，然而又一个更迫切的主题是所有新能

源车企不得不面对的：革命性的节能减排。为了迎接这一主题带来的诸多挑战，DM4.0应运而生。

2. 第四代 DM 混动系统（DM4.0）

2020年6月，比亚迪推出了DM混动系统的双平台战略，即DM-i和DM-p平台，标志着DM4.0时代到来（图6-27）。DM-i继承了DM1.0电机位置P1+P3的串并联架构，而随着电驱技术的进一步提升，DM-i的整车动力模式与能量管理策略更加灵活，再有混动专用发动机加持，串并联架构在整车上的经济性能优势终于得以体现。DM-i是比亚迪在混合动力系统及其相关技术专研多年后的集大成者，2021年起搭载DM-i混动系统的秦PLUS—DM-i、宋PLUS—DM-i、唐DM-i等王朝系列车型陆续上市并得到了市场的认可（图6-28），其中秦PLUS—DM-i整车亏电油耗低至3.8L/100km，0—100km/h加速时间达到7s级，真正做到超节油的同时兼备够用的动力。

秦PLUS—DM-i

宋PLUS—DM-i

图6-27 DM-i混合动力总成　　图6-28 DM-i混动总成搭载的典型车型

DM-i的成功得益于各个零部件在性能维度的突破性提升：

1）骁云插混专用发动机（1.5L主打经济，1.5Ti兼顾高性能）：其中1.5L自吸发动机热效率高达43.04%，为当时行业内量产的最高热效率发动机。

2）深度集成化专用混动变速器EHS：将双电机、双电控、升压器件、单档减速器、直驱离合器以及电机油冷系统高度集成。

3）高压高效电机方案：采用扁线油冷电机，提供了更高的功率密度和电磁设计空间，转速高达16000r/min，效率高达97.5%。

4）第四代IGBT电控：采用双电控（GCU和MCU）集成方案，减小了体积，同时采用了第四代IGBT技术，综合效率高达98.5%。

5）升压器件：由于采用了额定电压更低的磷酸铁锂电池方案，同时兼顾成本对电芯数量进行了明确规划，如何匹配电池电压和电驱系统电压是关键问题，因此DM-i动力系统设计中集成了高功率升压器件，并根据整车动力需求决定工作状态和升压策略，保障驱动电机外特性与动力需求。

DM-p架构经历了两代发展，第一代开发逻辑对DM3.0的设计理念实现了传承并升级优化：首先，对所搭载的发动机（1.5T和2.0T）进行全面的升级优化，如进排气优化、增压器噪声优化、降摩擦优化等，新升级的发动机兼顾动力的同时大幅度提升了热效率；其次，对变速器进行速比调整和NVH优化。第二代DM-p则是DM-i系统动力性提升的产物，搭载于唐DM-p—2022款和汉DM-p—2022款车型（图6-29），在P1+P3架构基础上增加了P4电机（峰值功率200kW），实现高动力输出的同时，使得整车能耗进一步降低。

唐DM-p(2022款)

汉DM-p(2022款)

图6-29　DM-p代表车型

3. DM4.0 关键技术解析

比亚迪DM4.0混动系统的成功，离不开其自主研发的混合动力专用发动机及其控制系统，以及混合动力专用变速器这两大核心，其中发动机的最大提升在于热效率的重大突破，而混合动力专用变速器则在实现串并联的标准功能的同时，在峰值功率及功率密度上有了明显提升，从而使得DM-i的模式切换与动力分配在不同整车运行工况下都更加灵活。下面将解析这两个主要系统的关键技术。

（1）骁云发动机关键技术

2020年11月，比亚迪发布了集各项先进技术于一身的1.5L发动机，其热效率达到43.04%，为发布时市场上量产的热效率最高的发动机（图6-30）。长期以来，比亚迪分别从发动机工作循环、燃烧机理、热管理、摩擦损失和系统控制等方面进行了深入研究，并最终将这些研究成果转化应用在牌号为472QA的1.5L骁云发动机上。这款发动机排量为1.5L，额定功率85kW（6000r/min），最大转矩135N·m（4500r/min），配合整车能量管理策略，常规工况发动机高效工作区域达90%以上。这款发动机的关键技术包括：

图6-30　1.5L骁云插混专用发动机及其关键技术

1）阿特金森循环技术：阿特金森循环是通过可变气门正时技术（VVT）实现进气门晚关，其过程为在压缩行程开始阶段气门仍然开启，待活塞上行将混合气推出去一部分后，再关闭进气门，之后开始混合气压缩行程和做功行程，此过程相当于实现了做功行程大于压缩行程的效果，即获得较大的膨胀比，如图6-31所示。阿特金森循环的大膨胀比可以实现尽可能多地利用燃烧的气体做功，减少排气损失，提高燃料利用率，从而提高热效率。

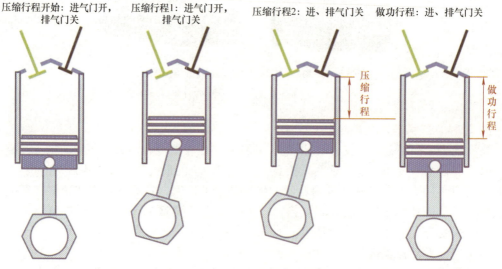

图 6-31 阿特金森循环示意图

2）高效燃烧系统：优化进气道和燃烧室形状，提升滚流比，使混合气的湍动能增加，实现更快速更完全的燃烧，提高燃料利用率。

3）EGR 技术：即废气再循环技术，如图 6-32 所示，将发动机排出的一部分废气通过管路引入 EGR 冷却器，冷却的废气进入 EGR 阀，EGR 阀根据不同转速负荷的 EGR 率需求调整 EGR 阀的开度，最后通过管路将废气引入燃烧室参与燃烧。EGR 可以降低缸内温度，抑制爆燃倾向，进一步提高压缩比，还可以减小中小负荷的泵气损失，提高发动机的热效率，同时也会降低 NO_x 排放。本发动机采用了冷却 EGR 技术，搭配自主开发 EGR 控制模型，在提高热效率的同时，EGR 精确控制使转矩模型更精确，提升整车动力输出的平顺性。

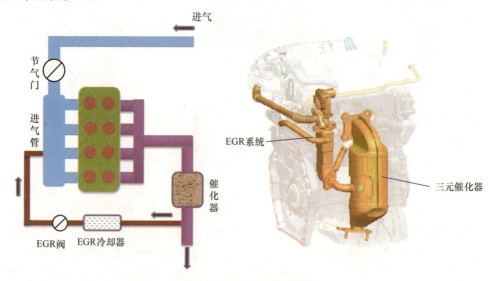

图 6-32 EGR 系统示意图

4)高压缩比技术:配合阿特金森循环和 EGR 技术,该发动机的压缩比达到 15.5,压缩比是影响发动机热效率的直接因素,一定范围内,压缩比越高热效率越高。

5)智能热管理:如图 6-33 所示,采用缸体缸盖分体冷却及智能温控模块,可以合理控制缸体缸盖始终工作在最优的温度;采用缸盖集成排气管,提高了暖机速度,降低排气温度;同时采用了充钠气门和活塞冷却喷嘴,进一步降低燃烧室周边部件温度,降低爆燃倾向。

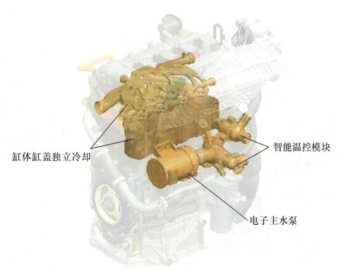

图 6-33 智能热管理示意图

6)降摩擦技术:如图 6-34 所示,通过采用低张力的活塞环、缩小曲轴轴径、采用运动副涂层、液压滚子挺柱、曲轴偏心、低黏度机油等手段,减小机械摩擦损失;同时采用了可变排量机油泵、电控活塞冷却喷嘴和电子水泵等降低附件功耗。这些技术的应用使该发动机的摩擦损失比上一代减少 20%。

图 6-34 降摩擦技术示意图

（2）EHS 混合动力系统

在研发混合动力专用发动机的同时，比亚迪在混合动力的电驱动总成领域同样开展了大量的研发工作。研制的 EHS（Electric Hybrid System），即比亚迪 DM-i 专用混合动力变速器（图 6-35），承担的不仅仅是电驱动的工作，同时也将发动机很好地融入总成之中，使得整个动力系统能够在不同整车需求下匹配最合理的动力模式，完成最优动力分配。

图 6-35　比亚迪 DM-i EHS 及其关键技术

1) EHS 高度集成化：如图 6-36 所示，EHS 将双电机、双电控、升压模块、单档减速器、直驱离合器还有电机油冷系统高度集成；集成化一方面减小总成体积，有利于整车布置，也留下了更多的吸能空间，提升安全性；另一方面降低总成重量，从而进一步降低整车能耗；同时集成化设计还减少了零部件的数量，降低了混动总成的成本。

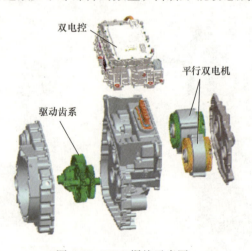

图 6-36　EHS 爆炸示意图

2）高效传动系：传动系包括电机端输入轴、中间轴组件、差速器组件、发动机端输入轴组件、发电机输入轴及各轴的轴承等，如图6-37所示。发动机端输入轴组件集成了输入轴、湿式直驱离合器和直驱齿轮；发动机和驱动电机共用中间轴，发动机与车轮端通过湿式直驱离合器实现解耦；纯电工况驱动时，除了驱动电机到车轮端的传动系零部件外，仅需多驱动一个直驱齿轮，相较其他混动的传动系结构，EHS传动系的零部件更少，传动副的摩擦损失和搅油损失降低，传动系的效率可达95.5%，在相同电池电量的情况下，纯电行驶的里程更长。

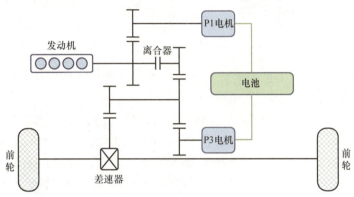

图6-37　EHS动力架构

3）高压高效电机：电动机和发电机均是采用扁线绕组+油冷技术的永磁同步电机；相较于圆线绕组，扁线绕组技术使得电机体积更小、噪声更小、铜耗更低、温升更低、散热更好、槽满率更高、效率更高；油冷技术更有利于电机的散热，提升电机应对恶劣工况的能力；同时电机设计最高转速达16000r/min，有效降低电机重量，提高功率密度，降低电机成本。以上技术的应用使电机功率密度提升至44.3kW/L，最高效率达97.5%，90%以上高效区占比达到90.3%。EHS具备三个不同功率等级的版本，根据电机的功率不同，可以为不同动力需求的车型提供相应的配置。表6-16列举了EHS不同版本参数及匹配车型。

表6-16　EHS性能配置表

版本	发电机峰值功率/kW	驱动电机峰值功率/kW	匹配发动机型号	搭载车型
EHS-1	75	132	骁云1.5L	A0—A级车
EHS-2	75	145	骁云1.5Ti/1.5L	A—B级车
EHS-3	90	160	骁云1.5Ti	B—C级车

4）集成式高效电控：电控集成MCU和GCU，同时也集成了升压模块，有效减小电控体积，同时减少了与电机的三相连接线长度，可以有效提高总成EMC性能并降低成本，如图6-38所示；电控核心元件IGBT采用了比亚迪第四代技术，并使用汽车级PIN-FIN直接水冷六单元模块，实现高性能、高可靠性；控制模块使用了双核DSP，运行速度快，集成度高；电容采用了直接散热，具有更长的寿命；此外，比亚迪专有升压技术，能有效提升电机峰值功率密度；基于以上技术应用使电控的发电和驱动效率均在98%以上，降低了电控的损耗，支撑了DM-i极致节油的追求。

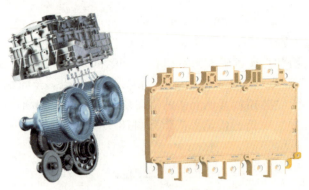

图 6-38 双电控集成和比亚迪第四代 IGBT

5) 高功率升压器件：考虑到电芯设计与生产，短里程混合动力车型匹配的动力蓄电池额定电压一般为 300~400V；而电驱动总成高压化是动力系统发展的大趋势，这使得动力电池电压与电驱动总成电压不匹配，因此如果直接使用低压动力蓄电池驱动高压电驱动总成，电机将无法大功率输出。比亚迪在 DM-i 系统中应用了升压技术，在控制器中集成了高功率的升压器件，并保证了较高的升压效率（>98%）。当轮端有大功率需求时，动力系统通过升压模块提升驱动电机的外特性，从而保障整车动力性能的达成，如图 6-39 所示。

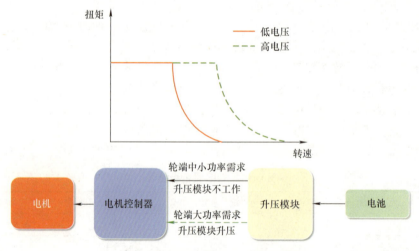

图 6-39 高功率升压器件升压原理

4. DM4.0 整车能量管理

混合动力系统能量管理是根据车辆当时行驶车速、动力系统工作模式、动力蓄电池 SOC 等实时状态，结合驾驶者的驾驶意图（加速踏板的输入信号），经过整车能量管理策略匹配最合适的动力模式及动力分配方案，在确定各部件工作在相对高效工况点的同时，保证综合性能最优的方法和策略。混合动力整车能量管理策略包括基于确定规则的能量管理、基于全局寻优的能量管理（如动态规划算法）和瞬时最优化的能量管理（如等效燃油消耗最低策略）等。确定规则的能量管理最为简单清晰，优点在于运算量小、可执行性强、故障率低且排查容易，比亚迪等众多主流车企均采用这一类策略；全局寻优的能量管理需要事先已知驾驶工况,且计算量较大,无法满足实时控制要求,现阶段并不适合混合动力系统的研发应用,但结合相关的方法进行进一步的预测式能量管理是一个重要的研究方向;瞬时最优化的能量管理已经在业界得到了很多研究,但其真实的用户能耗优化效果还有待考证。

基于动力蓄电池电量的角度,插电式混合动力汽车的模式运行可以分为电量消耗(Charge Depleting,CD)模式和电量维持(Charge Sustaining,CS)模式两种。当电池处于满电状态时,车辆进入电量消耗模式,此时动力系统以纯电模式驱动,发动机不工作,仅驱动电机消耗动力蓄电池电量来驱动车辆。当电池电量以电量消耗模式消耗至标定阈值时(DM-i 动力电池标定 SOC 阈值通常为一个范围),车辆进入电量维持模式,此时动力系统会根据车辆实时的车速及驾驶工况,通过固定的逻辑规则进行一系列判断,最终选择以串联或者并联其中一种方式驱动,同时维持电池电量。无论以哪种方式驱动,基本原则都是遵循使发动机尽量工作在最高效区间范围以获得最优的燃油消耗率。图 6-40 是 CS 模式的模式切换基础逻辑。

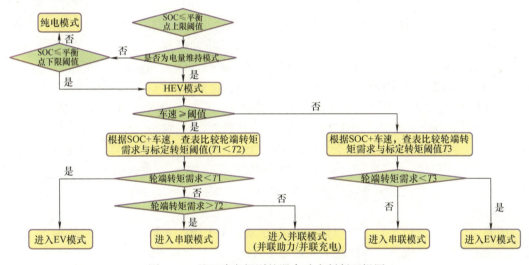

图 6-40 基于确定规则的混合动力判断逻辑图

当 SOC 处于平衡点上限阈值以下时,系统会判断当前动力系统是否处于纯电模式。若判定处于纯电模式,则系统会进一步判断电池 SOC 是否已达到平衡点下限阈值,若电池 SOC 低于平衡点下线阈值,则车辆进入电量维持模式,发动机起动;若电池 SOC 高于平衡点下限阈值,则车辆继续保持纯电模式直至电量消耗至平衡点下限阈值后,进入电量维持模式。车辆进入电量维持模式后,系统会根据当前车辆车速和驾驶员输入的油门踏板深度信息判断进入哪种驱动形式。当车辆车速匹配转速小于发动机可接合的转速时,动力系统以串联模式进行电量维持;当车速匹配转速大于等于发动机可接合的转速时,优先以并联模式进行电量维持,此时发动机与车辆驱动机构直接机械耦合。当动力模式确定以后,根据轮端耦合匹配的转速(并联模式)或 NVH 所限制的转速(串联模式)来匹配相应的转矩,从而完成动力分配。动力分配的最重要原则是动力系统在保证输出能够满足轮端需求的同时,综合考虑电平衡能力并尽量控制发动机起停次数,使得发动机工作在高效的区域。驱动模式选择逻辑如图 6-41 所示。

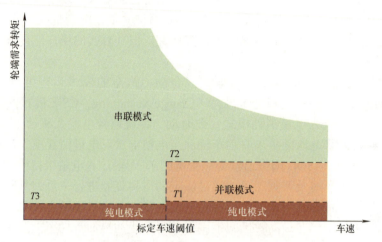

图 6-41 车辆驱动模式选择逻辑

当车辆车速小于标定车速阈值时,系统会判断轮端需求转矩与标定转矩阈值 $T3$ 的关系。当轮端需求转矩小于标定转矩阈值 $T3$ 时,车辆需求功率很小,此时仍可进入 EV 模式。当轮端需求转矩大于等于标定转矩阈值 $T3$ 时,此时必须起动发动机以维持电量,考虑此时车速过小,车辆进入串联模式,以允许发动机运行在高效区间内。

当车辆车速大于等于标定车速阈值时,系统会判断轮端需求转矩与标定转矩阈值 $T1$ 与 $T2$ 的关系。当轮端需求转矩小于标定转矩阈值 $T1$ 时,车辆需求功率很小,此时仍可进入 EV 模式。当轮端需求转矩大于 $T1$ 且小于 $T2$ 时,此时车辆车速较高,且发动机可运转在高效区间,可以进入并联模式通过发动机直驱车辆。当轮端需求转矩大于 $T2$ 时,此时车辆车速较高,且发动机运转工况已超出经济区间,车辆进入串联模式,以保证发动机在经济区间运行。

串联模式的发动机运转工况点如图 6-42 所示。图中虚线表示发动机的最高效率工作曲线,发动机工作在这条线上将获得不同功率下最优的燃油消耗率。

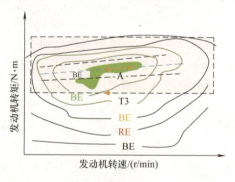

图 6-42 串联模式发动机运转工况示意图

当车辆工况需求功率 $P_{Vehicle} = P_{Engine} \times \eta_{G\text{-motor}} \times \eta_{MG\text{-motor}} \times \eta_{Trans}$（$\eta_{G\text{-motor}}$ 为发电机效率、$\eta_{MG\text{-motor}}$ 为驱动电机效率、η_{Trans} 为变速器效率）时,此时车辆驱动仅依靠发动机带动发电机给驱动电机供电,电池电量维持不变,此模式即串联发动机驱动模式。

当 $P_{\text{Vehicle}} < P_{\text{Engine}} \times \eta_{\text{G-motor}} \times \eta_{\text{MG-motor}} \times \eta_{\text{Trans}}$ 时，发动机带动发电机给驱动电机供电，驱动车辆的同时，多余的电量为动力电池充电，此模式即串联行车充电模式。

当 $P_{\text{Vehicle}} > P_{\text{Engine}} \times \eta_{\text{G-motor}} \times \eta_{\text{MG-motor}} \times \eta_{\text{Trans}}$ 时，发动机沿最高效率工作线提升转速，直至满足车辆需求功率。在匹配不同车型时，考虑到实际驾乘体验，会限制串联模式下的发动机转速，且尽量避免转速波动，因此实际的发动机运转工况点也可能不完全遵循最优燃油消耗曲线，而是落在附近的区域（如图 6-42 黑色虚线示意范围），牺牲少量的燃油经济性以换取更好的驾驶性能。

并联模式的发动机运转工况点如图 6-43 所示。图中虚线 1 表示发动机的最高效率工作曲线，发动机工作在这条线上将获得不同功率下最优的燃油消耗率。A 点示意当前车辆工况所对应的发动机转速与转矩工作点。

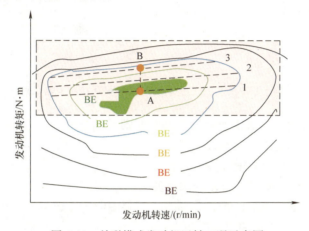

图 6-43　并联模式发动机运转工况示意图

当车辆轮端需求功率 $P_{\text{Vehicle}} = P_{\text{Engine}} \times \eta_{\text{Trans}}$ 时，此时车辆驱动仅依靠发动机直驱，电池电量维持不变，此模式即并联发动机驱动模式。

当 $P_{\text{Vehicle}} < P_{\text{Engine}} \times \eta_{\text{Trans}}$ 时，发动机直驱车辆，同时带动发电机为电池充电，此模式即并联行车充电模式。当 $P_{\text{Vehicle}} \geq P_{\text{Engine}} \times \eta_{\text{Trans}}$ 时，发动机直驱车辆，不足的部分由动力蓄电池提供，此模式即并联混合驱动模式。

当 $P_{\text{Vehicle}} > P_{\text{Engine}} \times \eta_{\text{Trans}}$ 时，发动机运转工况点将从 A 点偏移至 B 点，在相同转速下会获得更高的转矩，从而输出更高功率，避免电池在低 SOC 下继续耗电，即燃油经济性达到次优时保证 NVH 的要求并具备较强的电平衡能力。

图 6-44 列举了秦 PLUS-1.5L 发动机在 NEDC 循环工况下的各模式切换过程。在初始状态下车辆以纯电模式运行。当电池 SOC 消耗至最低限值后，由于车辆车速此时在中速范围，因此选择进入串联模式进行电量维持阶段。在串联模式结束时，电池电量 SOC 已达到平衡点上限阈值，车辆进入纯电模式继续行驶。当电池 SOC 再次被消耗至平衡点下限阈值后，由于车辆车速此时满足并联需求，且轮端功率并不高而可以保证发动机并联工作在经济区，因此选择进入并联模式进行电量维持阶段。在并联模式结束时，电池电量 SOC 再次被补充至初始水平，即在此循环工况车辆达到电平衡。

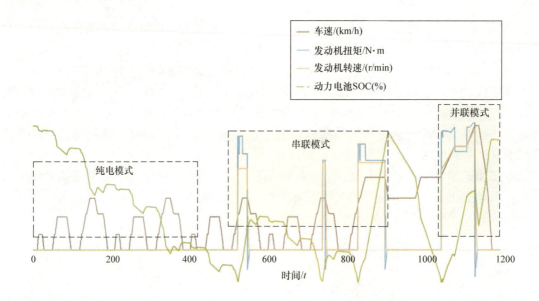

图 6-44 秦 PLUS-1.5L 发动机 NEDC 循环控制策略示意图

综上所述，DM-i 混动系统能量管理的基本原则可以总结为：
① 电池电量高优先选择纯电模式；
② 电池电量低优先选择电量维持模式；
③ 车速与加速踏板深度是进行模式选择的关键输入；
④ 通过电池充放电功率的匹配、平衡点上下限阈值的设定与发动机起停策略的实现避免发动机频繁起停，保证整车的驾驶平顺性；
⑤ 综合考虑电平衡能力和 NVH 对于发动机转速限制，保障发动机工作在高效区。

第 7 章 充放电系统的安全设计与开发

7.1 概述

电动汽车是促进交通行业能源消费转型升级的关键点。然而,电动汽车相对较短的续驶里程使充放电过程变得频繁,随之暴露了一系列安全隐患:第一,若电动汽车大规模接入现有电网,由此带来的负荷剧增可能会对电网稳定运行造成不利影响,危害生产生活用电安全;第二,若充放电系统的保护功能设计不合理,在充放电过程中无法及时识别过压、过流、过温等异常工况,会极大增加充电设备或车辆起火爆炸的风险;第三,人员在车辆充放电过程中始终面临触电风险。因此,针对电动汽车保有量爆发式增长的现状,亟需从多方面综合考虑充放电过程中存在的各种安全隐患,形成一套具有高安全性、高防护等级的充放电系统设计规范,提升充放电系统安全性和稳定性。

本章旨在详细说明电动汽车充放电系统设计中需要遵循的安全要求和设计规范。首先介绍电动汽车充放电系统构成,并对不同充放电模式进行分类定义。之后分别从系统和零部件两个层级介绍充放电系统安全性问题。其中,从系统层级来看,包括直流充电系统、交流充电系统和放电系统的安全性要求,可以从人员、设备、车辆三个方面进行设计,从主动防护和被动防护两个方面制定保护机制,每种保护机制包含硬件保护措施和软件保护措施,涵盖硬件部分元器件安全和软件部分控制策略安全的设计要求;零部件层级上看,包括充电接口、充配电总成、充电设备等的安全设计要求、环境耐久和可靠性要求。在此基础上,针对实际充放电产品设计中面临的安全性考验,本部分分别从结构安全、电气安全和充放电接口安全等角度完整阐述了实际产品的安全要求及设计规范,为工程技术人员进行电动汽车充放电系统的安全性设计提供有效参考,促进电动汽车产业蓬勃发展。

7.2 充放电模式及系统构成

本节主要介绍电动汽车充放电系统各部分结构、连接方式、充电模式、放电模式、充放电设备及供电设备。

7.2.1 交流/直流充放电

充电是将交流或者直流电网(电源)调整为校准的电压/电流,为电动汽车动力蓄电池提供电能的过程。根据供电设备为电动汽车提供电能的类型，可以分为交流充电和直流充电。

放电是将电动汽车动力蓄电池的电能调整为校准的电压/电流，为需求侧提供电能的过程。根据放电车辆输出的电流种类，可以分为交流放电和直流放电。

7.2.2 充电连接方式

充电需要使用电缆和插接器将电动汽车接入电网（电源），使电能能够通过电缆组件从电网传导至电动汽车动力蓄电池。通常有以下三种连接方式：

连接方式 A：将电动汽车和交流电网连接时，使用和电动汽车永久连接在一起的充电电缆和供电插头，如图 7-1 所示。

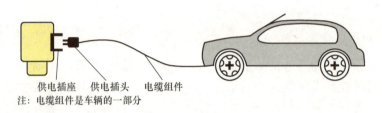

图 7-1　连接方式 A

连接方式 B：将电动汽车和交流电网连接时，使用带有车辆插头和供电插头的独立活动的电缆组件，如图 7-2 所示。

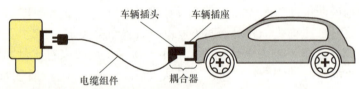

图 7-2　连接方式 B

连接方式 C：将电动汽车和交流电网连接时，使用了和供电设备永久连接在一起的充电电缆和车辆插头，如图 7-3 所示。

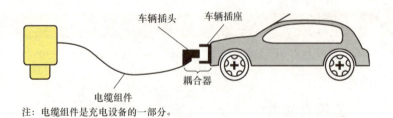

图 7-3　连接方式 C

7.2.3 充电模式

充电模式是连接电动汽车到电网（电源）给电动汽车供电的方法，通常有以下四种模式：

（1）充电模式1

充电模式1下，将电动汽车连接到交流电网（电源）时，在电源侧使用了符合GB/T 2099.1—2021和GB/T 1002—2021要求的插头插座，在电源侧使用了相线、中性线和接地保护的导体。

（2）充电模式2

充电模式2下，将电动汽车连接到交流电网（电源）时，在电源侧使用了符合GB/T 2099.1—2021和GB/T 1002—2021要求的插头插座，在电源侧使用了相线、中性线和接地保护的导体，并且在充电连接时使用了缆上控制与保护装置（IC-CPD）。

（3）充电模式3

充电模式3下，将电动汽车连接到交流电网（电源）时，使用了专用供电设备，将电动汽车与交流电网直接连接，并且在专用供电设备上安装了控制导引装置。

（4）充电模式4

充电模式4下，将电动汽车连接到交流电网或直流电网时，使用了带控制导引功能的直流供电设备。

针对上述不同充电模式及充电连接方式，GB/T 18487.1—2015《电动汽车传导充电系统第一部分：通用要求》中规定了不同的控制导引电路，用于充电枪连接确认、充电连接装置载流能力和供电设备供电功率的识别及充电过程的监测。图7-4～图7-7分别为交流充电控制引导电路原理图，图7-8为直流充电控制引导电路原理图。

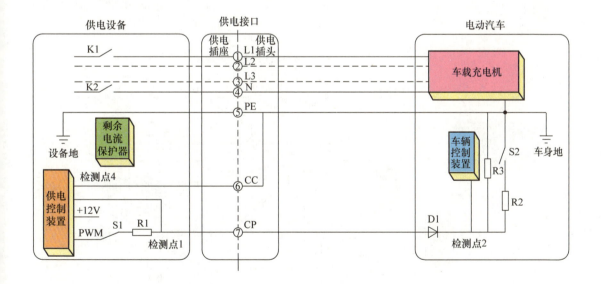

图7-4 充电模式3连接方式A控制引导电路原理图

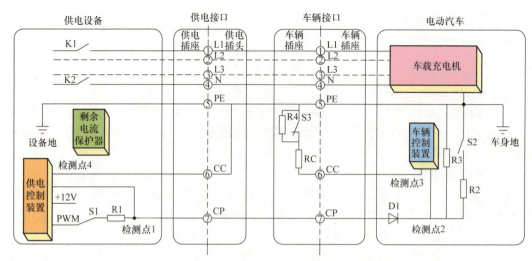

图 7-5 充电模式 3 连接方式 B 控制引导电路原理图

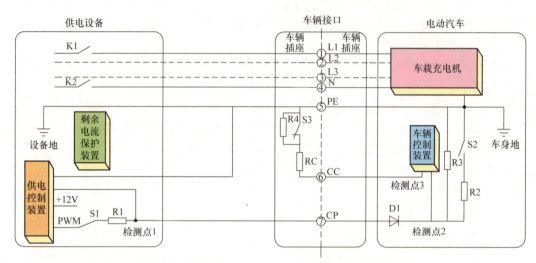

图 7-6 充电模式 3 连接方式 C 控制引导电路原理图

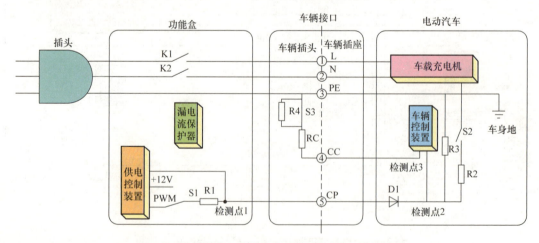

图 7-7 充电模式 2 连接方式 B 控制引导电路原理图

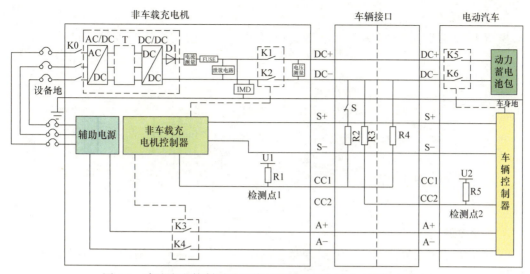

图 7-8 直流充电控制引导电路原理图（充电模式 4 连接方式 C）

7.2.4 放电模式

电动汽车放电模式有交流 V2L、直流 V2L、交流 V2V、直流 V2V 和直流 V2G 五种。

1. 交流 V2L

交流 V2L 是将放电车辆连接到车外负荷时，通过车辆插头与负荷直接连接的模式，如图 7-9 所示。

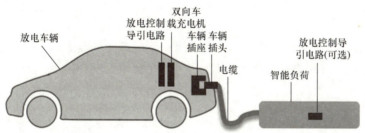

图 7-9 交流 V2L 连接示意图

2. 直流 V2L

直流 V2L 是将放电车辆连接到车外负荷时，在负荷侧使用了专用直流用电设备（包含充放电设备或用电负荷），并在车辆端安装了放电控制导引电路的模式，如图 7-10 所示。

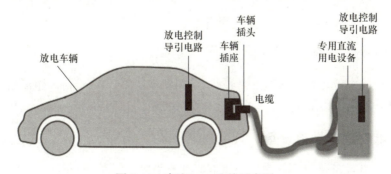

图 7-10 直流 V2L 连接示意图

3. 交流 V2V

交流 V2V 是将放电车辆与充电车辆连接时，使用独立的传导连接组件的模式，如图 7-11 所示。

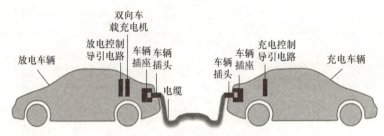

图 7-11 交流 V2V 连接示意图

4. 直流 V2V

直流 V2V 是将放电车辆与充电车辆连接时，在放电车辆端使用了车载充放电设备和独立的传导连接组件的模式，如图 7-12 所示。

图 7-12 直流 V2V 连接示意图

5. 直流 V2G

直流 V2G 是将放电车辆连接到交流电网时，使用带并网放电功能的充放电装置，并在车辆端安装放电控制导引电路的模式，如图 7-13 所示。

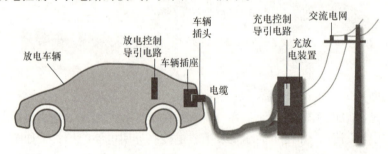

图 7-13 直流 V2G 连接示意图

7.2.5 电动汽车充放电设备

电动汽车充放电设备是将电动汽车或动力蓄电池与电网（或负荷）连接起来，实现能量双向流动的设备，包含交流充电桩或双向非车载充电机，也包含连接方式 C 下的电缆组件。

7.2.6 电动汽车供电设备

电动汽车供电设备是以充电为目的将电能补充给电动汽车的设备。

对于充电模式 1/ 连接方式 B，供电设备由电缆组件组成；对于充电模式 2/ 连接方式 B，供电设备由带有功能盒的电缆组件组成；对于充电模式 3/ 连接方式 C，供电设备由充电设备组成；对于充电模式 3/ 连接方式 B，供电设备由充电设备和电缆组件组成；对于充电模式 4/ 连接方式 C，供电设备由充电设备组成。

7.2.7 充电连接装置

以充电模式 2/ 连接方式 B 为例，供电设备包括电缆、供电接口、车辆接口、缆上控制保护装置和帽盖等部件，如图 7-14 所示。具体有：

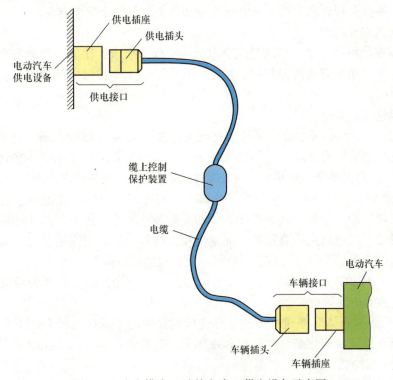

图 7-14 充电模式 2/ 连接方式 B 供电设备示意图

1）充电接口：充电连接装置中，除电缆、缆上控制保护装置（如果有）之外的部件，包括供电接口和车辆接口。

2）供电接口：能将电缆连接到电源或电动汽车供电设备的器件，由供电插头和供电插座组成。

3）供电插座：供电接口中和电源供电线缆或供电设备连接在一起且固定安装的部分。

4）供电插头：供电接口中和充电线缆连接且可以移动的部分。

5）车辆接口：能将电缆连接到电动汽车的器件，由车辆插头和车辆插座组成。

6）车辆插座：车辆接口中固定安装在电动汽车上，并通过电缆和车载充电机或车载动力蓄电池相互连接的部分。

7）车辆插头：车辆接口中和充电线缆连接且可以移动的部分。

8）缆上控制保护装置：集成在充电模式 2 的线缆组件中，具备控制功能和安全功能的装置。

7.3 充电系统安全设计

电动汽车充电时，为避免安全事故的发生，需要从硬件（电气设计）和软件（功能、策略）两个方面进行安全设计。由于交/直流充电系统整体架构类似，但在某些关键拓扑上存在差异，故本节在详细介绍直流充电系统安全要求的基础上，补充介绍了交流充电系统需要考虑的特殊安全需求。

7.3.1 充电系统硬件安全与保护

充电系统硬件设计要求包括人员电气安全和设备电气安全两个方面。

1. 人员电气安全

电动汽车在使用过程中，要满足人员电气安全保护要求，比如：接地安全，带电部件的基本绝缘保护，用外壳或屏障保护，限制电压保护，人体接触电流的限值保护，剩余电流保护等。

（1）车辆端接地安全

GB/T 20234.1—2015《电动汽车传导充电用连接装置 第 1 部分：通用要求》要求电动汽车的充电连接装置应有接地保护措施，接地保护应满足 GB/T 11918.1—2014《工业用插头插座和耦合器 第 1 部分：通用要求》中第 10 章的要求。具体要求如下：

1）有接地触头的电器附件应装配接地端子。此外，有一内部接地端子的金属壳固定式电器附件可以装配一个外部接地端子，除非是暗装式插座，否则，此外部接地端子应是从外侧可看见的。接地触头应直接地可靠地连接到接地端子，但安装在隔离变压器输出电路里的插座的接地端子不得与接地端子连接。通过观察检查是否合格。

2）带接地触头的电器附件的易触及金属部件，凡绝缘失效时会变为带电的，在结构上应可靠地连接到内部接地端子。

3）如果易触及金属部件通过金属部件连接到接地端子或接地触头而不受带电部件的影响，或用双重绝缘或加强绝缘与带电部件隔开，这些触及金属部件在本要求中不视作绝缘失效时会变成带电的易触及金属部件。

（2）非车载充电机端接地安全

NB/T 33001—2018《电动汽车非车载传导式充电机技术条件》中 7.5.4 对非车载充电机的接地要求如下：

1）充电机金属壳体应设置接地端子（螺栓），其直径不应小于 6mm，并应有接地标志。

2）充电机金属材质的门板、盖板、覆板和类似部件，应采用铜质保护导体将这些部件和充电机的结构主体框架连接，且保护导体的截面积不应小于 $2.5mm^2$。

3）所有作为隔离带电导体的金属外壳、隔板、电气装置的金属外壳以及金属手柄等，均应有效等电位连接，且接地连续性电阻不应大于 0.1Ω。

4）充电机内的工作接地与保护接地应单独接到接地导体（铜排）上，不应在一个接地线中串接多个需要接地的电器装置。

（3）人体接触电流的限值保护

在正常允许条件下和单一故障条件下，一般人员应通过限制接触电流和接触能量或限制接触电压避免危险电击：

在正常允许条件下和单一故障条件下，还应考虑在 GB/T 13870.1—2008《电流对人和家畜的效应　第一部分：通用部分》中规定的水湿润条件下相应的人体阻抗 [浸入与市政供水（平均电阻率 = 3500Ω·cm，pH = 7~9）的水中 1min，皮肤接触表面的条件]。

> 注：不考虑出汗的人或浸泡在海水中后的皮肤。

（4）带电部件基本绝缘保护

基本绝缘是指能够提供基本防护的危险带电部分上的绝缘，是防止触及带电部件的初级保护，该防护是由绝缘材料制成。基本绝缘的目的在于为防电击提供一个基本的保护，以避免触电的危险，不过此类绝缘只能保证正常状态下的安全，却无法保障有瞬变电压出现时的安全。换言之，当瞬态电压发生变化时，基本绝缘便会有崩溃的可能。

供电设备的带电部件采用基本绝缘的保护方式，基本绝缘应通过固定绝缘或电气间隙和/或爬电距离进行保护。任何可接触到的导电部分如果没有按照要求将绝缘与带电部件隔开，则被认为是危险带电部件。

基本绝缘的设计和测试应能承受其所连接电路的脉冲电压和暂时过电压。

（5）用外壳或屏障保护

电动汽车和非车载充电机可以使用外壳或屏障进行电气安全保护，外壳应符合在其预定环境中使用时，具有足够的机械强度，其结构应使其在预期寿命内受到预期使用和预期误用时不会发生危险。此外，只能使用工具、钥匙或者危险带电部件断电后才可打开外壳或拆除屏障。

（6）剩余电流保护

为防止触电事故、避免因接地故障引起的电气火灾事故、减少剩余电流造成的电能损耗，直流供电设备的交流侧主回路应加强电气防护措施，可以采取的措施为：双重绝缘、加强绝缘、隔离栅栏、在交流供电侧使用剩余电流保护器等。我国多使用 A 型剩余电流保护器，剩余电流保护器的额定工作电流不应超过 30mA。

（7）故障保护

电动汽车和非车载充电机在进行充电时应提供故障保护措施，可防止在基本保护失效期间和之后因触及危险能量而造成人身伤害。应该至少提供以下保护措施之一：供电的自动断开、双重或加强绝缘、增加电气隔离、仅限于通过一种带简单的非接地电源给电动汽车供电、特低电压供电等。同时，固定安装的电动汽车供电设备、保护接地导体和保护连接导体应固定连接。

（8）Y 电容要求

充电机直流输出正、负极与地之间的电容耦合由 Y 电容器和寄生电容产生，用于实现电磁兼容，为防止人员触电危险，对于额定输出电压不大于 500V 的充电机，其每个充电接口直流输出正、负极与地之间的总电容均不应大于 0.4μF；对于额定输出电压大于 500V 的充电机，在接收到充电电流大于或等于 1A 之前，充电机输出回路中从防反二极管到车辆插头末端正极与负极之间的电容小于等于 1μF，电阻大于等于 40kΩ。另外，充电机最大 Y 电容的要求如表 7-1 所示。

（9）限制电压保护

电动汽车在充电过程中，为避免人员触电危险，接触电压应满足以下条件：

表 7-1　充电机最大 Y 电容要求

充电机额定直流输出电压 U_n	Y 电容要求
$U_n \leq 500V$	每个充电口的直流输出正、负极与保护接地体 PE 之间的总电容均不应大于 $0.4\mu F$
$500V < U_n \leq 1000V$	应满足下述条件之一： ——充电过程中，充电机与电动汽车动力蓄电池连接在一起的直流正负极与保护接地体 PE 之间的总电容在其最大工作电压时所存储的能量均不大于 0.2J ——充电机输出回路采用双重绝缘或加强绝缘措施

1）在正常运行时稳态接触电压不应超过表 7-2 规定的限值。

2）在单一故障条件下稳态接触电压不应超过表 7-3 规定的限值。

3）在正常运行时非经常性直流接触电压不应超过表 7-2 规定的限值。

4）在单一故障条件下指尖到脚的非经常性直流接触电压不应超过图 7-15 所规定的限值。

5）该电压由下列来源之一提供：辅助电路（包括控制导引）的安全隔离变压器、提供与安全隔离变压器同等安全等级的电压源、化学电源（如电池）。

表 7-2　正常运行时稳态接触电压（水湿润）

人体接触区域	交流（有效值）	直流
身体部位	基本保护	
手		
指尖	12V	30V

注：这些数值是基于人在站立状态下，从身体接触部位到脚的电流路径。

表 7-3　单一故障条件下稳态接触电压（水湿润）

人体接触区域	交流（有效值）	直流
身体部位	基本保护	
手		
指尖	30V	60V

注：1. 这些数值是基于人在站立状态下，从身体接触部位到脚的电流路径。
　　2. 如果在单一故障条件下不能满足这些数值，则需要进行保护性隔离。

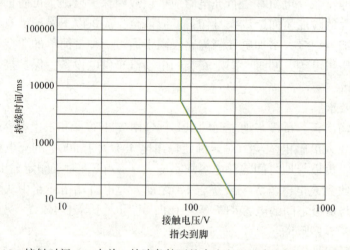

图 7-15　接触时间——在单一故障条件下的直流电压（水湿润，从指尖到脚）

（10）急停功能

急停功能是非车载充电机应当具有的必要安全防护功能，急停功能可以在操作人员操作失误时以及系统发生重大运行故障时，迅速断开电源，以达到对人、车、设备的保护。根据 GB/T 18487.1—2015《电动汽车传导充电系统 第 1 部分：通用要求》，非车载充电机应安装急停装置来切断供电设备和电动汽车之间的联系，以防电击、起火或爆炸。急停装置应装备在电动汽车供电设备上，并具备防止误操作的措施。当启动急停装置时，一体式充电机应同时切断动力源输入和直流输出，分体式充电机切断相应充电终端的直流输出，也可同时切断充电机的动力源输入。

（11）车辆插头锁止检测

电动汽车使用非车载充电机进行充电时，为避免充电过程中带载拉断，充电插头与车辆插座应可靠锁止。按照 GB/T 20234.1—2015 的相关要求，车辆插头端应安装机械锁止装置，供电设备应能判断机械锁是否可靠锁止。车辆插头应安装电子锁止装置，电子锁处于锁止位置时，机械锁应无法操作，供电设备应能判断电子锁是否可靠锁止。当机械锁或电子锁未可靠锁止时，供电设备应停止充电或不启动充电。锁止装置工作示例如图 7-16 所示，其中，S′ 可以是一种开关信号或其他类型信号。

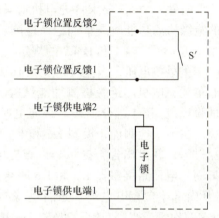

图 7-16　直流充电车辆接口锁止装置工作示例

电子锁止装置应具备应急解锁功能，不应带电解锁且不应由人手直接操作解锁。在充电时发生故障不能继续充电和充电完成时，锁止装置应能解锁且解锁前车辆插头端口电压不超过 60V。

按照 NB/T 33008.1—2018《电动汽车充电设备检验试验规范 第 1 部分　非车载充电机》中 5.3.5 进行车辆插头锁止功能试验，将充电机连接试验系统，启动充电。按照以下步骤进行试验：首先，通过检查检测点 1 电压值，并施加符合 GB/T 20234.1—2015 中 6.3.2 规定的拔出外力，检查机械锁止装置的有效性。之后，通过检查电子锁反馈信号变化和机械锁是否能操作，检查电子锁止装置对机械锁止装置的联锁效果，当电子锁未可靠锁止时，检查充电机不应允许充电。在整个充电过程中（包括绝缘检测过程），充电机电子锁应可靠锁止，不允许带电解锁且不应由人手直接操作解锁。最后，模拟故障不能继续充电、充电完成时，在解除电子锁时车辆接口电压应降至 DC 60V 以下。

2. 设备电气安全

（1）绝缘电阻要求

为保证充电过程中的人身安全，对电气设备和线路进行良好绝缘防护是必要的手段。按照 GB/T 18487.1—2015《电动汽车传导充电系统 第 1 部分：通用要求》中 11.3 条对绝缘电阻要求：在供电设备非电气连接的各带电回路之间、各独立带电回路与地（金属外壳）之间按表 7-4 规定施加直流电压，绝缘电阻应不小于 10MΩ。

表 7-4 绝缘试验的试验电压

额定绝缘电压 U_1/V	绝缘电阻测试仪器的电压 /V	介电强度试验电压 /V	冲击耐压试验电压 /kV
$U_1 \leq 60$	250	1000（1400）	1
$60 < U_1 \leq 300$	500	2000（2800）	±2.5
$300 < U_1 \leq 700$	1000	2400（3360）	±6
$700 < U_1 \leq 950$	1000	$2U_1+1000$（$2.8U_1+1400$）	±6

注：1. 括号内数据为直流介电强度试验值。
2. 出厂试验时，介电强度试验允许试验电压高于表中规定值的 10%，试验时间 1s。

非车载充电机的绝缘检测功能，按照 NB/T 33001—2018《电动汽车非车载传导式充电机技术条件》中 6.3 要求：充电机应具备对直流输出回路进行绝缘检测的功能，并且充电机的绝缘检测功能应与车辆绝缘检测功能相配合。充电机的绝缘检测功能应符合 GB/T 18487.1—2015 中 B.4.1 和 B.4.2 的规定。充电机在进行绝缘检测前应检测直流输出接触器（K1/K2）的外侧电压，当电压超过 ±10V 时应停止绝缘检测流程并发出告警信息。

非车载充电机的绝缘检测功能试验，按照 NB/T 33008.1—2018《电动汽车充电设备检验试验规范 第 1 部分：非车载充电机》中 5.3.3 绝缘检测功能试验：将充电机连接试验系统，在绝缘检测前，模拟 K1 和 K2 外侧电压绝对值大于 10V，检查充电机应停止绝缘检测过程，并发出告警提示。检查充电机端应设置绝缘检测电路，且在车辆接口连接后到车辆充电回路接触器 K5 和 K6 闭合前，充电机应能闭合直流输出回路接触器 K1 和 K2 对其内部（含充电电缆）进行绝缘检测，绝缘检测电压应符合 GB/T 18487.1—2015 中 B.3.3 的规定。按照 GB/T 34657.1—2017《电动汽车传导充电互操作性测试规范 第 1 部分：供电设备》中 6.3.4.5 规定的方法模拟绝缘故障和绝缘异常。

（2）介电强度要求

介电强度是衡量材料作为绝缘体时的抗电强度的量。验证绝缘材料最高介电强度时，它定义为绝缘材料所能承受的最低击穿电压。绝缘材料所能承受的介电强度越高，它作为绝缘体的抗电强度就越好。按照 GB/T 18487.1—2015 中 11.4 要求，在供电设备非电气连接的各带电回路之间，各独立带电回路与地（金属外壳）之间按表 7-5 规定施加 1min 工频交流电压（也可采用直流电压，试验电压为交流电压有效值的 1.4 倍）。

试验过程中，所有电气设备均应连接，且应断开供电设备中会消耗测试电压引起电流流动的耗电装置（例如绕组、测量仪器、电压浪涌抑制设备）。试验过程中，泄漏电流值不应大于 10mA，试验部位不应出现绝缘击穿或闪络现象。

对采用绝缘材料外壳的充电机，按照 GB/T 7251.1—2013《低压成套开关设备和控制设备 第 1 部分：总则》中 10.9.4 的方法进行试验：用绝缘材料制造外壳的成套装置，还应进行一次附加介电试验。在外壳的表面包覆一层能覆盖所有开孔和接缝的金属箔。交流试验电压施加于这层金属箔与成套设备内靠近开孔和接缝的相互连接的带电部分以及外露可导电部分之间。对此附件试验，其试验电压应等于表 7-5 中规定值的 1.5 倍。

（3）冲击耐压

冲击耐压为了验证非电气连接的各回路对地的电气间隙、绝缘介质是否会在这种瞬时过电压时绝缘击穿或产生放电现象，按照 NB/T 33008.1—2018《电动汽车充电设备检验试验规范 第 1 部分：非车载充电机》中 5.10.3 进行冲击耐压试验：在充电机非电气连接的各带电回路之间、各独立带电回路与地（金属外壳）之间按表 7-4 规定施加 3 次正极性和 3 次负极性标准雷电波的短时冲击电压，每次间隙不小于 5s，脉冲波形 1.2/50μs，电源阻抗 500Ω，试验时其他回路和外露的导电部分接地。试验过程中，试验部位不应出现击穿放电，允许出现不导致损坏绝缘的闪络，如果出现闪络，则应复查介电强度，介电强度试验电压为规定值的 75%。

表 7-5 主电路的工频耐受电压值

额定绝缘电压 U_i （线-线交流或直流）/V	介电试验电压 （交流有效值）/V	介电试验电压[②] （直流）/V
$U_i \leq 60$	1000	1415
$60 < U_i \leq 300$	1500	2120
$300 < U_i \leq 690$	1890	2670
$690 < U_i \leq 800$	2000	2830
$800 < U_i \leq 1000$	2200	3110
$1000 < U_i \leq 1500$[①]	—	3820

[①] 仅指直流。
[②] 试验电压是根据 GB/T 16935.1—2008 中 6.1.3.4.1 第五段。

（4）过载保护

当供电网未提供过载保护时，供电设备应为各连接方式下各种尺寸的电缆提供过载保护。过流保护装置应符合 GB 14048.2—2020《低压开关设备和控制设备 第 2 部分：断路器》、IEC 60947-6-2 和 IEC 61009-1 的要求以及 IEC 60898（所有部分）和 IEC 60269（所有部分）相关部分的要求。过载保护可由断路器、熔断器或其他组合实现。若过载保护由断路器、熔断器或其他组合之外的方法实现，该方法应在充电电流超过电缆额定电流 1.3 倍时的 1min 内断开充电。

（5）短路保护

当电动汽车连接到电动汽车直流充电站、电动汽车接触器闭合前，电动汽车直流充电站需设有检查电缆和车辆接口的正负直流输出电路是否出现短路的措施。

（6）冲击电流要求

在充电模式 4 下，供电设备接触器接通时应该控制车辆到充电设备或者充电设备到车辆的冲击电流（峰值），按照 GB/T 18487.1—2015《电动汽车传导充电系统 第 1 部分：通用要求》中 9.7 要求该值在 DC 20A 以下，所选的保护装置应不会因为冲击电流而跳闸。

（7）雷电保护

电涌保护器的安装与选型应根据供电设备的安装场所来选择，并满足 GB 50057—2010《建筑物防雷设计规范》中 6.4 的要求，当充电设备必须采取避雷防护措施时，应在导电体和保护接地导体（PE）之间安装浪涌保护装置。

（8）电气隔离

为防止拟进行能量/信号交换的两个电路之间导电。可以通过隔离变压器或光电耦合器等保护措施实现。充电机电能输入与电能输出采用变压器隔离，提供隔离的非直接接地电源给电动汽车供电。主电路和控制电路应在受电点进行分路，并在分路上各设一个断路器，即使主电路发生异常，控制电路也应能保持对车辆的控制、通信、保护、监视等控制功能。充电机的动力电源输入和直流输出之间应采取电气隔离防护措施。此外，对于一机多充式充电机，各直流输出接口之间也应采取电气隔离防护措施。

（9）预充电和启动电流限制功能

直流充电接触器闭合时，避免两侧压差过大，产生大电流烧结接触器，需要进行预充电，充电机对电动汽车充电启动过程中，在车辆侧直流接触器闭合后、充电机侧直流接触器闭合前，充电机将输出电压上升至低于车辆电池电压 DC 1～10V，再闭合充电机侧的直流输出接触器。

充电机应具备启动电流限制功能，可采用防反灌二极管和旁路预充电路两种方案之一。启动充电阶段，电动汽车闭合车辆侧直流接触器后，充电机应检测电池电压并判断此电压是否正常。对于防反灌二极管方案，充电机检测到电池电压正常后，将输出电压调整到当前电池端电压减去 DC 5～10V，再闭合充电机侧的直流输出接触器。对于旁路预充电路方案，充电机检测到电池电压正常后，先使能预充电路，控制冲击电流小于 20A，完成预充后，再导通直流供电回路。

（10）温度检测与保护

非车载充电机检测充电枪头、电源模块以及主继电器等充电设备各个容易发热引起充电设备故障的关键位置的温度异常情况，需防止这些设备关键位置过热而导致安全事故，尤其关注极限温升，即电动汽车供电设备在额定负载下长期连续运行，内部各发热元器件及各部位的温升。极限温升应不超过 NB/T 33001—2018、NB/T 33002—2018 等相关设备标准的规定。具体地，按照 GB/T 18487.1—2015《电动汽车传导充电系统 第 1 部分：通用要求》中 11.6 要求，在额定电流和环境温度 40℃条件下，手握可接触的表面最高允许温度为 50℃（金属部分）和 60℃（非金属部分）。同样条件下，用户可能触及但是不能手握的表面最高允许温度为 60℃（金属部分）和 85℃（非金属部分）。供电设备应设计为：接触部分不超过特定温度；组件、部分、绝缘体和塑料材料不超过在设施寿命周期内正常使用时可能降低电气、机械或其他性能的温度。

（11）机械开关要求

直流充电系统中经常使用的机械开关包括接触器、断路器和继电器。

开关和隔离开关应符合 GB/T 14048.3—2017 的相关要求，其使用类别应不低于 AC-22A 或 DC-21A。AC-22A 可以通断电阻和电感混合负载，包括适当的过载。DC-21A 可以通断电阻性负载，包括适当的过负载。

接触器是仅有一个休止位置，能接通、承载和分断正常电路条件（包括过载运行条件）下的电流的一种非手动操作的机械开关电器。接触器应符合 GB/T 14048.4—2020 的相关要求，接触器的额定电流应不小于工作电路额定电流的 1.25 倍，其使用类别应不低于 AC-1 或 DC-1。AC-1 和 DC-1 一般使用在无感或微感负载、电阻炉。

断路器是能够接通、承载以及分断正常电路条件下的电流，也能在所规定的非正常电路（例如短路）下接通、承载一定时间和分断电流的一种机械开关电器。断路器应符合 GB/T 10963.1—2020 或 GB/T 14048.2—2020 的相关要求，具备过载和短路保护功能。

继电器应符合 GB/T 21711.1—2008 的相关要求，且电耐久性循环次数不应低于 5 万次。

7.3.2 充电系统软件安全

直流充电是由供电设备通过电缆组件将外部电网的电能传输给电动汽车进行能量补

给,整个过程能量呈现单向流动特征,涉及供电网、供电设备和电动汽车等多个系统。影响直流充电过程的因素较多,其安全性直接关系到电动汽车终端用户的使用体验以及生命财产安全。直流充电系统的安全需从人员触电防护、供电设备及电动汽车的过温保护、电池的"析锂"、充电桩绝缘电阻偏低、供电网电源质量不佳、直流接触器接线端子氧化等风险点进行分析研究,建立良好可靠的充电安全机制,从而避免短路、起火以及触电等安全事故发生。

1. 人员与车辆安全

组成直流充电系统的各部分软件,其安全目标设定应以预防为主,保证人员不受伤害为前提,实现电动汽车充电应用的安全性。

(1) 主动泄放

直流充电时,非车载充电机启动后会进行绝缘检测,完成后应及时对充电桩输出电压进行泄放,避免在充电阶段对电池负载产生电压冲击。充电结束后,充电机应及时对充电输出电压(充电桩的直流充电正、负极接触器前端电压)进行泄放,避免对操作人员造成电击伤害。泄放回路的参数选择应保证在充电插接器断开后 1s 内将车辆接口电压降到 DC 60V 以下。泄放结束后,充电机应保证泄放回路从直流输出回路中脱离。充电机的泄放电路应具备投切功能,泄放功能不限于充电机本身,也可在功率单元内完成。

因停电等原因,充电回路或控制回路失去电力时,非车载充电机必须在 1s 以内断开直流充电正、负极接触器或通过泄放回路在 1s 内将充电接口电压降到 DC 60V 以下。

在车辆电池包正、负接触器断开以后,车辆宜有主动放电功能,需要在 3s 内把母线电压降低到 DC 60V 以下。

(2) 被动泄放

对于车辆高压负载部件应有被动放电功能,高压负载的支撑电容放电时间不超过 5min。

(3) 绝缘检测与保护要求

直流输出回路的绝缘检测:充电机应检测直流输出回路与充电机外壳之间以及电动汽车充电回路与车辆底盘之间的对称和不对称接地故障。以桥式绝缘检测电路为例,如图 7-17 所示,可以通过在平衡桥检测电路增加 S 开关,实现对称接地故障的检测。

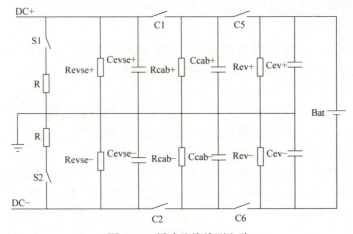

图 7-17 桥式绝缘检测电路

除进行对称接地故障检测期间外，充电机的绝缘监测装置应一直保持在平衡桥模式，即不允许断开任意一侧或同时断开两侧的平衡桥电阻。

充电机在进行绝缘自检阶段前应检测直流输出接触器的外侧电压，当此电压大于或等于 DC 60V 时，应停止绝缘检测，断开开关 S1 并发出告警信息。

在充电准备阶段，如充电机检测到接地故障，不应进入充电过程，在充电过程中，如充电机检测到接地故障，应在 10s 内触发故障停机。

当车辆插头与车辆插座完全连接时，车辆上的绝缘监测装置不应干扰充电机接地故障检测电路的工作。

充电机应分别对充电机输出正负极对地电压进行实时监测，当检测到该电压超出其可能的电压范围 DC±50V 时，应在 1s 内触发故障停机。

（4）车辆充电高压互锁

高压互锁要求详见 4.3.1 节。

（5）车辆充电与行驶互锁

车辆在进行充电时，如果用户开车未能注意到插枪，易发生拉断充电枪头的安全事故，需要通过互锁、充电枪的连接状态或者其他控制措施使车辆处于不可行驶状态。当车辆插头与车辆插座插合后，车辆的总体设计方案可以自动启动某种触发条件（如打开充电门、车辆插头与车辆插座连接或对车辆的充电按钮、开关等进行功能触发设置）。

2. 过温保护

常见充电柜或电动汽车的功率模块、充电接口、动力蓄电池等在应用中需承担较高的电压、电流应力，故发热较严重，需要进行过温保护，以降低整个充电系统的故障率。

（1）系统过温保护

非车载充电机应具备对内部功率模块、充电电缆、车辆插头等的温度监测功能；车辆应具备对其内部功率器件、冷却液、车辆插座、动力蓄电池等的温度监测功能。当温度采集单元中测得的温度或温升超过安全限值时，充电机和车辆应提供保护措施，如采取强制冷却方式、降低充电电流或停止输出等。

（2）供电设备的过温保护

供电设备在额定负载状态下运行，采用如过滤网堵塞、冷却风扇失效或其他故障方式，模拟供电设备内部温度超过过温保护值，检查供电设备应降低输出功率或切断直流输出，并发出告警提示。

供电设备在额定负载下长期连续运行，内部各发热元器件及各部位的温升应不超过 NB/T 33001—2018、NB/T 33002—2018 等相关设备标准的规定。

（3）电池过温保护

由于电池模块内部温度分布的不均匀性，因此除了选择温度传感器之外，温度采集点位的选择必须能反映电芯整体温度的实时变化，能体现电池模块内部的极限温度，具备断线和短路故障检测能力。

当电池温度逐渐升高到一定值时，为了满足整车电芯使用寿命，应对动力蓄电池进行软件限流。在低温环境中，为了避免电池析锂，在充电初始采用小电流进行涓流充电。

（4）电池热失控报警

如果电动汽车动力蓄电池温度超过热失控预警上限时，通过一个明显的信号（如声或光）装置向驾驶员提示。

（5）充电接口过温保护

充电接口应配备温度监测和过温保护功能，为了提高温度检测的准确性，应在正、负极上各增加一个温度采样，通过软件控制温度从而调整充电电流，以免发生充电口烧蚀现象。

3. 故障保护

汽车直流充电过程中，车辆各控制器和充电桩对各零部件的工作状态进行实时检测、实时诊断、实时判别及实时处理，这个过程统称为故障保护。

直流充电系统的状态监控包括电压/电流采集、电池通讯数据检测、充电过程检测、充电接触器检测、保护导体回路检测、辅助电源回路检测等。动力蓄电池控制器对上述这些状态进行实时检测，当诊断出上述状态出现异常，比如电压、电流等过高或过低时，动力蓄电池控制器、充电桩控制器应能进行相应的故障检测、处理，并将相应的故障等级上报。

（1）输出过压保护

在能量传输阶段，充电机应具备输出过压保护功能。当充电机控制器监测到充电接口处电压超过车辆最高允许充电电压与限制冲击电压值 $V_{overvol}$ 之和时：

——若过压持续时间 $T_{overvol}$ > 400ms，充电机应在 1s 内触发故障停机；

——若过压持续时间 $T_{overvol}$=200~400ms，继续充电或充电机应在 1s 内触发故障停机；

——若过压持续时间 $T_{overvol}$ < 200ms，则继续充电。

非车载充电机应在过压保护时限制冲击电压值 $\Delta U_{overvol}$ 和持续时间 $T_{overvol}$ 应满足表 7-6 的规定。

表 7-6　过压保护（故障停机）和持续时间

充电机额定输出电压 /V	超过过电压阈值的最大过冲电压 $\Delta U_{overvol}$/V	最大持续时间 $T_{overvol}$/s
≤ 1000	15	0.4

当发生输出电压超过充电机额定输出电压的 110% 时，充电机应在 500ms 内触发紧急停机。

当充电机控制器监测到充电接口处电压超过表 7-7 规定的限值时，充电机应在 10ms 内触发紧急停机。

在能量传输阶段由于故障出现负载突降（如甩负载）的情况时，瞬时输出过压值不应超过负载突降时车辆接口处输出电压的 110% 和输出电压 DC + 50V 的二者较大值。

当非车载充电机输出的充电电压超出车辆制造厂规定的过压保护值时，车辆应发出停止充电的响应。

表 7-7　过压保护阈值（紧急停机）

车辆最高允许充电电压 U/V	充电机触发紧急停机时的充电电压 /V
U ≤ 500	550
500 < U ≤ 750	825
750 < U ≤ 850	935
850 < U ≤ 1000	1100

（2）输出欠压保护

在启动充电阶段车辆侧接触器闭合后，充电机应对车辆电池电压进行检测，当检测电压小于充电机的最小输出电压的 80% 以下，充电机应在 500ms 内触发紧急停机，并发出告警信息。

(3)输出过流保护

当发生输出电流为以下情况时,充电机应在1s内触发故障停机:

——当需求电流≥30A,输出电流超过车辆当前需求电流的102%;

——当需求电流<30A,输出电流超过车辆当前的需求电流0.6A。

当发生输入电压高于最高允许充电电压或输入电流大于需求电流时,电动汽车应在1s内触发故障停机。

(4)输入欠压保护

输入电压小于欠压保护值时,应关闭输出。交流电压恢复到输入电压范围内,充电机可以正常工作。

(5)输入过压保护

输入电压大于过压保护值时,应关闭输出。交流电压恢复到输入电压范围内,充电机可以正常工作。

(6)输入过流保护

充电系统应具备输入电流检测及保护功能,在系统发生输入过流超过规定时间时,充电机应及时报出输入过流故障,并关闭高压输出。当输入电流降低到恢复点以下,并持续规定时间后,系统应能够重启。

(7)输入缺相保护

当充电机的电源输入侧缺少其中一相时,充电机应立即保护。

(8)辅助电源回路保护

充电机应能为电动汽车提供低压辅助电源。低压辅助电源应具备输出过电压、过电流、短路保护功能。非车载充电机的交流供电输入与直流输出之间及辅助电源直流输出应具备电气隔离,且辅助电源A-线应与设备地线隔离。

(9)电池反接保护

充电系统软件应具备电池反接检测及保护功能,从插枪开始,实时检测电池两端电压,如果发生反接,及时报出故障,切断功率回路,关闭充电模块,停止充电。

(10)电池过充电保护

锂离子电池在设计时,负极容量比正极容量要高,正极产生的气体透过隔膜纸与负极产生的镉复合。锂离子电池对使用条件的要求比较特殊,每个锂离子电池电压要求控制在DC 2.5~4.2V使用。一般情况下,电池的内压不会有明显升高,但如果充电电流过大,或充电时间过长,锂离子电池产生的氧气来不及被消耗,就可能造成内压升高,电池鼓气变形,漏液,甚至爆裂等不良现象。如果使用时电压太低,会降低电池的使用寿命。

为防止锂离子电池过充电,需要对充电过程进行监测,通常可通过检测电池电压、电池温度和电池充电时间等多种监测方法来防止电池过充电。

(11)电芯过压保护

充电系统应具备电芯过压防护功能,在检测到电池当前电芯电压大于电池允许的最高电芯电压时应及时停止充电并报出告警。

(12)电池数据不刷新保护

充电系统应具备电池数据不刷新检测及防护功能,当电池数据在一段时间内持续不刷新,应及时停止充电并报出告警。

（13）其他系统故障检测

充电系统软件应具备门磁故障检测、防雷故障检测、湿度过大故障检测、风机故障检测等功能。

7.3.3 交流充电系统安全

上述内容详细介绍了直流充电安全设计要点，而对于交流充电系统，除通用零部件外，具备车载充电机这一核心零部件是交流充电区别于直流充电的最显著特征。因此，车载充电机安全设计是交流充电系统安全设计的核心。除与直流充电系统相同的输入、输出过压、过流等故障检测要求外，车载充电机还需从以下方面开展安全设计：

（1）故障紧急保护

当闭合开关后 5s 内未检测到交流电输入或与充电桩通信故障持续 300ms 异常，车载充电机应能上报供电设备故障，充电开始后，结束当前充电流程；充电开始前，不进入充电流程。

（2）充电异常状态检测

车辆在交流充电过程中，需要持续检测充电桩发送的 PWM 占空比信号，电池最高、最低温度，车载充电机自身的功率器件工作温度等信息，对于异常状态，车辆应该发出报警或者停止充电。

（3）输出接触器异常检测

充电系统具备功率回路异常检测功能，具备输出接触器粘连检测，输出接触器驱动失效检测，熔断器故障检测，在检测到以上故障后可以及时停止充电并报出故障。

（4）泄放回路故障检测

充电系统具备泄放回路粘连以及失效检测功能，在泄放回路粘连或者失效时应禁止充电，防止安全事故。

（5）保护导体回路分断检测

充电系统中用于安全防护的导体（如电击防护）被称作保护导体。其中提供保护接地的导体称为保护接地导体。充电系统应具备保护接地导体回路连续性检测，当检测到保护导体断开时，电动汽车供电设备应在 100ms 内切断电源。

7.4 放电系统安全设计

电动汽车对外放电时，必须确保放电过程的功能性、可靠性和安全性，需要从硬件（电气设计）和软件（功能、策略）两个方面进行安全设计。

7.4.1 放电系统硬件安全

1. 人员电气安全与保护

（1）急停

用电设备应安装急停装置，用来切断与放电车辆之间的电连接，以防电击、起火或爆炸并具备防止误操作的措施。

（2）锁紧装置

用电设备输入端的车辆插头应配置电子锁，防止放电过程中的意外断开，当电子锁未可靠锁止时，不应启动放电。

（3）放电控制功能

当车辆接口连接时，放电车辆不应自动进入放电模式，放电车辆应提供给车主授权启动放电的控制接口，且仅当车主授权（如：车辆解除防盗状态、车辆上高压、客户端设置等操作）启动放电条件成立时才能进入放电模式。

（4）断电控制功能

当放电控制导引功能中断，或放电控制导引信号不允许放电，以及放电车辆检测到其他不允许放电条件成立时，放电车辆应切断对外放电的连接，并发出警告，但放电控制导引电路可以保持通电。

（5）放电电压、电流的监测

放电车辆应具备放电电压和放电电流的实时监测功能，当输出参数超出设定值时应能够及时调整或故障保护，故障保护应包含过电压保护、欠电压保护和过电流保护。

（6）电气隔离

用电设备的 B 级电压电路及低压辅助电源 A- 回路应与 PE 线电气隔离。

当用电设备作为功率变换装置使用时，输入侧 B 级电压电路应与输出侧 B 级电压电路电气隔离。

（7）过温保护功能

对于直流 V2L 放电模式，放电车辆插座应具备温度监测和过温保护功能；对于交流 V2L 和交流 V2V 放电模式，当额定放电电流大于 16A 时，放电车辆插座应具备温度监测和过温保护功能。

（8）放电车辆与车辆插头正确连接的确认

对于所有放电模式，放电车辆应能够确认放电车辆插头正确连接放电车辆插座。对于交、直流 V2V，放电车辆还应能够确认放电车辆与充电车辆正确连接。

2. 设备电气安全

通过放电设备电气安全设计，限制冲击电流并实现远程断电功能，以满足设备随车环境要求和产品安全要求。其中，专用直流用电设备输入接触器闭合时，冲击电流（峰值）应控制在 20A 以下。放电车辆应具备远程断电功能，切断放电车辆与车外负荷的高压电气连接，交流放电时同时打开车辆插座电子锁，远程断电是指车辆在起火等紧急状况下提供一种安全的间接断电方式，如通过手机客户端操作停止放电。

7.4.2 放电系统软件安全

1. 人员与车辆安全

（1）绝缘监测功能

放电车辆在直流 V2L 放电中应具备绝缘监测功能，绝缘监测位置是在车辆接口 B 级电压端子与 PE 端子之间。绝缘电阻取车辆接口 DC+ 或 DC- 与 PE 端子之间的较小值，当绝缘阻值 $R > 500\Omega/V$ 视为安全；当绝缘阻值 R 为 $100 \sim 500\Omega/V$ 时宜进行绝缘异常警告，但应正常放电；当绝缘阻值 $R \leq 100\Omega/V$ 视为绝缘故障，应停止放电。

放电车辆在交流 V2L 和交流 V2V 放电中应具备绝缘监测功能，绝缘监测位置是在车辆接口 B 级电压端子与 PE 端子之间。绝缘电阻取车辆接口 L 或 N 与 PE 之间的较小值，绝缘阻值 $R > 500\Omega/V$ 视为安全，绝缘阻值 $R \leqslant 500\Omega/V$ 视为绝缘故障。

（2）泄放控制功能

对于交流 V2L、交流 V2V 和直流 V2L，放电车辆应具备泄放控制功能，当放电结束断开车辆接口后，对于不符合 IPXXB 防护等级要求的车辆插座，其中任意两个 B 级电压端子之间以及 B 级电压端子与 PE 端子之间的电压应在 1s 内降至不大于 DC 60V 且不大于 AC 30V 或电路存储的总能量小于 0.2J；对于符合 IPXXB 防护等级要求的车辆插座，其中任意两个 B 级电压端子之间以及 B 级电压端子与 PE 端子之间的电压应在 5s 内降至不大于 DC 60V 且不大于 AC 30V 或电路存储的总能量小于 0.2J。

（3）保护连接导体持续性监测

放电车辆在交流 V2L 和交流 V2V 放电时应提供保护连接导体的持续性监测功能。在失去保护连接导体电气连续性的情况下，放电车辆应在 100ms 内切断输出电源。

（4）放电电流的监测

用电设备应监测输入电流大小，并且应根据输入功率大小提供匹配的输出功率，当输出过载或短路时应立即停止放电，并发出警告通知。

2. 温度保护

放电车辆应具备动力蓄电池工作状态监测功能，具体参见 7.3.2 节所述内容。

3. 故障保护

（1）高压输出接触器触点粘连检测功能

对于直流 V2L 放电模式，放电车辆应具备高压输出接触器触点粘连检测功能，当检测到任何一个接触器触点粘连时应停止放电，并发出警告信息。专用直流用电设备的粘连检测要求检测接触器 K1、K2 外侧电压 ≤ DC 60V。

（2）短路保护功能

放电车辆在交流 V2L 和交流 V2V 放电中应对输出回路进行短路检测，当检测到输出回路短路时应停止放电并发出警告提示。

7.5 充放电接口安全设计

对于各种充放电模式，能量流动都需要充放电接口提供基本通路，其重要性不言而喻，因此，充放电接口的安全性是系统安全的重要保障。本节主要介绍充放电接口安全设计。

7.5.1 机械结构

对于充放电接口，其结构基本要求应满足 GB/T 20234.1—2015《电动汽车传导充电用连接装置 第1部分：通用要求》中 6.2 的规定。同时，充放电接口的外轮廓尺寸应该满足如下要求：

1）交流充放电接口应满足 GB/T 20234.2—2015《电动汽车传导充电用连接装置 第 2 部分：交流充电接口》中附录 A 的要求。

2）直流充放电接口应满足 GB/T 20234.3—2015《电动汽车传导充电用连接装置 第 3 部分：直流充电接口》中附录 A 的要求。

1. 机械强度

充放电接口的机械强度应满足如下要求：

1）对于充放电连接装置，应该满足 GB/T 11918.1—2014《工业用插头插座和耦合器 第 1 部分：通用要求》中第 24 章的要求。

2）对于供电插头和车辆插头，还需满足 GB/T 20234.1—2015《电动汽车传导充电用连接装置 第 1 部分：通用要求》中 6.21 "车辆碾压"的要求。

2. 锁止装置强度

充放电接口应具有锁止功能，用于防止充电过程中的意外断开。在锁止状态下，施加 200N 的拔出外力时，连接不应断开，且锁止装置不得损坏。对于直流充放电的车辆接口，应在车辆插头上安装电子锁止装置，防止车辆接口带载分断。

3. 连接强度

充放电连接装置的电缆及其连接应满足 GB/T 11918.1—2014《工业用插头插座和耦合器 第 1 部分：通用要求》中第 23 章的要求，部分试验方法与要求应满足 GB/T 20234.1—2015《电动汽车传导充电用连接装置 第 1 部分：通用要求》中 7.14 的规定。

7.5.2 电气连接

1. 接地

（1）接地目的

保证易于接触的带电部件、外壳、金属手柄等与人员所处的保护地之间具备有效的等电位连接，确保人员免受因线路或设备损坏、火灾、雷击等造成的伤害。

（2）接地要求

1）在绝缘失效的情况下，会带电的、易于接触到的金属部件应通过结构可靠的方式连接到内部的保护性接地接线端，在接地端子与每个易触及的金属部件之间施加 12V、25A 的交流电源，使用电压降测试法算出电阻不超过 0.05Ω。

2）与接地端子相连的导线用绿-黄双色予以标识。接地导线和中线（如果有）的横截面积至少应等于相线导线的截面积，或满足表 7-8 的要求。

表 7-8 接地端子应能连接的导线截面积和短时耐大电流测试参数

触头电流额定值 /A	供电插头、供电插座、车辆插座用电缆的横截面积 /mm²		供电插座用的电缆横截面积 /mm²		接地导体（铜）的最小尺寸 /mm²	时间 /s	测试电流 /A
	非接地导线	接地导线	非接地导线	接地导线			
2	0.5	—	0.5	—	—	—	—
10	1.0~1.5	2.5	1.0~1.5	2.5	2.5	4	300
16、20	1.0~2.5	2.5	1.5~4	4	4	4	470
32	2.5~6	6	2.5~10	10	6	4	750
63	6~16	16	6~25	25	10	4	1180

（续）

触头电流额定值/A	供电插头、供电插座、车辆插座用电缆的横截面积/mm²		供电插座用的电缆横截面积/mm²		接地导体（铜）的最小尺寸/mm²	时间/s	测试电流/A
	非接地导线	接地导线	非接地导线	接地导线			
80	10~25	25	16~35	25	10	4	1180
125	25~70	25	35~95	50	16	6	1530
200	70~150	25	70~185	95	16	6	1530
250	70~150	25	70~185	95	25	6	2450
400	240	120	300	150	35	6	3100

3）接地保护装置按照表7-8进行短时耐大电流测试，接地电路中的部件不应熔化、断开或破损。

4）接地触头应有防止机械损伤的保护层。

2. 接触顺序

（1）接触顺序设计目的

当供电侧和车辆插头、插座未完全插合和分离时，为避免拉弧风险，通过设计不同长度的车辆插头、插座内部触头，以区分不同的接触顺序，通过低压信号识别充放电接口断开趋势并控制高压触头断电，保证导体不带电插拔。

（2）接触顺序要求

1）交流接口：

① 参照图7-18所示结构，在供电插头和供电插座、车辆插头和车辆插座插合时，首先接通接地保护触头；在相线和中性线形成连接之后，控制导引触头与连接确认触头才能连接。

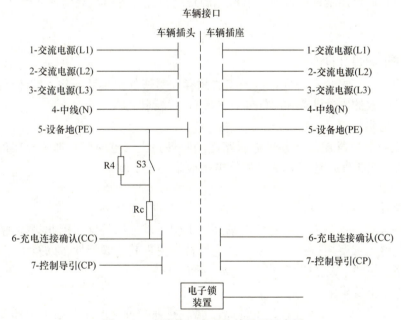

图7-18 交流接口充电连接界面示意图

② 在供电插头和供电插座、车辆插头和车辆插座分离时，控制导引触头与连接确认触头应先断开；在相线和中性线连接断开后，才能断开接地保护触头。

2) 直流接口

① 参照图 7-19 所示结构，在车辆插头和车辆插座插合时，接通顺序为：保护接地、充电连接确认（CC2）、直流电源正与直流电源负、低压辅助电源正和低压辅助电源负、充电通信、充电连接确认（CC1）。

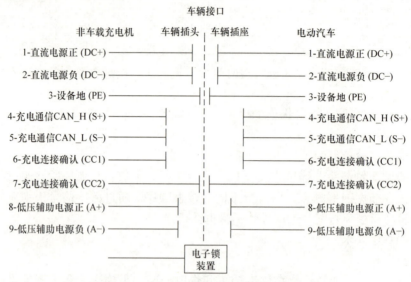

图 7-19　直流接口充电连接界面示意图

② 在车辆插头和车辆插座分离时，断开顺序为：充电连接确认（CC1）、充电通信、低压辅助电源正和低压辅助电源负、直流电源正与直流电源负、充电连接确认（CC2）、保护接地。

3. 绝缘电阻

（1）绝缘电阻设计目的

绝缘电阻是为了避免各独立带电回路之间存在贯通的集中性缺陷、整体受潮或贯通性受潮时，绝缘失效的供电设备和部件使人员接触后受到伤害。

（2）绝缘电阻要求

在供电设备非电气连接的各带电回路之间、各独立带电回路与地（金属外壳）之间，按照表 7-4 规定施加直流电压 1min，绝缘电阻应不小于 100MΩ。

4. 介电强度

（1）介电强度设计目的

所有的绝缘材料都只能在一定的电场强度下保持其绝缘特性，因此必须规定设备的介电强度，避免电场强度超过介电强度时，绝缘材料失去其绝缘特性，以及由于电气击穿造成电极间短路，使整个设备破坏。

（2）介电强度要求

在供电设备非电气连接的各带电回路之间、各独立带电回路与地（金属外壳）之间，按照表 7-4 规定施加交流电压 1min，试验期间不得出现闪络或击穿现象。介电强度试验后，热塑性材料外壳的电器附件所提供的不可互换性的器件没有受损。

（3）介电强度测试

在供电设备非电气连接的各带电回路之间、各独立带电回路与地（金属外壳）之间，按照表7-4规定施加50Hz/60Hz的基本正弦波形电压1min。测试开始时，施加的电压不大于规定值的一半，然后迅速提高到规定值。

5. 爬电距离

（1）爬电距离设计目的

爬电距离是沿绝缘表面测得的两个导电零部件之间或导电零部件与设备防护界面之间的最短路径。在不同的使用情况下，由于导体周围的绝缘材料被电极化，导致绝缘材料呈现带电现象，此带电区的半径即为爬电距离。设计时应依据产品的爬电距离要求制定一个具体量值以满足安规绝缘要求，避免人员触电和意外火灾。

（2）爬电距离要求

1）当主电路与控制电路或辅助电路的额定绝缘电压不一致时，其爬电距离可分别按照其额定值选取。主电路或控制电路导电部分之间具有不同额定值时，爬电距离应按照最高额定绝缘电压选取。

2）确定爬电距离以作用在跨接爬电距离两端的长期电压有效值为基础，此电压为实际工作电压、额定绝缘电压或额定电压，详见表7-9。

3）微观环境中的污染等级要求。环境污染等级对确定爬电距离尺寸的影响见表7-9。

表7-9 避免由于电痕化故障的爬电距离

额定绝缘电压 U_a/V	最小爬电距离 /mm						
	污染等级						
	1	2			3		
	材料组别	材料组别			材料组别		
	所有材料组	Ⅰ	Ⅱ	Ⅲa和Ⅲb	Ⅰ	Ⅱ	Ⅲa和Ⅲb
10	0.08	0.4	0.4	0.4	1.0	1.0	1.0
12.5	0.09	0.42	0.42	0.42	1.05	1.05	1.05
16	0.1	0.45	0.45	0.45	1.1	1.1	1.1
125	0.28	0.75	1.05	1.5	1.9	2.1	2.4
250	0.56	1.25	1.8	2.5	3.2	3.6	4.0
320	0.75	1.6	2.2	3.2	4.0	4.5	5.0
400	1.0	2.0	2.8	4.0	5.0	5.6	6.3
500	1.3	2.5	3.6	5.0	6.3	7.1	8.0（7.9）
630	1.8	3.2	4.5	6.3	8.0（7.9）	9.0（8.4）	10.0（9.0）
800	2.4	4.0	5.6	8.0	10.0（9.0）	11.0（9.6）	12.5（10.2）
1000	3.2	5.0	7.1	10.0	12.5（10.2）	14.0（11.2）	16.0（12.8）

注：括号中的值适合于使用筋时减小的爬电距离。本表参考GB/T 16935.1—2008《低压系统由设备的绝缘配合 第1部分：原理、要求和试验》。

4）爬电距离的方向和位置。应指明设备或元件预期使用方位，以便在设计时考虑污染的积累对爬电距离的不利影响。

5)绝缘表面的形状:绝缘表面的形状仅在污染等级3的情况下才对确定爬电距离有影响。固体绝缘表面应尽可能设置横向的筋和槽,用来阻隔污染引起的连续性的漏电途径,但是需要避免导电部件间插入槽和接缝,因为它们可能会使污染累积和积水。

6)绝缘材料:选用电痕化指数(CTI)高的材料可以减小相同电压条件下的爬电距离。

7)电压作用的时间。瞬时过电压通常不会影响电痕化现象,因此忽略不计。然而对暂时过电压和功能过电压,如果它们的持续时间和出现的频度对电痕化有影响的话,则必须要考虑。

(3)爬电距离测试

产品设计时需要考虑到零部件的加工精度和装配公差,是否合格需要进行测量检查。

6. 电气间隙

(1)电气间隙设计目的

电气间隙是在两个导电零部件之间或导电零部件与设备防护界面之间测得的最短空间距离,即在保证电气性能稳定和安全的情况下,通过空气能实现绝缘的最短距离。设计时应依据电气间隙要求制定一个具体量值以满足安规绝缘要求,避免人员触电和意外火灾。

(2)电气间隙要求

1)当主电路与控制电路或辅助电路的额定绝缘电压不一致时,其电气间隙可按照其额定值选取。主电路或控制电路导电部分之间具有不同额定值时,电气间隙应按照最高额定绝缘电压选取。

2)电气间隙应以承受所要求的冲击耐受电压来确定,对于直接连至低压电网的设备,其所要求的冲击耐受电压是在表7-10基础上确定的额定冲击电压。如果稳态有效值电压、暂时过电压或再现峰值电压比冲击耐受电压所要求的电气间隙更大,则表7-12中的值更适用。应在冲击耐受电压、瞬态有效值电压、暂时过电压或再现峰值电压之后,选择最大的电气间隙。

3)确认电场条件。导电部件(电极)的形状和布置会影响电场的均匀性,进而影响到耐受规定的电压所需要的电气间隙,详见表7-11及表7-12。

4)表7-11及表7-12规定的电气间隙适用于海拔2000m以下的高度,对于在海拔高于2000m以上使用的设备,需要乘以海拔修正系数,详见表7-13。

5)微观环境中的污染等级。环境污染等级对确定电气间隙的影响,详见表7-11。

表7-10 直接由低压电网供电的设备的额定冲击电压

基于GB 156—2017《标准电压》电源系统的标称电压		从交流或直流标称电压导出线对中性点的电压/V	额定冲击电压			
三相/V	单相/V		过电压类型			
			Ⅰ/V	Ⅱ/V	Ⅲ/V	Ⅳ/V
—	—	≤50	330	500	800	1500
—	—	≤100	500	800	1500	2500
—	120~240	≤150	800	1500	2500	4000
230/400 277/480	—	≤300	1500	2500	4000	6000
400/690	—	≤600	2500	4000	6000	8000
1000	—	≤1000	4000	6000	8000	12000

注:本表参考GB/T 16935.1—2008《低压系统内设备的绝缘配合 第1部分:原理、要求和试验》。

表 7-11 耐受瞬时过电压的电气间隙

要求的冲击耐受电压 /kV	大气中海拔从海平面至 2000m 的最小电气间隙					
	情况 A 非均匀电场条件 /mm			情况 B 均匀电场条件 /mm		
	污染等级			污染等级		
	1mm	2mm	3mm	1mm	2mm	3mm
0.33	0.01	0.2	0.8	0.01	0.2	0.8
0.40	0.02			0.02		
0.50	0.04			0.04		
0.60	0.06			0.06		
0.80	0.10			0.10		
1.0	0.15			0.15		
1.2	0.25	0.25		0.2		
1.5	0.5	0.5		0.3	0.3	
2.0	1.0	1.0	1.0	0.45	0.45	
2.5	1.5	1.5	1.5	0.60	0.60	
3.0	2.0	2.0	2.0	0.80	0.80	
4.0	3.0	3.0	3.0	1.2	1.2	1.2
5.0	4.0	4.0	4.0	1.5	1.5	1.5
6.0	5.5	5.5	5.5	2.0	2.0	2.0

注：本表参考 GB/T 16935.1—2008。

表 7-12 耐受稳态电压、暂时过电压或再现峰值电压的电气间隙的确定

电压（峰值）/kV	大气中海拔从海平面至 2000m 的最小间隙值	
	情况 A 非均匀电场条件 /mm	情况 B 均匀电场条件 /mm
0.04	0.001	0.001
0.06	0.002	0.002
0.10	0.003	0.003
0.12	0.004	0.004
0.15	0.005	0.005
0.20	0.006	0.006
0.25	0.008	0.008
0.33	0.01	0.01
0.4	0.02	0.02
0.5	0.04	0.04
0.6	0.06	0.06
0.8	0.13	0.1
1.0	0.26	0.15
1.2	0.42	0.2
1.5	0.76	0.3
2.0	1.27	0.45
2.5	1.8	0.6
3.0	2.4	0.8
4.0	3.8	1.2
5.0	5.7	1.5
6.0	7.9	2.0

表 7-13 用于电气间隙的海拔修正系数

海拔 /m	电气间隙的倍增系数
2000	1.00
3000	1.14
4000	1.29
5000	1.48
6000	1.7

（3）电气间隙测试

产品设计时需要考虑到零部件的加工精度和装配公差，是否合格需要进行测量检查。

7. 密封胶设计

（1）密封胶设计目的

为满足端子和线缆接触时的爬电距离和电气间隔，通常采用密封胶（如热塑管）实现绝缘隔离。设计时应依据密封胶性能要求制定一个具体量值以满足安规绝缘要求，避免人员触电和意外火灾。

（2）密封胶性能要求

密封胶不得突出于盛放该密封胶的腔穴边缘，穿透密封胶距离不得小于表 7-14 的规定值。

表 7-14 穿透密封胶距离

穿透密封胶距离	电器附件的绝缘电压 U/V				
	$U \leqslant 50$	$50 < U \leqslant 415$	$415 < U \leqslant 500$	$500 < U \leqslant 690$	$690 < U \leqslant 1000$
被厚度至少为 2.5mm 的密封胶覆盖的带电部件与安装插座底座的表面之间	2.5	4	6	6	6
被厚度至少为 2.5mm 的密封胶覆盖的带电部件与安装插座底座里的导体槽底部之间	2.5	4	5	5	5

（3）密封胶性能测试

对于多位端子器件盒无固定方式但具有保护功能的端子，当端子装有最大横截面积的导体时，在带电部件和代表易于接触任何其他部件的最近点任一空隙之间进行距离测量。

在各种端子或插接器件可能安装在盒中的情况下，应测试最不利的组合。

8. 防触电

（1）防触电目的

避免用户在接近或使用电器附件时触及带电导体，由于电流通过人体而造成电击或电伤，为了达到安全用电的目的，必须采用可靠的技术措施，防止触电事故发生。绝缘保护，安全的爬电距离和电气间隙、漏电保护、安全电压、遮栏以及阻挡物等都是防止直接触电的防护措施。保护接地是间接防止触电的防护措施。

（2）防触电要求

电器附件的设计应能保证当插座和插接器按正常使用要求接线时，其带电部件是不易触及的，此外还应保证当插头和插座部分或完全插合时，其带电部件是不易触及的。

触及危险部分的防护等级应满足：

1）所有充电模式、所有连接方式下，外壳的防护等级应至少满足 IPXXC。

2）所有充电模式、连接方式 B 或连接方式 C、车辆插头和车辆插座耦合时，车辆插头和车辆插座满足防护等级 IPXXD。

3）充电模式 3、连接方式 A 或连接方式 B、供电插头与供电插座耦合时，供电插头与供电插座满足防护等级 IPXXD。

4）充电模式 1~3、连接方式 B 或连接方式 C、车辆插头和车辆插座非耦合时，车辆插头与车辆插座满足防护等级 IPXXB。

5）充电模式 3、连接方式 A 或连接方式 B、供电插头和供电插座非耦合时，供电插头与供电插座满足防护等级 IPXXB。

6）充电模式 4、连接方式 C、车辆插头和插座非耦合时，应采取有效措施防止人体接触直流充电针脚和套管的导体部分。

7）对于所有模式，在交流电网（电源）接地端子、直流电网（电源）接地端子和车辆插头的接地端子应提供保护接地导体，且在车辆插头和车辆插座、供电插头和供电插座耦合时，应在相线和中线接通之前先接通地线；且在车辆插头和车辆插座、供电插头和供电插座分离时，应在接地线断开之前先断开相线和中线。

8）标准插头从标准插座中断开 1s 内，标准插头任何可触及的导电部分与保护导体之间的电压应不大于 DC 60V，或等效存储电荷应小于 50μC。

9）为防止由于基本保护或故障保护失效，或由用户大意引起的电击，应提供附加防护，如剩余电流保护装置、绝缘监测装置等。

（3）防触电测试

如图 7-20 所示，通过 IPXXC 试验试具进行试验，将试具推向充电机外壳的任何开口，试验用力（3±0.3）N。若试具能进入一部分或全部进入，则应在每一个可能的位置上活动，但挡盘不得穿入开口，且不应触及危险带电部件。

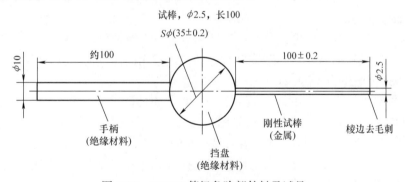

图 7-20　IPXXC 等级危险部件触及试具

通过 IPXXB 试验试具进行试验，将试具推向未耦合的供电插头和供电插座、车辆插头和车辆插座（不包括直流接口）的任何开口，试验用力（3±0.3）N。若试指能部分进入或全部进入，则从直线位置开始，试指的两个铰接点（图 7-21），应在 90°范围内绕相邻面的轴线自由弯曲，应使试指在每一个可能的位置上活动，但挡盘不得穿入开口，且不应触及危险带电部件。

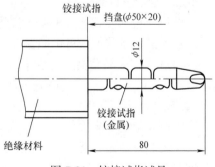

图 7-21　铰接试指试具

9. 带载分断能力

（1）带载分断设计目的

当控制导引电路的充电或供电接口不能有效控制动力线在分断前关断电流，充电或供电接口会在分断过程产生电弧、电火花引起着火或电击。对于没有控制导引的充电或供电接口在带载分断时应不造成降低产品设计使用寿命的损坏，保证产品使用性能和寿命符合产品设计预期，避免产品因使用性能和寿命的非预期降低，降低用户使用的满意度，甚至造成电击或电伤的用电事故发生。

（2）带载分断要求

1）对于有控制导引电路的充电接口，应使其控制导引电路处于非工作状态，并按照表 7-15 的参数进行试验分断能力测试，直流接口用等值的交流电流进行试验，并进行带载分断能力试验。试验期间，不得有引起着火或触电的危险；试验结束后，不要求充电接口保持原有功能。

2）对于没有控制导引功能或控制导引电路不能避免带载分断的充电连接装置，按照表 7-15 的参数进行试验分断能力测试，直流接口用等值的交流电流进行试验。试验期间，不得出现持续闪弧。试验后，试样不得出现不利于继续使用的损坏，并且插销的插孔不得出现任何严重的损坏。

表 7-15　分断能力测试参数

触头额定电流（AC）/A	测试电流（AC）/A	测试电压（AC）/V	$\cos\phi \pm 0.05$	分断循环次数
16、20	20	1.1 × 额定值	0.8	3
32	40	1.1 × 额定值	0.8	3
63	70	1.1 × 额定值	0.8	1
> 63（直流）	额定电流	1.1 × 额定值	0.8	1

（3）带载分断测试

1）试验位置应为水平位置，若不可行，则应为正常使用位置。

2）插头或连接器插入并从插座或器具输入插座拔出的速率为 7.5 个行程 /min，插头和插接器插入和拔出速度为（0.8 ± 0.1）m/s。

3）电气接触维持不多于 4s，但不少于 2s，两个电器附件应分开至少 50mm。

4）分断能力和正常操作试验电路如图 7-22 所示。若为两极电器附件，要在一半的行程数之后，操作选择开关 C 将金属支架与易触及的金属部件连接到电源的其中一极；若为 3 极电器附件，则应在 1/3 的行程数之后操作选择开关，并应在 2/3 行程数之后，再次操作选择开关，从而做到依次连接每个极。

10. 充电电缆过载保护

当电网（电源）未提供短路电流保护时，供电设备应为各连接方式下各种尺寸的电缆提供过载保护。过载保护可由断路器、熔断器或其他组合实现。

若过载保护由断路器、熔断器或其他组合之外的方法实现，该方法应在充电电流超过额定电流 1.3 倍时的 1min 内断开充电。

11. 充电电缆短路保护

当电网（电源）未提供短路电流保护时，供电设备应为电缆提供短路电流保护。

发生短路时，充电模式 3（连接方式 A、连接方式 B）供电设备供电插座的 I^2t 值不应超过 $75000A^2 \cdot s$。

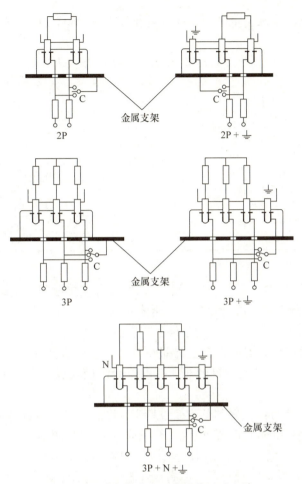

图 7-22　分断能力和正常操作试验电路

发生短路时，充电模式3（连接方式C）供电设备车辆插头的 I^2t 值不应超过 $80000A^2 \cdot s$。

12. 供电设备温度

（1）极限温升

1）极限温升设计目的。电动汽车供电设备在额定负载下长期连续运行工作，内部导电部件发热产生的热量通过空气、金属或直接接触的绝缘部件向周围散热传导。当温度超过绝缘部件材料最高耐温值后，会出现材料绝缘等级下降甚至起火，且长期的高温环境下会增加导电部件和电缆的高温疲劳老化。在相同的负载条件下，产品的温升会增加，从而降低供电设备的使用寿命。

2）极限温升要求。电动汽车供电设备在额定负载下长期连续运行，内部各发热元器件及各部位的温升应不超过表7-16的规定。

3）测试方法。参考环境空气温度为25℃，在充电机被测部位安装测温元件，包括动力电源输入电流所流经的回路，如接线端子、输入断路器、输入接触器等；功率变换单元及其内部元器件、输入输出端子；直流输出电流所流经的回路，如接线端子、直流熔断器、直流接触器、功率电阻、电流采样分流器、车辆插头等。温度可用熔化颗粒、变化指示器或热电偶进行测量，这些测量元件应放置到外部影响最小的位置。测试时将柜门关好，将充电机连接试验系统,输入额定电压,并设置在最大输出电流下运行,使各发热元件的温度逐渐升至热稳定。

表 7-16　供电设备内部温升

内部测试点	极限温升 /K
动力电源输入端子	50
输入断路器、接触器接线端子	50
塑料绝缘线	25
充电模块输入输出连接端子	50
功率电阻	25（距外表 30mm 处空间）
电流采样分流器端子连接处	70
熔断器端子连接处	70
直流接触器外壳和极柱	50
直流输出接线端子	50

（2）表面温度

1）表面温度设计目的。用户使用产品时,如果直接接触或可能被接触的部位温度过高,则可能会造成人身伤害,降低用户的使用体验感。

2）在额定电流和环境温度 40℃ 的条件下,表面温度要求:

① 手抓握部位允许最高温度为:金属部件 50℃、非金属部件 60℃。

② 同样条件下,用户可能接触的非抓握部位允许最高温度为:金属部件 60℃、非金属部件 85℃。

③ 供电设备应设计为:接触部分不超过特定温度;组件、绝缘体和塑料材料不超过在设施寿命周期内正常使用时可能降低电气、机械或其他性能的温度。

3）测试方法。将供电设备连接试验系统,环境温度为 40℃,按照充电接口设定负载后稳定运行,测量供电设备可触及部分最高允许温度应符合上述表面温度的要求。

7.5.3　高压标识要求

高压标识要求详见本书 4.2.2 节。

7.5.4　充电接口的制造

充电接口生产过程中应严格控制插接件中簧片的工艺,确保充电插接件接触件接触电阻的一致性;充电电缆组件装配过程中需严格控制电缆组件的压接工艺,确保压接后压接电阻的一致性;温度传感器装配过程中也需严格控制温度传感器的装配工艺,确保装配后温度传感器检测的稳定性。

7.5.5　充电接口的检测

1. 一般检查

一般检查包括检查外观、标识、基本构成、机械开关设备、电缆管理及贮存和电气隔离等,可通过目测或简单的试验来确认是否满足结构要求。

2. 功能要求

充电接口、车辆插头插座等具备锁止功能。

3. 温升试验

手握可接触部分、可触及但非手握部分的金属材料和非金属材料的温度应符合标准要求。内部温升需要考虑自身元器件及材料选型耐温等级。

4. 机械强度试验

供电插头和车辆插头满足车辆碾压要求，按照 GB/T 20234.1—2015 中 7.21 的内容进行试验。

5. 防护试验

防护试验主要包括防尘试验、防水试验、防盐雾试验、防锈（防氧化）试验。防尘试验用于防止固体异物进入壳内设备，防水试验用于防止由于水进入壳内对设备造成有害影响，防盐雾试验用于提高充电机内印制电路板、接插件等关键部件的防盐雾能力，防锈（防氧化）试验用于要求充电机铁质外壳、暴露的铁质支架、零件以及非铁质的金属外壳等代表性试样进行防锈处理。

6. 环境试验

环境试验主要包括低温试验、高温试验、交变湿热试验。环境试验的目的仅限于用来确定接口在低温、高温湿热环境下使用的能力，测试接口能否在低温、高温条件下放置足够长的时间以达到温度稳定，以及在高湿度与温度循环变化组合以及表面产生凝露的条件下使用、运输和贮存的适应性。

7.5.6 充电接口使用及维护要求

1. 充电接口使用要求

1）充电设备应安装在具有遮雨设施的地方。
2）充电设备安装位置不应有积水。
3）充电设施不应安装在粉尘严重的地方。
4）充电应选用具备温度传感器的充电枪，充电机应有高温报警控制及断电功能。
5）定期对充电插接器进行维护保养，使用前必须先检查充电电缆及其接触位置是否有损坏和污染，禁止使用已损坏的充电电缆或车辆插口等。
6）充电时选择温度较低、较为清洁的充电枪进行充电，当充电枪过热时，可以更换其他充电枪。
7）充电枪插入充电插座充电时，应垂直于插座端面插入，不能斜插。
8）将充电枪插入充电座后，不应摇晃充电枪。
9）充电时，充电枪电缆必须捋顺，不得扭曲，避免充电枪座在使用过程中受到电缆的拉力。
10）充电过程中，如充电接口持续散发出浓烈的刺激性气味，应立即终止充电过程，第一时间上报充电站管理员。
11）使用结束后，应将充电枪归位，并将充电线捋顺，避免下次使用过程中强行拖拽，造成充电线束扭曲、鼓包。

2. 供电插头、车辆插头检测

该检测包括插头外观异常排查、车辆插头相线之间以及相线与地线之间的电压测试、插头相线对地线绝缘电阻及耐压测试、插头端子表面氧化异常排查、插头各相线导体及电缆电阻测试。当出现机械锁钩断裂、端子防触帽热熔、端子孔充满异物、尾部出线松脱、端子位移内缩、端子防触帽脱落时，建议更换插头。

3. 供电插座、车辆插座检测

该检测包括插座外观异常排查、插座相线对地线绝缘电阻及耐压测试（测试前需确认相线之间无电压）、插座定期保养（如异物清理、簧片表面特殊处理、更换簧片等）、插座插拔力测试、插座电子锁测试、插座固定螺栓及接地线束螺栓转矩测试、插座各相线导体及电缆电阻测试。当出现正常镀银端子、端子护套热熔、端子过温泛黄、端子严重过温暗黄、簧片表面布满异物时，建议更换插座。

4. 清洁方法

正常使用情况下每周使用高压气枪、毛刷进行清洁，无条件时可以使用无尘布或棉签对充电座、充电枪进行清洁。如果发生意外情况（如充电枪丢弃、掉落在地上），则应及时采用上述方法进行清洁。严禁使用螺钉旋具、镊子等尖锐物体触碰充电枪插针和充电座插孔，避免损伤插针及插孔。

7.6 充电系统环境耐久与可靠性

在复杂环境中长期可靠工作是对高性能充放电系统提出的要求，因此在设计中必须考虑如何实现耐久性、可靠性的提升。本节主要介绍充电系统环境耐久与可靠性。

7.6.1 耐久性

非车载充电机在实际使用过程中，将会受到多种条件环境综合影响。复杂的环境因素会加速产品失效，缩短产品的使用寿命，本节介绍环境条件对产品的影响。

1. 防凝露

充电站分布区域广泛，在沿海地带及西北地区因湿度较高或温差较大等问题，容易形成凝露。凝露对电气设备主要有以下危害：凝露滴至内部金属件上，容易引起零件锈蚀；凝露滴至电气元件上，容易引起元件短路、爆炸等问题；电气元件长时间运行在高温高湿环境下，会缩短元件使用寿命；在潮湿环境中更容易形成霉变等不良现象。

对于室内的设备，最高温度为 +40℃时，空气的相对湿度不超过 50%，在较低温度下允许有更高的相对湿度，如 +20℃为 90%。由于温度的变化，应考虑偶尔出现的湿度冷凝；对于室外的设备，相对湿度为 5%~95%。

在计算电气元件爬电距离和电气间隙设计的过程中，需参考 GB/T 16935.1—2008《低压系统内设备的绝缘配合 第1部分：原理、要求和试验》，避免凝露使干燥的非导电性污染变为导电性污染。

对于有液冷系统的充电设备，应将其管路包裹保温层，且需要特殊结构设计的冷却管路，确保凝露形成时，可以通过管路顺利流出机壳，不会触碰到电器元件；充电设备内宜安置湿度传感器，实时监控桩内环境湿度，当超过危险值时候采取相应措施；设计时应明确设备或元件预期使用方位，以便在设计时考虑污染的积累对爬电距离的不利影响；固体绝缘表面应尽可能设置横向的筋和槽，用来排水和阻断污染引起连续性的漏电路径；充电机内选用温度控制器、加热器、风机，通过排气孔排除内部潮湿空气，防止凝露。

2. 防潮湿

对于室外充电机，防护等级只有 IP54，在雨雪、沙尘、高温高湿环境下，长期的潮湿环境还会导致电气元件发生长霉、内壁出现凝露等现象，加速元件失效，缩短使用寿命。

产品内印制电路板（PCB）、接插件等应进行喷胶等防潮处理，使充电机能在室外潮湿环境下正常运行。业主或运维单位应对在役的充电设备进行周期巡检和特殊情况下巡检，发现不确定能否使用或不可用设备时，应通知专业维护人员进行确认或修复；充电机应内选用温度控制器、加热器、风机，通过排气孔排除内部潮湿空气。

3. 防霉变

评价电子元件在一段时间潮湿条件下的运输、贮存以及使用的适应能力。

其中，防霉变腐蚀试验参考 GB/T 2423.16—2022《环境试验　第 2 部分：试验方法 试验 J 和导则：长霉》中的试验方法 1，经过 28 天培养以后，进行外观检查：确定霉菌生长程度；长霉引起的物理损伤；长霉条件下对功能和/或电性能的影响，判断是否满足设计或标准要求。

长霉程度等级不低于标准中要求的 2a：肉眼看到稀疏长霉或者显微镜下看到分散、局部长霉，长霉面积不超过测试面积的 5%。

充电设备内印制电路板、接插件等部件应进行防霉变处理。

4. 耐高温

（1）车内充电系统

1) 耐高温设计目的。

① 确定样品因为高温影响产生的退化在可接受范围内。

② 1h 的重漆温度是为了重现样品在实际中重漆时可能遇到的短暂高温。

③ 热浸透温度的试验是用来确定部分产品在特殊工况下的工作能力，例如在发动机停止、空气及冷却液不流动，从而导致周围温度出现短暂上升的工况。

2) 耐高温要求。试验后功能达到等级 A 的要求。如果试验中样品出现异常，则将样品恢复常温后进行检查，如果样品恢复正常，则在高温下继续试验直至结束；如果不能恢复或者异常再次出现，则终止试验。

3) 耐高温测试。

① 工作类别：在工作模式 1.2 和 3.2，在 3.2 期间，必须对产品的关键参数进行监控，这些关键参数需要在产品的技术条件中说明；工作电压采用 U_{nom}，试验结束前需对样品进行 3 点功能检查（电压 U_{min}、U_{nom}、U_{max}），上述术语和定义见表 7-17。

② 试验时间：推荐耐高温老化时间为 1000h。

表 7-17　术语定义

术语符号	术语	术语定义
U_{min}	最低工作电压	在规定的供电电压范围内试样达到 A 级的最低供电电压
U_{nom}	额定电压（标称电压）	车载电气、电子组件系统正常工作时的标称电压
U_{max}	最高工作电压	在规定的供电电压范围内试样达到 A 级的最高供电电压
U_{PA}	工作模式 3 供电电压	发电机正常运行时或上高压电后的供电电压
U_{PB}	工作模式 2 供电电压	发电机停止运转且未上高压电时的供电电压，由蓄电池供电

(续)

术语符号	术语	术语定义
$T_{op.min}$	最低工作温度	试样可以持久运行时允许的最低的环境温度。如果没有要求 $T_{op.min}$ 高于 T_{min}，则 $T_{op.min}$ 取与 T_{min} 相同的值
$T_{op.max}$	最高工作温度	试样可以持久运行时允许的最高的环境温度。如果没有要求 $T_{op.max}$ 低于 T_{max}，则 $T_{op.max}$ 取与 T_{max} 相同的值
T_{min}	最低贮存温度	这是一种较低的极限贮存温度，是试样存放或传递时允许的最低温度，试样不得在这样的温度中运转
T_{max}	最高贮存温度	这是一种较高的极限贮存温度，是试样存放或传递时允许的最高温度，试样不得在这样的温度中运转
$T_{max.HS}$	热浸透温度	在车辆停止且发动机关闭后，发动机舱内可能短时出现的环境温度最高值
$T_{max.PR}$	喷涂维修温度	修补喷涂油漆过程中可能出现的最高温度
$T_{max.RT}$	室温	室内环境温度为：(23 ± 5) ℃
—	功能状态 A 级	试样在试验前、试验过程中和试验结束后所有的功能、性能参数都应符合设计要求
—	功能状态 B 级	试样在试验前、试验过程中和试验结束后所有的功能都应符合设计要求，但试验中允许有一个或多个参数超出规定允差，试验后所有功能应自动恢复到符合设计要求的规定限值。存储器功能必须符合 A 级 对于定义为功能状态 B 级的产品，测试时满足功能状态 A 级是可接受的
—	功能状态 C 级	试样在试验过程中有一项或多项功能（含全部功能）不符合设计要求，但在试验结束后自动恢复到正常运行且功能符合设计要求 对于定义为功能状态 C 级的产品，测试时满足功能状态 A 级或者 B 级是可接受的
—	功能状态 D 级	试样在试验过程中及试验结束后有一项或多项功能（含全部功能）不符合设计要求且试验结束后不能自动恢复到规定运行，需要对试样进行简单操作重新激活（如换掉有故障的熔断器熔丝、断电重启等），才能自动恢复到正常运行且功能符合设计要求 对于定义为功能状态 D 级的产品，测试时满足功能状态 A 级、B 级或者 C 级是可接受的
—	功能状态 E 级	试样在试验过程中及试验结束后有一项或多项功能（含全部功能）不符合设计要求且试验结束后不能自动恢复到规定运行，需要对试样进行修理或更换。产品在试验中及试验后应满足 UL94 的要求，高压部件应满足 GB 18384—2020《电动汽车安全要求》的要求 对于定义为功能状态 E 级的产品，测试时满足功能状态 A 级、B 级、C 级或者 D 级是可接受的
—	工作模式 1	试样是无供电的
—	工作模式 1.1	试样未连接到线束
—	工作模式 1.2	试样模拟在车辆上的安装位置，连接到线束，不过是无供电的
—	工作模式 2	当车辆发动机关闭，且所有电气连接完好，试样以电压 UPB 带电运行（UPB：低压电池电压。发电机及 DC/DC 变换器未工作）
—	工作模式 2.1	系统和组件的功能未被激活（例如串行通信未激活或零部件是关闭的）
—	工作模式 2.2	系统/组件带电运行并控制在典型工作模式
—	工作模式 3	所有电气连接完好，试样以电压 UPA 带电运行（UPA：发动机/发电机运行状态下的电压或 DC/DC 变换器工作状态的电压）
—	工作模式 3.1	系统和组件的功能未被激活（例如串行通信未激活或零部件是关闭的）
—	工作模式 3.2	系统/组件带电运行并控制在典型工作模式

③ 试验温度：各区域工作温度范围见表 7-18，高温耐久工作曲线如图 7-23 所示。

④ 试验中断的处理：试验中允许出现中断，可以从中断处继续进行试验，但中断不可过于频繁，中断情况须在报告中注明。

表 7-18　各区域工作温度范围

安装区域		工作温度	
		$T_{op.min}$/℃	$T_{op.max}$/℃
发动机舱	散热器区域	−40	85
	远离发动机和热源	−40	105
	靠近发动机或热源	−40	125
	发动机、传动机构上或靠近排气系统	−40	140
驾驶舱	仪表板外部，不受阳光直接照射	−40	85
	仪表板外部及搁物架，阳光直接照射	−40	105
	门内侧	−40	85
	门外侧	−40	85
	顶棚及地板	−40	85
车外部件		−40	85
底盘及车身底部	远离热源	−40	85
	靠近热源	−40	140
行李舱		−40	85
随车存放（充电装置等）		−40	70
随身装置（钥匙等）		−40	70

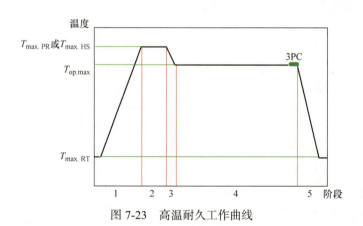

图 7-23　高温耐久工作曲线

（2）车外充电系统

1）耐高温设计目的。本试验方法用来进行散热试验样品的高温试验，试验样品在高温条件下放置足够长时间以达到温度稳定。验证产品在高温环境下工作能达到预期设计的性能或功能要求。

2）耐高温要求。按 GB/T 2423.2—2008《电工电子产品环境试验　第 2 部分：试验方法　试验 B：高温》中规定的方法执行，试验温度采用室内外非车载充电机使用温度上限值 50℃，待达到试验温度后启动充电机，充电机应能正常工作。试验温度持续 2h 后，测试充电机的稳流精度应符合稳流精度的规定：当输入电源电压在额定值 ±15% 范围内变化、输出直流电压在输出电压范围优选值（200～500V，350～700V，500～950V，200～750V，200～950V）规定的范围内变化时，输出直流电流在额定值的20%至最大输出电流值范围内任一数值上，充电机输出电流稳流精度不应超过±1%。

试验前、试验期间、试验后，充电机应能正常工作。

注：正常工作是指充电机的充电、通信、显示及各项保护功能都应正常，不允许有功能丧失。

3）耐高温测试。充电机放入环境试验箱，按照GB/T 2423.2—2008的"散热试验样品温度渐变的高温试验"要求，试验温度为50℃，待环境试验箱达到试验温度稳定后，按照充电接口参数设定负载后稳定运行，检查充电机应能正常工作。试验温度持续2h后，在试验环境下按NB/T 33008.1—2018《电动汽车充电设备检验试验规范 第1部分：非车载充电机》中5.12.5规定的方法进行稳流精度试验。

5. 耐低温

（1）耐低温设计目的

检测电器产品对低温的适应性，主要包括以下3个方面：

1）零部件贮存和运输过程中可能遇到的低温环境。
2）车辆在低温下存放一段时间后，相应的器件能正常启动。
3）产品持续在低温环境中工作一段时间。

（2）耐低温要求

试验后功能达到等级A的要求。如果在阶段6样品出现异常，则终止试验，恢复常温后进行检查。

（3）耐低温测试

1）工作类别：工作模式1.2、2.1和3.2；在3.2模式工作期间，必须对产品的关键参数进行监控，试验程序参照图7-24及表7-19进行。

2）试验温度：-40℃，$T_{op.min}$。

3）试验中断的处理：如果试验中出现中断，则重新进行试验，可不更换样品，中断应在报告中注明。

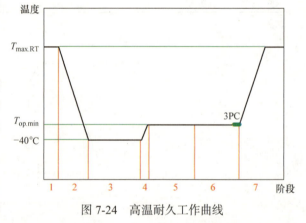

图7-24 高温耐久工作曲线

表7-19 低温启动试验程序

阶段	时间	工作模式	说明
1	10min	3.2	室温下检测样品功能
2	—	1.2	降温阶段
3	8h	1.2	保持在-40℃下
4	—	1.2	升温至$T_{op.min}$
5	16h	2.1	保持在$T_{op.min}$下
6	24h	3.2	启动并工作
7	—	1.2	升至常温结束试验

7.6.2 耐蚀性

1. 防锈/防氧化

（1）防锈/防氧化目的

充电设备铁质外壳和暴露的铁质支架、零件在户外安装使用，会遇到严酷的自然环境侵袭。充电设备暴露的铁质支架和外壳在高温潮湿的环境下生锈和氧化会降低材料强度，缩短充电桩的使用寿命，降低绝缘性能，需要进行防锈/防氧化设计。

（2）防锈/防氧化要求

充电设备铁质外壳和暴露的铁质支架、零件应采用双层防锈措施，非铁质的金属外壳也应具有防氧化保护膜或进行防氧化处理。

（3）防锈/防氧化测试

选取充电桩铁质外壳、暴露的铁质支架、零件以及非铁质的金属外壳代表性试样或部件浸入四氯化碳、三氯乙烷或等效脱脂剂中浸泡10min，去除所有油脂，然后将部件浸入温度为（20±5）℃的质量分数为10%的氯化铵水溶液中浸泡10min。将试样上的液滴甩掉，但不擦干，然后将试样放进装有温度为（20±5）℃的饱和水汽的空气容器中，保持10min。将试样置于温度为（100±5）℃的加热容器中烘干10min，再置于室温保持24h，试样表面无任何锈迹。边缘上的锈迹和可擦掉的任何黄印可以忽略不计。

2. 耐盐雾

（1）耐盐雾目的

1）间隙性盐雾试验适用于汽车上所有的非内部零件。考察汽车在沿海地区或盐水路上行驶时，该区域零部件抵御盐雾和盐水侵蚀的能力。

2）薄雾试验适用于安装在驾驶舱和行李舱内的所有零件。考察汽车在沿海地区或盐水路上行驶时，该区域零部件抵御盐雾侵蚀的能力。

（2）耐盐雾要求

中性盐雾试验后，需要满足如下要求：

1）不得有鼓泡、起皮、剥落，对于金属法兰面，依据GB/T 6461—2002《金属基体上金属和其他无机覆盖层 经腐蚀试验后的试样和试件的评级》标准评定腐蚀等级。

2）电气性能满足要求，功能状态需达到等级A的要求。

3）对于密封零部件，其内部不应有盐水进入或结晶盐。

4）充电系统固定装配用金属支架试验后，判定样边、孔边腐蚀面积百分比；表面处理层不得有明显起皮剥落现象。

薄雾试验后，PE搭铁端子需要满足如下要求：充电枪与充电口对接，测量充电枪PE端子压接部位到充电口PE搭铁端子连接的钣金件之间的连接电阻，要求连接电阻不大于0.1Ω。

（3）耐盐雾测试

1）间歇盐雾试验

①工作类别：工作模式1.2、3.2。

②监控：通电期间须持续监控。

③试验程序：

a）按照实车方位安装零部件（如果已知的话），并施加适当的负载，包括机械负载和电器负载。零部件距离喷嘴的距离应适当，保证盐雾有足够的量和力来冲刷试验中产生的腐蚀物。

b）盐溶液的质量分数符合 GB/T 10125—2021《人造气氛腐蚀试验 盐雾试验》的要求。

c）将零部件放置在盐雾箱内 1h，设定箱体温度为 45℃。期间零部件不工作（工作模式 1.2），盐雾箱不喷雾。

d）停止加热，零部件开始工作（工作模式 3.2），喷雾 1h。在此期间，箱体温度设定为 35℃。

e）停止喷雾，打开盐雾箱顶盖，使盐雾箱和零部件在室温下冷却 1h。在此期间，零部件停止工作。

f）重复步骤 c）~步骤 e）三次。

g）使零部件暴露在室温环境下自然冷却干燥，通电工作 15h（工作模式 3.2）。

h）此试验 1 个循环周期共 24h，包括步骤 c）~步骤 g），详见盐雾试验程序（图 7-25）。试验时间根据表 7-20 中的推荐值选择。

i）所有试验结束后，用流动的清水清洗或用湿布拭去零部件表面残余的盐渍。要避免清洗和擦拭时，水进入零部件内部。记录所有检查到的现象。先检查零部件的外观，再进行功能检测。如有需要，则可拆解零部件，详细检查内部的元器件。

> **注**：试验程序中，温度升降过程的时间受设备本身的加热能力和环境温度影响，通常情况下在 30min 左右。零部件在室温下自然冷却干燥超过 2h 时，应定期记录环境温湿度。

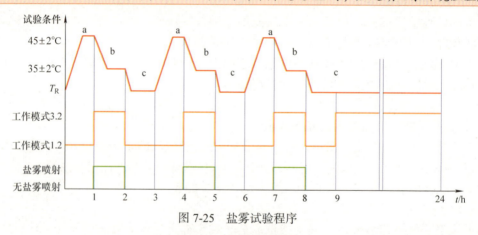

图 7-25 盐雾试验程序

表 7-20 盐雾试验要求

安装位置	试验循环数（试验时间）
前舱上部、通风盖板下、车门内部（钣金之间的湿区）	由供需双方商定
前舱下部（发动机挡泥板或前副车架以上，前舱纵梁以下）	由供需双方商定

2）薄雾试验

① 工作类别：工作模式 1.2、2.1、3.2。

② 监控：通电期间须持续监控零部件的关键参数。

③ 试验程序：包括工作测试和材料退化测试。喷雾溶液质量分数为（5±1）% NaCl 溶液，pH 值为 6.5~7.2，盐雾喷射期间其他参数要求和试验过程操作见 GB/T 10125—2021《人造气氛腐蚀试验 盐雾试验》。试验程序及时间根据表 7-21 进行选择。

表 7-21 薄雾试验要求

组件类型	试验时间	
	工作测试	材料退化测试
有通风口的非密封零部件 （IP 防水等级 2）	程序 A，2h 工作模式 3.2	不适用
通风口关闭的非密封零部件 （IP 防水等级 2）	程序 A，2h 工作模式 3.2	程序 B，3 个循环 工作模式 1.2
通风口关闭的非密封零部件 （IP 防水等级 3、4、4K）	程序 A，2h 工作模式 3.2	程序 C，6 个循环 工作模式 2.1
密封零部件 （IP 防水等级 7、8）	不适用	程序 D，10 个循环 工作模式 2.1、3.2

④ 工作测试：此项试验用于检验零部件的电气功能在盐雾环境中的衰减程度。工作测试程序如图 7-26 所示，无盐雾喷射期间须将零部件取出或打开盐雾箱顶盖，使其暴露在室温环境下自然冷却干燥。

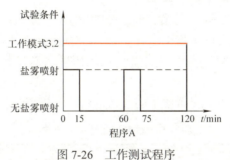

图 7-26 工作测试程序

⑤ 材料退化测试：根据表 7-21 的分类及图 7-27 所示的相应程序进行。无盐雾喷射期间，须将零部件取出或打开盐雾箱顶盖，使其暴露在室温环境下自然冷却干燥。

注：当零部件置于室温下自然冷却干燥超过 2h 时，应定期记录环境的温湿度。

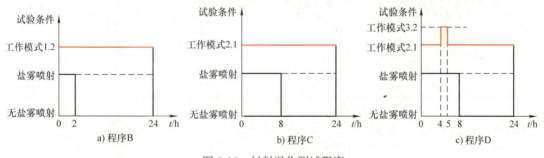

图 7-27 材料退化测试程序

⑥ 最终检查：所有试验结束后，用流动的清水清洗或用湿布拭去零部件表面残余的盐渍。要避免清洗和擦拭时，水进入零部件内部。记录所有检查到的现象。先检查零部件的外观，再进行功能检测。如有需要，则可拆解零部件，详细检查内部的元器件。

薄雾试验之后，采用三种不同品牌（指定或协商）的充电枪与充电插座插合，分别测量充电枪端子压接部位到 PE 搭铁端子连接钣金件之间的连接电阻。

若出现不满足要求的样件，则需使用标准端子对充电插座进行测量，若满足连接电阻要求，则判定试验合格。

3. 耐化学试剂

（1）耐化学试剂目的

模拟评估车辆在日常使用过程中，充电系统部件暴露于常见液体或化学品中可能造成的外观损害。

（2）耐化学试剂要求

试验后产品外观无龟裂、无破裂、无剥离等现象，电气性能满足要求。

（3）耐化学试剂测试

1）将样品放置在40℃的恒温箱里1h。

2）1h后，取出样件，通过表7-22所述形式将试验液体覆盖在样品表面上，然后在室温下放置1h。

3）重新将样件放置在40℃的恒温箱里1h，30min之内升温至70℃，然后保持此温度放置4h，接着30min之内将温度降至40℃。

4）用同一种试剂重复2）和3）步骤，但是将其中的放置4h改成12h，即在70℃下保持12h。

5）换另一种试剂重复进行步骤1）~4），直至完成上述要求的试剂。

6）用清洗剂对污染区域进行清洗，首先用家用洗洁精，若清洗不掉，则改用多功能泡沫清洁剂清洗。

7）清洗后用滤纸吸干样件表面残留的清洁剂污渍，接着进行检查。

表7-22 试剂使用范围和方法

序号	溶剂	1个循环				整车安装部位	
		擦拭		干燥		动力舱	其他部位如行李舱
		时间/min	温度/℃	时间/min	温度/℃		
1	家用洗洁精	3	23±2	30	23±5	√	√
2	多功能泡沫清洁剂					√	√
3	肥皂水					√	√
4	人工汗液					√	√
5	洗车液					√	√
6	玻璃清洗剂					√	√
7	车用无铅汽油①					√	—
8	汽油机油②			80±2		√	—

注：带"√"符号表示应按规定进行试验。
① 车用无铅汽油应符合GB 17930—2016《车用汽油》的规定。
② 汽油机油应符合GB 11121—2006《汽油机油》的规定。

7.6.3 可靠性

1. 防水溢

（1）防水溢目的

充电桩按照使用环境可以分为室内型充电桩和室外型充电桩。室外充电桩防护等级只有IP54，在雨季降水量大时存在被雨水浸泡的风险，内部各独立电气回路之间会建立起电气连接，存在绝缘、漏电等使用故障；水位下降后，充电桩内部结构件中可能存在积液，使用时报绝缘故障，严重时甚至会产生电火花造成火灾等风险。

（2）防水溢要求

1）安装环境：充电桩安装时桩体底部应固定在高于地面不小于200mm的基座上，安装场地排水设施齐备，供电网有漏电保护功能。

2）可在充电设备内置浮子开关，建议在设备内部最低处同时安装两个浮子开关，采用冗余设计，确保设备水溢时能够触发开关，从而发送信号给控制器紧急停止设备。

3）充电桩电气元件布置位置高，内部结构设计避免积液产生，如不可避免，则预留排水结构。

2. 防风

（1）防风目的

在沿海地区台风季，台风天气容易吹落充电线，并扯出充电枪头掉落在地上，甚至导致桩体倾倒，这就存在枪头和导电部件外露的风险，容易对人员造成伤害。

（2）防风要求

安装在室外的充电桩应能承受GB/T 4797.5—2017《环境条件分类　自然环境条件　降水和风》规定的不同地区最大风速的侵袭。

3. 防碰撞

（1）防碰撞目的

用户驶入设置有充电设备的停车位，存在误操作导致车辆撞击充电设备的事件发生，车辆撞击可能会造成充电设备内部电气元件的损伤、失效。用户在使用充电设备充电时，可能会无法充电，甚至启动充电后充电设备内部元件因碰撞受损而短路起火，造成不可估量的损失和人身伤害。

（2）防碰撞要求

1）充电设备在设计时，需考虑1m以下部分的结构强度，必须具备一定的防碰撞功能。

2）在充电设备内部宜安装碰撞行程开关，遇到碰撞触发开关，发出报警信号并停止充电。

3）充电车位设置限位装置应编入产品使用说明书中，充电设备外形设计应避免不规则、不易发现的低矮的突出物，防止车辆检测不到而发生误撞。

4. 使用寿命

充电装置是用户频繁插拔使用的电器产品，应保证电器产品在设计使用寿命范围内的电气性能和产品的绝缘强度，避免使用过程中产品损坏给用户带来抱怨和身体上的电击伤害。

（1）寿命要求

充电模式2充电连接装置车辆插头需进行10000次插拔循环，插拔试验后应满足：

1）附件或互锁装置应能继续使用。

2）无外壳或隔板的劣化。

3）无电气连接或机械连接松脱。

4）无密封胶渗漏。

5）保持触点之间信号传输的连续性。

6）电气性能满足导通、绝缘、耐压和电压降的要求。

7）车辆插头插拔力应不小于20N。

8)车辆插头防护等级不低于IP55(与车辆插座耦合时不低于IP44),充电模式2连接装置的缆上控制盒防护等级不低于IP67。

9)端子额定功率温升不得高于40K。

10)端子防触帽无松脱。

供电插头应满足5000次带电插拔,试验中不得出现持续闪弧现象,试验后应满足:

1)不会出现影响今后使用的磨损。

2)无外壳、绝缘衬垫或隔层等的劣化。

3)无电气或机械连接的松动。

4)无密封胶渗漏。

(2)寿命测试

1)车辆接口寿命试验

① 泥盐水浸泡。将车辆插头的端子部位完全浸入搅拌均匀的泥盐水中5s,浸泡完成后,将咬合面朝下静置15min,不可擦干、甩干。泥盐水成分主要由石英砂、氯化钠、蒸馏水组成。

② 插拔耐久试验。对模式2充电连接装置进行空载带电(额定电压、无电流)插拔循环2500次。

③ 重复步骤①和步骤②,共计完成4次循环共10 000次插拔耐久试验。

2)家用供电插头寿命试验

① 对于额定电流不大于16A、额定电压小于或等于250V的电器附件,每分钟30个行程,一个行程就是插头的一次插入或者一次拔出,共计完成10000个行程。

② 对于电流不超过16A的电器附件,在插头每次插拔过程中使电流通过,接地线不通电流,插拔过程中的额定值见表7-23。

表7-23 插拔过程中的额定值

电器附件 额定值	可拆线固定式电器附件	可拆线移动式电器附件	不可拆线移动式插座		不可拆线插头	
	试验电流/A	试验电流/A	横截面积/mm²	试验电流/A	横截面积/mm²	试验电流/A
10A 130/250V	10	10	0.75 1 1.5	10 10 10	0.5 0.75 1	2.5 10 10
16A 130/250V	16	16	1 1.5	12 16	0.5 0.75 1 1.5	2.5 10 12 16

5. 阻燃

(1)阻燃目的

车辆或供电设备在使用过程中,避免带电部件的发热或短路导致支撑的塑料部件起火产生火灾,造成不可预估的后果。

(2)阻燃要求

充电线束总成、V2L放电连接装置及充电模式2充电连接装置的插头、电缆以及控制盒本体的阻燃应达到水平燃烧HB等级、垂直燃烧UL94-V0等级。

HB 火焰判定等级的评定：

1）跨度 75mm 以上，对于 3~13mm 厚的样品，燃烧速度小于 40mm/min。

2）跨度 75mm 以上，小于 3mm 厚的样品，燃烧速度小于 70mm/min。

3）在 100mm 的标志前熄灭。

V 火焰等级的判定见表 7-24（其中，第一次余焰时间为 t_1，第二次余焰时间为 t_2，第一次余燃时间为 t_3），详见 GB/T 2408—2021 中第 9.4 分级中相关规定。

表 7-24　V 火焰等级的判定

参数	V-0	V-1	V-2
单个样品的 t_1/t_2	≤ 10s	≤ 30s	≤ 30s
所有样品的 t_1+t_2	≤ 50s	≤ 250s	≤ 250s
单个样品的 t_2+t_3	≤ 30s	≤ 60s	≤ 60s
是否燃尽	否	否	否
是否点燃棉花	否	否	是

（3）阻燃测试

1）HB 等级阻燃试验

① 样品要求

a）片状：切割、熔铸、挤塑等方式均可，边沿光滑、表面干净、密度均匀。

b）尺寸：长×宽为（125±5）mm×（13.0±0.5）mm，需要提供测试的最小厚度样品和 3mm（-0.0，+0.2）厚度样品，若样品最小厚度大于 3mm 或者最大厚度小于 3mm，则可以不用提供 3mm 样品；样品最大厚度不超过 13mm，最大宽度不超过 13.5mm，角半径不大于 1.3mm。

c）数量：样品最少 2 套、每套 3 件样品。

② 测试程序

a）划线：(25±1)mm，(100±1)mm。

b）夹持：夹住靠近 100mm 处的样品尾端，长度方向保持水平，宽度方向与水平面成 45°±2°，丝网固定在样品下方（100±1）mm 处。

c）燃具：甲烷流量 105mL/min，背压力 10mm 水柱。

d）火焰：焰高（20±1）mm。

e）燃烧：焰炉倾斜 45°，置入火焰 6mm 深处，(30±1)s 或燃烧至 25mm 处时移走焰炉。

f）计时：火焰燃烧至（25±1）mm 处时开始计时，计下停止燃烧时所用的时间和燃烧过的长度。

g）计算：$v = 60L/t$，v 是燃烧速度（mm/min），L 是燃烧过的长度（mm），t 是燃烧时间（s）。

③ 试验记录

a）火焰是否燃烧至（25±1）mm 或（100±1）mm 处。

b）火焰燃烧至（25±1）mm 和（100±1）mm 之间，记录燃烧过的长度（L）和燃烧此长度所用的时间（t）。

c）若火焰燃烧通过了（100±1）mm，则记录从（25±1）mm 处到（100±1）mm 处所用的时间。

d）计算所得出的燃烧速度。

2）V等级阻燃试验

① 样品要求

a）片状：切割、熔铸、挤塑等方式均可，边沿光滑、表面干净、密度均匀。

b）尺寸：长×宽为（125±5）mm×（13.0±0.5）mm，需要提供测试的最小厚度样品和最大厚度样品；样品最大厚度不超过13mm，如果最小厚度样品和最大厚度样品测试得出的结果不一致，则还需要提供中间尺寸的样品，中间尺寸厚度跨度不超过3.2mm，角半径不大于1.3mm。

c）数量：样品最少2套、每套5件样品。

② 样品预处理

a）放置在（23±2）℃、（50±5）%RH的环境中48h。

b）在（70±1）℃的空气交换炉静置，168h后置于干燥容器中，室温下冷却至少4h。

③ 测试程序

a）夹持：从上端夹入6mm，长度方向朝下，样品下端离预置棉花层上表面保持（300±10）mm的距离（100%纯度的棉花，重量0.08g，尺寸50mm×50mm，最大厚度不超过6mm）。

b）燃具：甲烷流量105mL/min，背压力10mm水柱。

c）火焰：焰高（20±1）mm。

d）燃烧：火焰中心置于样品下边沿中点处，燃具顶部到样品下端距离为（10±1）mm，维持（10±0.5）s。如果样品在燃烧过程中出现位置和形状的变化，则燃具要随之调整。若测试过程中有熔融物滴落，则可将燃具倾斜45°，燃烧（10±0.5）s后以300mm/min的速度移开燃具至少150mm，同时开始记录余焰时间t_1。余焰停止后立即再次燃烧（10±0.5）s，移开后记录余焰时间t_2和余燃时间t_3。

> **注：** 余焰和余燃的判别可以用小片棉花接触，能点燃即为余焰，如果点燃后火焰熄灭，则忽略该样品，用另外样品测试。若因为样品发出的气体将火焰熄灭，则立即点燃燃具继续燃烧，直至燃烧时间达到（10±0.5）s时停止并移开燃具。

6. 耐热

（1）耐热目的

温度对绝缘材料的各种性能影响较大，在高温环境下绝缘材料的性能一般都会变差，很多材料在高温时会逐渐变软或熔化、机械强度急速下降，这些变化使爬电距离和电器间隙也产生变化，导致电气强度降低、绝缘电阻下降，严重时会造成电气短路甚至火灾等事故，因此需要对非金属材料进行耐热试验。

（2）耐热要求

1）试样存放于温度为（100±5）℃的加热箱里1h。试样不得出现不利于继续使用的变化，密封胶不得流动到露出的带电部件。标志应仍清晰可辨。

2）进行下述试验后，若为会变形材料，此压痕直径不超过2mm。

（3）耐热测试

绝缘材料部件按如下负载装置进行球压试验。试验在如下温度的加热箱内进行：（125±5）℃适用于可拆线电器附件的支撑带电部件的零部件；（80±3）℃适用于其他部件。

负载装置由一个直径为(5±0.05)mm 的压力球连接到砝码系统中构成,其被设计成可施加一个垂直向下的作用力,包含压力球的质量相当于(20±0.2)N 的负载。

负载装置如图 7-28 所示。

7. 抗振动

振动试验进行时,试样应合理安装到振动台的相应安装位置上;连接起来的电缆、软管以及从属的配件,要满足装配的要求。

在汽车上,振动疲劳应力的出现一般伴随着极限的低温或高温环境;因此在整个振动测试周期内,样品应施加图 7-29 所示的温度变化曲线,温度值详见表 7-25。

(1)安装在车身上的附件振动试验

试样的安装状态应按照实车方式安装,与夹具机械连接紧固;试样附属的附件(如橡胶垫等)如果与车辆结构有直接接触(如车身框架、安装支架等),试验时必须一起进行试验。

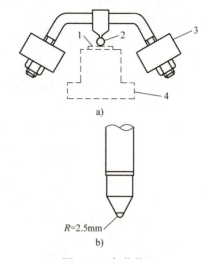

图 7-28 负载装置

1—试样 2—压力球 3—砝码 4—试样支座

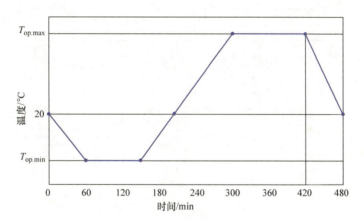

图 7-29 振动试验所使用的温度变化曲线

表 7-25 振动试验所使用的温度值

时间 /min	温度 /℃
0	20
60	$T_{op.min}$
150	$T_{op.min}$
210	20
300	$T_{op.max}$
410	$T_{op.max}$
480	20

试样的电缆、软管等线性配件,要满足实车走向要求;默认情况下,距离接插件接口100mm作为第一个固定点。

试验时间为每空间轴线8h,共计24h。

1)该项试验专用于安装在弹簧承载车身上的试样。安装在车身上附件的振动是宽带随机振动,是由不良路段引起的。

2)宽带随机振动试验:①按GB/T 2423.56—2018《环境试验 第2部分:试验方法 试验Fh:宽带随机振动和导则》的要求执行;②加速度有效值为27.1m/s^2;③振动波形如图7-30所示,相应数值见表7-26。

3)试验中施加图7-29所示的温度变化曲线,进行复合环境振动试验。

表7-26 车身附件宽带随机振动波形数值

频率/Hz	功率谱密度/[(m/s^2)^2/Hz]	功率谱密度/(g^2/Hz)
10	30	0.31
400	0.2	0.0021
1000	0.2	0.0021

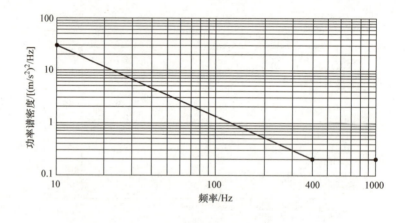

图7-30 车身附件宽带随机振动波形

(2)行李舱内(自由放置试样)的振动试验

试验时需将试样自由放置于振动夹具内,每个轴向振动测试时间为32h。

1)该项试验专用于自由放置于行李舱内的试样(如充电连接装置)。在该试验范围内,宽带随机振动是由不良路段引起的;由于该产品为自由状态放置于车厢内,该试验的振动情况更多倾向于模拟运输情况。

2)宽带随机振动试验:①按GB/T 2423.56—2018的要求执行;②加速度有效值为9.8m/s^2;③试验时需将试样自由放置于振动夹具内;④振动波形如图7-31所示,相应数值见表7-27。

3)试验中施加图7-29所示的温度变化曲线,进行复合环境振动试验。

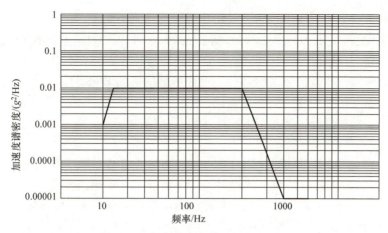

图 7-31 行李舱内宽带随机振动波形

表 7-27 行李舱内宽带随机振动波形数值

频率 /Hz	功率谱密度 /[(m/s²)²/Hz]	功率谱密度 /(g²/Hz)
10	0.09617	0.001
12	0.9617	0.01
100	0.9617	0.01
200	0.000962	0.00001
300	0.000962	0.00001

8. 抗跌落

（1）跌落试验目的

评定包装件搬运期间由于粗暴装卸遭到跌落时的适应性及包装对内装物的保护能力。

（2）跌落试验要求

包装内部产品应无损坏、无变形、摆放位置应无变化，功能满足设计要求。

（3）跌落试验方法

按 GB/T 2423.7—2018《环境试验 第 2 部分：试验方法 试验 Ec：粗率操作造成的冲击（主要用于设备型样品）》的要求执行。跌落高度按照表 7-28 选择相应试验跌落高度。

表 7-28 跌落试验典型的严酷等级选取

跌落高度 /mm	试验样品质量 m		未包装试验样品示例	搬运方式
	未包装 /kg	带完整包装 /kg		
25	100 < m ≤ 250	m > 500	机柜	叉式装卸机
50	50 < m ≤ 100	200 < m ≤ 500	机柜	叉式装卸机
100	10 < m ≤ 50	100 < m ≤ 200	开关板	起重机
250	5 < m ≤ 10	50 < m ≤ 100	便携式机箱	贮存堆码
500	2 < m ≤ 5	20 < m ≤ 50	小型产品	自传送带跌落
1000	m ≤ 2	m ≤ 20	元件、小型组件	从工作台、货车尾板跌落

9. IP 防护等级

（1）IP 防护等级要求

1）车辆插头与保护盖连接后，车辆插头的防护等级应达到 IP55。

2）车辆插头和车辆插座插合后，其防护等级应达到IP44。

3）与保护盖或车辆插座连接后，防护等级达到IPXXD，未连接时防护等级满足IPXXB。

4）车辆插头端子压接区域及内部低压电路区域应达到IP6K7。

5）缆上控制盒防护等级应达到IP6K7。

6）高压插接器插合前应满足IPXXB，插合后应满足IP67。

（2）IP防护等级测试

1）尘密封性试验。试验按照GB/T 30038—2013《道路车辆 电气电子设备防护等级（IP代码）》规定的方法进行试验。试验时，将车辆插头与车辆插座或保护盖对接，总成置于防尘试验箱，试验箱中按2kg/m³加尘并保持粉尘悬浮，持续8h。

试验后允许有少量粉尘进入，但不得影响性能和安全性，样件保证功能完好。

2）水密封性试验。试验按照GB/T 30038—2013规定的方法进行试验。试验时，分别将车辆插头与车辆插座和保护盖对接。试验后应保证产品功能不受损坏，控制盒内部不允许有水进入。

3）接近危险部件防护试验。通过符合IEC 62196-1中10的IPXXB标准测试指进行试验，将试指推向未耦合的车辆插头和放电插排的任何开口，试验用力（3±0.5）N。若试具能进入一部分或全部进入，则从直线位置开始，试指的两个铰接点应绕相邻面的轴线在90°范围内自由弯曲，应使试指在每一个可能的位置上活动，但挡盘不得穿入开口，且不应触及危险带电部件。

7.7 充放电产品中的安全设计案例

本章前述内容分别介绍了交/直流充放电系统的整体架构、软硬件及接口等各环节安全要求与设计规范。本节以图7-32所示的一款交流充电系统关键零部件为例，结合实际充放电产品对安全设计的通用及特殊需求，进一步深入阐述充放电产品设计中遵循的安全要求与设计规范，以便工程设计人员参考。

7.7.1 结构安全

1. 防尘、防水

车载高压部件的防护等级至少满足IP67的要求。在与配属的保护装置连接后，

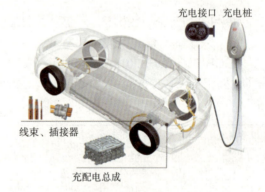

图7-32 交流充电系统关键零部件

供电插头、供电插座、充电插头、充电插座的防护等级应达到IP54。供电插头与供电插座，充电插头与充电插座插合后，防护等级应达到IP55。按照NB/T 33002—2018《电动汽车交流充电桩技术条件》的要求，室外使用的充电设备防护等级至少需要达到IP54，室内使用的充电设备防护等级至少需要达到IP32。

以充配电总成的高压连接器为例，安装图7-33所示的红色密封圈，避免进水或潮湿环境对设备安全的破坏。

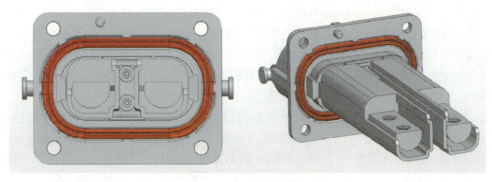

图 7-33 高压连接器的防水密封圈

2. 人员操作安全

电动汽车充放电系统属于高压系统中重要的组成部分，零部件本身带有高压属性，故触电是人员操作面临的最主要风险之一，在设计中需尽可能实现可靠的保护。对于触电防护设计，通常从以下几方面进行：

1）直接接触防护设计：直接接触防护要求的提出是为了避免人员与带电部件直接接触而发生触电事故。直接接触防护可以通过B级电压部件的遮栏和外壳实现人员与B级电压带电部分的物理隔离，B级电压部件的遮栏和外壳应依据GB 18384—2020，满足 IPXXB 防护等级要求。

2）防拆接插件：为了防止接插件被随意插拔而导致触电，还可使用防拆接插件，想要拔出接插件，必须使用工具。

3）高压互锁：车辆上易于拆卸或可以徒手拆卸的外壳及高压插接器应具备高压互锁装置。高压互锁的设计一般包括硬件设计及控制策略设计，应保证被保护部件被拆卸时，在人接触到B级电压带电部分前将B级电压带电部分变为不带电部分。

4）防拆螺栓：车辆在充电状态或者车辆在上电状态下，充配电内部都是带电的，随意拆卸充配电上盖触碰到充配电内部带电导体就会导致触电，充配电盖板可使用防拆螺栓，使用专用工具才可拆卸。

5）开盖状态检测：增加开盖检测模块，当盖板被打开时，自动断电。

6）防碰撞漏电设计：设计时应考虑带电部件是否在碰撞中容易被挤压变形，带电部件应当设计在碰撞后不容易被挤压的位置。

7）高压安全标识：应满足 GB 18384—2020 关于 5.1.2 章节的内容。

3. 防火设计

引起电动汽车火灾的原因比较复杂，最常见的原因是动力蓄电池热失控。除此之外，充配电系统也会因为短路、过电流、过温等因素导致火灾的发生，具体分类如下。

（1）失效因素

1）短路：短路俗称碰线或连电，是指电气线路中相线与相线、相线与零线之间短接起来的现象。由于电气线路发生短路时，电源电势被短接，短路点处阻抗很小，故短路电流是正常电流的几十倍到几百倍，甚至数万倍。因此，短路点处会产生强烈的电弧和电火花放电，其温度使金属导体熔化，火星四处飞溅，不仅使电气设备或导线外的绝缘层被烧毁，同时还会引起周围的可燃物燃烧，从而导致整个充配电系统被燃烧，甚至导致整车燃烧。

导致充配系统电短路的因素也有很多，以下为造成充配系统电短路比较典型的几种因素：

① 整车碰撞：充配电系统内部有很多高压线路，汽车在碰撞后，高压充配电系统容易被挤压变形，从而导致内部结构发生变化，当内部铜排或者高压线路被挤压变形时，正负极导体会被短接，大量的热量聚集在一起，从而导致充配电系统燃烧甚至因为热量膨胀发生爆炸。

② 充配电系统运输：在充配电系统运输过程中，机械强度较低的位置也容易被挤压，从而导致充配电系统变形，引发充配电系统内部短路，在上电时就容易导致短路起火。

③ 充配电系统整车装配：充配电系统在整车装配过程中，需要克服自身重力，托举的受力位置如果机械强度不高也容易导致充配电系统变形，从而导致充配电系统内部的正负极导体与充配电系统金属壳体接触，从而引发短路，导致火灾。

④ 充配电系统装配：在充配电系统装配过程中，紧固螺钉时可能会产生一些碎屑，如果碎屑进入充配电系统内部，则可能会导致正负极被短接，从而导致充配电系统短路，引发火灾。

⑤ 充配电系统漏水：如果充配电系统密封结构做得不好，会导致充配电系统水道里的水或者外部的水进入内部，导致正负极被短接，从而引发短路。

2）过温：充电系统在充电工况下会工作，配电系统无论在充电工况还是行驶工况下都会工作，充配电系统内部的高压导体由于电流过大且长时间运行，可能会使充配电系统内部温升过高，周围不耐高温的物质就会被熔化。温度高到一定程度，充配电系统就会被燃烧，甚至由于高温导致充配电系统内部急速膨胀引发爆炸。

（2）设计目标

1）整车碰撞：在充配电系统设计过程中，应当避免碰撞后带电高压部分被挤压变形或者被割破，从而导致短路或者拉弧。

2）机械强度：充配电系统设计过程中，应当充分考虑运输、装配过程中对充配电系统的挤压变形，受力部位应当加强机械强度，避免因装配或者运输过程中导致充配电系统变形，从而造成内部短路。

3）防护等级：充配电系统设计过程中，应当保证充配电系统密封良好，达到IP67防护等级，水道及箱体均不能漏水。

4）防止碎屑：充配电系统装配过程中，因紧固螺钉会产生碎屑导致短路，在设计中应避免碎屑进入充配电系统内部。

5）温升控制：充配电系统设计过程中，导体的设计应当根据电流的大小来设计，电流越大时，导体截面积应当越大，保证充配电系统持续大电流工作时，温升可控。同时，对于导体搭接位置，紧固件应当紧固良好，确保搭接面能良好搭接，避免因搭接不良导致温升过高。

（3）设计方案及措施

1）整车碰撞防短路设计：充配电系统在设计过程中应当充分考虑整车中的安装位置和高压接口位置，可以通过整车碰撞仿真或者整车碰撞试验来判断充配电变形较大的位置，充配电系统变形较大的位置应避免布置带电高压部件。行驶中带电的高压接口也应当避免从整车的前后出线，带电高压接口尽量布置在整车两侧方向，碰撞时不容易发生挤压变形的位置。同时，安装图7-34所示的短路保险装置。

2）机械强度设计：对于运输中和装配中容易受力变形的位置，机械强度设计应当加

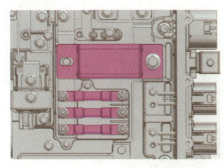

图 7-34 短路保险装置

强,从而保证在运输或者装配中,即使受力也不会明显变形导致短路。例如,上下盖如果需要受力,则可以将原本较薄的冲压盖改成较厚的压铸盖,还可以在受力位置增加加强筋来确保受力位置的机械强度。

3)防止碎屑设计:充配电内部紧固螺钉时,碎屑容易进入,导致充配电短路。在设计过程中,可以把充配电内部所有需要紧固螺钉的螺纹孔改成盲孔,紧固螺钉的时候碎屑会进入盲孔里面,避免其进入充配电 PCB 或者高压电路中。

4)导体设计:导体的设计应当充分考虑通过导体的电流的大小及时长,根据导体载流量设计导体截面积,设计完导体后也可以通过仿真或者温升试验来判断导体是否设计合理,要求温升不超过 50K。

5)导体搭接设计:对于需要搭接的导体,应当确保搭接良好,确保搭接面光滑,搭接紧固良好,紧固件力矩合理。

6)材料选型:对于发热量较大的导体及器件以及周围的部件材料,应当选择耐温较高及阻燃的材料,当温度过高时周围部件不能有明火。

7)热源隔离:对于易燃或者不耐高温的部件应当设计远离热源,或者跟热源隔离。

4. 防错设计

防错设计是指在产品设计过程中,运用设计或工具以保证产品在制造、装配或使用阶段尽可能少地由于人为因素产生错误。在快节奏、大批量的生产过程中,经常会出现单个或连续的错误。在产品实际生产过程中,通常存在装反、装错两类典型错误设计。其中,装反指的是一个外形规整的零件,如方形、圆形零件,当它装到另一个零件上时,会很难从肉眼上区分出正确的安装方向,有时会因为两个方向都能使零件装进去,而导致最终的安装方向错误;装错指的是在产品的装配过程中,如果存在相似零件时,零件就很有可能会装错位置。对于这两种典型错误设计,可采用以下预防方法:在被安装零部件上和安装零部件上分别设计防错结构即可防止装反,但是被安装零部件上的防错点和安装零部件上的防错点需要能良好配合,否则可能导致无法装配,如图 7-35 和图 7-36 所示。

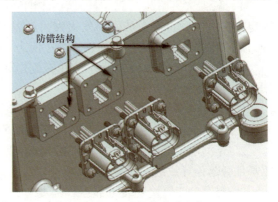

图 7-35 防错装设计方案

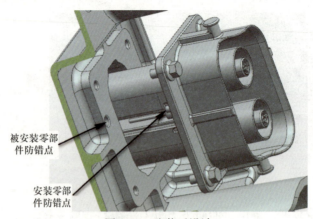

图 7-36 防装反设计

被安装零部件防错点

安装零部件防错点

5. 充配电结构稳固性设计

充配电系统是作为电动汽车高压系统中充电、配电的主要载体，一般分为车载充电机、DC 模块、配电模块三部分，也可以把这三部分集成为一体安装在整车上。无论是分开式还是集成一体式，都需要保证零部件的结构稳固性，而且要求车辆在振动条件下以及环境老化等因素下确保充配电系统稳固性，否则将会因为充配电不稳固导致功能失效，以及因为不稳固导致短路、漏电及其他故障引发安全事故，具体分类如下。

（1）失效风险

1）引起火灾：充配电系统是高压系统不可或缺的部分，本身属于高压零部件，无论是在行驶过程还是在充电过程中，充配电系统均带高压工作，稳固性不好的话可能会导致部分零部件在振动或者环境老化等因素下松脱，从而导致内部短路，或导体搭接处搭接不良导致温升过高，从而引发电气火灾。

2）功能失效：车辆在行驶过程中，如果充配电结构稳固性不好，会导致零部件脱落，从而引发功能失效，汽车失去动力，造成车辆无法控制，引发交通事故。

3）DC 模块关断：电动汽车低压系统的供电都是来源于 DC 模块，车辆在行驶过程中，如果 DC 模块结构稳固性不好，可能会导致接触不良，或者 DC 模块突然关断，无法正常供电给低压系统，进而会导致整车失去动力，方向盘助力失效、制动系统失效等安全方面的事故。

（2）设计目标

1）减少火灾事故：为了防止充配电因为稳固性问题引发短路或者紧固件松脱导致接触电阻过大导致过温，从而引发火灾，就需要对此部分零部件做加固处理，合理设计紧固件力矩，提高紧固件啮合合理性，减小应力设计。

2）提升功能可靠性：为了防止充配电系统因为稳固性问题引发的功能失效，应当应用设计手段保证其稳固性，包括：

① 充配电系统在整车上的稳固：需要考虑振动及环境老化等因素导致的充配电系统在整车上的稳固性，确保安装脚强度，避免因安装脚强度不够导致的充配电系统从整车掉落。

② 充配电系统内部的安装稳固性：需要考虑振动及环境老化等因素导致的充配电系统零部件脱落而导致的功能失效。

③ 提升 DC 模块安装可靠性：需要考虑振动及环境老化等因素导致的 DC 模块在整车上的稳固性以及 DC 模块输出连接处的稳定性，需要合理设计 DC 模块安装脚结构强度及

紧固件选型,以及合理设计 DC 模块输出连接,确保 DC 模块安装可靠性。

(3)设计方案及措施

1)安装面设计:充配电系统的安装面应当平整、光滑,安装面的粗糙度和平整度如果不做管控,则可能会导致安装应力增大、接触电阻达大、密封效果不好等缺陷,对于不同用途的安装面,平整度和粗糙度要求也是不同的。例如,需要密封的面和需要导电搭接的面对粗糙度和平整度要求就较高,在设计充配电安装面的时候应当根据结构的差异及不同的用途提出合理的粗糙度及平面度要求。

2)紧固件设计:为了确保充配电安装稳固性,紧固件的选型及设计非常重要,应当从以下几方面考虑:

① 紧固件选型:紧固件的类型有很多,其选型对充配电的紧固起着相当重要的作用。我们在选择紧固件的时候,应当从零部件的使用环境、被紧固零部件的材料、被紧固零部件的结构以及所受的力类型及大小等因素来选择合适的紧固件。

② 紧固件啮合深度设计:紧固螺纹啮合深度原则上应不小于 $1.5d$(d 表示螺纹大径),或者当螺母本体不足 $1.5d$ 深度时,螺栓超出螺母深度(一般推荐超出 2 个以上螺纹)。

③ 力矩设计:力矩的设计应当根据紧固件的规格、被紧固零部件的材料以及被紧固件的实际用途等因素来选择合适的力矩。力矩太大容易把被紧固件打坏,力矩太小又容易使紧固件松脱,从而导致零部件稳固性降低。

④ 材料选型:材料选型应当从成本、易加工性以及机械强度等方面选择,需根据实车的使用环境以及受力因素选择能满足结构强度要求的材料。一般而言,充配电箱体使用 ADC12 压铸成型,充配电内部的配电底座使用尼龙加玻纤注塑成型。

⑤ 产品厚度设计:壁厚取决于产品需要承受的外力,是否作为其他零件的支撑,承接柱位的数量,伸出部分的多少以及选用的塑胶材料。一般的热塑性塑料壁厚以及压铸成型的产品壁厚设计应以 4mm 为限,机械强度也不一定是壁厚越厚强度越高。对于注塑成型及压铸成型的产品,壁厚太厚就会产生气泡、空穴等现象,也会影响产品机械强度,所以选择合适的壁厚,通过结构设计来增加零部件强度才是最合理的,如图 7-37 所示。

对于压铸及注塑成型的产品,均一的壁厚是非常重要的。厚胶的地方比薄胶的地方冷却得慢,并且在相接的地方,表面在浇口凝固后会出现收缩痕,甚至产生缩水印、热内应力、挠曲部分歪曲、颜色不同或透明度不同。若厚胶的地方渐变成薄胶是无可避免的话,则应尽量设计成逐渐过渡的形式。

⑥ 加强筋设计:在充配电结构设计中,为增加充配电系统机械强度,加强筋是最常用也是最实用的一种方法。为确保塑件制品的强度和刚度,又不致使塑件的壁增厚,在塑件的适当部位设置加强筋,不仅

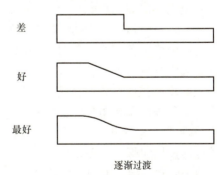

图 7-37 结构壁厚设计要求参考

可以避免塑件的变形,在某些情况下,还可以改善塑件成型中的塑料流动情况。为了增加塑件的强度和刚性,优先选择增加加强筋的数量,而不是增加其壁厚。

⑦ 减小内应力设计:充配电产品在成型过程中,由于受到高压和高剪切力作用导致分子链发生剧烈变化,在分子未完全恢复乱序及松弛的自然状态前即遭冻结,从而导致残留

取向应力。

6. 充电系统散热设计

充电系统散热普遍使用风冷或者液冷方式，车载充电机、电池包和大功率充电口的散热方式主要是液冷，非车载充电机的冷却方式一般采用风冷。

风冷散热系统中，非车载充电机能够对风扇状态进行检测并判定是否工作正常；当风扇或冷却系统其他部件出现故障时能及时报警并采取保护措施（如限制充电功率等）。

液冷系统中，在设计图 7-38 蓝色部分所示的散热水道基础上，能够对压缩机、水泵等部件进行检测并判定是否工作正常；当冷却系统出现故障时能及时报警并采取保护措施（如限制充放电功率等）。

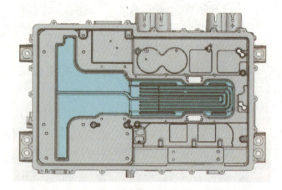

图 7-38 液冷系统的散热水道

7.7.2 电气安全

1. 接触电流安全

人员触碰电流应满足 GB/T 18487.1—2015 中 11.2 的安全要求。

2. 接地安全

充电系统接地安全设计，交流充电参照 GB/T 18487.1—2015 中附录 A 的交流充电控制导引电路与控制原理，车载充电机与交流充电插座总成的 PE 线直接与车身地连接。直流充电插座参照 GB/T 18487.1—2015 中附录 B 的直流充电控制导引电路与控制原理，PE 直接与车身地连接。非车载充电机端需要满足 NB/T 33001—2018《电动汽车非车载传导式充电机技术条件》中的相关要求。

3. 电流冲击、电压波动

1）冲击电流：车载充电机的启动输入冲击电流峰值，应不超过额定负载稳定工作时输入电流峰值的 120%。

2）电压纹波：当输入电源电压在额定值 ±15% 范围内变化、输出直流电流在 0 到最大输出电流值范围内变化时，输出直流电压在规定的相应调节范围内任一数值上，充电机输出电压纹波不应大于 1%。

4. 电气连接防松安全设计

电气连接是指电气产品中所有电气回路的集合，包括电源连接部件如电源插头、电源接线端子、电源线、内部导线、内部连接部件等，物理上包括铜排搭接、接线端子连接、插接器连接、焊接、压接等。上述部件通过提供适当的机械作用力，将不同的导体部件可靠地固定在一起，实现电气连接。

电气连接部件通常由非金属支撑部件和金属连接部件组成，非金属支撑部件作为支撑及绝缘基础，除了要求能够在长期工作中起到绝缘作用外，还要求能够承受使用中所支撑导体的发热，不会出现因发热导致的变形，并且有一定的阻燃等级，不会成为潜在的火源。电气连接的失效风险包含但不限于以下方面：

1）短路：当充配电系统的电气连接松脱时，或者非金属支撑物被熔化时，都可能会导致电气中正负极短路,从而导致充配电系统被烧毁。

2)电火花:当充配电系统的电气连接松脱时,或者非金属支撑物被熔化时,正负极铜排之间,或者正负极铜排到金属壳体之间的距离会缩小,从而引发电火花,导致充配电系统被烧毁。

3)过温:当充配电系统的电气连接松脱时,会导致接触电阻增大,从而导致搭接处温升过高,从而引发火灾。

采用以下设计方法可有效应对上述风险。

(1)非金属支撑件设计

非金属支撑件在充配电系统内部直接和带电导体相连接,在设计过程中应考虑以下因素:

1)绝缘电阻:若高压器件由几个分立器件组成,分立器件的绝缘电阻等级应高于它们组成的器件的绝缘等级;若分立器件组装在一个壳体里,整个壳体内的高压器件的整体绝缘电阻等级应该符合要求。绝缘电阻应确定作为所有高压触点与汽车地线连接的绝缘电阻。在充配电内部的非金属支撑件设计中,应当选择绝缘性能较好的材料,如PA66、PAT、PPS等绝缘材料。

2)绝缘耐压:在充配电系统内部,非金属支撑件需要满足绝缘耐压要求,正极与负极之间,正负极与地之间,正负极与非金属支撑件之间不应出现绝缘击穿或闪络现象,漏电电流值需满足设计要求。

3)耐高温:充配电系统内部的非金属支撑件耐温等级需根据金属导体可能的最大温度去选择材料,非金属支撑件的熔点不能低于金属导体工作的最高温度。

4)防火:充配电系统内部的非金属支撑件应当符合防火要求,燃烧时不应出现明火,可以在材料选型时选择防火材料,也可在材料中添加防火剂。

5)机械强度:非金属支撑件应当满足电动汽车在振动环境中的机械强度,长时间振动后依然可以满足电气性能。

(2)紧固件防松设计

在应力作用下,紧固件可能会松脱,因此选择合适的力矩是非常重要的。为了避免紧固件因应力作用旋转松脱,可以在被紧固件上做防转设计,或者使用两个螺钉固定。

(3)高压插接器设计

充电系统作为高压系统中的一部分,插接器在整车上不仅会受到自身的内应力作用,还会随整车振动而振动;插接器作为电气连接的重要组成部分,充配电系统工作时会通过电流,导致发热,因此需要确保插接器在振动条件及高温老化环境下仍然可以正常工作。为了确保插接器的电气连接可靠性,插接器使用的非导电部分需耐高温耐老化,插接器的导电部分需能够良好地导电、耐腐蚀、耐高温老化、公母端接触良好。为了确保插接器在振动环境下的可靠性,可以在插接器公母端设计二次锁止结构,也可以使用紧固件紧固的方式连接线束端和板端插接器,如图7-39所示。

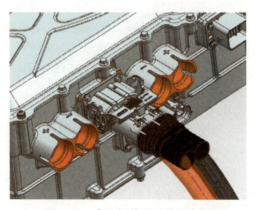

图7-39 高压插接器对接示意图

（4）铜排搭接设计

1）铜排搭接面：铜排搭接面需保持光滑、平整、干净，并且铜排搭接面应能够无缝连接，不应存在面差。

2）铜排支撑：为防止振动导致的搭接面接触不良，铜排搭接面最好有非金属支撑物支撑，支撑物应当耐高温老化、耐腐蚀、稳固性好。

3）搭接面紧固：搭接处的紧固如使用铆接螺母/螺钉，则需保证螺母/螺钉的铆接可靠性，在受到振动及老化的影响下仍能稳固，不会出现旋转、松脱等现象；如果紧固螺钉/螺母是注塑在非金属支撑物里的，则应当保证紧固件在非金属支撑物中的稳固，不能因为振动及高温老化的影响出现紧固件松脱、旋转等现象。

（5）消除应力设计

1）面差：所有搭接处都应无缝对接，不应存在面差。

2）线束拐弯半径：线束的拐弯半径越大越好，根据线束不同的材料及不同的线径，应当规定最小的拐弯半径。

3）接线端子选型：如接线端子搭接处空间较小，端子连接后可能会造成端子内应力过大，应当根据实际结构布局选择不同类型的接线端子来减小应力，比如空间较小的时候可以使用120°或者90°端子替代180°端子。

5. 充电启动检测

电动汽车供电设备应具有进行输出软启动自检、反灌电流测试、接触器关断测试、接触器粘连测试等相关安全保障措施。

6. 剩余电荷泄放

按照GB/T 18487.1—2015《电动汽车传导充电系统 第1部分：通用要求》的要求，对于充电模式3和充电模式4，电动汽车供电设备断电后1s内，其输出端子电源线之间或电源线和保护接地导体之间的电压值应小于或等于DC 60V，或等效存储电能小于或等于0.2J；可采取两种设计方式，一是在输出直流继电器后端安装泄放电阻，泄放电阻的值根据模块电压、电容计算；二是部分采用内部自带泄放电阻的充电模块。充电设备进行IMD检测后，对充电输出电压进行泄放，也可在充电结束后，对充电输出电压进行泄放。

7. 过温保护

在额定充电电流大于16A的应用场合，供电插座、车辆插座均应设置温度监控装置，供电设备和电动汽车应具备接口的温度监测和过温保护功能。当温度达到保护阈值时，车辆能够采取必要措施（比如降低充电电流），以降低温度或者发出警报提醒用户。

电动汽车动力蓄电池应具有温度监测与保护功能。充电时，当电池温度达到一级温度保护点时（比如35℃），可以启动冷却进行降温；达到二级温度保护点时（比如42℃），可以降低充电电流；达到三级温度保护点时（比如45℃），可以停止充电以避免电池温度持续升高。

为防止过温，车载充电机与非车载充电机在充电时采用风冷或液冷的散热方式。

7.7.3 接口安全

1. 载流安全

充放电接口的过电流能力受限于充放电接口端子、高压电缆、电缆与端子的连接。充放电接口的过电流应该取决于上述三个部位的最小值。

同时，受限于充电接口绝缘材料的最高工作温度，环境温度越高，允许充电接口的温升越低。因此在高温条件下，应该考虑对充放电接口进行降额使用。

2. 温度

温升需满足 GB/T 20234.1—2015《电动汽车传导充电用连接装置 第1部分：通用要求》中 6.13 的要求，端子温升不能超过 50K。供电插座、车辆插座均应设置温度监控装置，供电设备和电动汽车应具备温度监测和过温保护功能，如采用图 7-40 所示的温度开关或温度传感器。当充放电接口的温度过高时，温度开关应关断或者限制充放电电流。

3. 防带电插拔

充放电接口为防止带电插拔应具备锁止装置，按照 GB/T 20234.1—2015《电动汽车传导充电用连接装置 第1部分：通用要求》中 6.3 和 GB/T 18487.1—2015《电动汽车传导充电系统 第1部分：通用要求》中 9.3 和 9.6 要求，当电流大于 16A 时，供电插座和车辆插座端需设计电子锁，并且对于直流充电产品需设计电子锁结构，并设计互锁结构，如图 7-41 蓝色部分所示。充电时，车辆接口电子锁锁止，防止带电插拔。车辆插头端应安装机械锁止装置，供电设备能判断机械锁是否可靠锁止。车辆插头安装电子锁止装置，电子锁处于锁止位置时，机械锁应无法操作，供电设备应能判断电子锁是否可靠锁止。当机械锁或电子锁未可靠锁止时，供电设备应停止充电或不启动充电。

图 7-40 防过温的温度开关

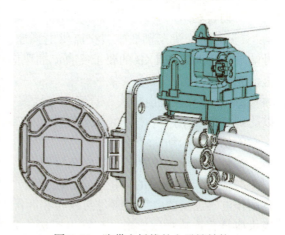

图 7-41 防带电插拔的电子锁结构

4. 防护等级

充放电接口应符合 GB/T 20234.1—2015《电动汽车传导充电用连接装置 第1部分：通用要求》中 6.9 防护等级要求，在与配属的保护装置连接后，充电接口防护等级满足 IP54，充放电接口配合使用后防护等级满足 IP55。

5. 接口强度

充放电产品强度应满足 GB/T 20234.1—2015《电动汽车传导充电用连接装置 第1部分：通用要求》中 6.21 车辆碾压要求及 GB/T 11918.1—2014《工业用插头插座和耦合器 第1部分：通用要求》中第 24 章机械强度要求。

6. 电缆连接强度

充放电接口应设计电缆固定结构，在受力情况下满足 GB/T 20234.1—2015《电动汽车传导充电用连接装置 第1部分：通用要求》中 7.14 电缆及其连接要求，按 GB/T 11918.1—2014 中 23 软电缆及其连接规定的方法进行试验。对于不可拆卸线供电插头、供电插座、车辆插头和车辆插座，应配有与额定工作值相适应的电缆，且作为电缆组件进行试验。经受的拉力和力矩值,以及试验后电缆的位移最大允许值见表7-29。电缆经受拉力试验100次,拉力每次施加1s,随即使电缆经受力矩试验1min。

表7-29 电缆固定件的拉力、转矩测试值和电缆位移最大允许值

触头额定电流/A	拉力/N	转矩/N·m	最大位移/mm
10~20	160	0.6	2
32	200	0.7	2
63	240	1.2	2
80	240	1.2	2
125	240	1.5	2
200	250	2.3	2
250	500	11.0	5
400	500	11.0	5

7. 防误触

1)对于交流车辆插座、交流供电插座,在接口未插合、未装防护盖的情况下,高压母端端子应满足IPXXB的要求(直流插座应考虑在未进行直流充电时,在整车系统上分断直流充电回路)。

2)对于交流充电插头、直流充电插头中的公端端子,应在端子头部设计防触帽结构,以达到IPXXB的要求,防止人员操作时触碰到端子。

8. 防连接松动

螺钉、螺母、垫圈、弹簧应充分固定并能够承受正常使用所产生的机械应力,设计如图7-42蓝色部分所示的锁止机构,防止松动引起的接触不良等安全隐患。充电设备内部所有用作电气连接的电缆应满足与线径相匹配的载流能力要求。所有电气连接的电缆端子或接头应符合连接强度要求。与输出连接的充电电缆在超出拉力要求的外力作用下断开时,应保证电缆中保护接地线是线束中最后一个被断开的。充电过程中,当充电线缆被外力拉断时,供电设备应立即停止充电输出,不能存在电击或能量危险。

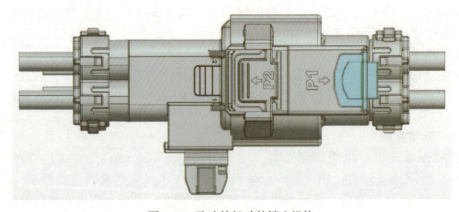

图7-42 防连接松动的锁止机构

第 8 章 电动汽车动力系统 EMC 工程应用

8.1 概述

随着电动汽车向智能化、网联化的方向发展,车载电子电气设备不断增加,与外界环境的交互越来越紧密。这些设备通常具有高频、高速、高灵敏度、多功能和小型化的特点,更易产生电磁干扰和受到电磁干扰影响,使得电动汽车 EMC 设计越来越复杂。为保障电动汽车在复杂的电磁环境下安全运行,有必要提前进行整车 EMC 统筹设计和规划。动力系统作为电动汽车的核心,其 EMC 水平一定程度上决定了电动汽车整车的 EMC 表现。在电动汽车开发实践的早期,动力系统 EMC 性能目标的达成偏重于测试验证和整改提升,基本上在产品定型后期开展 EMC 性能提升工作,导致整车 EMC 目标的达成费时费力。如何在整车开发初期进行 EMC 设计,更高效、更经济地满足预期 EMC 指标,是电动汽车成熟的 EMC 性能开发体系必要环节之一。

本章基于比亚迪多年一线研发经验,对电动汽车动力系统 EMC 工程应用展开阐述。本章首先将介绍电动汽车 EMC 性能开发思路,包括整车 EMC 目标制定、整车 EMC 设计、系统和零部件 EMC 性能开发、整车 EMC 性能验证和验收;其次聚焦介绍电动汽车动力系统及零部件 EMC 性能开发;最后以比亚迪汉车型为工程案例,简要介绍电动汽车动力系统 EMC 性能开发工程应用过程。

8.2 电动汽车 EMC 性能开发

在早期的车型开发实践中,整车 EMC 性能开发工作往往集中在后期的测试、整改和验证环节,可实施方案限制较多,有效措施相对较少,整车 EMC 性能目标达成费时、费力,最终性能结果也难以令人满意。当汽车行业进入新能源汽车时代后,尤其是随着电动化、智能化、网联化的快速发展,汽车车载电子配置日新月异,功能越来越复杂,潜在的 EMC 问题越来越多,依靠后期的测试整改方式已无法满足车型的性能开发要求。因此,采用系统的 EMC 设计方法、贯穿全过程的 EMC 性能管控体系和完善的测试验证体系,已经成为业界电磁兼容性开发的主流思路。

基于汽车 EMC 设计基本原则,综合考虑整车电器部件性能及功能完整性、可靠性、技术成本、产品上市周期等因素,确定整车系统架构和技术控制状态,选取合适材料、结构和工艺,在车辆研发的各阶段,以较低的成本,适时地将接地、屏蔽及滤波等基本设计方法和有效措施实施到部件或系统中,并在对应的测试验证环节进行清晰且有指向性的评价、优化和管理,最终形成一套高效的正向开发方法和流程。

随着车型开发经验的累积,整车 EMC 性能开发逐步完善为设计、管控与测试验证相结合的一体化性能开发体系。一套完整的基于 V 模型的整车 EMC 性能开发流程如图 8-1 所示,通常包括需求分析、目标制定、分层级性能设计(整车、系统及零部件)以及各层级对应的测试验证等多个开发环节。

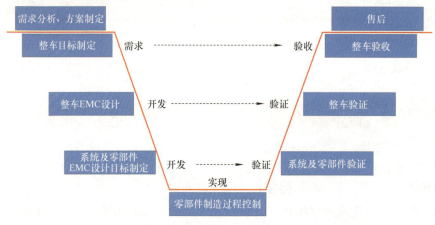

图 8-1 基于 V 模型的整车 EMC 性能开发流程

8.2.1 整车 EMC 性能开发流程介绍

整车 EMC 性能开发流程可大致分为性能设计和测试验证两个阶段。性能设计阶段具体工作包括 EMC 需求分析、整车 EMC 目标制定、整车 EMC 设计、系统/零部件 EMC 设计目标制定和方案设计。测试验证阶段包括零部件/系统 EMC 性能验证、整车 EMC 性能验证、整车 EMC 目标验收。从性能验证的实践中积累的经验将持续补充到设计内容中,推动设计过程的不断完善。当前,整车 EMC 性能开发内容见表 8-1。

表 8-1 整车 EMC 性能开发内容

整车性能开发阶段	具体工作内容
需求分析及整车目标制定	根据具体车型需求分析制定整车 EMC 性能目标,并评估整车开发所需成本
整车 EMC 设计	确定整车 EMC 性能开发计划,开展整车 EMC 设计
系统及零部件 EMC 性能开发	整车目标分解至系统及零部件,并管控系统、零部件 EMC 性能开发
整车性能验证	整车 EMC 性能验证,并根据验证结果开展问题排查、整改及管控等
整车性能验收	根据车型性能目标,验收性能

8.2.2 整车 EMC 目标制定

在汽车概念设计阶段,EMC 工程师应参与车型的总体概念设计,制定整车 EMC 性能目标,协调 EMC 与其他性能之间的关系。分析车型需求,制定合适的整车 EMC 性能目标,输出整车的指标性文件,为后续整车和零部件开发及验证提供依据。

整车EMC性能目标制定主要考虑以下因素：客户需求、强制法规、竞品车型EMC水平以及开发主体技术水平。

1）客户需求：主要包括市场定位和目标客户群体的需求，通过车型在品牌塑造、目标市场、目标人群、市场量纲、车型价格、使用场景等方面的考量，体现产品竞争力。

2）强制法规：主要是根据上市地区法规要求设定。法规要求取决于车型目标市场，不同地区要求不同，比如欧洲市场，需要参照标准ECE R10的要求；国内市场则需要满足GB/T 18387—2017《电动车辆的电磁场发射强度的限值和测量方法》、GB 34660—2017《道路车辆　电磁兼容性要求和试验方法》和GB 17675—2021《汽车转向系　基本要求》等要求。

3）竞品车型EMC水平：对其定性和定量分析，是整车开发前期EMC设计的重要参照。竞品分析的意义主要有两方面，一方面是项目开发初期需求确认，往往需要参考竞品，分析其成功因素及市场抱怨点；另一方面是进行车型市场竞争力对比评估，直观而有效。

4）开发主体技术水平：即性能设计团队在汽车EMC设计、分析、测试方面的能力及配套供应商的技术水平。换句话说，性能目标的制定需考虑开发的可行性，受开发主体技术水平的限制。

整车EMC性能目标主要参考上述四个因素制定。实践中，电动汽车EMC性能目标主要包括公告认证、车载接收机保护、人体电磁防护、充电性能、功能体验保障、电磁环境适应性这六个方面的内容。EMC工程师可根据这些内容制定整车EMC性能目标书。

车载接收机保护方面的目标制定根据具体车型车载接收机的配置，选择性地保护接收机许用频段，制定对应频段的噪声限值，保障车载接收机不受整车其他车载零部件的干扰，可参考GB/T 18655—2018《车辆、船和内燃机　无线电骚扰特性　用于保护车载接收机的限值和测量方法》或CISPR 25制定。

人体电磁防护主要考虑电动汽车的电磁发射对车辆乘员人体健康的影响。防护要求可参考GB/T 37130—2018《车辆电磁场相对于人体曝露的测量方法》，除此之外，也可参考主流测评机构的测评方法，比如中国汽车技术研究中心有限公司发布的《CCRT（智能电动汽车）管理规则》和中国汽车工程研究院股份有限公司发布的中国汽车健康指数（C-AHI）中EMR部分。

充电性能要求主要考虑两类需求，一类是充电设施市场监管需求，可参考国际和国内对车辆充电系统方面的市场准入要求，如ECE R10和GB/T 40428—2021《电动汽车传导充电电磁兼容性要求和试验方法》；另一类是用户充电体验保障需求，需要考虑用户可能在充电设施电网质量较差的情况下进行充电操作，可参考IEC 61000-4系列中电网适应性相关标准。

功能体验保障主要体现在车载电子电气设备的功能兼容性，这是整车EMC性能最基本的要求。车载电子电气设备不应出现相互干扰而导致功能丧失或性能下降，不应出现用户易主观感知的异常现象，车载接收机需功能正常、不被车内其他电气系统干扰。

电磁环境适应性主要考察汽车在日渐复杂的外部电磁环境中的抗扰能力。复杂的电磁环境适应性是汽车这类具备移动特性的机电设备需要重点关注的问题。目前，针对汽车复杂电磁环境适应性相关的要求和测试标准还不完善。中国汽车工程学会发布的团体标准T/CSAE 150—2020《道路车辆复杂电磁环境适应性要求和试验方法》规定了10kHz～6000MHz频段内标准场景、典型场景、复杂场景三类试验信号进行车辆抗扰度测试，可供参考。更多汽车应用场景下的电磁环境特性还需汽车工程师去识别、采集和定义。

8.2.3 整车 EMC 设计

良好的电磁兼容性是设计出来的。整车的 EMC 设计内容，主要包括整车布置、电子电器架构设计、部件集成、屏蔽、接地、线束设计及零部件风险识别等。

表 8-2 列出了整车 EMC 设计的主要内容，在车型数据设计阶段可依据表中内容对各设计要点逐一检查确认。

表 8-2 EMC 设计内容

设计内容	关 注 点
屏蔽设计	零部件和线束屏蔽措施，屏蔽完整性检查
接地设计	接地线束长度、回路面积评估
	接地点布置，共地阻抗耦合分析
线束设计	线缆类型选择，线缆布置
电气设计	电气架构、电气原理图评估
	配电网络分析，强弱电耦合分析
	共地阻抗耦合、潜在地环路分析
整车结构设计	屏蔽措施
	线束接地点、阻抗连续性分析
	重要部件、系统布置

8.2.4 系统和零部件 EMC 性能开发

系统和零部件 EMC 性能开发，是整车性能开发过程中工作量大、设计内容精细的重要设计环节，大量的设计工作需要整车开发方（业界一般称为主机厂）和部件配套供应商协作开展。主机厂开发工作主要包括：系统和零部件的 EMC 性能目标制定、试验计划审定、开发验证过程管控、EMC 性能验收、实车验证及量产管控等。

在具体车型项目的开发早期，依据车型配置表和零部件开发明细，筛选出与 EMC 相关联的零部件。依据整车 EMC 性能目标和整车布置方案，制定出关联零部件的指标要求，并体现在产品设计开发要求中，输出给供应商。下一步，供应商就指标要求编写零部件试验计划，经主机厂审核、批准后开展零部件测试验证，提交相应测试报告。最后，主机厂审核测试报告，验收并冻结产品技术状态，开展装车验证及量产管控。必要时，主机厂在重点系统和零部件的接地、滤波、屏蔽三个方面应提出总体设计要求，供应商可参照要求对零部件进行具体设计，主机厂在开发过程中可参与其方案可行性和风险程度的评估。主机厂与供应商之间良好的协作将大大提升零部件和系统的性能开发效率。比亚迪具有独立的高压动力系统设计开发能力，建有百万台套规模的配套供应能力，整车开发与部件设计部门交互频繁、协作紧密，确保整车开发过程高效有序。

8.2.5 整车 EMC 目标验证和问题管控

原则上，在开展整车性能验证之前，车载部件 EMC 性能需完成验收工作。但在实践中，特别在整车试制阶段，往往由于部分零部件开发进度滞后、装车样件版本偏差、系统匹配调试进展慢等原因导致这个阶段的车辆功能成熟度难以满足要求。因此，EMC 工程师需要基于试验车辆的实际状态，详细了解并辨析试验车辆实车状态与设计状态的差异性，进行针对性的整车验证策划，制定对应阶段车辆性能验证计划。最终按性能验证计划开展测试，记录整车 EMC 测试结果，对不符合性能要求的结果展开优化提升，以达成整车 EMC 性能目标。

1. 验证策划

整车 EMC 性能验证试验费用昂贵，需验证功能状态繁多复杂，问题整改周期较长，需保证每一次 EMC 试验有序地、有针对性地高效进行。因此，整车性能验证策划必不可少。策划内容主要包含以下两个方面：

1）试验项目策划：根据样车状态（如零部件装车率、车辆功能成熟度、EMC 设计方案落实率等）识别验证重点，结合整车 EMC 测试标准来策划整车试验项目。

2）试验过程策划：根据识别的系统、零部件 EMC 风险（如布置设计风险、零部件测试不符合项等），策划整车试验项目的具体工况，并提前准备配套的测试工装和预优化方案。

2. 试制验证

（1）车辆状态点检

在进行整车 EMC 试验前，需对试验车辆进行必要的点检。点检的主要目的在于两个方面：一是避免因零部件错装或因其他加装的设备影响整车测试结果；二是明确车辆状态，确认零部件软、硬件版本和 EMC 设计方案实施情况。

不同的装配细节处理得不到位，也会导致测试结果的偏差。如下案例中，在某次车辆电磁辐射发射测试过程中，因充配电总成中的交流充电线束插接件未连接到位，导致辐射骚扰抬升较大，如图 8-2 所示。

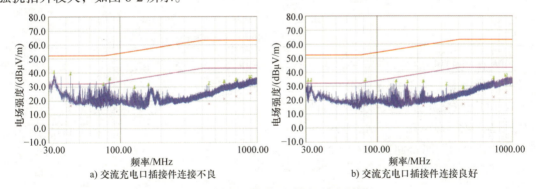

a) 交流充电口插接件连接不良　　b) 交流充电口插接件连接良好

图 8-2　车辆电磁辐射发射实验测试结果

（2）整车测试

试验车辆点检确认后，即可根据前期策划的验证计划进行相应测试，做好相应的记录，及时发现并分析 EMC 问题。电动汽车整车 EMC 试验项目清单见表 8-3。

3. 问题排查和管控

（1）问题排查

产生电磁兼容问题的原因一般较复杂，很少是由单一因素引起的，故需设计周密的排查方案，将复杂的问题拆分成多个子问题，分别进行分析和处理。最终解决整个复杂问题。

表 8-3　电动汽车整车 EMC 试验项目清单

分类	序号	试验项目
骚扰类（EMI）	1	车辆电磁辐射发射试验
	2	电动汽车电磁场辐射发射试验
	3	保护车载接收机试验
	4	电磁辐射防护试验
抗扰类（EMS）	5	车辆电磁辐射抗扰度试验
	6	整车静电放电抗扰度试验
	7	模拟车载发射机抗扰度试验
	8	电源线磁场抗扰度试验
	9	整车大电流注入抗扰度试验
充电系统（整车级）	10	沿交流电源线的射频传导发射试验
	11	充电信号线传导发射试验
	12	沿交流电源线的谐波电流发射试验
	13	沿交流电源线的电压变化、电压波动和闪烁发射特性试验
	14	沿交流电源线的电快速瞬变脉冲群抗扰度试验
	15	沿交流电源线的浪涌（冲击）抗扰度试验
	16	充电电源线传导抗扰度试验
	17	直流电源输入端口电压暂降、短时中断和电压变化抗扰度试验
	18	振铃波抗扰度试验
	19	阻尼振荡波抗扰度试验
	20	交流电源端口谐波、谐间波及电网信号低频抗扰度试验
	21	电压波动抗扰度试验
	22	三相电压不平衡抗扰度试验
	23	工频频率变化抗扰度试验
	24	直流电源输入端口纹波抗扰度试验
	25	电压暂降、短时中断和电压变化的抗扰度试验

问题排查的思路围绕电磁兼容的三要素（干扰源、干扰路径和敏感源）展开，基于测试数据结合基础理论进行定位分析。首先，将 EMC 问题按性质分类，可分为骚扰问题、抗扰问题、兼容性问题。其次，问题性质不同，排查思路也有所不同，具体如下：

1）整车骚扰问题排查思路，如图 8-3 所示。

2）整车抗扰问题排查思路，如图 8-4 所示。

3）整车兼容性问题排查思路，如图 8-5 所示。

（2）问题管控

对于整车 EMC 性能开发阶段发现的问题，需进行闭环管控。整车问题主要管控以下几个方面的信息：车型项目、项目阶段、

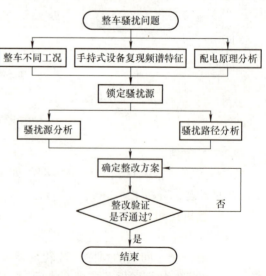

图 8-3　整车骚扰问题排查思路

问题零部件、问题分析、相关责任方、解决方案及措施、措施实施节点、方案落实情况、问题关闭情况等。

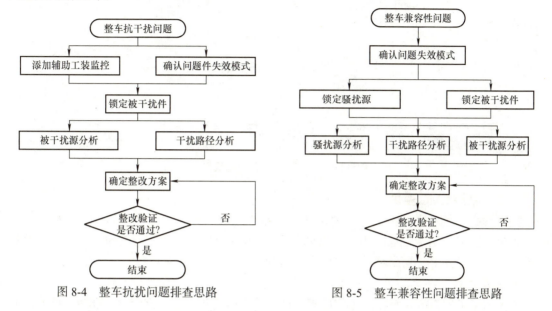

图 8-4 整车抗扰问题排查思路　　　　图 8-5 整车兼容性问题排查思路

8.2.6 整车 EMC 性能验收

在车型量产前，需根据性能目标进行车型 EMC 性能验收，确保车型不会出现 EMC 问题，保障车型顺利上市。性能验收环节可能存在三种结果，对应不同结果有不同的解决措施：

1）通过：即所有性能目标已达成，输出合格报告。

2）不通过（上市风险低）：部分性能目标存在轻微偏差未达成，但经严格评估结果不影响功能和用户体验，有明确的整改措施和量产导入计划，应持续推进整改方案，直至整车验证结果合格。

3）不通过（上市风险高）：性能目标无法达成，解决方案涉及硬件的重大变更，甚至需要硬件的重新设计，将导致车型上市节点的延期。早验证，早解决，EMC 工程师应尽力避免这种结果的发生。

综上所述，电动汽车 EMC 开发流程要求在车型项目设计前期即开展性能开发工作，从需求分析出发，制定整车 EMC 性能目标，进行整车性能设计、管控系统和零部件性能开发，开展整车性能验证及验收，做到设计、管控和验证三者有效结合，保障整车 EMC 性能目标达成。

8.3 动力系统 EMC 性能开发

8.3.1 动力系统零部件 EMC 性能开发体系

动力系统零部件 EMC 性能开发工作内容主要包括零部件 EMC 要求制定、试验计划审定、零部件开发及测试实施、试验结果审核。为规范动力系统各零部件开发过程中的设计工作及验收标准，主机厂应制定相应的管控流程，如图 8-6 所示。

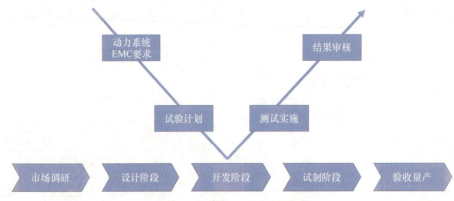

图 8-6 零部件 EMC 开发流程

1. 动力系统 EMC 要求

根据动力系统各零部件工作原理，基于零部件 EMC 标准，结合整车 EMC 指标分解到动力系统的要求，制定合理的零部件 EMC 要求。该 EMC 要求一般与其他设计要求一并写入产品设计开发要求，输出给动力系统零部件供应商。

2. 试验计划

为了明确试验方法，确保试验的可重复性，动力系统各零部件供应商应在型式试验前向主机厂提交 EMC 试验计划，经主机厂审定、书面同意后方可开展试验。EMC 型式试验应严格按照该试验计划执行，试验过程中任何与试验计划不一致的部分都应取得主机厂的同意。

在实际工作中很容易与试验安排的进度计划混淆，有必要在这里做下区分。试验计划，并不是约定试验将于何时开始、何时完成的测试进度计划，而是对试验过程中诸多试验细节做出必要约定的技术文档。试验计划这个环节的重要性和必要性在于 EMC 测试是一个系统性的测试，易受被测系统、测试系统、环境与操作等因素的影响；因此需要针对实验细节进行规范。在实践中，通常一个零部件对应一个试验计划。零部件试验计划应约定该零部件所有 EMC 试验项目的相关细节和说明。试验计划中一般包括产品信息及功能描述、EMC 需求分析和试验布置三个部分。

（1）产品信息及功能描述

该部分主要对产品相关信息进行说明，一般需包括如下信息：

1）产品名称、编号、外观、尺寸。
2）产品功能说明及功能列表。
3）产品和系统功能框图，产品和其他产品的交互关系。
4）产品引脚定义。

（2）EMC 需求分析

该部分主要根据产品工作原理及接口定义分析产品可能的 EMC 特性，即骚扰特性或电磁敏感特性或两者兼而有之。EMC 需求分析部分一般需包括以下部分：

1）工作状态定义：根据产品的功能及对应的工作状态来定义 EMC 测试时 DUT 工作状态。

2）功能重要性定义：根据 DUT 功能失效对整车安全造成影响的程度分为 4 个等级，按安全重要程度由低到高，分为非安全功能 A、非安全功能 B、安全功能 A 和安全功能 B。

3）性能表现定义：定义 DUT 在抗干扰试验时出现异常现象的可接受程度。性能表现定义可分为 5 个等级，表现从优到次可分别命名为性能等级 A、性能等级 B、性能等级 C、性能等级 D 和性能等级 E。试验计划中应清楚定义性能等级 A~E 的判定准则。具体性能表现等级划分可参考 GB 34660—2017。

4）EMC 特性分析：需根据产品功能和工作原理确定其主要 EMC 特性。

5）辅助设备：为实现产品工况/功能需要用到的辅助设备。

6）监控方式：应定义抗干扰试验过程中需要对哪些参数进行监控，以及如何监控。

7）测试机构：即约定实施试验的测试机构，应符合主机厂对第三方机构资质的要求。

（3）试验布置

在该部分应逐项列出要求的试验项目，并对试验过程相关的所有信息进行明确，包括一般性要求、试验要求及试验布置图：

1）一般性要求：参考标准、试验参数设置等信息。

2）试验要求：骚扰限值或抗扰等级与性能表现要求。

3）试验布置：具体的试验布置图及必要说明。

3. 结果审核

主机厂应对动力系统各零部件的测试结果进行审核，一般包括以下内容：

1）测试机构是否具有相应的试验资质。

2）试验所用设备是否在校核有效期内。

3）试验是否按照签订的试验计划进行。

4）试验报告内容是否符合主机厂的要求。

5）测试结果是否符合主机厂的要求。

动力系统各零部件若在试验完成后出现设计方案的调整或变更，则可能对零部件/系统的 EMC 表现造成影响，应部分或全部重新进行 EMC 测试。供应商应就需重新进行的试验项目与主机厂达成一致，并编写新的试验计划，经审定后开展相应测试。

8.3.2 动力系统零部件 EMC 要求

动力系统各零部件 EMC 性能是整车 EMC 开发的重要内容。按动力系统零部件 EMC 性能开发流程，主机厂首先应制定合理的零部件 EMC 要求。零部件及零部件在整车上过往的试验结果，可作为新产品开发前期评估零部件 EMC 风险的主要依据和重要参考。基于产品 EMC 需求分析和历史数据风险分析制定的零部件 EMC 要求，有利于整车 EMC 性能目标的高效达成。以下简要介绍下动力系统中重要零部件/总成（动力蓄电池系统、电驱动总成和充配电总成）的 EMC 要求。

1. 动力蓄电池系统 EMC 要求

动力蓄电池系统主要包括动力蓄电池单体/模组、热管理系统、电池管理系统（BMS）、结构件和高低压线束五大部分。其中 BMS 主要由电池信息采集模块（BIC）、高压监控模块（HVSU）和电池管理模块（BMC）组成，如图 8-7 所示。如 3.3 节所述，BMS 需要采集大量的单体电池电压、温度信号，一般要求很高的采样速率和精度，采样信号及采集芯片应注意保护不受流经动力蓄电池系统的宽频域、高幅值的复杂骚扰电流及脉冲的干扰，因此抗干扰性能是动力蓄电池系统 EMC 需要重点关注的部分。

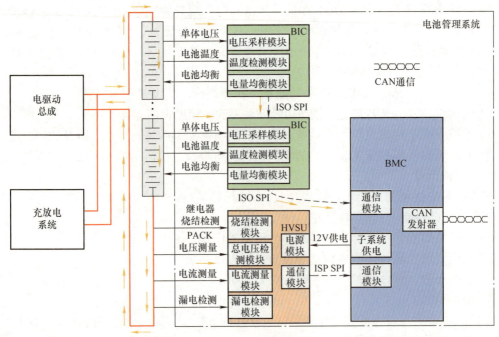

图 8-7 动力蓄电池系统传导干扰路径示意

综合分析 EMC 需求，制定动力蓄电池系统 EMC 要求（表 8-4）以供参考。

表 8-4 动力蓄电池系统 EMC 要求

序号	试验项目	参考标准
1	辐射发射试验	GB/T 18655—2018
2	传导发射试验	GB/T 18655—2018
3	大电流注入抗扰度试验	GB/T 33014.4—2016
4	电磁辐射抗扰度试验	GB/T 33014.2—2016
5	静电放电抗扰度试验	GB/T 19951—2019
6	瞬态传导发射试验	GB/T 21437.2—2021
7	瞬态传导抗扰度试验	GB/T 21437.2—2021
8	瞬态耦合抗扰度试验	GB/T 21437.3—2021
9	磁场抗扰度试验	GB/T 33014.8—2020

2. 电驱动总成 EMC 要求

电驱动总成主要由 DC/AC 逆变器、驱动电路、控制模块及驱动电机组成，如图 8-8 所示。如 3.3 节所述，电驱动总成是动力系统中最主要的骚扰源。

综合分析 EMC 需求，制定电驱动总成 EMC 要求（表 8-5）以供参考。

3. 充配电总成 EMC 要求

充配电总成主要由配电部分和车载充电器（OBC）组成，其中车载充电器是装配在电动汽车上将交流电转变为满足要求的直流电，为动力蓄电池进行充电的一种装置，是电动汽车的必备装置。如 3.3 节所述，交流充电系统内的功率开关开断动作是主要的骚扰源，同时当系统连接电网进行充电操作时，还需考虑电网相关的 EMC 特性。综合分析 EMC 需求，制定交流充电系统 EMC 要求（表 8-6）以供参考。

第8章 电动汽车动力系统 EMC 工程应用

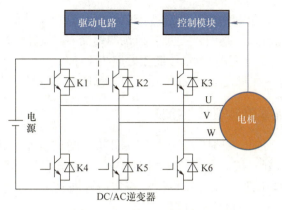

图 8-8 电驱动总成示意图

表 8-5 电驱动总成 EMC 要求

序号	试验项目	参考标准
1	辐射发射试验	GB/T 18655—2018
2	传导发射试验	GB/T 18655—2018
3	低频磁场发射试验	GJB 151B—2013
4	沿屏蔽高压电源线的传导发射试验	GB/T 18655—2018
5	大电流注入抗扰度试验	GB/T 33014.4—2016
6	电磁辐射抗扰度试验	GB/T 33014.2—2016
7	静电放电抗扰度试验	GB/T 19951—2019
8	瞬态传导抗扰度试验	GB/T 21437.2—2021
9	瞬态耦合抗扰度试验	GB/T 21437.3—2021

表 8-6 交流充电系统 EMC 要求

序号	试验项目		参考标准
1	沿交流电源线的电快速瞬变脉冲群抗扰度试验		GB/T 17626.4—2018
2	沿交流电源线的浪涌（冲击）抗扰度试验		GB/T 17626.5—2019
3	沿交流电源线的射频传导发射试验		GB/T 40428—2021
4	沿交流电源线的谐波电流发射试验	额定电流 ≤ 16A	GB/T 17625.1—2012
		16A < 额定电流 ≤ 75A	GB/T 17625.8—2015
5	沿交流电源线的电压变化、电压波动和闪烁发射特性试验	额定电流 ≤ 16A	GB/T 17625.2—2007
		16A < 额定电流 ≤ 75A	GB/T 17625.7—2013
6	沿交流电源线的工频磁场抗扰度试验		GB/T 17626.8—2006
7	沿交流电源线的脉冲磁场抗扰度试验		GB/T 17626.9—2011
8	沿交流电源线的阻尼振荡磁场抗扰度试验		GB/T 17626.10—2017
9	沿交流电源线的射频场感应的传导骚扰抗扰度试验		GB/T 17626.6—2017
10	沿交流电源线的振铃波抗扰度试验		GB/T 17626.12—2013
11	沿交流电源线的阻尼振荡波抗扰度试验		GB/T 17626.18—2016
12	沿交流电源线的电压波动抗扰度试验		GB/T 17626.14—2005
13	沿交流电源线的工频频率变化抗扰度试验		GB/T 17626.28—2006
14	沿交流电源线的电磁辐射发射试验		GB/T 40428—2021

另外还有一类常见的充电系统，即直流充电系统，其由车外的直流充电桩/柜和车载必要的充电接口和线缆组成。其中，主要的骚扰源即交/直流转变模块位于车外的直流充电桩/柜上，因此直流充电系统的 EMC 性能主要取决于车外直流充电设备，这里不再赘述。但直流充电工况下（若有直流充电配置时）的整车 EMC 仍需考虑和验证。

8.3.3 动力系统零部件 EMC 验证

动力系统产品开发后期，需对动力系统零部件进行测试验证，以确认其是否达成产品设计开发要求的约定目标。按动力系统零部件 EMC 开发流程，零部件供应商应在型式试验前向主机厂提交 EMC 试验计划，经主机厂审定后开展测试。试验过程中，任何偏离试验计划的内容都应预先获得主机厂的许可。

1. 动力蓄电池系统 EMC 验证

如 8.3.2 节所述，BMS 的 EMC 性能，尤其是抗干扰性能是动力蓄电池系统 EMC 需要重点关注的部分。BMS 进行 EMC 测试时，首先应使 BMS 能尽量模拟整车实际情况进行正常工作，比如，BIC 能正常采集电芯或模组的电压和温度，BMC 能正常进行 SOC 计算、接触器模块控制，若出现异常能及时报警等。

实践中，对 BMS 进行测试有两种方法，一种直接采用实际车用的动力蓄电池系统进行试验，另一种是使用若干电芯（如 18650 电芯）来模拟动力蓄电池系统。两种方法各有利弊，直接使用动力蓄电池系统进行试验可以更好地模拟实车环境，但缺点是 DUT 系统搭建较困难，一般情况下 BMS 供应商较难获得实际车用的动力蓄电池系统，且成本高昂。使用若干电芯对动力蓄电池系统进行模拟的优点在于 DUT 系统易搭建、成本低，缺点是与 BMS 在实际车用的动力蓄电池系统内的运行状况相比可能存在差异，且这种差异难以准确评估。

弗迪电池作为比亚迪电动汽车的动力蓄电池系统供应商，在进行整车验证前按比亚迪汽车的要求提交试验计划，采用实际车用的动力蓄电池系统开展 EMC 测试。接下来，以某型号动力蓄电池系统为例，对动力蓄电池系统的试验计划进行介绍。

（1）产品说明信息

图 8-9 所示为某型号动力蓄电池系统，主要包含托盘、盖板、高压接口、低压接口和内部电芯及 BMS 等。该动力蓄电池系统最大电压约 600V，重量约 500kg，通过 CAN 与车内其他模块进行通信。

（2）工作状态定义

分别测试对外放电（即为动力系统其他部件提供高压直流电源）和对内充电（即通过高压直流供电电源模拟充电系统对动力蓄电池系统进行充电）两种状态。

（3）功能重要性定义

按安全功能 B 约定。

（4）EMC 需求分析

BIC 的采样信号和 BMC 的 CAN 信号均为较为敏感的信号，BMC 中的开关电源及晶振为典型的骚扰源；动力蓄电池系统重点关注 BMS 的抗扰敏感度。

（5）辅助设备

为了实现相关功能，高压部分需要高压直流供电电源及放电负载，低压部分需要模拟上位机以实现 CAN 通信。高压直流供电电源电压、电流需满足各试验项目要求，且最大负荷率不大于 80%；放电负载应满足试验规范中所约定的带载需求，且最大负荷率不大于 80%。所有辅助设备正常工作状态下的骚扰发射水平应低于试验规定限值至少 6dB。

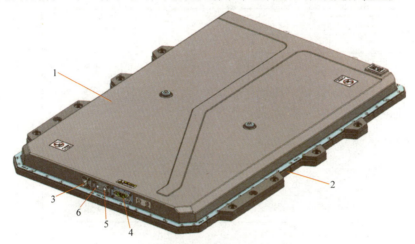

图 8-9　某型号动力蓄电池系统

1—密封盖　2—托盘　3—低压接口　4—高压接口　5—出水口　6—进水口

（6）监控方式

动力蓄电池系统试验时需使用上位机监控电池系统的状态。

（7）试验布置

以电磁辐射抗扰度试验为例进行说明，其他试验项目较多，这里不再一一赘述。

电磁辐射抗扰度试验须在电波暗室中进行，采用替代法，在试验前需对参考点位置的场强进行标定。发射天线辐射体的任何部位距暗室地面距离 ≥ 250mm，距吸波材料 ≥ 500mm，距屏蔽室墙壁 ≥ 1000mm，在天线和被测件之间不能放置吸波材料。参照 GB/T 33014.2—2016 标准，结合整车实际布置，规定零部件试验布置，图 8-10 可供参考。

动力蓄电池系统样件一般物理尺寸较大，应尽量一起放置于试验桌上或放置于与试验桌平齐的台架上进行试验。若动力蓄电池系统无法放置于试验桌上，需调整发射天线角度，使天线参考点正对于动力蓄电池系统参考点，同时对参考点位置场强进行重新标定。

1）测试频段：频段覆盖 80~2000MHz。

2）测试方法：需分别进行垂直极化和水平极化方向测试，但 80~200MHz 频段只进行垂直极化测试。试验开始前，注意检查接入高压人工网络（HVAN）后动力蓄电池系统是否处于漏电报警状态，做好相应记录。

3）测试限值：参考 GB/T 33014.2—2016 标准，试验要求等级见表 8-7，一般推荐等级Ⅳ。

2. 电驱动总成 EMC 验证

电驱动总成的主要功能为控制电机运转、驱动车辆行驶，通过 CAN 通信、故障处理、在线 CAN 烧写、与其他模块配合完成整车的工作要求以及自检等功能。驱动电机控制器由输入输出接口电路、驱动电机控制电路和驱动电路组成。驱动电机的主要功能是将电能转化为机械能，为整车提供动力，驱动车辆行驶，主要由定子组件、转子组件、机壳组件和信号传感器组件等几部分构成。

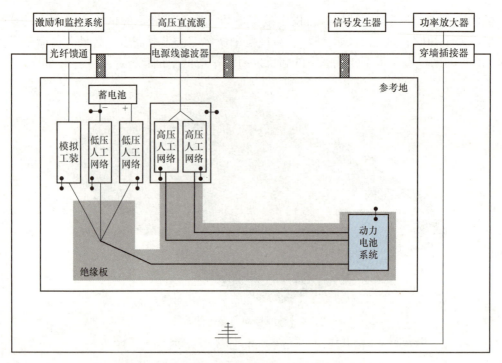

图 8-10 动力蓄电池系统电磁辐射抗扰度试验布置

表 8-7 动力蓄电池系统电磁辐射抗扰度试验等级要求

频率范围 /MHz	步进频率 /MHz	极化方向	电场强度 /(V/m)	调制类型
80～200	5	垂直极化	100	CW, AM 80% 1kHz
200～1000	10	垂直极化和	100	CW, AM 80% 1kHz
1000～2000	20	水平极化	100	CW, PM 脉冲 PRR = 217Hz, PD = 0.57ms

对于电驱动总成 EMC 试验应带载进行试验。测试不同带载状态下高压线束共模骚扰特性有较大差异，空载状态下部分频段骚扰噪声比带载工况低大约 12dB（图 8-11），所以带载试验对电驱动总成 EMC 试验非常重要。

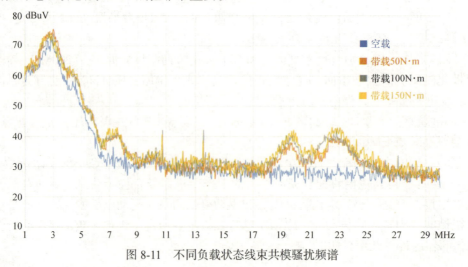

图 8-11 不同负载状态线束共模骚扰频谱

电驱动总成供应商在进行试验前应按照主机厂的要求提交试验计划,待双方就试验计划达成一致后方可进行 EMC 试验。下面以某型号电驱动总成为例,对电驱动总成的试验计划进行介绍。

(1)产品说明信息

图 8-12 所示为某型号电驱动总成,主要包含驱动电机控制器、永磁同步电机、直流母线插接件、低压插接件等。电驱动总成通过 CAN 与车内其他模块进行通信。

图 8-12 某型号电驱动总成

(2)工作状态定义

驱动电机带载运行,如 3000r/min、50N·m。

(3)功能重要性定义

定义为安全等级 A 类。

(4)EMC 需求分析

由于电驱动总成的高电压、大电流以及复杂的结构,使其电磁干扰能量较大,频带较宽且传播耦合路径多,需重点关注其骚扰类试验。

(5)辅助设备

为了实现相关功能,需高压直流供电设备、工装、电机测功机以及上位机,测试工装需给样品输入低压电源信号和 CAN 通信信号。

(6)监控方式

电驱动总成需要用上位机对电驱动总成的电机转矩、转速等进行监控。

(7)试验布置

参照 GB/T 18655—2018 标准,结合整车实际布置,制定零部件试验布置,辐射发射试验布置如图 8-13 所示。一般要求高低压线束为原车线束同型号线束,长度按照标准要求。

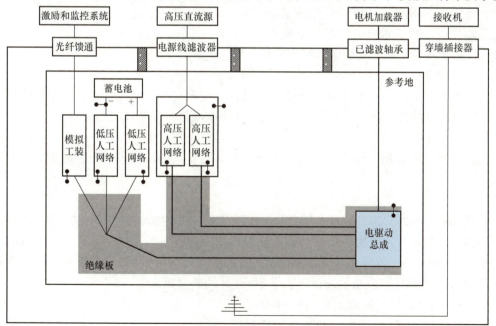

图 8-13 电驱动总成电磁辐射发射试验布置

1）测试频段：频段覆盖 0.15～2500MHz。

2）测试方法：0.15～30MHz 只进行垂直极化方向测试，30～2500MHz 进行垂直和水平极化方向测试。

3）测试限值：参考 GB/T 18655—2018 标准，限值推荐等级Ⅲ。

3. 充配电总成 EMC 验证

充配电总成的 EMC 特性与电驱动总成类似，其内部功率模块的快速开断易产生较大骚扰，应重点关注骚扰试验。由于充电功能的骚扰问题是充配电总成主要难点，欧标 ECE R10 从 04 版开始加入充电试验要求。随着 GB/T 40428—2021 对充配电总成 EMC 要求的完善，抑制充电时的骚扰特性成为零部件开发过程中的重难点。根据前期输入的充配电总成 EMC 要求，制定充配电总成 EMC 试验计划。下面以某型号充配电总成为例，对试验计划进行介绍。

（1）产品说明信息

图 8-14 所示为某型号充配电总成，主要包括车载充电机模块、配电模块等。

（2）工作状态定义

充配电总成带载运行，模拟整车实际工作状态，充电功率应不小于额定功率的 80%。

（3）功能重要性定义

定义为安全等级 A 类。

（4）EMC 需求分析

在充、放电过程中，由于功率模块的快速开断，在交流输入端口存在较大电磁干扰，且干扰频段较宽，可能对电网状态造成影响，所以需要重点关注其充电状态

图 8-14　某型号充配电总成

交流端口骚扰特性，如沿交流电源线的射频传导发射试验。

（5）辅助设备

为了实现相关功能，主要需要交流供电设备、交流负载、直流负载、高压直流供电设备、工装以及上位机。测试工装须给样品输入低压电源信号及相应控制信号。

（6）监控方式

充配电总成需要用上位机对交流输入功率、高压直流端口输出电压、输出功率等进行监控。

（7）试验布置

参照 GB/T 40428—2021 标准，结合整车实际布置，规定零部件实际测试布置，如图 8-15 所示。其中，要求人工电源网络应与整车充电插口方向在一条直线上，且与被测件间的距离为 800～1000mm。若线束长于 1000mm，则需对其超出部分"Z"形折叠，折叠宽度不超过 500mm；被测线束应用绝缘板放置于 80cm 高的非金属桌上。

1）测试频段：频段覆盖了 0.15～30MHz。

2）测试限值：参考 GB/T 40428—2021 标准。

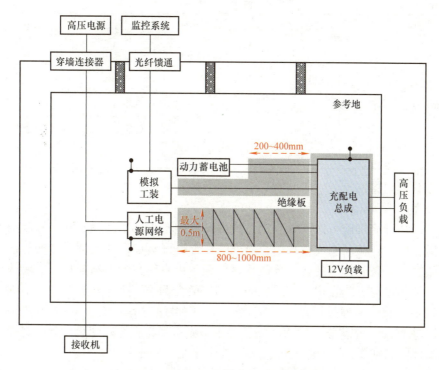

图 8-15 充电电源线传导发射试验布置

8.3.4 动力系统零部件 EMC 设计

按前文介绍的零部件 EMC 开发流程，制订动力系统各零部件的 EMC 要求以及试验计划，开展 EMC 测试验证，但高压零部件测试结果通常较难一次性通过，往往需要多轮整改提升才能达到相应要求。为高效达成 EMC 要求，应在产品开发初期进行相应设计。

EMC 试验是一个典型的"黑盒测试"，即进行测试时并不关注被测设备内部的具体设计，而是通过测试其对外辐射骚扰和通过线束的对外传导骚扰来评价其 EMI 水平，通过施加外部场强或通过线束注入干扰能量来评价其 EMS 水平。动力系统各零部件 EMC 设计主要关注内部设计，识别产品内部的骚扰源或敏感元件，分析骚扰能量的传播路径，并在设计阶段制定相应的 EMC 措施，降低骚扰发射水平，提升抗扰能力，抑制骚扰能量传播。屏蔽、滤波和接地是 EMC 设计和优化最常用的三种手段，但落实到不同的产品、针对不同的 EMC 问题，具体实施方案就存在差异。

零部件层级 EMC 设计同样遵循上述的基本方法，将零部件向下再分解成各功能模块，分析各模块的 EMC 特性，将零部件指标分解为各模块的设计指标，开展各模块的性能开发。下面以电驱动总成为例，简要介绍零部件层级的 EMC 设计基本方法以及实践中常用的措施。表 8-8 将电驱动总成进行了模块分解，分析各模块属性，结合 EMC 三要素，进一步将电驱动总成 EMC 设计分解为箱体设计、模块接地设计、滤波设计及 PCB 布板设计等子任务，逐一落实。其中关于 PCB 布板设计内容，已有大量的设计资料和规范可供参考，以下不作介绍。

表 8-8　电驱动总成模块分解

零部件模块分解			模块属性
电驱动总成	金属箱体	控制器总成	控制板	易被干扰
			驱动板	干扰源
			驱动 IGBT 模组	干扰源
			电容滤波模组	干扰抑制
		电机总成	三相线接口及绕组	传播路径

1. 屏蔽设计

（1）外壳屏蔽

电驱动总成外壳屏蔽可以将电驱动总成内部空间与外部空间隔绝开，抑制两者间的电磁能量传播，所以电驱动总成应采用金属外壳。外壳屏蔽设计的关键是确保屏蔽壳体的连续性和完整性。屏蔽壳体上的孔、缝往往对屏蔽效果有较大的不利影响，一般建议孔、缝的最大尺寸不超过需屏蔽骚扰对应波长的 1/20。举个例子，比如某零部件在 100MHz 以下存在较大辐射骚扰，需通过屏蔽进行优化，因 100MHz 对应波长为 3m，则孔、缝的设计尺寸应不超过 15cm。如果该尺寸无法满足要求，则可考虑在缝隙中填充导电材料，如导电布、簧片、金属螺旋管、导电橡胶等来保证电连续性。

图 8-16 所示为某电驱动总成的电控与电机三相线接插口缝隙。对该设计方案进行仿真，可以看到缝隙处面电流大、分布不连续且范围较大，如图 8-17a 所示，电磁能量将从缝隙处泄漏到外部。当缝隙增加导电橡胶圈后，缝隙处面电流连续分布范围明显变小，如图 8-17b 所示，对外辐射场强大大降低。辐射场强对比结果如图 8-18 所示。

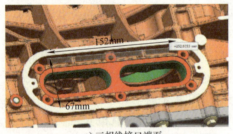
a) 三相线接口端面

b) 三相线上下端面缝隙

图 8-16　三相线接插口缝隙

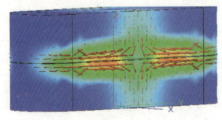
a) 缝隙未处理时面电流分布

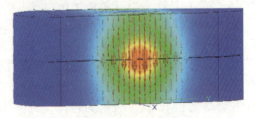
b) 缝隙导电橡胶处理时面电流分布

图 8-17　面电流仿真结果

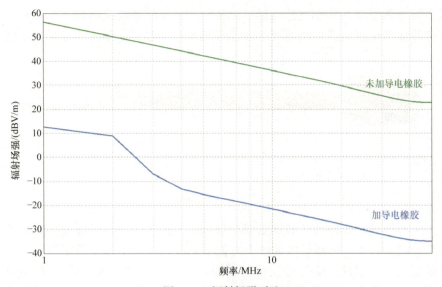

图 8-18 辐射场强对比

电驱动总成通常采用金属壳体，由于装配需要，一般设计成一个 5 面的下壳体配合一个上盖的结构，两者间通过螺钉进行紧固。考虑防腐蚀等要求，上盖和螺钉往往涂敷非导电层，致使屏蔽不理想甚至失效。某高压产品的 IGBT 开断频率为 10kHz，当其工作时会在周边产生较强的以 10kHz 为基频的低频磁场骚扰。经排查分析发现，因其上盖的绝缘涂层在涂敷过程中没有按照工艺要求的区域进行，导致原本预留的用于导电的区域被绝缘层覆盖，上盖和下壳体之间因而没有形成电连接，致使屏蔽失效。将绝缘层去除后再次测试，发现磁场骚扰降低了约 25dB，绝缘层清除前后测试结果对比如图 8-19 所示。绝缘层清除前的辐射场强由蓝色曲线表示，绝缘层清除后的辐射场强由黑色曲线表示。

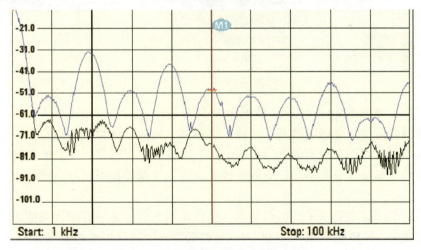

图 8-19 绝缘层清除前后测试结果对比

（2）屏蔽线缆

线缆经常是导致产品 EMC 问题的易被忽视的薄弱环节，原因在于线缆往往较长，易形成天线效应，使流经线缆的骚扰电流轻易地发射到空间中，尤其是共模骚扰电流。采用屏蔽线缆可较好地解决共模电流造成的电缆辐射问题。屏蔽线缆由线芯、屏蔽层、绝缘层和接地连接导体组成，如图8-20所示。屏蔽层的导电率越高、编织密度越高，则屏蔽效果越好。

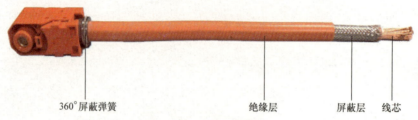

图 8-20 屏蔽线缆结构

在使用屏蔽线缆时应特别注意屏蔽层的接地，不正确的屏蔽层接地会使屏蔽效果大打折扣，甚至使结果更差。屏蔽层接地可参考如下几点建议：①建议采用带金属外壳的插接器，以保证屏蔽的完整性；②屏蔽层应尽量360°环接，连接直流电阻小于1mΩ，避免使用"猪尾巴"的方式接地；③若不能进行360°环接，可采用若干金属弹片进行连接，弹片应均匀分布，且接地直流电阻小于1mΩ；④屏蔽层须接地，一般建议采用双端接地，针对某些具体的问题单端接地也可以接受。

图8-21所示为3种屏蔽层接地方式，a为"猪尾巴"方式接地，由于"猪尾巴"部分的阻抗较大，且电流密度较高，会大幅降低屏蔽层的屏蔽效能，且较长的"猪尾巴"可成为天线，导致结果恶化；b为压接方式接地，c为360°环接。图8-21c的接地方式优于图8-21a和b，建议优先采用。

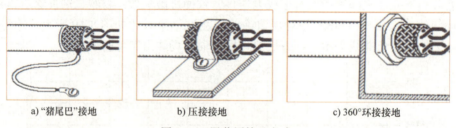

图 8-21 屏蔽层接地方式

考虑线缆长度为1.5m的情况，从图8-22的辐射仿真结果可以看出：当屏蔽层两端不接地时，辐射强度与非屏蔽线缆基本一致；在单端接地时，如果接地点在远离骚扰源的一端，则仅在5MHz以下频段有效果，5MHz以上频段效果不明显，部分频段甚至更差。在靠近骚扰源的一端接地能取得较好的屏蔽效果；当两端都接地时可以达到较为理想的屏蔽效果。

某车型的高压线束要求采用屏蔽线束，但在试制初期，由于开发周期原因未能按照要求装配屏蔽线束，导致整车30~1000MHz电磁辐射发射测试中准峰值在30MHz附近超限值，测试结果如图8-23所示。将高压线束替换为设计要求的屏蔽线束后，测试结果可满足限值要求且有较大裕量。

2. 接地设计

在电磁兼容设计里，接地是减小噪声的主要方法之一，电驱动总成的接地设计自然也

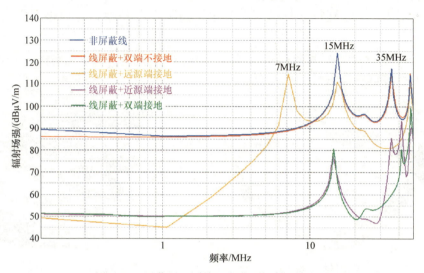

图 8-22 屏蔽层不同接地方式下辐射强度对比

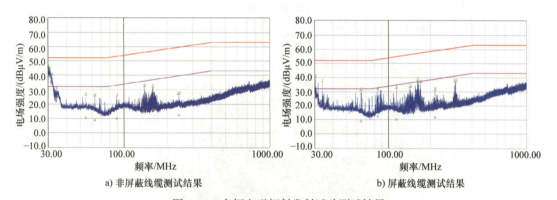

a) 非屏蔽线缆测试结果　　　　　　　　　b) 屏蔽线缆测试结果

图 8-23 车辆电磁辐射发射试验测试结果

是产品开发中应重点关注的环节。电驱动总成属于高压部件,需与车身地保持绝缘以保障高压电气安全,其"地"与传统低压地有很大差异,既要保证"安全地"同时也要考虑 EMC 接地。图 8-24 所示为电驱动总成干扰传输路径示意图,从图中可以看出,电驱动总成产生的干扰无论是电机侧还是电池侧,接地线都是骚扰电流传输的重要路径,只有保证该路径具有较低的阻抗特性,才能使得干扰以最短路径回到源头。整个动力系统接地包括动力蓄电池系统接地、高压母线屏蔽层接地、电驱动总成接地等。

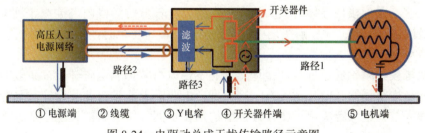

图 8-24 电驱动总成干扰传输路径示意图

受趋肤效应影响，当高频骚扰电流通过接地线时，其交流阻抗会增大。为了有效形成低阻抗的接地回路，建议采用编织带接地，如图 8-25 所示，建议编织带长度不大于 300mm。

同时，编织带接地点位置应靠近骚扰源，如图 8-26 中电机接地点靠近功率模块（接地点 a）和电机三相线端（接地点 b）所示。

图 8-25 编织带接地线

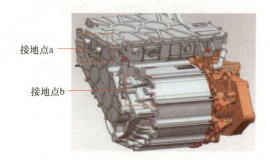

图 8-26 接地位置

图 8-27 所示为某型号电驱动总成在进行摸底测试时发现总成的接地方式与实车接地方式不一致，零部件试验中为单点接地，而在实车上为多点接地。

图 8-27 试验布置图

对比单点接地和多点接地的测试结果（图 8-28）发现，多点接地在 10MHz 以上频段骚扰更低。这是因为接地导体有较大的寄生电感，在较低的频段内阻抗差异较小，随着频率的增加阻抗快速上升，而多点接地可以有效地降低由寄生电感产生的高频阻抗。

3. 滤波设计

当骚扰源较强时，通过屏蔽和接地设计并不足以有效抑制电磁骚扰，一般需要配合滤波设计进一步抑制骚扰。EMI 滤波有不同类型，电驱动总成进行滤波设计时要考虑选用的滤波类型和级数，这两者决定了箱体需预留的结构空间。依据阻抗失配原则，滤波器选型见表 8-9。

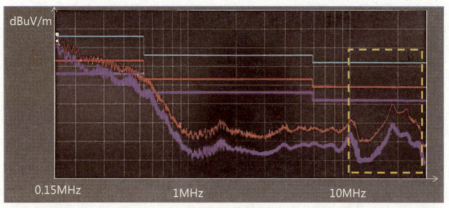

a) 单点接地测试结果

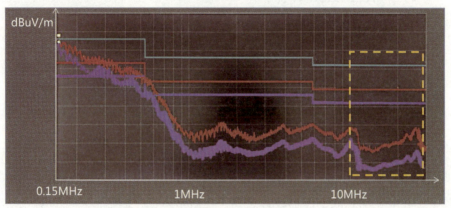

b) 多点接地测试结果

图 8-28 单点接地与多点接地测试结果对比

表 8-9 滤波器阻抗失配原则

源阻抗特性	滤波类型	负载阻抗特性
低阻抗	L型 / T型 或	低阻抗
	反L型	高阻抗
高阻抗	倒L型	低阻抗
	C型 或 π型	高阻抗

在设计滤波器过程中,通常用插入损耗来表征滤波器的滤波效果,插入损耗越大,表示衰减越多,滤波器的效果就越好。滤波器的插入损耗(IL)定义为电路中有滤波和无滤波时测到的电压之比:

$$IL = 20\lg\left(\frac{V_1}{V_2}\right) \tag{8-1}$$

滤波器设计流程如图 8-29 所示。

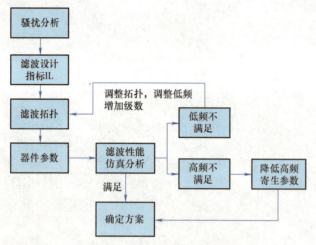

图 8-29 滤波器设计流程

实践中,在电驱动总成滤波器设计之初(一般指电机控制器滤波器设计),需要分析和预估干扰源骚扰量级大小,以及需要满足的 EMC 指标要求,比如满足 GB/T 18655—2018 中传导骚扰-电压法等级Ⅲ的要求,初步计算可得到待设计滤波器的插入损耗指标。一般来说,单级 LC 滤波器插入损耗曲线斜率为 40dB/dec,但在高频段,由于寄生参数影响,其插入损耗会逐渐变差,甚至失效;应根据插入损耗需求,选择不同的滤波拓扑和滤波器级数,为保证高频 EMC 性能,一般采用 CLC 拓扑或者两级 LC 滤波,如图 8-30 所示。在设计转折频率一致的情况下对比单级 LC 滤波拓扑和 CLC 拓扑理想电路仿真结果如图 8-31 所示,LC 滤波曲线为 40dB/dec,CLC 插入损耗在 2MHz 前斜率为 60dB/dec,2~40MHz 频段斜率为 100dB/dec。综合分析,CLC 型滤波器在 150kHz~40MHz 频段性能均优于 LC 单级滤波。

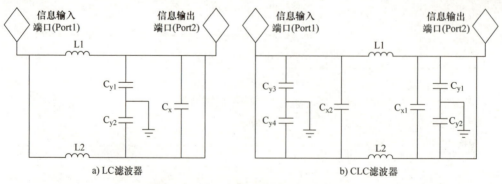

图 8-30 LC 滤波器和 CLC 滤波器

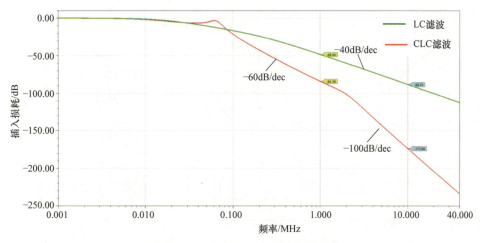

图 8-31 LC 和 CLC 拓扑插入损耗对比

在滤波器拓扑基本满足设计需要的基础上，应进一步考虑电子元器件高频寄生参数影响。如图 8-32 所示，实际电感的等效阻抗模型包含了寄生电阻（ESR）和寄生电容（ESC），其中寄生电容对高频特性的影响大，而且能与电感产生并联谐振，电感阻抗曲线如图 8-33 所示，高于谐振频率后电感阻抗呈现容性。

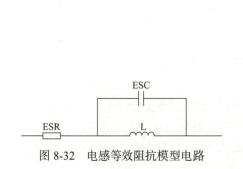

图 8-32 电感等效阻抗模型电路

图 8-33 电感阻抗曲线

类似的，图 8-34 所示为电容等效阻抗模型电路，由电容、等效串联电阻（ESR）和等效串联电感（ESL）串接而成。电容本身的结构以及两根引线是形成等效电感的主要因素，等效电阻由电容材料决定。其中，ESL 是影响电容高频特性的主要因素。从图 8-35 的阻抗曲线可知，ESL 能与电容 C 产生串联谐振，在谐振频率前呈现电容性，在谐振频率后呈现电感性。

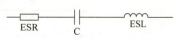

图 8-34 电容等效阻抗模型电路

基于等效阻抗模型的 LC 滤波器如图 8-36 所示，分别仿真无 ESL 及 ESL 从 20nH 递增到 80nH 时滤波器插入损耗，仿真结果如图 8-37 所示，ESL 从 20nH 递增到 80nH，插入损耗相差 12dB，不考虑 ESL 与 ESL 20nH 模型对比相差 22dB。因此，寄生参数直接影响高频插入损耗，在设计滤波器时应选择 ESL 小的电容或者用相同电容并联降低 ESL。同时，滤波 Y 电容接地在箱体时，结构设计要满足尽可能短的接地路径以降低 ESL。

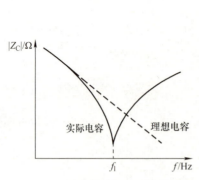

图 8-35 电容等效电阻阻抗曲线

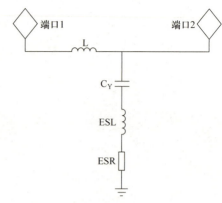

图 8-36 基于等效阻抗模型的 LC 滤波器模型

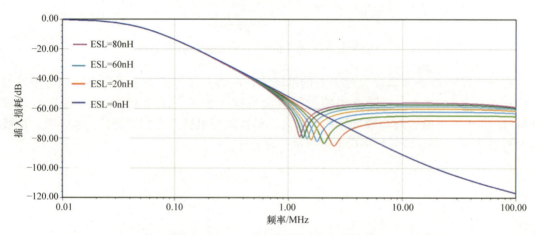

图 8-37 ESL 对滤波器插入损耗影响

案例一：在设计某车型充电端口滤波时有两种方案，其中方案 1 的阻抗较方案 2 小，如图 8-38 所示，蓝色曲线为方案 1 阻抗测试值，绿色曲线为方案 2 阻抗测试值，两者在 44MHz 的阻抗相差 13Ω。两种方案在整车的测试结果如图 8-39 所示，在 44MHz 处，方案 1 测试结果优于方案 2。

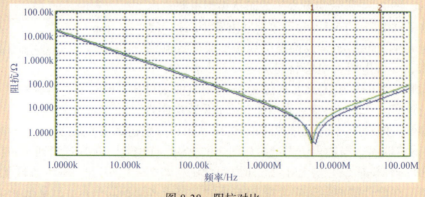

图 8-38 阻抗对比

第8章 电动汽车动力系统 EMC 工程应用

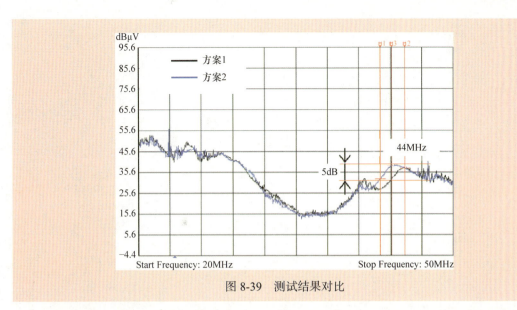

图 8-39 测试结果对比

案例二： 某型号电驱动总成整改时，通过仿真手段发现调整滤波器拓扑 LC 为 CLC 可以取得较好的滤波效果，将该方案落实到产品进行整改后测试结果的趋势与仿真一致，滤波器拓扑如图 8-40 所示，仿真结果如图 8-41 所示，实测结果如图 8-42 所示。

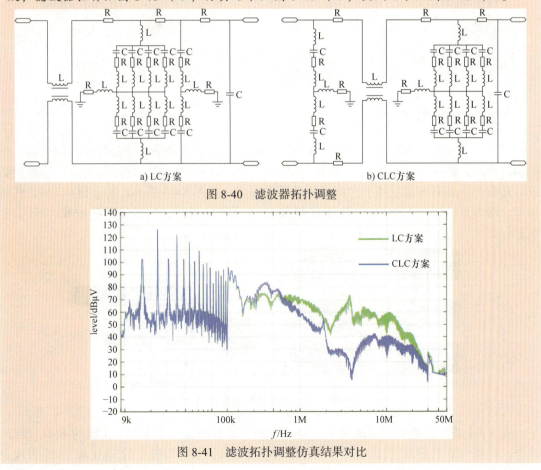

a) LC方案　　　　　　　　b) CLC方案

图 8-40 滤波器拓扑调整

图 8-41 滤波拓扑调整仿真结果对比

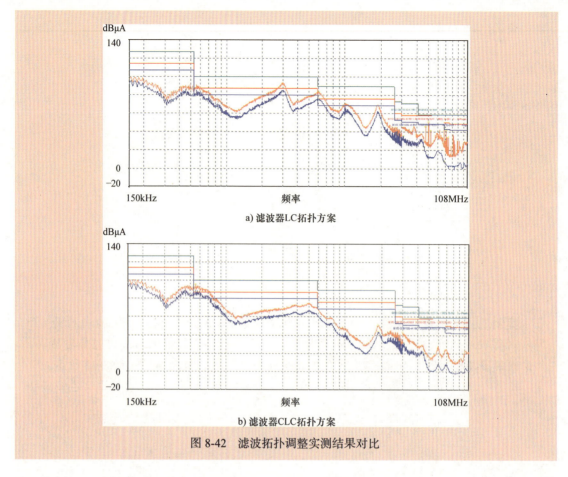

a) 滤波器LC拓扑方案

b) 滤波器CLC拓扑方案

图 8-42　滤波拓扑调整实测结果对比

8.3.5　动力系统架构式设计

动力系统架构式设计思路是指在 EMC 设计基础理论框架下，综合系统功能状态、系统部件组成、部件原理和属性、部件间交互等信息进行矩阵式的性能评估和设计，换句话说，是整个车载高压系统或平台的系统性开发思路。如图 8-43 所示，基于整车 EMC 性能指标，动力系统架构 EMC 设计包含 EMI 和 EMS 两部分设计，每部分基于 EMC 设计三要素进行设计。

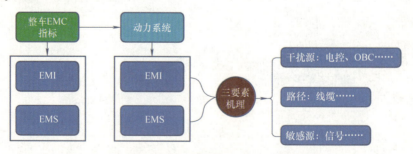

图 8-43　动力系统架构式 EMC 设计

在 8.3.4 节，以电驱动总成为例，介绍了动力系统中单个零部件/总成的 EMC 设计。此外，在动力系统 EMC 设计中，各部件布局以及连接方式等对整车的 EMI 和 EMS 表现也起到重要的作用，图 8-44 为动力系统组成结构示意图。相比于零部件性能可通过后期局部或内部整改得以提升，架构布局则是整车布置设计的基础，车内有限的布置空间受多方面需求的限制，一旦架构布局确定了，后期将很难在布置方面进行调整。因此，在进行动力系统 EMC 设计时，各部件布置及连接、线缆设计及布置、与敏感零部件间的隔离等成为架构式设计首先要考虑的问题。架构式设计思路从高压系统全局的层面着眼，充分考虑动力系统高

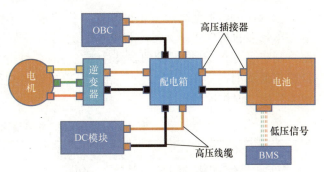

图 8-44 动力系统组成结构示意图

电压、大电流带来强骚扰的属性，在设计之初可以从最小辐射路径、最小电源回路面积、集成化设计、短线缆设计、全局滤波拓扑设计、滤波器件复用等方面展开性能设计，为整车 EMC 性能目标的达成奠定基础。另外，架构式设计也为动力系统各零部件的集成化设计做了必要的准备，原因在于集成化带来空间及成本节约的同时，对 EMC 设计提出了更高的挑战。

8.4 EMC 工程应用

本节将以比亚迪汉纯电车型（以下简称汉 EV）的开发实践为例，根据整车 EMC 性能开发流程，简要介绍 EMC 整车开发过程。

8.4.1 汉 EV 整车市场定位

汉 EV 立项定位为打造一款集"安全、性能、豪华"三大标杆于一体的新能源旗舰 B+ 轿车，采用轿跑造型，主要面向国内市场，售价 30 万元左右。汉 EV 动力系统采用了比亚迪 e2.0 平台，主要由前驱动三合一总成、后驱动三合一总成、动力蓄电池系统和充配电三合一总成组成。高度集成的前、后电驱动总成设计对整车 EMC 性能提出很高的挑战。

汉 EV 动力系统配置见表 8-10。

表 8-10 汉 EV 动力系统配置

车 型	超长续航版 豪华型	超长续航版 尊贵型	四驱高性能版 旗舰型
电机形式	交流永磁同步电机	交流永磁同步电机	交流永磁同步电机
前电机最大功率 /kW	163	163	163
前电机最大转矩 /N·m	330	330	330
后电机最大功率 /kW	—	—	200
后电机最大转矩 /N·m	—	—	350
系统综合最大功率 /kW	163	163	363
系统综合最大转矩 /N·m	330	330	680
驱动型式	前驱	前驱	超级智能，电四驱
NEDC 综合工况纯电续航里程 /km	605	605	550

8.4.2 汉 EV 整车 EMC 性能目标

结合汉 EV 车型定位、车型配置、初期系统方案、设计可行性分析等信息，从公告认证、车载接收机保护、人体电磁防护、充电性能、功能体验保障和电磁环境适应性六个方面，制定了共计 20 项试验项目作为整车 EMC 性能目标，以保障满足国内销售基本条件，打造超低辐射的车辆电磁环境和给予用户良好的功能体验。表 8-11 列出了其中三项 EMC 性能目标，仅作示例。

表 8-11 整车 EMC 性能目标示例（部分）

试验项目	参考标准	目标要求
电动汽车电磁场辐射发射试验	GB/T 18387—2017	满足标准要求
车辆电磁辐射发射试验	GB 34660—2017	满足标准要求
车辆电磁辐射抗干扰试验	GB 34660—2017	满足标准要求

8.4.3 汉 EV 动力系统布置设计

1. 动力系统架构布置

汉 EV 动力系统主要包括前驱动总成、充配电总成、动力蓄电池总成及后驱动总成。前驱动总成和充配电总成布置于前舱，后驱动总成布置于后行李舱下方，动力蓄电池系统布置于乘员舱下方，其系统布置框图如图 8-45 所示。汉 EV 车型有多种动力系统配置，按驱动形式可以分为四驱车型和前驱车型，两者最主要的差异为前驱车型未配置后驱动总成。从 EMC 设计角度考量，四驱车型 EMC 设计难度更大，故后续的示例介绍均基于四驱车型展开。

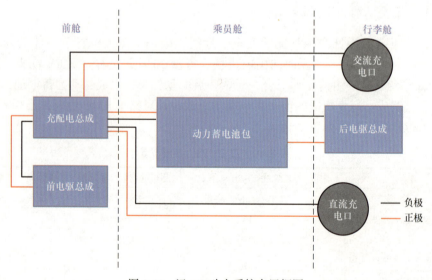

图 8-45 汉 EV 动力系统布置框图

2. 动力系统布置

动力系统是汉 EV 整车最主要的骚扰源。为达成整车 EMC 性能目标，在动力系统的布置上应重点分析其骚扰特性可能带来的 EMC 风险。

(1) 动力系统布置

前驱动总成、充配电总成、动力蓄电池系统和后驱动总成均布置在乘员舱外，相互连接的高压线束也布置在车舱外，可充分利用金属车身的屏蔽作用，同时保证高压动力系统远离乘客和智能座舱等相关敏感部件。

(2) 动力蓄电池系统

动力蓄电池系统的前后侧均设计了高压直流母线接口，可方便连接前充配电总成和后驱动总成，并大大缩短高压母线线缆的长度。两段母线线缆的长度均小于1m，很好地规避了母线线缆潜在的天线效应。汉EV动力系统整车布置如图8-46所示。

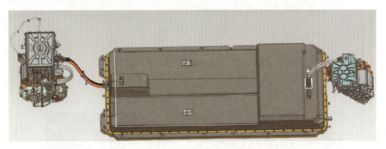

图 8-46　汉 EV 动力系统整车布置

3. 动力系统 EMC 设计

为确保整车 EMC 目标达成，将整车 EMC 指标分解到动力系统，同时也对动力系统的 EMC 设计提出了相应的要求。

(1) 高压屏蔽线束

高压线缆均采用屏蔽线缆，屏蔽层编织密度≥90%，且双端接地。屏蔽层接地电阻要求小于2mΩ。屏蔽线外观及屏蔽层接地直流电阻测试如图8-47所示。

a) 屏蔽线束外观　　　　b) 屏蔽层接地直流阻抗测试

图 8-47　屏蔽线外观及屏蔽层接地直流阻抗测试

(2) 壳体屏蔽

动力系统中各零部件壳体均为金属壳体，上盖与下壳体紧固螺钉间的间距小于100mm，如图8-48所示。

(3) 接地

金属壳体与车身之间均设计了专门的接地线束，以保障良好、可靠接地，具体方案示例如图8-49所示。

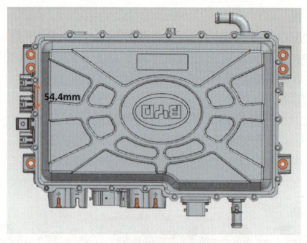

图 8-48　紧固螺钉间距

图 8-49　接地方案

（4）滤波

动力系统各零部件的端口均采用滤波设计方案。电驱动总成的高压直流端口可以对差模和共模干扰分别实施良好的滤波措施。滤波电路中所使用的电容通过多个并联以减少寄生电感，滤波方案中电容部分如图 8-50 所示。

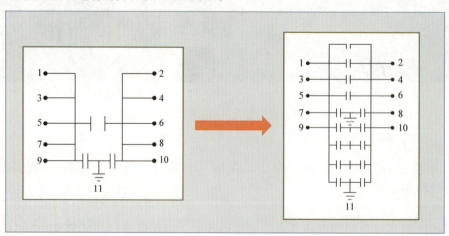

图 8-50　滤波方案中电容部分

充配电总成直流充电端口滤波方案见图 8-51。

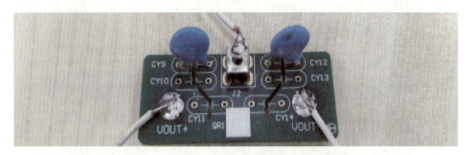

图 8-51　充配电总成直流充电端口滤波方案

充配电总成交流充电端口滤波方案如图 8-52 所示。

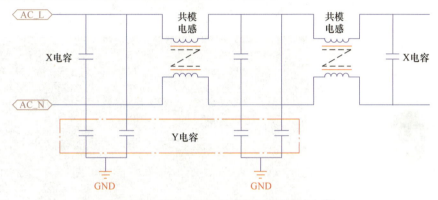

图 8-52　充配电总成交流充电端口滤波方案

8.4.4　汉 EV 动力系统 EMC 性能要求及结果

为了达成整车 EMC 性能目标，需在整车设计阶段就根据零部件各自的 EMC 特性制定相应的 EMC 要求，并依据零部件 EMC 性能开发流程提交试验计划、执行测试以及审核试验报告。

1. 动力系统各零部件 EMC 要求

参考 8.3 节的标准和对应要求，制定汉 EV 动力系统各零部件 EMC 要求，并以书面形式与供应商形成约定。

2. 动力系统各零部件试验

汉 EV 动力系统主要由动力蓄电池系统、电驱动总成和充配电总成组成，均需由供应商提交对应的试验计划，经比亚迪汽车批准，后开展测试验证工作。三大系统/总成的 EMC 试验项目总数超过 50 项，以下仅选取部分关键的试验项目进行介绍。

（1）动力蓄电池系统大电流注入抗扰度试验

使用汉 EV 实车用动力蓄电池系统进行大电流注入抗干扰试验。电池系统应放置在参考桌面上，受限于试验条件，采用图 8-53 所示的试验布置。动力蓄电池系统的壳体与试验参考地的连接应按照车型设计的实际情况进行。试验过程中实时对采集的报文信息进行监控，以判断测试结果是否符合要求，如图 8-54 所示。

图 8-53 动力蓄电池系统大电流注入抗扰度试验布置

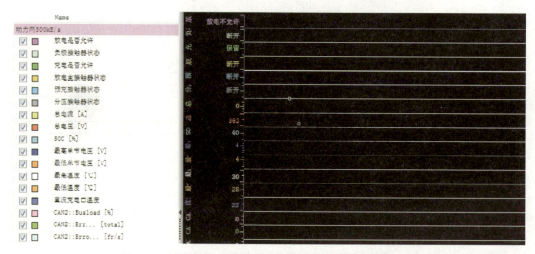

图 8-54 动力蓄电池系统大电流注入抗扰度试验报文监控

（2）电驱动总成高压电源线上的传导发射试验

按照试验计划的相关规范进行测试。图 8-55 和图 8-56 所示为高压电源线传导发射-电压法的试验布置及测试结果，电驱动总成一般要求带载荷进行试验。

图 8-55 电驱动总成高压电源线上的传导发射-电压法试验布置

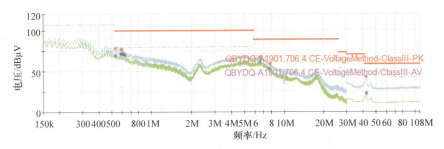

图 8-56 电驱动总成高压电源线上的传导发射 - 电压法测试结果

（3）充配电总成沿交流电源线的射频传导发射试验

按照试验计划的要求对充配电总成进行测试。图 8-57 和图 8-58 所示分别为充配电总成进行沿交流电源线的射频传导发射试验的布置和测试结果。

图 8-57 沿交流电源线的射频传导发射试验布置

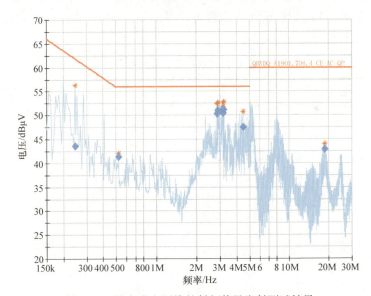

图 8-58 沿交流电源线的射频传导发射测试结果

8.4.5 汉 EV 整车 EMC 验证

汉 EV 项目开发过程有三轮样车试制。试制阶段前为过程开发阶段，是整车设计与样车试制过渡阶段，在该阶段应根据装车明细、零部件完备度、整车逻辑等信息，制订样车试制阶段的验证计划。

汉 EV 有 3 种配置，选择四驱旗舰款作为主要验证车型。根据装车采购明细，确认试制阶段的装车状态，确认涉及 EMC 要求的零部件装车状态，识别需重点验证的零部件，并对其状态严格管控，示例见表 8-12。依据整车 EMC 性能验证策划规则，明确各阶段验证重点，制订试制阶段验证计划，见表 8-13。

表 8-12 重点零部件管控示例

零部件名称	策划重点验证项目	试制阶段样件状态	
		是否装车	样件状态
充配电总成	所有目标项	是	OK

注：OK 为该阶段设计状态。

表 8-13 汉车型试制阶段验证计划示例

	试验项目	试制（S）阶段		
		S1	S2	S3
1	电动汽车电磁场辐射发射试验	√	√	√
2	车辆电磁辐射发射试验	√	√	√
3	车辆电磁辐射抗扰度试验	—	√	√

注：√为该阶段计划验证；—为该阶段不计划验证。

为了测试工作的顺利进行，接收试验车辆后，EMC 工程师应对试验车辆进行状态点检，主要对动力系统的屏蔽、接地、滤波等 EMC 措施实施情况以及零部件完备度等进行点检，以确认样车是否按照前期 EMC 设计要求装车，确保整车 EMC 验证的充分性和准确性。车辆点检表示例见表 8-14。

表 8-14 车辆点检表示例

点检条目		点检内容
基本功能	仪表显示	各电源档位及交直流充电工况下，无故障信息显示
		行驶工况，车速表、功率表显示正常
		充电工况，充电功率、SOC 电量能够正常显示
	PAD 显示	各电源档位及交直流充电工况下，无故障信息显示
	车灯	车外、车内灯具能够正常点亮/熄灭
	电子驻车系统	电子驻车系统功能正常
	交流充电	充电电流、功率符合要求
		仪表能够正常显示充电功率等信息
		充电电流、功率符合要求
		仪表能够正常显示充电功率等信息
屏蔽、接地	点检前提	整车 OFF 档，并且断开低压蓄电池连接
	动力蓄电池系统	断开线束连接，测试金属外壳与就近车身地的电阻，应满足设计要求
		测量高压线束端接插件内屏蔽层与就近车身间的直流电阻，应满足设计要求
	电驱动总成	断开线束连接，测试金属外壳与就近车身地的电阻，应满足设计要求
		测量高压线束端接插件内屏蔽层与就近车身间的直流电阻，应满足设计要求
	充配电总成	断开线束连接，测试金属外壳与就近车身地的电阻，应满足设计要求
		测量高压线束端接插件内屏蔽层与就近车身间的直流电阻，应满足设计要求
零部件装车情况		确认试验车辆零部件装车是否完整

8.4.6 汉 EV 动力系统整车 EMC 性能

通过动力系统的 EMC 优化设计及零部件性能管控，确保整车达到预期的 EMC 性能。汉 EV 整车 EMC 性能验证结果满足设计目标要求，以下简要介绍部分测试结果。

1. 电动汽车电磁场辐射发射试验

按照 GB/T 18387—2017 规定的方法进行测试，电动车电场辐射发射试验和磁场辐射发射测试结果如图 8-59 和图 8-60 所示，低频电场和低频磁场骚扰裕量均超过 10dB，满足设计目标要求。

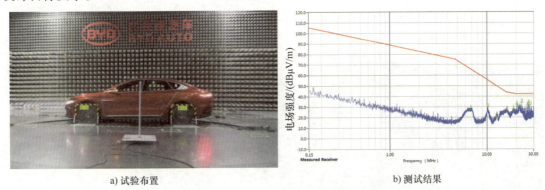

a) 试验布置　　b) 测试结果

图 8-59　电动汽车电场辐射发射试验（150kHz～30MHz）

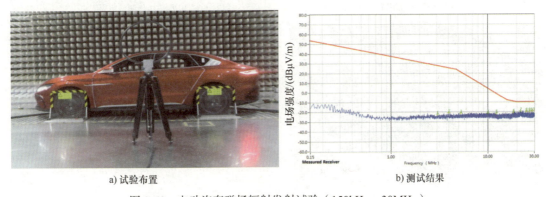

a) 试验布置　　b) 测试结果

图 8-60　电动汽车磁场辐射发射试验（150kHz～30MHz）

针对四驱动力系统，整车行驶模式多样，测试标准中并未明确规定特定的行驶模式。整车驾驶模式策略不同，前、后驱动总成工作状态存在差异。为了充分表征整车的骚扰特性，进一步进行了不同驱动工况的性能验证，测试结果如图 8-61 所示。从测试结果可以看出，单独前驱与四驱工况电动汽车电场辐射发射试验测试结果差异不大，裕量均可达 10dB 以上，满足设计目标要求。

2. 车辆电磁辐射发射试验

按照 GB 34660—2017 规定的方法进行测试，评价 30～1000MHz 频段范围车辆电磁辐射发射水平。图 8-62 和图 8-63 所示分别为宽带和窄带电磁辐射发射测试结果，宽带电磁辐射发射测试峰值最低裕量大于 3dB，窄带电磁辐射发射测试峰值最低裕量大于 6dB，满足设计目标要求。

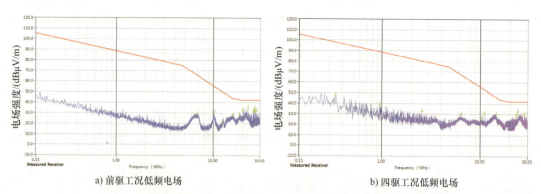

a) 前驱工况低频电场　　　　　　　　b) 四驱工况低频电场

图 8-61　不同驱动模式下的电动汽车电场辐射发射试验测试结果（150kHz～30MHz）

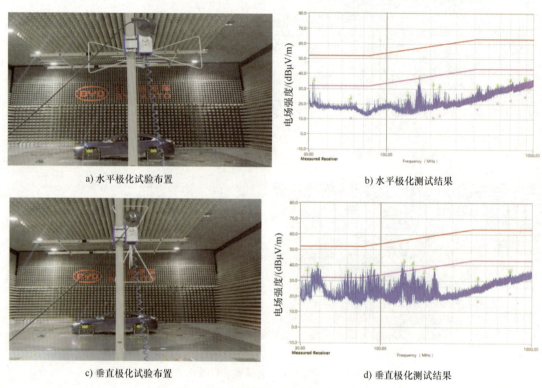

a) 水平极化试验布置　　　　　　　　b) 水平极化测试结果

c) 垂直极化试验布置　　　　　　　　d) 垂直极化测试结果

图 8-62　车辆电磁辐射发射试验测试结果（宽带）

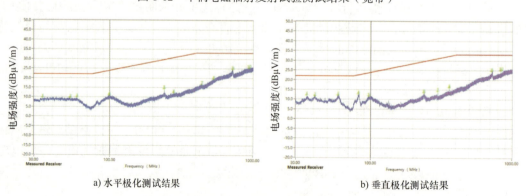

a) 水平极化测试结果　　　　　　　　b) 垂直极化测试结果

图 8-63　车辆电磁辐射发射试验测试结果（窄带）

3. 车辆电磁辐射抗扰度试验

按照 GB 34660—2017 规定方法进行整车辐射抗干扰测试，试验布置如图 8-64 所示。根据标准要求在 30V/m 场强下，车辆不应出现抗扰度相关功能的性能降低；实际测试结果满足 100V/m 干扰场强下整车功能无异常。

图 8-64　车辆电磁辐射抗扰度试验布置

4. 充电工况 EMC 性能

按照 ECE R10.05 规定的方法对整车进行充电工况 EMC 性能验证，试验布置如图 8-65 所示。沿交流电源线的射频传导发射试验和电磁辐射发射试验是整车验证过程中的难点。通过前期设计阶段对充配电总成零部件进行相关指标分解、性能设计及管控，有力地保障了后期整车充电工况 EMC 性能目标的达成。整车充电工况 EMC 性能结果见表 8-15，发射类测试结果最低裕量均大于 10dB，抗扰类均满足标准要求。

图 8-65　整车沿交流电源线的射频传导发射试验布置图

表 8-15　充电工况 EMC 性能验证结果汇总

序号	试验项目		测试结果
1	车辆电磁辐射发射试验	直流充电	裕量大于 10dB
		交流充电	裕量大于 10dB
2	车辆电磁辐射抗扰度试验	直流充电	满足标准要求
		交流充电	满足标准要求
3	沿交流电源线的射频传导发射试验		裕量大于 6dB
4	沿交流电源线的电压变化、电压波动和闪烁发射特性试验		满足标准要求
5	沿交流电源线的谐波发射试验		满足标准要求
6	沿交流电源线的电快速瞬变脉冲群的抗扰度试验		满足标准要求
7	沿交流电源线浪涌的抗扰度		满足标准要求

5. 人体电磁防护

按照 GB/T 37130—2018 规定的方法对整车进行了 10Hz～400kHz 车辆环境低频磁场发射试验的验证，重点针对动力系统部分，进行驱动工况（匀速、急加速、急减速）和充电工况（交流充电、直流充电）测试（图 8-66）。

图 8-66　车内低频磁场发射测试

基于以上方法，国内权威汽车测评机构会对市场上的主流车型进行测评，在中国汽车 CCRT 测评中，比亚迪汉车型的电磁辐射指标以并列最高分（截至 2022 年 10 月）获得健康环保等级 A 的评价，具体测评结果见表 8-16，数据来源于中国汽车技术研究中心 C-NCAP 官方网站。

表 8-16　中国汽车 CCRT 测评人体电磁防护测试结果

车型	人体电磁防护（最低裕量）/dB	CCRT 评分
比亚迪汉 EV	28.2	100
国内车型 1	18.2	73
国内车型 2	20.1	80
国内车型 3	23.1	93
国内车型 4	24.5	98
国内车型 5	20.3	81
国内车型 6	25.6	100
国内车型 7	27.0	100
美国车型	21.2	84
德国车型	27.3	100

第 9 章 电动汽车电子电气系统功能安全

9.1 概述

随着汽车电气化和智能化的发展,电子电气系统在汽车上的应用越来越多,随之而来的由电子电气系统失效带来的风险也越来越高。在车辆正常运行过程中发生由电子电气系统失效引发的安全事故,严重时可威胁人的生命安全。因此,亟需在电子电气系统的开发阶段充分考虑功能安全,引入相关标准,降低由电子电气系统的功能异常引起的危害,提高汽车的安全性。

本章旨在以电动汽车动力系统为例,详细说明如何在电动汽车电子电气系统开发过程中实现功能安全。首先对电动汽车动力系统融合功能安全标准后的项目开发流程和要求进行阐述,并针对产品开发全生命周期中重要环节的技术要点、设计方法和约束等展开说明,为实际功能安全产品的开发和管理提供参考,主要从安全文化建设、安全生命周期和接口协议三个方面介绍电动汽车动力系统的功能安全管理,同时对系统功能相应的失效危害进行分析,从而确定不同系统的安全性要求;最后基于已确定的安全性要求,分别从整车的概念设计、系统功能开发和软硬件开发等层面阐述如何进行功能安全设计,以确保在车辆的整个生命周期中实现功能安全。

9.2 电动汽车动力系统的开发流程

电动汽车动力系统的开发流程依据整车开发流程要求细化而来,划分为立项阶段、方案设计阶段、数据设计阶段、过程开发阶段、试制阶段、试量产阶段和量产阶段,如图 9-1 所示。

图 9-1 电动汽车动力系统的开发流程

立项阶段的主要任务是根据市场调查和竞品分析进行动力系统的初步规划和分析,建立项目团队并策划项目管理方案。

方案设计阶段的主要任务是根据整车分解的要求进行动力系统方案设计,分析动力系统方案的竞争优势和可行性。总体部门进行总布置方案设计,产品工程部门同步组建工程小组进行工程分析和开发工作。

数据设计阶段的主要任务是根据动力系统方案确认零部件的设计开发要求，然后按此要求进行招标并确定零部件供应商。产品设计部门需要制订零部件开发进度计划，完成零部件的详细设计及开发明细，针对设计过程中的风险项制订验证计划，并进行工艺可行性分析；性能小组依据相应的设计验证计划实施验证，输出对应的计算或分析报告；仿真部门配合进行仿真验证，输出验证报告；产品工程部门进行动力系统装配、维修、防错分析；法规部门确认零部件的法规符合性要求。

在过程开发阶段，产品设计部门需要完成零部件的设计图样、模具和检具的开发工作，同时制订动力系统的匹配计划和零部件的验证计划；整车评价测试部门制订整车的试验计划；项目管理部门制订整车的试制车辆计划。

试制阶段一般分为 S1、S2、S3。S1 阶段主要进行系统匹配、装配尺寸校核、性能试验、功能测试、法规项摸底和结构/功能耐久验证工作；S2 阶段主要进行全部装配尺寸校核工作，完成系统和性能的全面摸底，验证法规项目全面性合格，结构/功能做优化后耐久验证，试生产工艺的初步验证；S3 阶段主要进行动力系统认证并发布认证结论，针对试生产工艺、物流、计划、仓储、品质检验各环节进行验证，发布生产工艺文件。

试量产阶段的主要任务是进行小批量生产的一致性验证，对生产工艺、物流、计划、仓储、品质检验各环节进行确认，开展用户动态评价体验，确认各项销售工作和售后服务准备工作准备到位。

量产阶段主要进行量产的收尾工作。各设计部门进行文档整理、受控和归档工作；品质部门总结项目开发过程中的品质问题，作为新项目的经验输入；产品设计部门根据售后发现的问题做持续改进。

在功能安全产品的开发流程中，需将功能安全活动融入各开发阶段中，详见表 9-1。各阶段涉及的功能安全工作如下：

表 9-1 动力系统产品开发各阶段的功能安全活动分布

立项	方案/数据设计	过程开发	试制	试量产	量产
组建功能安全团队 制订安全计划	功能安全概念开发 签订分布式开发接口协议 产品开发	整车集成测试、安全确认计划及规范 产品开发	整车集成测试 安全确认	生产发布 安全档案归档	产品发布后管理

在立项阶段，应组建功能安全团队，制订安全计划；在方案设计阶段，应完成功能安全概念开发相关工作，包括相关项定义、HARA 分析、功能安全概念，将安全目标及功能安全需求输出至产品设计部门，由产品设计部门下发至产品开发商，与产品开发商签订分布式开发接口协议；在数据设计阶段，应逐渐完善需求文档，并完成技术文档定版。产品开发商依据需求输入展开产品详细设计，具体包括产品系统阶段开发、产品软件和硬件阶段开发、产品软件和硬件测试以及系统集成与测试；在过程开发阶段，应完成整车集成测试与安全确认的计划及规范；在试制阶段则需完成整车集成测试与安全确认，通过多轮试制的测试，充分发现问题、解决问题，并确保全部需求验收完成且问题关闭，同时对设计

文档进行升版，为车型量产做准备；在试量产阶段，完成安全档案归档，车型量产后则执行发布后的安全管理流程。同时在整个产品开发周期过程中应依据 GB/T 34590 执行安全管理及展开支持过程的工作，详细的全生命周期功能安全开发流程如图 9-2 所示。

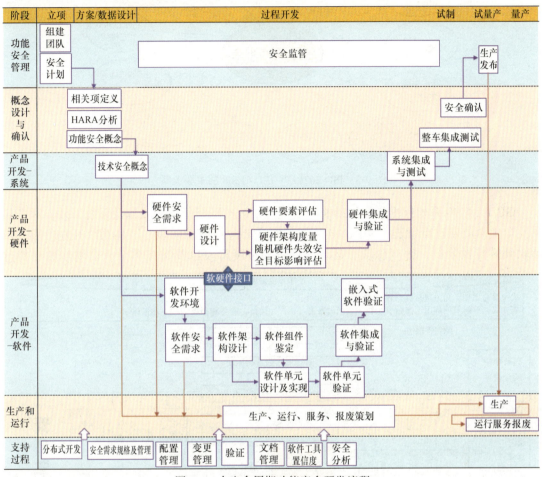

图 9-2　全生命周期功能安全开发流程

9.3　功能安全管理

功能安全的概念最早起源于石油化工行业，频发的工业灾难催生功能安全标准出现。2000 年，IEC 61508《电子/电气/可编程电子安全相关系统（E/E/PE）的功能安全》发布，此标准也是今天功能安全技术发展的核心标准。国际标准化组织 ISO 基于 IEC 61508，针对汽车功能安全发布了 ISO 26262《道路车辆功能安全》标准，旨在降低由电子电气系统的功能异常引起的危害，并提高汽车的安全性，图 9-3 展示了 ISO 26262 与 IEC 61508 的关联关系。

基于行业背景，国内由汽车电子与电磁兼容分技术委员会牵头，基于 ISO 26262—2011，组织制定了适用于国内实施的 GB/T 34590《道路车辆 功能安全》系列标准，并于 2017 年正式发布。

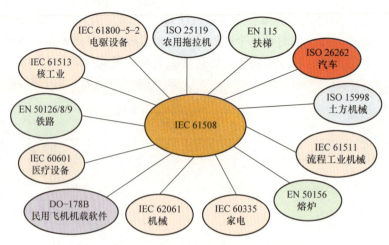

图 9-3 ISO 26262 与 IEC 61508 的关联关系

GB/T 34590 系列标准为实现抑制电子电气系统的随机硬件失效以及系统失效，对产品开发全生命周期进行管理，如图 9-4 所示。它主要包括概念阶段、产品系统开发阶段、产品软硬件开发阶段、生产阶段、运行、售后和报废阶段以及贯穿整个生命周期的支持过

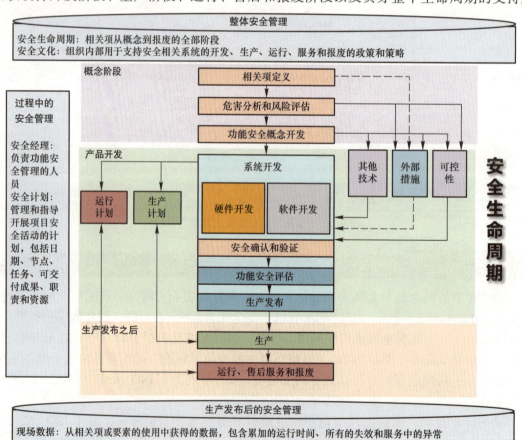

图 9-4 功能安全生命周期管理

程、安全管理过程。在考虑电动汽车动力系统的安全性设计时，为了全面实现安全性，产品开发过程应引入 GB/T 34590 标准的应用。

功能安全的本质是控制风险，通过技术或管理等手段解决会引起不可接受的安全风险的系统功能故障。引发系统功能失效的原因有随机硬件失效和系统失效两种，其中随机硬件失效可通过硬件设计指标来约束，系统失效可通过规范功能安全管理来避免。因此，功能安全管理和功能安全设计开发技术有着同等重要的地位。

由 GB/T 34590.2—2017《道路车辆　功能安全　第 2 部分：功能安全管理》可知，功能安全管理主要由整体功能安全管理、项目功能安全管理以及生产、运行、服务、报废的安全管理三部分组成。整体功能安全管理的目的在于指导企业层面功能安全管理体系的建立，项目功能安全是具体产品功能安全开发需遵循的基本原则，生产、运行、服务、报废的安全管理规定了如何持续维护和满足产品功能安全要求直至产品报废。

9.3.1　安全文化建设

安全文化建设是整体安全管理的重要内容，安全文化是为实现组织愿景、履行组织使命而进行的长期管理活动和生产实践过程中积累形成的全员性的安全价值观或安全理念、员工职业行为中所体现的安全特征，以及构成和影响社会、自然、企业环境、生产秩序等安全氛围的总和。汽车产品能否达到一定的安全等级，是由参与产品生命周期各阶段的员工共同决定的，而员工的思维方式、行为准则、做事习惯又受到安全文化的深远影响，因此可以说组织的安全文化深远地影响了产品最终的功能安全表现。

功能安全文化建设的基础是公司根据标准要求，制定既符合标准要求又兼容公司已有规范的产品开发流程，使得规则流程能有效执行下去，因此企业功能安全文化必须从企业高层的决心开始。产品功能安全在满足现有基础质量要求下，需要增加额外冗余设计、外部措施和更多文档输出工作，这势必会增加企业对产品开发的时间投入和成本投入。如果没有外部强制性法规要求和认证要求，在企业内部项目开发进度和成本的双重夹击下，产品功能安全很难在企业内部落地实施。因此，功能安全文化可以看作是"老板文化"，组织提供相应资源，建立专门的功能安全组织、规章和功能安全开发流程，赋予功能安全活动相关人员足够的权限来履行他们的职责，并设有专门的功能安全沟通渠道，以支持有效实现功能安全目标和要求，并鼓励大家不断持续改进。

9.3.2　电动汽车动力系统安全生命周期分析

电动汽车动力系统的安全生命周期指导了动力系统产品的开发工作，从根本上保证了汽车电子产品的功能安全，如图 9-5 所示，它包含了从概念阶段到产品开发，最后再到生产、运行、服务和报废在内的主要安全活动。

功能安全概念设计阶段的主要工作包含相关项定义、HARA 以及提出功能安全需求并进行需求分配。

在产品开发阶段，按照 V 型开发流程定义相关安全活动，V 型的左侧是技术安全需求分析、系统设计；V 型的右侧是系统集成、安全确认和发布。硬件和软件的开发也遵循 V 型开发流程。

在批产后的阶段，需要提供必要的文档及方法以保证在生产、售后服务和报废等环节中安全目标不被破坏。同时需要监控售后产品，如发现有违背安全目标的案例要采取相应的措施。

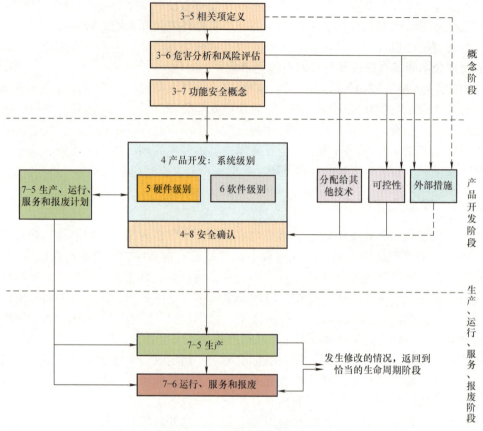

图 9-5 安全生命周期流程框图

9.3.3 开发接口协议

功能安全管理体系的建立除了开发过程的管理，也要有为保证运营质量的支持过程。分布式开发管理贯穿在功能安全生命周期的各个阶段，通过定义客户和供应商在进行开发活动时的交互和依赖关系、职责的分配、相关项及其要素在进行分布式开发时需要交换的工作成果来实现产品的功能安全目标。开发接口协议（DIA）是分布式开发管理的重要工作成果，规定了客户和供应商功能安全领域各自的角色和责任。需要注意的是，如果供应商进行再次分包，双方也应签订开发接口协议（DIA）。该供应商虽再次分包，但不能免除它与上级客户签署的开发接口协议（DIA）中约定的责任。如果供应商不是应客户的要求进行相关项或要素开发的，则不适用开发接口协议，如：

1）未对供应商分配任何安全责任的合作或采购，包括标准组件、元器件或委托开发。
2）商业现成的硬件要素且不是为了满足特定安全要求而定制生产的。
3）商业现成的软件组件且不是为了满足特定安全要求而定制生产的。
4）商业现成的硬件要素或软件组件作为 SEooC 来开发的情形。

9.4 安全性等级分析

在功能安全标准中，为了确定不同系统的安全性要求，引入了汽车安全完整性等级（Automotive Safety Integrity Level，ASIL）的概念，其定义是在规定的条件下和规定的时间内，安全相关系统成功完成所要求的安全功能的可能性。ASIL 等级是根据严重度（Severity）、暴露度（Exposure）和可控性（Controllability）三个影响因子进行评估的。其中严重度是指当危害事件发生时，所有卷入事件中的相关人，包括驾驶员、乘客甚至其他人员（行人、其他车辆上的人等）受到的伤害程度，共分为 S0、S1、S2 和 S3 4 个等级，严重程度随着数值递增而增大，其中 S0 代表没有伤害，S1 代表轻度和中度伤害，S2 代表严重伤害，可能危及生命，S3 代表致命伤害。暴露度是根据车辆可能发生危险的总操作时间的百分比或暴露于操作场景的频率分配，评估结果定义为 E0、E1、E2、E3 和 E4 5 种，其中 E4 为发生概率最高的等级，而 E0 表示处在可以被识别的危险中，但被认为是不可能发生的。可控度是指故障发生以后，驾驶员或其他处于运行场景的人员是否可以人为地对故障状态加以控制，分为 C0、C1、C2 和 C3，C0 认为通常可控，需要注意的是，与严重度、暴露度不同，C 的数值越大，可控程度越低，上一级别和下一级别的可控性相差了一个数量级。

表 9-2 给出了 ASIL 的确定方法，ASIL 共分为 A、B、C、D 四个等级。其中，D 代表最高严格等级，A 代表最低严格等级，QM 等级属于质量管理范畴，不属于功能安全考虑范围内。ASIL 等级越高，对系统的安全性要求越高，意味着硬件的诊断覆盖率越高，开发流程越严格，相应的开发成本增加、开发周期延长，技术要求严格，为实现功能安全付出的代价越高。值得注意的是，ASIL 等级的影响因子由人主观判定，对同一对象，不同的人得出的 ASIL 结果可能不同，对应的安全要求和措施也会有较大差异，在进行安全性等级分析时，需要谨慎、客观、全面地进行判断。

表 9-2 ASIL 等级评定

严重度等级 S	暴露度等级 E	可控性等级 C		
		C1	C2	C3
S1	E1	QM	QM	QM
	E2	QM	QM	QM
	E3	QM	QM	A
	E4	QM	A	B
S2	E1	QM	QM	QM
	E2	QM	QM	A
	E3	QM	A	B
	E4	A	B	C
S3	E1	QM	QM	A
	E2	QM	A	B
	E3	A	B	C
	E4	B	C	D

9.5 危害分析与风险评估

功能安全 GB/T 34590—2017 提出了在汽车 ECU 中实施安全的技术和方法的指导原则，危害分析和风险评估（Hazard Analysis and Risk Assessment，HARA）是一种为了避免不可接受风险的方法，用于识别和归类危险事件，并制定可以预防或减轻相应危险的安全目标，是一个重要的功能安全工作流程。在概念阶段，危害分析和风险评估基于相关项定义的功能和接口来展开，通过识别出相关项的功能失效可能导致的危害和风险，并对风险进行 ASIL 等级评估从而得到相关项的安全目标。有了安全目标后，才能按照 V 模型对相关项进行功能安全开发。因此，危害分析与风险评估是进行功能安全开发的关键一步，在进行 HARA 时，要注意以下几点：

1）以能在整车层面观察到的条件或行为来定义危害。

2）在危害分析和风险评估过程中，应对不含内部安全机制的相关项进行评估，不考虑将要实施或已经在前代相关项中实施的安全机制。同时，在对危害的条件或行为进行定义时，不需要考虑相关项功能实现的潜在原因。

3）在对相关项进行评估过程中，可用的且充分独立的外部措施是有益的。

4）仅考虑与相关项自身相关的危害，假设其他充分独立的系统（外部措施）均正确。

9.6 概念阶段的功能安全活动

基于功能安全开发的 V 字模型，概念阶段是汽车功能安全开发活动的起始，其工作成果质量直接影响后续系统的设计和软硬件的开发工作，它主要包含相关项定义（Item Definition）、危害分析和风险评估（HARA）以及功能安全概念设计（FSC）三部分。

9.6.1 相关项定义

相关项定义的目的在于将系统功能与外界的（驾驶员、环境及其他相关项）交互关系进行充分说明展示，是后续开展功能安全分析的前端输入。

作为功能安全的研究对象，1 个相关项（Item）可以分解为 1 个或多个系统（System），并向外提供 1 个或多个功能（Function）。系统可以由多个子系统（Sub-system）构成，也可以分解为多个组件（Component）。构成 1 个系统或子系统的组件至少是 3 个：负责输入信号的传感器（Sensor），负责信号处理及逻辑控制的控制器（Controller）和负责输出的驱动器（Actuator）。1 个组件（Component）可以由 1 个或多个软件单元（Software Unit）或 1 个或多个硬件（Hardware Part）构成。图 9-6 展示了相关项、系统、组件、硬件元器件和软件单元的关系。图 9-7 举例展示了单一系统相关项的分解（构成关系），图 9-8 举例展示了多系统相关项的分解（构成关系）。

相关项定义的内容包括功能需求、非功能需求、行为不足、执行器的能力或能力假设和初始架构 5 个部分。其中功能需求是整车层面的功能概念，它包括运行模式及状态；非功能需求是相关项的约束条件，如功能与其他相关项及运行环境的相关性；行为不足包括已知的失效模式和危害造成的潜在后果；执行器的能力或能力假设，在评定严重度和可控度等级时需考虑转矩输出施加的力、运行速度、亮度、响度这些值或估计值的影响；初始架构为相关项包括的要素（要素也可基于其他技术）。

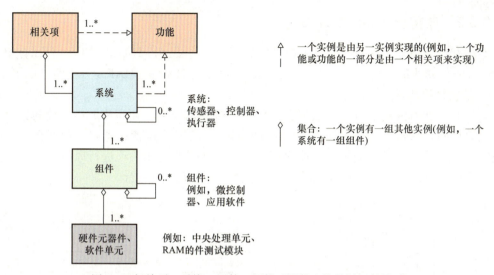

图 9-6 相关项、系统、组件、硬件元器件和软件单元的关系

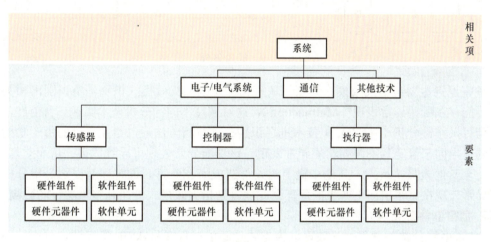

图 9-7 单一系统相关项的分解（构成关系）

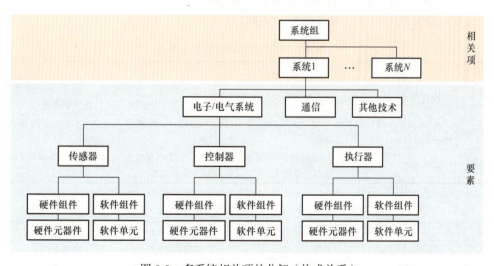

图 9-8 多系统相关项的分解（构成关系）

9.6.2 危害分析和风险评估

在已有相关项定义的基础上，对新开发的情况可直接进行 HARA 分析，对现有相关项或其环境进行修改的情况，则先进行影响分析，再考虑 HARA。HARA 分析包含以下步骤。

1. 场景分析与危害识别

由于并非所有的电子电气失效都会导致不可接受的风险，如座椅加热系统的失效，还有些失效需要在特定的驾驶场景中才会带来风险，如车辆在漆黑的道路上夜间行驶，电气系统失效导致的近光灯功能故障会造成撞车风险，所以在对相关项进行风险评估时，首先应进行场景分析，进行场景分析时可从图 9-9 所示的几个方面进行。

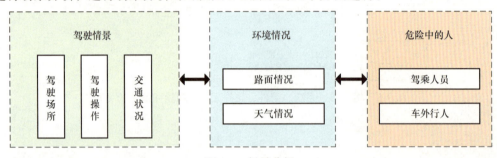

图 9-9 场景分析

危害识别主要包括失效模式识别和危害程度识别。失效模式识别是指识别出相关项的功能可能存在哪些异常表现（Malfunction），这可通过不同的分析技术实现。目前经常使用危害与可操作性分析（HAZOP）技术进行识别，该分析方法通过给相关项的每个功能添加适当的引导词来假定其不同的功能异常表现，该功能异常表现可导致危害，从而对驾驶员、乘客甚至其他人员（行人、其他车辆上的人）造成潜在伤害。危害程度识别是指分析每个功能异常表现在整车层面上产生的危害，此危害是指失效模式传递到整车层级的影响。

2. 危害事件分类

"危害事件分类"过程可等效理解为是风险评估过程或是 ASIL 等级评估过程，即通过 S、E、C 三个参数进行赋值，对危害事件的风险进行量化评估。表 9-3、表 9-4、表 9-5 分别为严重度、暴露度和可控度等级的判定依据。

表 9-3 严重度等级的判定依据

等级	S0	S1	S2	S3
描述	没有伤害	轻度和中度伤害	严重伤害，可能危及生命，有生存希望	威胁生命的伤害（不确定能活活）、致命伤害
伤害等级	AIS0 或者 AIS1~6 的概率低于 10%	AIS1~6 的概率高于 10%	AIS3~6 的概率高于 10%	AIS5、6 的概率高于 10%
举例	轻微刮擦	以极低的速度侧面碰撞其他乘用车	以较低的速度前后碰到其他乘用车	以中等速度前后碰到其他乘用车

表 9-4 暴露度等级的判定依据

等级	E1	E2	E3	E4
描述	很低的可能性	低可能性	中等可能性	高可能性
持续时间	没有详细说	平均操作时间 < 1%	平均操作时间 1%~10%	平均操作时间 > 10%

（续）

等级	E1	E2	E3	E4
场景频率	对于绝大多数驾驶员小于一年发生一次	对于绝大多数驾驶员一年发生一次或多次	对于一般的驾驶员一个月发生一次或多次	平均几乎发生在每次驾驶中
举例	汽车跳车	拖车	在坡道上临时停车	坡道起步

表9-5 可控度等级的判定依据

等级	C0	C1	C2	C3
描述	通常可控	简单可控	一般可控	难控或不可控
定义	通常可控	99%或更多的技术员或交通的参与者都通常可以避免特定的伤害	90%或更多的驾驶员或交通的参与者通常能够避免特定的伤害	少于90%或者全部的驾驶员或其他交通的参与者都通常可以，或者几乎不能，去避免一个特定的伤害
举例	收音机声音突然增大	驾驶员座椅调整位置开关损坏	紧急制动过程中ABS失效	制动失效

3. 安全目标的确定

危害事件的反面即为安全目标，对于识别出的危害事件，可以对相似的危害事件进行组合和分类，再导出安全目标，以此降低分析工作量。安全目标与危害事件之间，可以是 $1:N$ 或 $N:1$（N 大于或等于1）的关系。安全目标可以用自然语言的形式来描述，通常是如下的模式化形式：

1）避免（Avoid to），如避免近光灯非预期的熄灭。
2）阻止（Prevent to），如阻止安全相关提示信息在2s内关闭。
3）应该（Should），如收到胎压不足的警告信号后，胎压不足警告灯应该亮起。

每个安全目标都有对应的ASIL评级，安全目标的ASIL等级取决于与之相关联的风险事件的最高ASIL等级。可以为每个安全目标分配故障容忍时间间隔（Fault Tolerance Time Interval），用以规定从故障发生到系统进入安全状态的时间间隔。

9.6.3 功能安全概念设计

功能安全概念（Functional Safety Concept）是概念阶段的最后一个活动，在未进入系统设计时通过假设一个系统架构（System Architectural Design）将功能安全需求分配到整车的架构上。功能安全概念阶段需要描述必要的功能安全需求，并分配这些安全需求到系统的功能要素（Element）上。功能安全需求（Functional Safety Requirement，FSR）派生自安全目标，一个安全目标至少对应一条功能安全需求。功能安全需求要求无歧义、可理解、无矛盾、可实现及可测试。

9.7 系统级功能安全

9.7.1 系统级功能安全开发基本要点

产品系统级功能安全开发的主要活动是生成技术安全概念，技术安全概念包含系统架构设计和技术安全要求。系统架构建立后，将技术安全要求分配给各要素，在各要素中实现相关技术安全要求，在此过程中需结合技术安全分析结果迭代技术安全概念，并细化技术安全要求以及软硬件接口（HSI）要求。迭代后的技术安全要求，需要进行软硬件分配，生成硬件安全需求（HSR）和软件安全需求（SSR），分别作为硬件设计和软件设计的依据。

在产品软硬件完成开发和集成后,需在系统层进行系统集成测试,主要是为了实现两个目标。其一是按照需求和 ASIL 等级,测试对安全需求的符合性;其二是验证是否正确实现了针对安全需求的"系统设计"。

系统层级主要包含以下规划输出物:①技术安全需求规范;②技术安全概念;③系统架构设计规范;④软硬件接口(HSI)规范;⑤安全分析报告;⑥关联失效分析报告;⑦集成和测试策略;⑧集成和测试报告。

9.7.2 技术安全概念设计

技术安全概念设计最主要的两部分是系统架构设计和技术安全需求的定义。基于概念阶段初步形成的功能安全概念,系统架构描述了相关项的功能和要素组成,将功能安全概念分配到系统架构,得到更为具体的技术安全概念。

技术安全概念设计需要考虑功能安全概念和初步的架构设想,基于初步设想的架构,通过安全分析细化功能安全需求,从而实现技术安全需求的定义以及系统架构迭代。在整个开发周期中,技术安全要求是实现功能安全概念必需的技术要求,目的是将相关项层面的功能安全要求细化到系统层面的技术安全要求中。

1. 系统架构设计

从技术安全要求规范描述可知,系统的设计和开发都来源于功能安全概念,将功能安全概念分配至系统架构,形成技术安全概念。因此,系统架构在技术安全概念中起着核心作用。

在定义产品架构时,需要首先确定产品的预期功能,包括功能要求、产品行为、设计极限和接口。然后对功能做分析,确定其是否与安全相关。如果功能与安全无关,则根据质量管理要求进行开发。功能初步设计由逻辑要素来实现,并逐渐细化成为技术要素直到最终实现功能开发。如果功能与安全相关,那么通过安全分析定义相应的安全目标和 ASIL 等级,并设计安全机制以保证产品符合安全要求。安全相关功能的开发和安全机制的实现也经由逻辑要素细化为技术要素并最终完成。

安全分析是架构设计中重要的分析方法,通过安全分析去识别故障影响和失效原因,并基于已识别的失效原因和故障影响验证安全机制的有效性,安全分析方法见表 9-6。在 ASIL C 和 ASIL D 高等级要求中,安全分析中高度推荐演绎和归纳结合使用,进行互补分析。失效模式及后果分析(FMEA)和故障树分析(FTA)是在安全分析时常用的两种分析方法,分别是自下而上和自上而下的两种分析方法。FMEA 的优势在于识别系统或产品中的单点故障,但是 FMEA 并不能保证能够揭露所有的系统元件故障,大多数的系统缺陷都是作为一个单独的系统元件故障被发现,多点的元件故障一般难以用该方法分析到,这时需用到 FTA。在高等级安全分析中,FTA 是非常重要的安全分析方法,用以配合 FMEA 做验证分析。在 FMEA 分析中,需将一些保护策略及机制从功能中剥离出去之后再分析,这点与目前常规 FMEA 分析不同。

表 9-6 安全分析方法

方法	ASIL 等级			
	A	B	C	D
演绎分析	○	+	++	++
归纳分析	++	++	++	++

另外，在进行安全分析时，还需分析独立性以及是否免于干扰的特性。例如，设计两个信号处理电路以实现某项功能的安全监测和功能执行。然而，这两个独立的电路可能依赖于同一电源资源，为此在进行电路开发的技术安全概念细化时，必须将它们分开描述与设计，以便得到两个互相独立的电源要素。独立性与免于干扰特性分析可运用相关失效分析（DFA）分析方法。

安全分析识别出失效原因和故障影响后，需设计安全机制用于减轻甚至防止出现在系统输出端的违反功能安全要求的失效。在设计安全机制时，应包含以下几下部分：

1）与系统自身故障的探测、指示和控制相关的安全机制。
2）涉及探测、指示和控制与本系统有互相影响的其他外部要素中所发生故障的安全机制。
3）使系统实现或者维持在相关项的安全状态的安全机制。
4）定义和执行报警和降级策略的安全机制。
5）防止故障变为潜伏故障的安全机制。

在系统阶段对系统架构需有初步的判断，选取安全机制时应考虑安全机制的诊断覆盖率，因为在硬件阶段进行定量分析时，诊断覆盖率是重要参考依据。

2. 技术安全要求的定义

技术安全要求的定义与架构设计是相辅相成的，不断迭代更新系统架构的过程，也是不断细化完善技术安全要求的过程。在定义技术安全要求时，应考虑以下因素：

1）技术安全要求应按照功能安全概念、相关项的系统架构设计来定义，包括相关项、系统及其要素安全相关的关联性、约束条件、系统的外部接口及系统可配置性。
2）技术安全要求应定义影响安全要求实现的系统应激响应。
3）如果其他功能或要求也由该系统或其要素实现，则也需要定义这些功能，包括法规要求。
4）在定义技术安全要求时不能与非安全要求相矛盾。
5）技术安全要求应定义安全机制。

9.7.3 系统集成测试

在系统集成阶段，需要将软硬件要素集成为组件。在完成软硬件集成后，进一步将组件、子系统进行集成，完成系统直到最终完成整车集成。为了保证集成后产品的功能安全，在系统集成过程中，还需要进行验证和测试活动。根据以上集成过程，此部分工作主要分为三个阶段：一是软硬件集成及软硬件集成测试，以验证软硬件接口（HSI）规范的要求；二是系统集成和测试，以提供证据证明各个系统要素正确交互、符合技术和功能安全要求，并为没有可能导致违背安全目标的非预期行为提供足够的置信度水平；三是整车集成，该阶段应对相关项与车内通信网络以及车内供电网络的接口规范进行验证。

集成测试阶段的测试目标是为了证明系统架构设计符合功能安全和技术安全要求。具体内容包括确保功能安全和技术安全要求被正确实施，安全机制的功能、性能及时序被准确实施，保证接口的一致性和准确性，确保系统具有足够的鲁棒性。为了完成以上测试目标，需要定义合理完整的集成及测试策略，基于系统设计规范、功能安全概念、技术安全概念、相关项集成和测试计划，制定集成和测试策略。为了恰当地定义集成测试的测试用例，在集成层面，使用表 9-7 中恰当的方法组合导出测试用例。

表 9-7　集成测试方法

方　法	ASIL 等级			
	A	B	C	D
需求分析	++	++	++	++
外部和内部接口分析	+	++	++	++
软硬件集成等价类的生成和分析	+	+	++	++
边界值分析	+	+	++	++
基于知识或经验的错误猜测法	+	+	++	++
功能的相关性分析	+	+	++	++
相关失效的共有限制条件、次序及来源分析	+	+	++	++
环境条件和操作用例分析	+	++	++	++
现场经验分析	+	++	++	++

9.7.4　安全确认

安全确认的目的主要有两个，一是证明集成到目标车辆的相关项实现了其安全目标，并满足安全接受准则，二是证明功能安全概念和技术安全概念对于实现相关项的功能安全是合适的。在整车层级对安全目标进行确认时，需考虑车辆运行环境以及车辆参数配置对安全目标的影响，不同的运行环境以及参数对车辆性能表现均不同，安全确认的环境应选择典型环境以及典型车辆配置。当整车层面的安全目标实现后，由于实际开发中安全需求是由安全目标导出的，故可证明功能安全概念和技术安全概念对于实现相关项的功能安全是合适的，可以保证安全。在安全确认时，可以选择下列方法的适当组合：

1）已定义了测试流程、测试案例和通过/未通过准则的可重复性测试（功能安全要求的正向测试、黑盒测试、仿真、边界条件下的测试、故障注入、耐久测试、压力测试、高加速寿命测试、外部影响模拟）。

2）分析（FMEA、FTA、ETA、仿真）。

3）长期测试。

4）实际使用条件下的用户测试、抽测或盲测、专家小组。

5）评审。

9.7.5　软硬件接口规范示例

软硬件接口（HSI）定义了软件与硬件之间的交互，明确了软件与硬件资源之间的调用关系。软硬件接口定义并非功能安全特有的、新增的文档，该接口定义在原有的项目开发中也有用，但除了要体现出常规的 Pin 号及名称、功能、特性、软件信号、硬件模块等常规信息外，还要能体现与安全需求的承接关系。

软硬件接口的内容可包括存储器、总线接口、转换器、设备配置参数、I/O 端口引脚、看门狗、运行模式、安全机制等。现对其中 I/O 端口部分内容进行举例（表 9-8）。

表 9-8　I/O 端口内容

引脚号 (Pin No.)	端口名称 (Port pin)	在项目中的作用 (Usage in Project)	相关的安全需求 (Related Safe Req)	软件需要的硬件资源 (HW Resource for SW)			软件控制需求 (SW need to Control)		
				硬件号 (HW ID)	硬件特性 (HW Characteristic)	故障状态 (Default Status)	软件号 (SW ID)	说明 (Direction)	配置 (Configuration)
12	PA[0]	控制继电器连通断开	TSR_XX HSR_XX SSR_XX	HW_XX	3.3~3.9V 时连通；0~0.7V 时断开	Tristate	iXX	I/O	CLKOUT

9.8　硬件功能安全开发

9.8.1　硬件功能安全开发的要点

功能安全研究范围为电子电气系统，即 E/E 系统，所以这里的硬件特指控制器硬件，包括相关的传感器、模拟芯片、数字芯片、控制器芯片、存储器芯片、电源芯片、驱动芯片、执行器等。硬件同样存在系统失效的问题，即由于人为设计疏忽导致的失效，需要对设计过程进行相应约束，包括开发流程、方法和测试验证等。硬件开发流程与软件开发一样，都基于 V 模型开发，但比传统 V 模型开发流程多了概率论定量分析，包括硬件架构度量和随机硬件失效的评估。

在系统开发阶段，通过细化功能安全需求（FSR），可得到技术层面可实施的技术安全需求（TSR），并将其分配至系统架构中的硬件（HW）和软件（SW）组件，接下来就需要根据硬件相关的 HSR 进行硬件安全相关的开发。对于硬件层面上的功能安全开发，GB/T 34590.5—2017《道路车辆　功能安全　第 5 部分：产品开发：硬件层面》中定义了硬件开发的活动，如图 9-10 所示。

9.8.2　硬件功能安全需求规范

硬件安全需求规范是硬件开发流程中的一个环节，是在技术安全概念和系统设计规范上进一步推导出来的在硬件设计上的安全要求。原则上，技术安全要求将会分配到硬件和软件两端，如果一些技术安全要求需要硬件和软件来共同完成，则在此阶段需要进一步拆分出独立的硬件要求。硬件安全需求还需要为相关项硬件要素定义硬件指标，如硬件架构指标和硬件随机失效率，这些指标的目标值将根据硬件安全要求继承的技术安全要求的安全等级而定。此外还应考虑相关项或硬件要素的设计验证准则的要求，如环境条件（温度、振动、EMI 等）。在系统阶段最初定义的软硬件接口应被充分细化，以允许硬件被软件正确地控制和使用，并且应描述出硬件和软件之间的每一项安全相关项的关联性。硬件安全要求还需进行相应的验证，以证明以下内容：与技术安全概念、系统设计规范以及硬件规范的一致性，关于技术安全要求分配给硬件要素的完整性，与相关软件安全要求的一致性、正确性与准确性。

经过此阶段，需输出三个文件：硬件安全需求规范（包括测试和评估准则）、软硬件接口规范（细化的）以及硬件安全要求验证报告（是否符合定制需求的分析结果）。

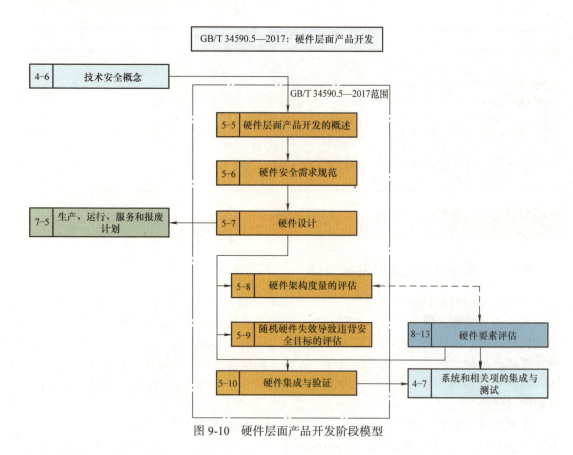

图 9-10 硬件层面产品开发阶段模型

9.8.3 硬件设计

硬件安全设计主要包括两个方面：硬件架构设计和硬件详细设计。硬件架构设计主要描述硬件组件和彼此的相互关系，并且还要满足硬件安全需求，安全机制也要在硬件架构中体现，为后续的硬件详细设计提供基础。硬件详细设计是对硬件架构设计的进一步细化，细化到电子电气原理图级别上。在详细设计过程中，可应用总结的相关经验来避免常见的设计缺陷等问题，硬件元器件要严格遵守它们的环境和运行限制规范，硬件元器件失效的非功能性原因也应该纳入考虑范围，包括温度、振动、水、电磁干扰、灰尘等，还应考虑鲁棒性设计原则。

安全机制是硬件安全要求中最重要的组成部分，是硬件安全设计最重要的体现，也是功能安全标准中最晦涩难懂的内容之一，这部分设计可参考 GB/T 34590.5—2017 附录 D。一般来讲，一个 E/E 系统中的硬件包括：传感器、继电器/插接器、数字输入/输出、模拟输入/输出、通信总线、处理器、时钟、执行器等，GB/T 34590.5—2017 中列出了相关硬件可能存在的失效模式和对应的安全机制及诊断覆盖率。

9.8.4 硬件架构评估矩阵

GB/T 34590.5—2017 中描述了两种硬件架构的度量指标，单点故障度量（SPFM）和潜伏故障度量（LFM），用于评估相关架构对应随机硬件失效的有效性。单点故障度量反映了相关项通过安全机制覆盖或通过设计手段实现的对单点故障的鲁棒性，显示用于防止硬件架构中单点或残余故障风险的安全机制的覆盖率是否足够。潜伏故障度量反映了相关项通过安全机制覆盖、通过在驾驶员违背安全目标之前识别或通过设计手段实现的对潜伏故障的鲁棒性,显示用于防止硬件架构中潜伏故障风险的全机制覆盖率是否足够。等级为 ASIL A 的安全目标无要求,等级为 ASIL B、C 和 D 的安全目标,对于每一个安全目标,要求的单点故障度量和潜伏故障度量的定量目标值应基于表 9-9 中的参考值。

表 9-9 单点故障度量和潜伏故障度量的定量目标值

	ASIL B	ASIL C	ASIL D
单点故障度量(SPFM)	≥ 90%	≥ 97%	≥ 99%
潜伏故障度量(LFM)	≥ 60	≥ 80	≥ 90%

9.8.5 评估硬件随机失效对安全目标的符合性

GB/T 34590.5—2017 中描述了两种针对硬件随机失效评估的方法。方法一是对每个硬件元器件及其在单点失效、残余失效和合理的双点失效方面对违背安全目标的影响进行独立评估(EEC)。方法二是通过使用定量分析方法计算随机硬件失效概率度量(PMHF),然后将其结果与目标值进行对比分析,进而评估是否违背所考虑的安全目标,一般在实际应用中都采用第二种方法。导致违背安全目标的随机硬件失效的最大可能性定量目标值,来源包括以下三点:①来自值得信赖的相似设计原则的现场数据;②来自应用于值得信赖的相似设计原则中的定量分析技术;③来自表 9-10。

表 9-10 随机硬件失效目标值

ASIL	随机硬件失效目标值
B	$< 10^{-7}/h$ = 100FIT
C	$< 10^{-7}/h$ = 100FIT
D	$< 10^{-8}/h$ = 10FIT

关于 PMHF 需要注意的是,PMHF 的目标值没有绝对意义,仅用于新旧设计的比较。考虑到不同产品的复杂度会有较大差异,复杂度和失效率成正相关。PMHF 的目的是生成可用的设计指导,并获得设计符合安全目标的可用证据。换句话说,对研究对象进行 PMHF 计算的目的在于验证新设计的可靠性比上一代更好。只有对一个全新设计的产品在没有可参照的 PMHF 时才会采用表 9-10 中的推荐值。

9.8.6 硬件集成和测试

硬件集成和测试的目的是确保所开发硬件符合硬件安全要求,目标是集成硬件要素,以验证硬件设计符合适当 ASIL 等级的硬件安全要求。验证与硬件安全需求相关的安全机制被完整实施的硬件集成测试方法包括功能测试、故障注入测试、电气测试。验证外界压力条件下硬件可靠性的测试包括环境测试、统计测试、最坏环境测试、超限值测试、机械测试、加速生命测试、机械耐久测试、EMC 和 ESD 测试、化学测试。导出硬件集成测试案例的方法包括需求分析、内部和外部接口分析、类似产品的测试案例分析、边界值分析、知识或经验的错误猜测、功能的相关性分析、相关失效的共有限制条件和序列及来源分析、环境条件和操作用例分析、现存标准、重要变量的分析等。

9.8.7 评估诊断覆盖率

诊断覆盖率是硬件要素失效率中，由实施的安全机制探测或控制的失效率所占的比例。在功能安全标准中，对于给定元素的典型安全机制的有效性，按照它们对所列举的失效模式覆盖能力进行了分类，分别为低、中或高诊断覆盖率。这些低、中、高的诊断覆盖率分别对应为60%、90%、99%的典型覆盖水平。针对具体的失效模式，可以有更细致的评估，以传感器为例，详见表9-11。

表9-11 传感器的失效模式

要素	60%、90%、99%诊断覆盖率对应的、所需分析的失效模式		
	低（60%）	中（90%）	高（99%）
传感器	超出范围 在范围内卡滞	超出范围 在范围内卡滞 偏移	超出范围 在范围内卡滞 偏移 震荡

诊断覆盖率评估有助于选择合适的安全机制，但是需要注意的是，要素的失效模式并非在所有场景下都会影响安全。如果某失效模式并不影响安全，即使所采用的安全机制并不能探测该失效模式，也不会降低该安全机制的有效性。

9.8.8 硬件架构矩阵示例

本小节给出了一个示例（示例来源：GB/T 34590.5—2017 附录 E），对相关项的每一个安全目标计算单点故障度量和潜伏故障度量。本示例中的系统（图9-11）在一个ECU中实现了两个功能。

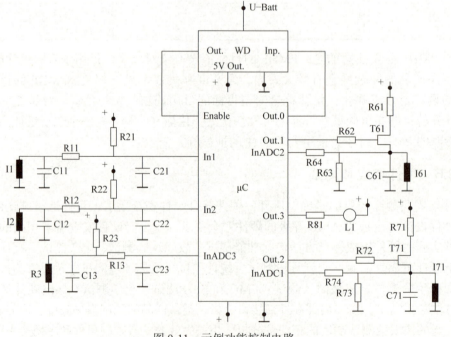

图9-11 示例功能控制电路

功能 1 有一个输入（通过传感器 R3 测量的温度）和一个输出（通过 I71 控制的阀 2），其功能是当温度高于 90℃时打开阀 2。相关联的安全目标 1 是"当温度高于 100℃时，关闭阀 2 的时间不得长于 100ms"，安全目标被分配为 ASIL B 等级，安全状态是"阀 2 打开"。微控制器的 ADC 读取传感器 R3 的值，R3 的电阻值随着温度升高而降低，该输入没有监控。控制 T71 的输出极由模拟输入 InADC1（表中的安全机制 SM1）来监控。在这个例子中，我们假设，安全机制 SM1 能够对 T71 有可能违背安全目标的失效模式进行探测，且具备 90% 的诊断覆盖率。如果 SM1 探测到失效，则安全状态被激活但是没有点灯。因此，声明针对 SM1 探测失效模式的潜伏故障的诊断覆盖率仅为 80%（驾驶员将通过功能降级获悉失效）。

功能 2 有两个输入（通过传感器 I1 和 I2 生成脉冲来测量轮速）和一个输出（通过 I61 控制阀 1），其功能是当车速高于 90km/h 时打开阀 1，如果没有电流经过 I61，则阀 1 打开。相关联的安全目标 2 是"当速度超过 100km/h 时，阀 1 的关闭时间不得长于 200ms"，安全目标被分配为 ASIL C 等级，安全状态为"阀 1 打开"。微控制器读取 I1 和 I2 的脉冲值，通过这些传感器给出的平均值计算轮速。安全机制 2（SM2）比较两个输入，SM2 对每个输入的失效探测达到 99% 的诊断覆盖率，如果出现不一致，则输出 1 设为 0，阀 1 打开（晶体管电压为"0"则打开栅极；I61 电压为"0"则打开阀 1）。因此，99% 可能导致违背安全目标的故障能被探测到并且进入安全状态，剩下的 1% 的故障是残余故障而不是潜伏故障。当安全状态被激活时，灯 L1 点亮，因此这些故障是 100% 能被察觉的。

控制 T61 的输出极被模拟量输入 InADC2（表中的安全机制 SM3）监控，微控制器没有内部冗余。在此示例中，假定安全故障的比例为 50%，并假定通过内部自检和外部看门狗（表中的安全机制 SM4）达到对违背安全目标的总体覆盖率为 90%，看门狗通过微控制器的输出 0 得到喂狗信号，当看门狗不再被刷新，其输出变低。SM4（看门狗和微控制器自检）提供的故障探测把这两个功能切换到它们的安全状态并点亮 L1。因此，针对潜伏故障的诊断覆盖率声称是 100%。L1 是仪表板上的一个 LED 灯，当探测到多点故障（其中只有一部分可以被探测到）时点亮它，并提示驾驶员功能 2（打开阀 1）的安全状态已被激活。

安全目标 1 的功能路径中的定量 FMEA 见表 9-12。

9.8.9　PMHF 计算示例

本小节给出了如何基于安全分析的结果来评估硬件设计是否满足随机硬件失效概率度量（PMHF）目标的示例。本示例是基于上小结对安全目标 2（当速度超过 100km/h 时阀 1 的关闭时间不得长于 200ms、ASIL C 等级）的硬件设计和分析。安全目标 2 的功能路径中的定量 FMEA 见表 9-13。

在分析完所有组件后可得到以下数据：总失效率为 176 FIT；总安全相关为 157 FIT；总非安全相关失效率为 19 FIT；单点故障/残余故障相关联的失效率为 5.478 FIT；双点故障相关联的失效率为 12.8 FIT。

单点故障度量 = 1-(5.478/157) = 96.5%；潜伏故障度量 = 1 - 12.80/(157-5.48) = 91.6%。PMHF = 5.478 + 12.8 × 69.822 × 1000 = 5.567 FIT，安全目标 2 被分配为 ASIL C 等级，对于 ASIL C 等级，随机硬件失效定量目标值推荐小于 100 FIT，安全目标 2 PMHF 的计算值为 5.567 表明此度量已被满足。

表 9-12　安全目标 1 的定量 FMEA

组件名	失效率/FIT	在计算中是否考虑安全相关组件？	失效模式	失效模式分布	在缺少安全机制时，失效模式是否有违背安全目标的潜在可能？	是否有防止失效模式违背安全目标的安全机制？	考虑到违背安全目标的失效模式覆盖率	残余或单点故障失效率/FIT	在结合其他无关失效时，失效模式是否会导致违背安全目标？	探测方法？是否有防止失效模式成为潜伏的安全机制？	考虑到潜伏失效的失效模式覆盖率	潜伏多点故障失效率/FIT
R3	3	是	开路	30%	×		0%	0.9				
			短路	10%								
			漂移0.5	30%								
			漂移2	30%	×		0%	0.9				
T71	5	是	开路	50%		SM1				SM1		
			短路	50%	×		90%	0.25	×		80%	0.45
…	…	…	…	…	…	…	…	…	…	…	…	…
总失效率	163 FIT							Σ9.65				Σ13.25

表 9-13　安全目标 2 的定量 FMEA

组件名	失效率/FIT	在计算中是否考虑安全相关组件？	失效模式	失效模式分布	在缺少安全机制时，失效模式是否有违背安全目标的潜在可能？	是否有防止失效模式违背安全目标的安全机制？	考虑到违背安全目标的失效模式覆盖率	残余或单点故障失效率/FIT	在结合其他无关失效时，失效模式是否会导致违背安全目标？	探测方法？是否有防止失效模式成为潜伏的安全机制？	考虑到潜伏失效的失效模式覆盖率	潜伏多点故障失效率/FIT	可探测的双点故障失效率/DPF_det	PMHF（%）
I1	4	是	开路	70%	×		99%	0.028	×		100%	0	2.772	0.50%
			短路	20%	×	SM2	99%	0.008	×	SM2	100%	0	0.792	0.10%
			漂移0.5	5%	×		99%	0.002	×		100%	0	0.198	0.00%
			漂移2	5%									0	0.00%
I2	4	是	开路	70%	×		99%	0.028	×		100%	0	2.772	0.50%
			短路	20%	×	SM2	99%	0.008	×	SM2	100%	0	0.792	0.10%
			漂移0.5	5%	×		99%	0.002	×		100%	0	0.198	0.00%
			漂移2	5%									0	0.00%
T61	5	是	开路	50%						SM3		0	0	0.00%
			短路	50%	×		90%	0.25	×		100%	0	2.25	4.60%
…	…	…	…	…	…	…	…	…	…	…	…	…	…	…
								Σ5.478				Σ12.80	69.822	99.8%

9.8.10 PMHF 在多系统中的分配示例

本小节给出两个系统的随机硬件失效概率度量（PMHF）预算分配流程，这两个系统均有助于实现相同的安全目标。以图 9-12 为例，该相关项系统由系统 A 和系统 B 组成，系统间通过车载网络总线（例如，CAN、FlexRay 或以太网）互联。

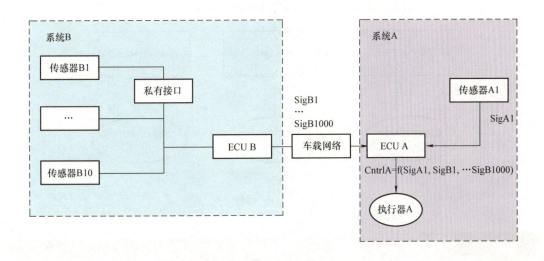

图 9-12 PMHF 分配示例系统

系统 A 包含一个电子控制单元（ECU A）、一个传感器（传感器 A1）和一个执行器（执行器 A），系统 B 包括一个电子控制单元（ECU B）和 10 个传感器（传感器 B1~B10）。首先，我们需要确定一个功能路径：传感器 B1~B10 将信号 SigB1~SigB10 传送至 ECU B，由 ECU B 计算出新的信号值 SigB11~SigB1000，ECU A 根据信号 SigB1~SigB1000 以及传感器 A1 的信号 SigA1 计算出控制值 CntrlA，然后应用到执行器上。做分配前有如下假设：

1）安全目标 SG_A：避免执行器 A 的错误执行时长超过 100ms（ASIL D 等级）。

2）SigA1、SigB1~SigB1000 的信号值只要有一项不正确，就可能导致违背安全目标 A。

3）ECU A 无法检查 SigB1~SigB1000 的正确性。

4）需由系统 B 检查 SigB1~SigB1000 的正确性。

在以上假设下对两个系统的 PMHF 进行分配，由于两个系统和车载网络都可能导致违背安全目标 SG_A，且该目标的安全等级是 D。因此，给每个安全目标涉及的系统分配 10^{-8}/h 的预算，此外，车载网络分配 10^{-10}/h 的预算。因此，违背安全目标 SG_A 所设的总预算为 2.01×10^{-8}/h（图 9-13）。

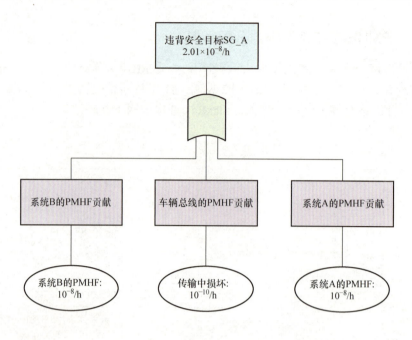

图 9-13 PMHF 目标分配

9.9 软件层面的功能安全活动

软件开发是产品开发过程中至关重要的一环,随着车辆智能化的发展,软件开发越来越重要,也越来越复杂,其安全性要求也越来越高。软件开发不存在随机失效,所有失效造成的风险究其根本均为系统失效造成。为了提升软件的安全设计,GB/T 34590 规定了车辆在产品开发软件层面的具体要求,本节将针对其中的开发要点展开说明。

9.9.1 软件开发流程

一个良好的开发流程是开发可靠软件的前提、基础设施。GB/T 34590.6—2017 中定义了一个软件开发模型,如图 9-14 所示。设计阶段主要有软件安全要求的定义、软件架构设计以及软件单元设计和实现 3 个过程,测试阶段主要有软件单元测试、软件集成和测试以及嵌入式软件测试 3 个环节。

在实际产品开发过程中可考虑汽车过程改进及能力评定(Automotive Software Process Improvement and Capability,ASPICE)与 GB/T 34590 的结合。ASPICE 是一套用于改进汽车行业软件开发过程和提升软件能力的标准化流程。其与 GB/T 34590 的要求重合度很高,ASPICE 详细定义了汽车软件工程所涉及的所有过程,通过保证过程质量以及持续优化,确保最终交付的产品质量。如图 9-15 所示,ASPICE 将企业的研发能力分为 6 级,Level 0 为最低水平等级,Level 5 为最高水平等级。ASPICE 作为汽车行业普遍使用的软件开发流程,行业认可度较高。建立 ASPICE 流程,然后融合 GB/T 34590 或直接实施符合 ASPICE 与 GB/T 34590 的软件开发流程,已成为主流的功能安全软件开发流程实施方案。

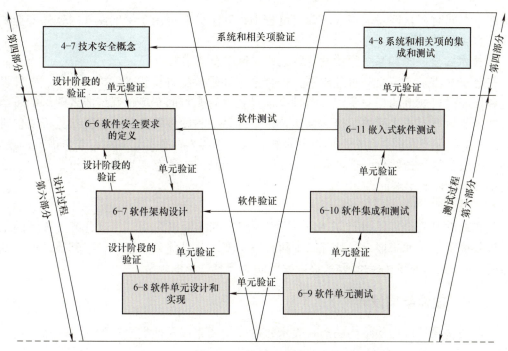

图 9-14 软件开发模型

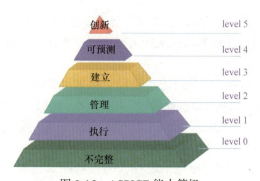

图 9-15 ASPICE 能力等级

9.9.2 软件安全需求规范

软件需求是软件开发后续环节的依据，在开始代码开发之前，需全面梳理和准确定义。在软件安全需求规范的编制过程中，应考虑以下内容。

1. 软件安全需求应覆盖软件安全相关的功能和特性

软件安全相关的功能包括：启动一个标准函数的安全执行功能，使系统达到或维持安全状态或降级的功能，与安全相关的硬件故障检测、指示和故障缓解的功能，操作系统、基本软件或应用软件中检测、指示和缓解故障的自检或监控功能，在生产、运营、服务和报废过程中的车载和非车载测试相关的功能，在生产和服务期间允许修改软件的功能，性能或时间敏感的相关操作功能。

安全相关特性包括对错误输入的鲁棒性、不同功能之间的独立性或免于干扰、软件的容错能力。同时在软件安全需求的确定过程中,安全分析可用于识别额外的软件安全要求或为其实现提供证据。

2. 技术安全概念和系统架构设计衍生的软件安全需求规范

符合安全需求的定义和管理规则,符合系统和硬件配置、软硬件接口规范、硬件设计规范和外部接口规范的相关要求,同时考虑对软件有影响的车辆、系统或者硬件的每个运行模式以及运行模式之间的切换。例如,在指定系统和硬件配置时,配置参数可以包含增益控制、带通频率和时钟预分频;在描述操作模式转换对软件的影响时,要考虑操作模式,包括关闭或休眠、初始化、正常操作、降级、用于测试或闪存编程的高级模式和它们之间的转换对于软件的影响。

3. 其他要求

如果对软件安全要求进行了 ASIL 等级分解,则应明确说明,并且分解过程需满足标准具体分解要求;如果嵌入式软件除了执行安全要求的功能外,还执行了其他功能,则应按照所应用的质量管理体系的要求提供这些功能及其特性的规范。

9.9.3 软件架构设计

软件架构设计以层次结构的形式表示软件架构要素以及他们之间的交互方式,包含静态方面和动态方面两个维度的设计。

1. 静态设计方面

静态设计方面包括基于层次的软件结构、数据类型及特点、软件组件的外部接口、嵌入式软件的外部接口、全局变量和包括架构的范围以及外部依赖在内的约束条件。

2. 动态设计方面

动态设计方面包括事件和行为的功能路径、数据处理的逻辑顺序、控制流和并发进程、通过接口和全局变量传递的数据流及时间的限制。同时为了确定动态行为(如任务、时间片和中断),应考虑不同的运行状态(如开机、关机、正常运行、标定和诊断),定义通信关系及其在系统硬件(如 CPU 和通信通道)上的分配。

为尽可能避免架构设计过程出现系统性失效,功能安全要求软件架构的设计具备以下属性:可理解性、一致性、简单性、可验证性、模块化、抽象性、封装性及可维护性。为此,GB/T 34590 中按照不同 ASIL 等级规定了不同的软件架构设计的描述方式,详见表 9-14。同时 GB/T 34590 提出了不同等级的软件架构设计原则,详见表 9-15。

表 9-14 软件架构设计标记法

方　法	ASIL 等级			
	A	B	C	D
自然语言①	++	++	++	++
非形式记法	++	++	+	+
半形式记法②	+	+	++	++
形式记法	+	+	+	+

① 自然语言可以补充标记法的使用,例如,某些主题更容易用自然语言表达,或为使用此标记法提供解释和理由。
② 半形式记法可以包括伪代码或使用 UML®、SysML®、Simulink® 或 Stateflow® 的建模。

表 9-15 软件架构设计原则

方　法	ASIL 等级			
	A	B	C	D
软件组件的适当分层	++	++	++	++
限制软件组件的规模和复杂度	++	++	++	++
限制接口规模	+	+	+	++
每个软件组件强内聚	+	++	++	++
软件组件间松耦合	+	++	++	++
恰当的调度特性	++	++	++	++
限制中断使用的次数或频度	++	++	++	++
软件组件适当的空间隔离	+	+	+	++
共享资源的适当管理	++	++	++	++

9.9.4 软件单元设计和实现

软件单元设计和实现的目标是按照软件架构设计、设计准则和所分配的支持软件单元实施和验证的软件要求，完成软件单元的详细设计并实现所定义的软件单元。其中软件单元的详细设计规范应描述功能行为和内部设计到实现所需的必要细节，如对寄存器使用和数据存储的限制。同时，软件单元的设计和实现应满足分配给软件单元的具有安全等级的软件需求、符合软件架构设计规范、与软硬件接口规范一致。

软件详细设计可以以模型的形式表示。源代码层的实现可以是程序员编写或符合软件开发环境的代码自动生成。为避免系统性失效，确保软件单元设计达到一致性、可理解性、可维护性和可验证性，软件单元设计可以使用自然语言、非形式化、半形式化和形式化表示来描述，以符合不同的安全等级要求。

为避免系统性失效，确保软件单元设计基于软件架构设计，确保软件单元内的子程序和函数执行的次序正确、软件单元接口的一致性、软件单元和软件内部数据流和控制流的正确性、可理解性、鲁棒性及软件易于修改和可验证性，应遵循软件单元设计和实现的原则。对于 C 语言来说，MISRA C 涵盖了表 9-16 列出的很多原则。

表 9-16 软件单元设计和实现的设计原则

方　法	ASIL 等级			
	A	B	C	D
子程序和函数一个入口和一个出口	++	++	++	++
无动态对象或动态变量，否则需要在其产生过程中对其进行在线测试	+	++	++	++
变量初始化	+	+	+	++
不能重复使用变量名称	+	++	++	++
避免全局变量，如有需要，则需证明对全局变量的使用是合理的	+	++	++	++
限制使用指针	++	++	++	++
无隐形类型转换	++	++	++	++
无隐藏数据流或控制流	+	+	+	++
没有条件跳转	++	++	++	++

注：这些要求不适用于基于模型开发的方法。

9.9.5 软件单元验证

软件单元验证的目标是提供证据证明软件单元设计满足分配的软件要求且适合于实施,证明从安全分析得到的安全措施可以正确实施,证明实现的软件单元与分配给它的软件需求所具有的安全等级相符合,证明软件单元没有非预期功能和特性。通常采用表 9-17 中方法的适当组合来实现软件单元的验证,通过表 9-18 中的方法推导和定义测试用例。

表 9-17 软件单元验证方法

方 法	ASIL 等级			
	A	B	C	D
走查	++	++	○	○
结对编程	+	+	+	+
检查	+	++	++	++
半形式验证	+	+	++	++
形式验证	○	○	+	+
控制流分析	+	+	++	++
数据流分析	+	+	++	++
静态代码分析	++	++	++	++
基于抽象解释的静态分析	+	+	+	+
基于需求的测试	++	++	++	++
接口测试	++	++	++	++
故障注入测试	+	+	+	+
资源使用评估	+	+	+	+
如有模型开发,则在模型和代码间进行背靠背测试	+	+	++	++

表 9-18 软件单元测试用例的导出方法

方 法	ASIL 等级			
	A	B	C	D
需求分析	++	++	++	++
等价类的生成和分析	+	++	++	++
边界值分析	+	++	++	++
基于知识或经验的错误推测	+	+	+	+

为了评估验证的完整性并提供证据证明已充分实现单元测试目标,应确定在软件单元层面的覆盖率要求,同时应按照表 9-19 列出的度量对结构覆盖率进行测定。如果认为已实现的结构覆盖不充分,则应定义额外的测试用例和提供基于其他方法的理由。

表 9-19 软件单元层面的结构覆盖率度量

方 法	ASIL 等级			
	A	B	C	D
语句覆盖率	++	++	+	+
分支覆盖率	+	++	++	++
MC/DC(修改条件/判定覆盖率)	+	+	+	++

9.9.6 软件集成和测试

软件集成和测试的目标是定义集成步骤并集成软件元素，直到嵌入式软件被完全集成，验证从软件架构层的设计中得到的软件措施被适当地实现，集成软件单元和软件组件满足从软件架构设计中提取的需求，提供足够的证据证明软件集成没有非预期功能和特性。通常采用表 9-20 所示方法的适当组合来实现软件集成的测试，通过表 9-21 所示方法推导和定义测试用例。

表 9-20 软件集成测试方法

方 法	ASIL 等级			
	A	B	C	D
基于需求测试	++	++	++	++
接口测试	++	++	++	++
故障注入测试	+	+	++	++
资源使用评估	++	++	++	++
如有使用模型方法进行开发，则进行背靠背测试	+	+	++	++
控制流和数据流的验证	+	+	++	++
静态代码分析	++	++	++	++
基于抽象解释的静态分析	+	+	+	+

表 9-21 软件集成测试用例导出方法

方 法	ASIL 等级			
	A	B	C	D
需求分析	++	++	++	++
等价类的生成和分析	+	++	++	++
边界值分析	+	++	++	++
基于知识或经验的错误推测	+	+	+	+

为了评估验证的完整性并提供证据证明已充分实现集成测试的测试目标，应确定测试用例在软件架构层级对覆盖率的要求。同时应按照表 9-22 列出的度量对结构覆盖率进行测定，如果认为已实现的结构覆盖率不充分，则应定义额外的测试用例和提供基于其他方法的理由。

表 9-22 软件架构层面的结构覆盖率度量

方 法	ASIL 等级			
	A	B	C	D
函数覆盖率	+	+	++	++
调用覆盖率	+	+	++	++

9.9.7 嵌入式软件测试

嵌入式软件测试的目标是证明嵌入式软件在目标环境执行时满足安全相关要求以及没有非预期功能和特性。通常采用表 9-23 所示方法的适当组合来实现嵌入式软件的测试，通过表 9-24 所示方法推导和定义测试用例。

表 9-23 嵌入式软件测试方法

方　法	ASIL 等级			
	A	B	C	D
基于需求的测试	++	++	++	++
故障注入测试①	+	+	+	++

① 软件测试时，故障注入测试是指通过破坏标定参数等方式将故障引入软件中。

表 9-24 嵌入式软件测试用例导出方法

方　法	ASIL 等级			
	A	B	C	D
需求分析	++	++	++	++
等价类的生成和分析	+	++	++	++
边界值分析	+	++	++	++
基于知识或经验的错误推测	+	+	+	+

为了验证嵌入式软件在目标环境中满足安全要求，可参考表 9-25 选取测试环境。嵌入式软件测试结果应评估与期望结果的一致性和软件安全要求的覆盖率，这里的覆盖率包括配置和标定范围的覆盖率。

表 9-25 执行软件测试的测试环境

方　法	ASIL 等级			
	A	B	C	D
硬件在环	++	++	++	++
电子控制单元网络环境①	++	++	++	++
整车环境	+	+	++	++

① 包括集成了车辆部分或全部电气系统的测试台架、杂合车、骡子车以及残余总线仿真。

9.9.8 软件配置

在软件开发的过程中，存在通过配置数据和标定数据开发特定应用的嵌入式软件的变体。为确保在安全生命周期中可配置软件的正确使用，应对配置数据进行严谨的定义，主要是要定义以下内容：配置数据的有效值，配置数据的目的和用法，配置数据的范围、比例、单位，配置数据不同要素之间的相互依赖。同时，配置数据也应当符合软件架构设计和软件单元设计规范，使用的值也需要在规定的范围内并且与其他配置数据具有兼容性。配置数据的安全等级应等于使用该数据的可配置软件的最高安全等级。

对于标定数据，应严谨定义与软件组件关联的标定数据以确保配置后软件的正确运行和预期性能，主要是要定义以下内容：标定数据的有效值，标定数据的目的和用法，标定数据的范围、比例、单位以及它们对允许状态的依赖，不同标定数据之间的相互依赖及配置数据与标定数据之间的相互依赖。同时，标定数据也应当符合软件安全需求、软件架构设计和软件单元设计规范，定义的标定数据与其他标定数据具有兼容性，防止非预期的影响。标定数据的安全等级应等于使用该数据的软件的最高安全等级。

为探测安全相关的标定数据的非预期变化，应使用表 9-26 中所列的数据非预期变化的探测机制。

表 9-26 数据非预期变化的探测机制

方 法	ASIL 等级			
	A	B	C	D
标定数据的合理性检查	++	++	++	++
标定数据的冗余存储和比较	+	+	+	++
使用错误检测码检查标定数据[①]	+	++	+	++

① 错误检测码也可以硬件方式实现。

9.9.9 软件之间的防串扰

在功能安全软件开发过程中，避免软件要素（如不同分区中的软件要素）的相互干扰是非常重要的设计要点。为实现免于干扰的设计或评估，可考虑典型故障的影响及其可能导致的失效的传播，本节将针对典型故障及其对应的防止或探测并减轻的处理机制进行举例说明。

关于时序的限制，对于每个软件分区中执行的软件要素可考虑下列故障的影响：执行受阻、死锁、活锁、执行时间的不正确分配、软件要素间的不正确同步。对于这些故障，可考虑的处理机制有循环执行调度、固定优先级调度、时间触发调度、处理器执行时间监控、程序执行次序监控和到达率监控。

关于内存，对于每个软件分区中执行的软件要素可考虑下列故障的影响：内容损坏、数据不一致、堆栈上溢或下溢、对已分配给其他软件要素的内存进行读或写访问。考虑的处理机制有存储保护、奇偶校验位、纠错码（ECC）、循环冗余校验（CRC）、冗余存储、内存访问限制、内存访问软件的静态分析、内存静态分配。

关于信息交换，针对每个发送方或接收方，对于每个软件分区中执行的软件要素可考虑下列故障的影响：信息重复、信息丢失、信息延迟、信息插入、信息伪装或信息的地址错误、信息次序错误、信息损坏、信道阻塞等。可考虑的处理机制有通信协议、信息重复、信息回送、信息确认、I/O 引脚的适当配置、分离的点到点的单向通信对象、明确的双向通信对象、异步数据通信、同步数据通信、事件触发数据总线、带有时间触发访问的事件触发数据总线、时间触发的数据总线、最小时间片和基于优先级的总线仲裁。

9.9.10 软件架构层面的安全分析和相关性失效分析

通过在软件架构层级应用安全分析或相关失效分析，可以检查或确认嵌入式软件按照所分配 ASIL 等级的安全要求提供指定功能、行为和特性的能力。依据标准的指导建议，可通过以下步骤展开分析过程。

1. 确定分析目标

确定的分析目标可以是一些安全性能参数，也可以是系统分配给软件的功能或特性需求。

2. 确定架构的范围和边界

明确分析目标后，需要根据分析的目标确定范围和边界，并着重于架构设计的相关部分，分析范围时主要考虑的因素有在 DIA 中定义的与交付相关的范围和相应的职责，特定的分析目标，基于"良好"设计原则的架构策略，架构设计所需的特性，免于干扰或充分独立的要求。图 9-16 给出了一个关于安全分析的范围和边界示例，安全相关的功能仅在软件组件 U 中实现，并由软件组件 V 中实现的监控功能所控制。

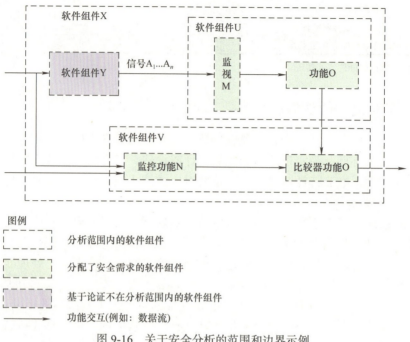

图 9-16　关于安全分析的范围和边界示例

3. 分析

按照软件架构设计的安全分析和相关失效分析可以遵循功能或处理链路，同时考虑静态（如显示功能要素及其接口/关系的图框表示）和动态（如顺序图、时序图、调度图或状态图表示）方面。在此类分析过程中，引导词是系统地进行这种分析并支持完整性论据的一种手段，它可以用来识别薄弱点、故障和失效。引导词如何选择才合适，取决于接受检查的功能、行为、特性、接口或交换数据的特征。表 9-27 给出一种引导词选择的示例。

表 9-27　与软件执行、调度或通信相关的引导词选择的示例

功能或特性	引导词示例	注释	附加参考
信号流 $A_1 \sim A_n$	在……之后/晚于	信号过晚或顺序混乱	例如：信息延迟
	在……之前/早于	信号过早或顺序混乱	例如：错误的信息顺序
	无	没有信号	例如：执行阻塞
	多于	信号值高于允许范围	—
	少于	信号值低于允许范围	—

在分析过程中，可以在使用演绎法或归纳法时应用引导词。按照所选择的方法（如后续功能或处理链）使用引导词来生成问题，使用这些问题检查设计并揭示可能的薄弱点及其后果。表 9-28 所示为信号 $A_1 \sim A_n$ 的由引导词支持的分析示例。

表 9-28 引导词支持的分析示例

引导词示例	解释	后果	安全措施	所需活动
多于	信号值超出允许范围	功能 O 将产生错误输出	监视 M 限制信号 $A_1 \sim A_n$ 至允许的最大范围	实现监视 M
少于	信号值低于允许范围	功能 O 将产生错误输出	监视 M 限制信号 $A_1 \sim A_n$ 至允许的最小范围	实现监视 M
不同于	信号 $A_1 \sim A_n$ 的值不一致	功能 O 将产生错误输出	监视 M 使用物理依赖检查信号 $A_1 \sim A_n$ 的一致性	实现监视 M

4. 针对识别到的薄弱环节制定减轻危害策略

软件架构层级的安全分析和相关失效分析结果允许选择适当的安全措施,安全措施确定策略可以基于以下内容进行考虑:

1)每个已识别故障的关键性,基于其是否违背分配给架构要素的安全目标或安全要求以及其所分配的安全等级。

2)改进架构设计是否能够消除已识别的薄弱环节或降低已识别故障的关键性。

3)已确定的开发期间安全措施的有效性,以及这些措施是否能够基于其关键性和相应的理由减轻已识别故障的危害。

4)已确定的安全机制的有效性,用于减轻开发期间措施不够充分的已识别关键故障的影响。

5)软件架构设计的复杂性(如接口和软件组件的数量),或软件组件的复杂性(如分配要求的数量或组件规模)。

9.10 生产、运行、服务和报废的功能安全活动

组织应策划生产、运行、服务和报废相关的功能安全活动,为拟安装在道路车辆上的安全相关的要素或相关项提供开发和维护生产流程,为接触安全的相关项或要素的用户,明确有关运行、服务(维护和维修)和报废的必要信息,以确保在车辆的整个生命周期实现功能安全。

根据标准 GB/T 34590.7—2017 的要求和建议,应对生产、运行、服务和报废过程进行计划,以保证满足功能安全要求。

生产计划应包含关于实现相关项或要素的功能安全要求的步骤、顺序和方法,包含生产工艺流程和作业指导书、生产工具和设备、可追溯的措施的实施。通过最佳实践或者流程开发的方式,保证正确的嵌入式软件及相关标定数据被写入 ECU 中。识别合理且可预见性的生产过程失效及对功能安全的影响,计划制定和实施相应的措施来预防或处理相关过程的失效(如 PFMEA),并在生产控制计划中描述生产步骤的顺序和方法。

组织应制定相关项运行、服务和报废过程的计划,考虑的因素有维护和维修的要求、为保证车辆安全运行的用户需知信息的要求、报废的要求、紧急救援服务的要求、报警和降级的应对策略、现场监控流程、要素处理的条件、在生产发布文件中定义的配置和参与人员的能力。

在生产、运行、服务和报废的计划过程中,识别的安全要求应按照功能安全标准产品开发的要求,以适当的方式反馈给负责系统、硬件和软件开发的人员。

9.11 文档与工作产品管理

功能安全文档管理的目的是开发用于整个安全生命周期的文档管理策略，以促进高效的和可重复的文档管理过程。档案最直接的作用是方便后续的调用和查阅，因此文档的可识别性和追溯性是其最核心的管理要求。功能安全中对文档的要求主要是内容，而非排版和外观。信息不必一定呈现在物理文档中，文档可采取不同的形式和结构，并可使用工具自动生成文档，可能的形式有纸张、电子媒体和数据库。信息是否充分取决于很多因素，包括复杂性、安全相关系统/子系统的范围和与特殊应用相关的要求。应避免一个文档中信息的重复及不同文档间信息的重复，以助于可维护性。文档管理是汽车工业中的一个成熟的实践，可依据质量管理体系 IATF 16949 或 ISO 9001 的要求进行应用。

根据标准的要求和建议，要输出文档管理计划和文档指南要求。文档管理计划应计划文档管理过程，以获得文档支持在整个生命周期内有效完成各阶段分析及验证活动，同时可用于功能安全的管理和认可措施的输入；对 GB/T 34590—2017 中工作成果的识别应理解为文档化要求，文档应包含相关要求的结果信息。对于文档指南要求，文档应是准确的、简明的、结构清晰的、目标使用者容易理解的、可验证的、可维护的；整个文档的结构应考虑内部流程和工作实践，应对文档进行组织以助于搜索相关信息；每个工作成果或文档应包含题目、作者和批准者、文档每个不同修订（版本）的唯一标识、变更历史、状态。

除文档管理外，配置管理和变更管理同样也是产品开发过程中的重要管理手段，作为支持过程贯穿功能安全产品开发整个生命周期，在产品开发同时也应充分考虑和规划。

配置管理的目的是确保工作成果、相关项、要素及其生产原则和适用条件，在任何时间以可控的方式可被唯一识别和重生，以及确保当前版本和较早版本的关系及区别是可追溯的。标准对配置管理的建议和要求应为计划配置管理，配置管理过程应符合质量管理体系标准的相关要求以及软件开发的特定要求；安全计划要求的工作成果及再次生成相关项和要素所需要的工作成果，应按照配置管理策略，生成基线并存放。在整个安全生命周期中，需要被唯一识别和重生成的工作成果、相关项和要素，在配置管理策略中应定义其条件或目的，同时对配置管理进行维护。需要纳入配置管理的工作产品按照类型主要有四类：①技术文档，包括计划文档、需求文档、设计文档、验证文档、各种报告、安全分析产生的安全 FMEA、安全 FTA，以及 DFA 等；②代码，包括组件、标定数据、配置参数、源代码、测试脚本等；③工具，包括设计工具、测试工具等；④交互文档，包括与相关方或项目组内交互产生的文档，如会谈记录、Email、会议纪要等。

在功能安全产品生命周期中，包括开发计划的变更、开发执行过程中的设计修改、安全异常的解决导致的设计变更，可以结合根据 ISO 10007、Automotive Spice 标准等制定企业内部的变更管理流程，变更管理应该与基线管理、配置管理配套一起，相互间建立关联接口。

第 10 章 电动汽车动力系统新技术展望

10.1 概述

当前,全球新一轮科技革命和产业变革推动了汽车与能源、交通、信息通信等领域的技术加速融合,电动化、网联化、智能化已成为汽车产业的发展潮流和趋势。电动汽车对于长续驶里程、高安全性、长寿命、快速充电和智能化等方面的需求,推动着电动汽车动力系统技术突飞猛进地发展,其安全性也面临着挑战。

本章旨在从动力蓄电池、电驱动总成、充电、系统集成、高压平台及超级导线技术等角度介绍电动汽车动力系统的发展方向和具有商业化潜力的新技术,并重点阐述相关安全设计。在动力蓄电池技术方面,通过新结构和新材料的设计开发,动力蓄电池的能量密度和安全性不断提高,结构创新所带来的动力蓄电池能量密度的提升已进入产业化阶段;半固态电池正在逐步取代液态电池,大幅提高能量密度和安全性;固态电池技术取得突破,有望2030年实现产业化。在电驱动总成技术方面,扁线电机、无磁电机、轮毂电机的使用比例在逐渐上升,集成化、平台化、小型化、高效化、高可靠、长寿命、低噪声成为电驱动总成的技术发展趋势;电机不断向高压、高速、高效运行区域拓展的方向演进,同时也推动功率模块向高耐温、低杂散方向进化;在充电技术方面,大功率充电、无线充电、自动充电等新技术开始进入商业化应用,推动充电技术向快速、便捷等方向发展,一定程度上缓解了充电和里程的焦虑;在系统集成方面,智能线控底盘系统的逐渐应用提升底盘的电气化和智能化水平,为自动驾驶等功能的实现提供底层技术支持;高压平台的应用,将电动汽车的综合性能提升到新的水平。总之,随着电动汽车动力系统新技术的发展和应用,电动汽车功能和性能日臻完善,早期电动汽车推广与使用的痛点逐渐解决,使电动汽车真正具有了市场竞争力,但其带来的安全性问题也需要同行的一起努力,共同推动与引领交通运输领域的技术变革。

10.2　动力蓄电池新技术

10.2.1　新材料体系

1. 锂-硫电池

锂-硫电池是以硫复合材料为正极，以金属锂或锂合金为负极构建的二次电池，基本原理如图 10-1 所示。硫在地壳中的质量分数为 0.05% 且分布广泛，同时锂-硫电池的理论能量密度达到 2600W·h/kg 或者 2800W·h/L，实际应用中有望达到 500W·h/kg。不同于锂离子电池中离子的嵌入和脱出反应，锂-硫电池的反应机理为溶解-沉积机制，其放电中间产物锂多硫化物在有机电解液中具有较高的溶解性，直到放电终止时才发生 Li_2S 化学沉积，因而容易造成穿梭效应和活性物质的流失。此外，基于硫单质和 Li_2S 的密度差异，造成正极体积在循环过程中变化，容易发生破碎。同时，溶解-沉积反应使负极造成结构变化。上述问题都是锂-硫电池应用中的制约因素。

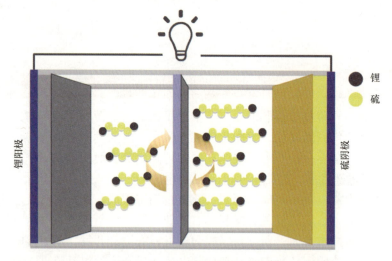

图 10-1　锂-硫电池基本原理

正极材料的选择上，硫/碳复合材料具有稳定多样的结构、比表面积高、孔隙结构多样且可调控的特点，适合作为活性硫物质的载体，但硫碳复合材料的多孔结构和较低密度，导致正极体积偏大，不利于体积比容量和体积能量密度的提升；硫/纳米金属化合物复合材料，同样具有较大的比表面积和较强的化学吸附能力，可改善硫与导电载体间的接触，抑制硫颗粒团聚，提高硫的利用率；硫/导电聚合物复合材料，导电性、成膜性和柔韧性优异，对于硫正极放电过程中的体积膨胀，具有良好的容纳作用，此外其官能团可提高硫正极的电化学活性并缓解穿梭效应。

负极材料的选择上，若直接使用金属锂作为负极，则充放电过程中会发生溶解-不均匀沉积-溶解的往复过程，导致金属锂表面形成起伏、枝晶（图 10-2）且粉化，造成部分锂失活，同时金属锂与电解质会发生副反应产生损耗，且多硫化锂会对金属锂产生化学腐蚀，需采用金属锂的表面修饰技术来缓解；锂合金（铝、硼、硅、锡、镁、锌等元素）可降低金属锂的反应活性，同时减缓或抑制锂枝晶的形成，能够改善库伦效率，促进锂的均匀沉积；新型含锂负极，锂预先储存在其他负极材料如碳、硅中，与硫正极匹配制成电池。

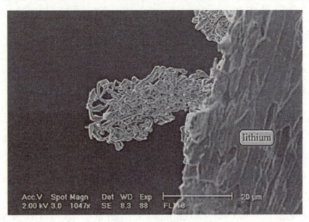

图 10-2　锂枝晶示例

电解液普遍使用醚类，碳酸酯类仅适用于短链硫正极体系，锂盐是电解质的核心组成部分。当前工作重点为电解液的优化改性，减缓 Li_2S_x 在其中的溶解和向负极的扩散，促进金属锂均匀沉积，改善硫-锂电化学性能。电解液添加剂的使用可在金属锂的表面形成保护层，稳定金属锂负极。但是锂离子电池的安全问题，即 Li_2S_x 的溶解和金属锂负极的安全隐患并不能完全消除，因此凝胶聚合物/固态电解质具有非常大的应用前景。

2. 锂-空气电池

锂-空气电池理论能量密度高达 5217W·h/kg（Li_2O）或 3500W·h/kg（Li_2O_2），远高于锂离子电池、铅酸蓄电池的理论能量密度，成为极具希望的下一代电池体系。其平均输出电压高，正极活性物质为空气，不需要储存在电池中，可从周围环境中获得，且对环境无污染，安全性好。但锂-空气电池的应用同样存在挑战，其充电电压过高、倍率性能低、副反应严重、电池极化严重、过电势达 1～1.5V。这主要是因为电子在放电产物 Li_2O_2 中传导困难，且随着充电电势的提高，产生副产物 Li_2CO_3，其分解电势高达 4～4.5V。另外，深度充放电时，产物 Li_2O_2 或 Li_2O 会阻塞电极空洞，导致电池性能的下降。

锂-空气电池的正极材料通常选择碳材料，包括炭黑、碳纳米管、石墨烯等构成空气多孔电极。碳材料多孔电极具有高比表面积，合适的孔容孔径、较好的导电和导离子性能，电极组成稳定，且能避免反应产物阻塞电极表面孔隙，更加适合成为锂空气电池的正极材料，研究工作也多集中于该领域开展。

空气电极处的氧化还原反应需要使用催化剂提升效率，一般采用贵金属、过渡金属及氧化物、氮化物或碳化物。催化剂的使用能够提高电池的比容量、提高循环性能并降低充电过程的过电位，防止充电电压过高而导致电解质分解。

锂-空气电池中，锂金属负极在使用过程中经历溶解/沉积过程，容易形成锂枝晶，刺穿隔膜，造成电池内短路，发生安全事故。同时，电化学反应中负极表面的固体电解质界面（SEI）膜容易破损，使活性锂与电解液进一步反应，不断消耗的锂在锂金属负极表面形成枝晶并粉化、脱落造成库伦效率下降及失效。因此，金属锂负极的保护是研究重点，主要手段包括合金化、采用固态电解质、金属锂表面修饰和采用其他负极材料替代锂金属等。

电解质的选择上,包括有机电解液、水性电解液、混合体系、固态电解质体系。电解质体系应当具有高的氧气传输能力、低挥发性、高的 Li^+ 传导性、很低的黏度、较宽的电化学稳定窗口,且能为锂负极提供气液扩散屏障。

3. 全固态锂电池

商用锂离子电池通常采用有机液态或凝胶态电解质,其具有挥发性且易燃易爆,存在潜在隐患。固态电解质能够在传导锂离子的同时,有效阻隔电子传输,具有优良的安全性、热稳定性和电化学稳定性。固态锂电池在提升电池能量密度、拓宽工作温度区间方面都有较大空间,有望取得超过 500W·h/kg 的质量能量密度,超过 700W·h/L 的体积能量密度,以及超过 10kW/kg 的功率密度。固态锂电池的潜在问题在于电极与电解质界面的固态-固态接触,造成接触电阻高,限制了锂离子在界面处的传输,此外还存在界面副反应、界面处体积膨胀等制约问题。

固态锂离子电池的电解质可分为无机型固态电解质、聚合物固态电解质、复合固态电解质等。

无机型电解质具有高的室温离子电导率、宽的电化学窗口、高热稳定性和力学性能。该类型电解质可进一步分为氧化物以及硫化物。氧化物固态电解质有致密形貌,机械强度相比硫化物更高,空气环境中稳定性优异,但形变能力和柔软性能都较差,且界面的固态-固态接触问题无法得到妥善改善。硫化物电解质具有更高的离子电导率、低的晶界电阻和高的氧化电位,但电介质的稳定性、安全性、可加工性是其应用中的制约因素。

聚合物固态电解质由聚合物的基体和锂盐构成,相比液态电解质具有更高的热稳定性,其力学性质也优于无机型电解质,更加容易成膜,且机械加工性能优良。但聚合物具有化学性质不稳定的特性,且与其他电池组件间存在界面不稳定性、电导率低等问题,从安全性和使用寿命角度考虑并非最优选择。

复合固体电解质是在聚合物电解质的基础上,有针对性地引入填料,改善复合电解质的离子电导率、力学性能和电极间的兼容性,包括无机惰性填料、无机活性填料、多孔有机填料等。该类电解质具有较好的商用前景,商用固液混合体系锂电池多采用此类电解质。

4. 钠离子电池

锂离子电池在电子设备、汽车、储能等场景的应用广泛,随着相关产业的迅速发展,与锂离子电池相关的安全性隐患担忧、锂资源储量的稀缺性及分布的地域性限制问题愈发突出,促使业界在不断寻找基于新型电化学体系的电池。其中的代表之一即为钠离子电池。

与锂同为碱金属,钠元素的地壳储量十分丰富,反应机理、材料晶体结构都与锂离子电池接近。钠离子电池具有安全性优势,可与水相电解液匹配使用。同时,Na/Na^+ 电对的标准电极电势为 $-2.71V$,高于 Li/Li^+ 的 $-3.04V$,因此能够使用分解电势更低的电解质溶剂,但与此同时其输出电压和能量密度都有所下降。此外,钠离子的半径相比锂离子更大,使得其理论比容量仅为锂的一半,且适用锂离子电池体系的电极材料不适用于钠离子的脱嵌,需要对电极材料体系进行创新。当前,钠离子电池的商用化进程正在加速,已实现电芯级能量密度(160W·h/kg)。

钠离子电池的负极材料包括嵌入式、转化型和合金型几类。嵌入式负极分为碳基材料和钛基材料,其中具有纳米结构的碳基材料能有效改善电化学性能。转化型负极包括金属氧化物、硫化物、磷化物等,该类别负极材料的理论容量相比嵌入型材料高2~3倍,但同时会带来电极体积膨胀、易粉碎的隐患。鉴于钠离子更大的半径，其电极体积变化相较锂离子电池更加明显。合金型负极包括能够与钠发生合金化反应的硅、锗、锡、磷、锑、铋等元素的合金。

钠离子电池的正极材料包括层状过渡金属氧化物和聚阴离子化合物。层状过渡金属氧化物在电化学反应中结构稳定性较差，导致其应用受限。聚阴离子化合物，例如钠超离子导体（NASICON）、磷酸盐类、氟磷酸盐类化合物等，具有较高的热稳定性，在过去10年得到了广泛关注和研究。

5. 铝离子电池

铝离子电池理论能量密度高，可达$8046mA\cdot h/cm^3$，且铝元素在地壳中的储量也十分丰富且分布广泛，在成本和安全方面都具有优势。铝离子电池正极材料的比容量远低于负极材料，应用过程中主要受限于正极材料的充放电性能。

铝离子电池一般以金属铝作为负极，不过铝负极设计仍然处于初级阶段，其表面氧化铝层的电化学反应仍需要深入研究及高精度调控，且需要了解铝负极电化学过程中的沉积规律和枝晶生长规律，从而调节铝负极氧化层厚度，以提升负极抗腐蚀性能，抑制枝晶生长，提升铝负极反应效率，降低界面极化，提升循环稳定性。

铝离子电池的正极材料可以选择碳材料、过渡金属氧化物、金属硫化物。过渡金属氧化物由于具有高比表面积、固态扩散路径短的性质，可提供足够的空间用于离子的脱嵌，且价态变化多、稳定性好；但循环寿命短、库伦效率低和开路电压低是该类材料的应用短板。碳材料的导电性能和力学性能都良好，改性处理技术较为成熟，能够制成具有较大孔洞的结构，获得高比表面积，且循环稳定性好、充放电倍率高、放电电压高，而其中石墨烯类材料的性能优异，更适合作为正极材料使用，但是其缺点在于能量密度偏低，只有$60\sim120mA\cdot h/g$。金属硫化物正极材料的理论容量和导电性能均良好，循环性能稳定，能够避免电极在充放电过程中体积的变化从而破坏电极结构，实际应用中的前景良好。

铝离子电池的电解液可采用咪唑盐衍生物，但其成本过高、腐蚀性强、稳定电极材料效果差，限制了其实际应用。类离子液体电解液在室温下可实现较好的铝可逆沉积和溶出，而且成本优势明显，同样表现出了理想的电化学性能，在实际应用中更具优势。

6. 钾离子电池

钾离子电池的工作原理与锂离子电池类似，且K^+/K的氧化还原电位与Li^+/Li类似。钾离子电池中，负极材料的储钾容量较高，通常不小于$300mA\cdot h/g$，正极材料的储钾容量不到$150mA\cdot h/g$，是钾离子电池应用中的主要瓶颈。

负极材料，主要包括碳基材料、过渡金属化合物、合金类材料、有机材料等。碳基材料稳定性和导电性好，嵌入式化合物具有层状结构，K^+可以发生脱嵌。碳基材料包括软碳、硬碳、异质元素掺杂碳、还原氧化石墨烯、生物质碳等。合金类材料具有较高的理论容量，与钠离子电池相同，包括硅、锗、锡、磷、锑、铋等合金。一般来讲，同样的合金材料在钾离子电池中的容量低于钠离子电池，钠离子电池的容量又低于锂离子电池。转化类负极材料，包括金属氧化物、金属硫化物和磷化物等，这些材料的理论比容量较高，因为离子嵌入与转化共存。同样地，钾离子半径过大而造成离子嵌入过程中极片粉化，导致首次库伦效率低、导电性差和电压滞后是该类别材料应用的瓶颈。聚阴离子复合物，包含钒基材料和钛基材料，具有较好的循环稳定性。

正极材料主要包括层状金属氧化物、聚阴离子化合物和普鲁士蓝类似物三类。层状金属氧化物具有可调控的化学计量比和高比容量。由于K^+尺寸较大，其在层状金属氧化物脱出和嵌入的过程中，展现出多个电压平台和较大的结构变化，限制了钾离子电池的容量和循环性能，且工作电压较低。聚阴离子化合物的晶体结构有助于K^+扩散，且基于聚阴离子基团的诱导效应，工作电压相比金属氧化物更高，有利于提升电池能量密度，且结构稳定性更优；主要包括铁基和钒基材料，其中钒基材料更易发生多电子反应，实现更高比容量，而铁基材料则成本更低且具有无毒的优势。普鲁士蓝类似物（PBAs）具有丰富的开放通道和间隙位置用于容纳中性分子和过渡金属离子，同时离子能够快速脱嵌与扩散，有利于提升电池性能。

10.2.2 结构创新

1. 双极电池

双极电池正负极的接线端合并在同一个集电器中，如图10-3所示，以实现电芯内部串联，使电池内部空间更加集约，可以有效降低内阻、降低产热，并提升电流。丰田公司在已经成熟的镍氢电池产品上应用了此项技术，以此提升能量密度和功率密度。辉能科技在其固态电池中同样应用了此项技术，实现了一颗电芯即为一个电池包的设计。

2. 无负极电池

无负极锂金属电池通过去除负极和锂金属电池中的金属箔，可实现电池能量密度的提升和原料成本、加工成本的下降。其能量密度有望达到450W·h/kg。

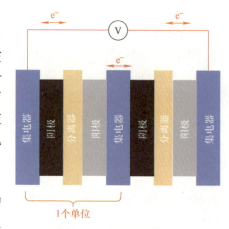

图10-3 双极电池原理

通过采用液态电解质，无负极电池能够兼容当今锂离子电池的制造基础设施。然而其潜在缺点在于，锂金属的高反应性引发与电解液的副反应导致活性物的损失，损害了电池的有效容量。此外，循环过程中的微观结构的改变导致阻抗增长。另外，该类型电池的循环能力有限，在经过数十次的循环后，其能量密度便会低于锂离子电池。

10.2.3 动力电池新技术的安全性设计

1. 本征安全

动力电池新技术在本征安全方面主要表现为电解质及正负极活性材料的安全性。

电解质方面，全力发展全固态电池技术。全固态电池采用不易燃的固态电解质代替易燃易挥发的有机电解液，无漏液及快速燃爆风险，能够从源头上降低电池热失控的风险。在外部热失控的条件下，全固态电解质能够有效阻碍正极释放的氧气与负极金属锂接触，降低此工况下的产热速率，减缓电池包内部热蔓延的发生。此外，新型动力电池会采用电解液阻燃添加剂、水系电解液来提高电池材料安全性，降低电池热失控风险。

正极材料选择上，新型动力电池倾向于通过材料改性优化、表面包覆、混合稳定性更高的正极材料（如磷酸铁锂、锰酸锂、磷酸锰铁锂）等方式提升其安全性能；负极材料选择上，针对由锂枝晶生长或压缩冲击等情况引起的内部短路问题，通常采用金属锂的表面修饰技术、锂合金化（铝、硼、硅、锡、镁、锌等元素）、新型含锂负极来降低锂的活性，提高电池安全性。除此之外，大力发展新型电池体系，如钠离子电池、铝离子电池、钾离子电池，这类新型动力电池将锂离子电池使用的锂、钴和铜等高价原料置换为钠、铝、钾等廉价且资源丰富的原料，还能降低电池起火风险，提高动力电池安全性。

2. 结构安全

新型电池通过采用高集成化的结构设计为电芯提供均衡稳定的工作环境，减少电力、机械与热力负荷冲击。双极电池中通过电池内部堆叠串联，降低电池内阻，从而减少电池在热失控时的产热量；无负极电池通过控制锂的均相沉积，避免因金属锂不均匀沉积引发的内部失效。此外，这类集约化的电池结构，使电池内部具有更多空间来进行安全设计。如在电池内部布置超大面积均温板，实现电芯急速降温，有效阻隔电芯间的异常热量传导；在电池内部进行高压主动隔离设计，消除高压拉弧打火隐患，进一步提升电池的安全性能。

10.3 电驱动总成新技术

10.3.1 电驱动总成集成一体化

我国电动汽车电机系统占整车成本接近15%，近几年各大汽车企业加大在电动汽车领域的布局，市场发展空间巨大。据预测，全球驱动电机市场规模到2025年可达到44亿美元，而主机厂中，电机和电控通常是同一家供应商，在整车高效匹配要求下，电机电控的集成化是电动汽车的必然趋势，市场潜力无穷。

顾名思义，电驱总成集成一体化指的是把电机、电控以及减速器等动力部件集成为一体。例如，比亚迪在纯电动车型上采用了前驱感应异步电机+后驱永磁同步电机的技术方案，实现了全球首个八合一电动力总成，如图10-4所示。在混动车型上采用的EHS电混系统使用了双电机+双电控的集成设计，系统总成重量136kg，比DM1.0系统总成减重40kg，扁线油冷电机的功率密度提升至44.3kW/L。

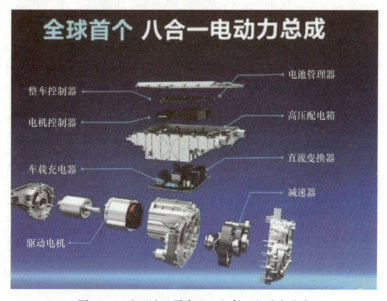

图10-4 比亚迪e平台3.0八合一电动力总成

传统的电机、电控、减速器分离的设计不仅效率低下,而且难以匹配不断进步的电动汽车造车技术,因此,电驱系统集成化成了电动汽车未来的大势所趋。相比分离式设计,电驱系统集成式设计的优势在于:适应轻量化趋势,可实现更优成本,动力性能更好,且满足平台化需求。

10.3.2 电机新技术

1. 高压高速永磁同步电机

永磁同步电机是目前电动汽车使用最广泛的驱动电机之一,比功率(电机功率/电机电磁有效质量)是其核心指标。提高比功率可以减小电机体积、降低重量,一方面有利于整车空间布置、提高整车安全性,另一方面可以降低整车能耗。提高电机比功率的有效途径是提高电机电压和转速;提高电压还有利于复用电机升压功能的整车充电系统增大充电功率,从而提升电动汽车充电速度。当前,业界着力开发并商用化电压高于800V、转速在25000r/min 以上的新一代高性能电机。

电机高比功率、高压化、高速化设计趋势,使得电-磁-力-热-声等多物理场耦合加深,大幅提高了对电机绕组绝缘系统、冷却系统、转子强度、轴承等零部件的要求。而且,电机轴电压升高也会导致轴承电腐蚀的问题。此外,目前永磁同步电机普遍采用扁线绕组,电机转速的提高,使得电机三相电的电流频率提高,导致扁线绕组的交流损耗会进一步增大,降低电机效率。国内外研究机构目前关注于研究高比功率、高压、高速电机的多物理耦合、绝缘系统、冷却系统、扁线绕组等关键设计技术,以实现永磁同步电机比功率、效率、噪声等性能的协同提升。

2. 电励磁同步电机

目前,电动汽车电驱动总成中常用的驱动电机为永磁同步电机和交流异步电机。永磁同步电机由于转子使用永磁体,在高速区域需要进行弱磁控制,降低了电机运行效率;随着驱动电机向高转速方向发展,该劣势进一步凸显。而目前电动汽车驱动总成中另外一种常用驱动电机——交流异步电机通过感应方式在转子中产生磁场,虽然其高速运行效率高,但其低速运行效率却较低。相比以上两种电机,电励磁同步电机采用独立控制的转子励磁绕组,其控制自由度高、励磁磁场可调,具有兼具低速与高速运行性能,高速不需要进行弱磁控制等优势。三种电机的高效率运行区间对比如图10-5所示。

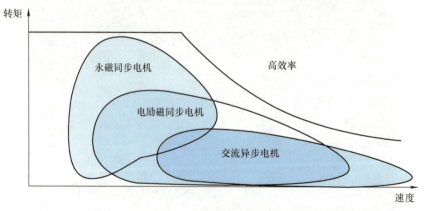

图10-5 永磁同步、交流异步、电励磁同步电机的高效率运行区间对比

电励磁同步电机的转子需要励磁机构，目前常用的励磁结构是电刷-集电环结构；该结构会产生额外的摩擦损耗，并且电刷会出现磨损问题，磨损后也会产生额外的电气安全问题。国内外研究机构/企业所研究的新电刷材料（如石墨烯材料），或者无刷非接触式励磁技术已成为研究热点。

10.3.3 电控新技术

1. 高耐温低杂散电感功率模块技术发展

近几十年来，以第三代宽禁带功率半导体材料碳化硅（SiC）为基础的功率半导体器件凭借其优异的性能备受人们关注。与前两代半导体材料相比，SiC材料禁带宽度更宽、临界场强更高、实际使用中耐高压高温特性更强、开关频率更高、损耗更低、稳定性更好，被广泛应用于替代硅基材料或硅基材料难以适应的应用场合。

在实际应用中，SiC模块的封装技术大多都是沿用Si基器件的类似封装，如图10-6所示。由于Si基器件封装材料耐温的限制，导致目前SiC结温在实际使用时最高只能达到150℃；如果能够提高SiC工作结温，则可以提高功率器件的输出电流，从而提高电机控制器的功率密度。然而在现有的封装形式及封装材料下，即使采用更先进的低温纳米银烧结技术，也只能使SiC模块最高工作温度提高到175℃，这使得SiC材料本身在超过600℃的高温下也能正常工作的优势无法发挥。目前，国外部分研究机构正开展相关研究，研发高耐温封装，预计将SiC工作结温提高到225℃。

同时，由于SiC器件结电容小，栅极电荷低，开关速度快的高频特性，使得开关过程中的电压和电流的变化率极大，寄生电感在电流变化率极大的情况下，极易产生电压过冲和振荡现象，造成器件电压应力、损耗增加和电磁干扰问题，所以低杂散电感封装也是电机控制器用功率模块未来发展方向之一。

目前，降低杂散电感封装的主要技术方向有：直接键合铜（DBC）+印制电路板（PCB）混合封装、柔性PCB取代键合线（图10-7）、平面互连封装、双面焊接（烧结）封装、三维（3D）封装。有些实验室产品能将杂散电感做到1nH以下，但是距离大规模商业化仍有很长的距离。

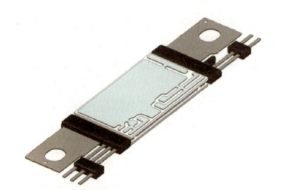

图10-6 博格华纳SiC模块示意图

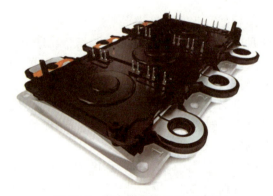

图10-7 塞米控柔性PCB示意图

2. 氮化镓（GaN）电机控制器

与SiC同为第三代宽禁带半导体材料的氮化镓（GaN），凭借其充电快、体积小、安全性强的特点在手机充电器领域的应用越来越广泛。

同时与现有的汽车用 Si 器件相比，GaN 具有更低的输入输出电容和零反向恢复电荷，可显著降低器件功耗；具有较低的栅极电容，可在提高开关频率的同时，降低栅极驱动损耗；具有较低的输出电容，在不增加相应开关损耗的情况下实现更高的开关频率，其与 Si 和 SiC 的性质比较如图 10-8 所示。在将氮化镓器件与同级别碳化硅器件直接对比时，前者的开关损耗降低约 25%。凭借其优异的高频特性，在中等耐压范围的应用中备受期待。

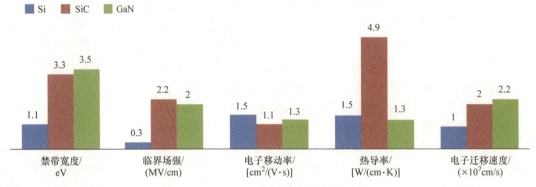

图 10-8　Si，SiC，GaN 材料关键特性对比

然而氮化镓器件也存在明显缺点，在高频应用场合表现极为明显。例如该类型功率器件对寄生参数极其敏感，高频使用时极易使栅极电压产生振荡，引起栅极过电压，导致器件工作不稳定，甚至不安全。因此，相较于传统的 Si 基半导体器件的驱动电路，氮化镓器件驱动电路的要求更为严苛。

目前，国内外针对 GaN 的主要研究方向有：研究金刚石材料作为改进射频电子技术中 GaN 的超宽带带隙代替品、研究带有集成传感器的 650V 功率模块、研究高质量 GaN 晶体生长技术等。目前一些半导体制造商已开始车用氮化镓模块的开发，车企则开始探索使用氮化镓功率器件的电机控制器。

10.3.4　动力域控制器

根据行业发展趋势来看，未来电动汽车电子电气架构将按功能划分为动力域（安全）、底盘域（车辆运动）、座舱域（信息娱乐）、自动驾驶域（辅助驾驶）和车身域（车身电子）五大区域，各个区域推出相应的域控制器，最后再通过 CAN/LIN 等通信方式连接至主干线甚至托管至云端，从而实现整车信息数据的交互。

动力域控制器是一种智能化的动力总成管理单元，通过以多核安全微处理器为核心的硬件平台对动力域内子控制器进行功能整合，集成各 ECU 的基本功能需要的硬件，将整车控制器（VCU）、电池管理器（BMC）、电机控制器（MCU）、DC/DC 变换器、车载充电机（OBC）等高压零部件进行深度功能融合，如图 10-9 所示。

在此基础上，可以进一步将 ESP 系统融入动力域控制器，实现芯片内的转矩计算与通信交互，使得制动系统的制动力和电驱动的回馈力在低附、高低附混合、跨减速带等工况下都能够快速精准地协同交互，从而大幅降低整车稳态控制转矩响应时间，提升驾驶安全性。

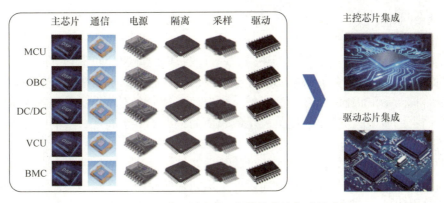

图 10-9　比亚迪 e 平台 3.0 电路及芯片集成示意图

10.3.5　电驱动总成新技术安全风险

电驱动总成随着集成技术的创新向动力域逐步发展，其系统功能大幅增加，控制逻辑更为复杂，系统安全面临重大挑战：如何开展系统安全的多维度设计与验证需要进一步探索；驱动电机的高压及高速化发展，则引起了电机系统绝缘、结构强度、轴电流等问题，多因素共同作用下的绝缘系统失效迫切需要解决，高速离心力作用下综合优化转子结构与电磁方案需要研发新构型和优化方法，轴电流对轴承腐蚀导致的安全问题也需要研发高效可工业化的绝缘或者导电方案；电机控制器中 SiC 器件因为突出的优势已开始大规模应用，但是其会造成电压应力和损耗增加、电磁干扰等问题，需要开发新封装技术降低杂散电感来解决，目前低杂散电感封装技术还没有成熟的方案可以大规模商用；而氮化镓等新功率器件存在工作不稳定，甚至不安全的问题，对驱动电路要求更为严苛，在电动汽车产业中的应用还需要解决一系列技术问题。

10.4　充电新技术

10.4.1　大功率充电技术

1. 大功率充电简介

大功率充电是一类以缩短电动汽车充电时间为目的的新型充电技术，为解决充电等待时间长和里程焦虑问题提供了新思路。目前对大功率充电尚无明确定义，行业内通常认为功率超过 200kW、直流平台电压 700~800V、电流超过 250A 的充电过程为大功率充电。现阶段我国主流的直流充电桩功率为 60~120kW，而纯电动乘用车动力电池电量通常达到 50~90kW·h，车载电池从亏电到充满约需 2h。相比于只需 5~10min 的传统加油过程，电动汽车补能时间过长，削弱了用户购买热情。未来，随着大功率充电技术不断发展，电动汽车补能时间将显著缩短，有望达到与燃油汽车加油相同的体验，有力推动电动汽车全面取代燃油汽车的历史进程。

2. 大功率充电技术的安全性问题

尽管大功率充电技术在效率上具有显著优势，但尚未广泛应用，制约技术普及发展的瓶颈是安全性问题。大功率充电技术主要面临电芯充电能力、整车高电压电气架构、整车配电三大安全问题。

（1）电芯充电能力问题

为电池大功率充电时，会产生产热高、温升快、电池温度分布不均等问题。若电池长期处于高温工作状态，则会加快电芯内部电解液的消耗、锂离子活性成分的损耗和电极材料结构的破坏，从而加速电池容量的衰减。而电池温度分布不均会导致局部SOC分布高，负极石墨嵌锂空位减少，从而造成负极反应表面的锂离子多于嵌入石墨的锂离子，形成局部析锂。

针对电池产热高的问题，一方面通过优化电芯结构设计（例如缩短电芯长度、增加极片层数、优化极耳结构等）和优化极片设计（例如降低面密度、加厚集流体、使用改性石墨等），可降低电池本身的产热。另一方面通过在电池包系统内双层冷板的夹芯设计增大电池的换热能力，满足电池包系统快充的需求。针对电池温度分布不均的问题，可一方面通过优化极耳结构改变电池电流密度的分布，以及优化电芯内部的传热路径，从而改善电池温度的分布；另一方面优化冷板流道设计，加强局部散热能力，从而达到均温效果。

（2）整车高电压电气架构问题

大功率充电需要同时提高电池总电压及充电电流，实现更高充电功率。当前高速服务区公共直流充电桩输出电压通常只能达到最高500V，与大功率充电700~800V的电压平台存在差异，故配备大功率充电功能的车型需要考虑兼容低电压充电桩，在充电系统架构方面需要优化创新。

针对现有充电桩输出电压不足问题，主流解决方案有电池串并联切换、升压泵、电机升压等。若通过增加电池串、并联接触器更改电芯配电，实现半包并联低压充电与半包串联高压充电，需要解决串、并联接触器动作互斥问题，以避免半包之间短路风险。若采用升压泵与电机升压方案，通过无源储能器件电感和电容实现升压充电，则非车载充电机与车载升压模块之间可能存在串联谐振问题，需要优化车载升压模块控制环路参数。

（3）整车配电问题

大功率充电需要开发可以承载大电流或耐受高电压的零部件，对整车高压配电系统中高端接触器、熔断器散热和体积提出了极大挑战。为适应高电压环境，产品安规间距和体积需要相应增大。以部分国外企业已经开发出的1000V车规级高压熔断器为例，其长度比500V产品增加近1倍，成本也高出很多。为适应大电流环境，铜排的截面积需要相应增大，以提升载流能力。同时也有必要研究液冷新技术，以实现同样的目的。

10.4.2 无线充电技术

无线充电技术（Wireless Power Transfer，WPT）是一种借助于空间无形软介质（如电场、磁场、微波等）实现将电能由电源端传递至用电设备的一种供电模式。该技术摆脱了传统的物理导线接触进行能量传输的方式，因此具有安全、便捷、自动化程度高等应用优势，在电力电子消费领域、内置医疗器械、电动汽车等诸多领域具有广泛的应用。无线充电技术对汽车智能化程度的提升是非常重要的一个环节，与自动驾驶技术深度融合，可实现电动汽车从出行到充电的全自动化流程，进一步解放车主，如图10-10所示。

1. 静态无线充电技术

静态无线充电技术是在车辆停放状态下进行充电的技术，如图10-11所示。

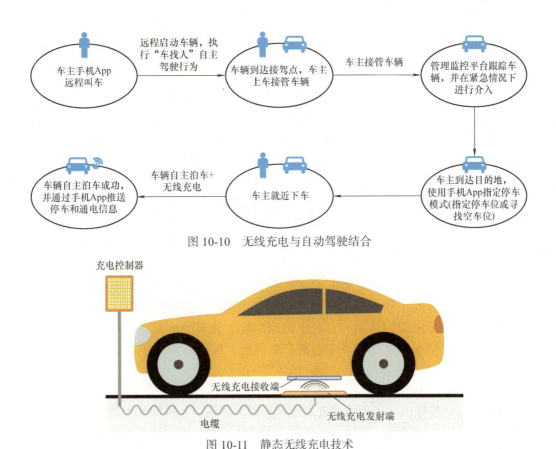

图 10-10　无线充电与自动驾驶结合

图 10-11　静态无线充电技术

电动汽车无线充电的应用对象可分为商用车和乘用车两类：商用车功率等级一般在 30kW 以上，最大可达到几百千瓦；乘用车的功率等级一般在 20kW 以下，也是现阶段普及度较高、需求相对明确的一类车辆。对于乘用车，按照系统输入功率等级分类，通常分为 WPT1（3.7kW）、WPT2（7.7kW）和 WPT3（11kW）三类；按照车载端设备的离地间隙分类，分为 Z1（100~150mm）、Z2（140~210mm）、Z3（170~250mm）三类，分别覆盖了跑车、轿车以及 SUV。系统工作频率范围为 79~90kHz。同时，要求在 X（行驶）方向 ±75mm 及 Y（车身）方向 ±100mm 的偏移范围内保持不低于 80% 的系统效率。

2. 动态无线充电

动态无线充电技术的基本原理如图 10-12 所示。通过埋于地面下的无线导轨以高频交变磁场的形式将电能传输给运行在地面上一定范围内的车辆，进而给车载动力电池充电。该技术可显著减少电动汽车搭载的电池组数量，延长其续航里程，同时使电能补给变得更加安全便捷，从根本上解决了消费者对于电动汽车的里程焦虑。简而言之，动态无线充电需要在路下面铺

图 10-12　无线充电与自动驾驶结合

设充电线圈,电动汽车在行驶过程中完成电能补充。只要在充电线圈铺设到的地方,电动汽车行驶就没有电能短缺的后顾之忧,是一项值得大力发展的充电技术。

3. 无线充电技术的安全性问题

作为一种新兴充电技术,无线充电在方便充电操作、提升用车体验等方面带来革新的同时,也引入了一系列充电性能、充电体验、充电安全相关问题。除与插入式充电面临的相同安全问题外,无线充电技术的特殊安全性问题主要体现在以下两方面:

(1)电磁辐射问题

与插入式充电不同,无线充电技术依赖电磁场实现能量传输。由于电磁场在空间中呈自由分布特点,难以有效限制其分布范围,这引起了传统充电方式中不存在的电磁泄漏问题。而人体一旦长期接触泄露的高频电磁场,极有可能因电磁辐射产生健康问题。系统工作时,电磁辐射可能存在于范围远超过装置本身的空间内,必须采取相应的安全防护措施。

针对电磁辐射问题,最有效的改善方法是合理设计屏蔽结构。目前广泛采用的屏蔽材料是铁氧体和铝,其中铁氧体相对磁导率较高,从磁路模型角度看,加入铁氧体将给漏磁通提供了一条低磁阻的通路,有利于将原本发散分布的电磁场"束缚"在装置内部空间。而铝的电导率很高,在磁场中容易产生涡流,可进一步产生反向磁场以削弱泄露磁场的作用。

(2)电磁兼容问题

电磁兼容问题的成因与之前所述电磁辐射类似,均是由于电流激发的磁场对受干扰对象产生作用。对于无线充电,系统工作在近十万赫兹的频率下,充电线束中又流过几十安培的大电流,容易对电流环路附近的电气设备造成串扰,如之前所述,泄露的电磁场将通过电磁辐射的形式进一步加深干扰。为保证整车电气设备的正常工作,有必要针对电磁兼容问题进行相应的优化设计。

基于电磁兼容问题产生的根本原因(即串扰和辐射干扰),可分别从干扰源、受干扰对象和干扰路径等方面采取相应改进措施。第一,无线充电系统的干扰源是通入高频大电流的线圈和传输线,在整车布局时将线圈尽量远离易受干扰的设备,并在传输线束设计中采用双绞方式,是降低干扰磁场的有效措施。第二,对易受干扰的传感器、弱电检测电路等敏感元器件进行屏蔽设计,通过添加全覆盖式铝屏蔽盒,可有效阻止干扰磁场的作用。第三,在线束外部添加铜网罩可有效切断干扰路径,助力电磁兼容问题的解决。

10.4.3 自动充电技术

1. 自动充电简介

电动汽车受限于停车精度、安全和外观完整性等诸多因素制约,自身不具备主动自动充电的能力,需要借助外部装置实现自动充电功能,目前常见的外部装置是自动充电机器人,如图10-13所示。

一套完整的自动充电机器人主要由机械臂、视觉系统、充电枪、车辆感知模块等构

图10-13 大众自动充电机器人概念图

成。当车辆泊车到位以后,机器人自动感知车辆已停好,会自动与车辆建立连接,并自动打开充电口。充电机器人通过视觉系统自动定位充电口的空间位姿,机械臂自动将充电枪头对准充电接口并实施插入动作,直至充电枪插接到位为止。直至充满电以后,机械臂自动进行拔枪操作,完成整个充电过程。

另外,充电机器人也可以像人一样,抓取标准充电枪插到车辆充电接口上进行充电,也可以把标准充电枪从车辆充电接口上拔下结束充电过程。

充电过程中,车主可以在手机上查看充电状态,或通过手机操控机械臂执行插枪充电或拔枪结束充电的任务。整个充电过程中,不需要人员直接参与,提升了用户使用体验,开启了新的用车方式及商业模式。

2. 自动充电的典型类型

(1)固定式自动充电系统

2017年,大众推出包括智能充电机器人在内的多项研究成果。该机器人将自动完成全部充电流程,图10-14所示为大众汽车和库卡机器人联合开展的e-smart Connect充电机器人。

享奕自动化科技(上海)有限公司于2017年发布了一款针对直流快充的自动充电机器人产品,如图10-15所示。该产品采用协作式关节机械臂和双目视觉系统,结合自主代客泊车(AVP),实现了无人化自主泊车叠加自动充电的完整生态链的闭环。

图10-14 大众汽车充电机器人　　　　图10-15 享奕自动充电机器人

(2)移动式自动充电系统

2020年,爱驰汽车公布了一款名为CARL的移动式自动充电机器人,如图10-16所示。该充电机器人会自动移动至用户App中输入的车辆位置处,自动进行充电接口识别,并自动充电。它采用内置电池模式,类似于一个移动充电宝,在没有车辆需要充电的时候会停放在有充电设施的位置,当有车辆需要充电时,会移动过来为车辆充电,完成充电后会自动返

图10-16 CARL移动式自动充电机器人

航回到充电设施位置补充电量。

2021年,远景科技集团在"零碳伙伴日"活动上发布了一款充电机器人摩奇(Mochi),如图10-17所示。摩奇在接到指令后即为车主规划智能充电方案,自动前往车辆所在位置并开始充电。在充电的过程中,远景EnOS平台还将实时监测车辆电池健康度,保证车主行车安全。

2020年,享奕自动化科技(上海)有限公司发布了一款移动充电机器人产品,该产品采用自主导航模式,如图10-18所示。该款机器人产品可以根据用户预约车位,通过自主导航模式移动到用户预定的充电车位,并根据用户手机App指定的车型,自动找到车辆充电接口的位置并实现机械臂的连接。

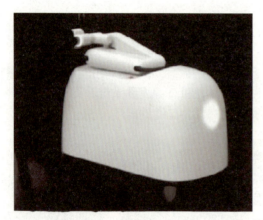

图10-17 充电机器人摩奇

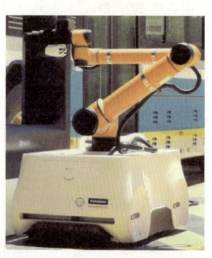

图10-18 享奕移动充电机器人

(3)仿生机器人

模拟生物特性是机器人领域实现技术突破的关键思路之一。2015年,特斯拉公司参照蛇类运动原理,发布了一款具有蛇形臂的自动充电机器人,如图10-19所示。该款自动充电机器人拥有全金属机身,最大的技术亮点是机械臂包含超过二十个运动关节,能够在较大范围内实现精细运动。缺点是运动速度较慢且枪头负载小,这在一定程度上阻碍了该产品后续的市场化普及。

图10-19 特斯拉蛇形臂自动充电机器人

3. 自动充电技术的安全性问题

自动充电技术在现阶段的普及度相对较低，除了成本较高、基础设施匮乏等因素外，自动充电自身存在的一些安全问题也是造成该现象的重要因素。首先，与无线充电不同，自动充电机器人本质上属于插入式充电，面临着插入式充电存在的高压绝缘和设备发热等风险。第二，机器人较大的占地面积可能会给车辆或行人带来潜在的安全问题。第三，对于安装在户外或公共区域的充电机器人，复杂的外界环境可能对设备安全性提出严苛的考验。同时，由于全程无人员操作，机器人控制单元是否能够准确识别并解决各类不同的突发系统故障，也是值得深入研究的安全性问题。

10.4.4 充电弓技术

除上述几类主要针对乘用车的新型充电方式外，面向电动客车等大型商用车辆，出现了一种称为"充电弓"的自动连接式充电技术。传统单枪充电的电流在 250A 以下，需要 6～8h 才能充满常规的城市公交车，难以满足城市公交运营的需要。采用如图 10-20 所示的充电弓后，通过下压式充电机构自动连接电动汽车的充电接口，给电动汽车进行快速充电。充电弓能自动识别到站的车辆，自动与车辆匹配进行充电，不需要人工操作。同时充电设备占地面积小，适应城市道路及公交集中场站要求，

图 10-20 使用充电弓的电动客车充电

成为新型的城市公共交通充电解决方案。在系统的整体设计上，充电弓由弓体、弓头和充电直流机组成。弓体作为支撑固定设备，悬挂充电弓头。充电直流机将电网的交流电变换为可给电动汽车充电的直流电。弓头由驱动机构、上下伸缩机构和底部电极机构组成，充电过程中自动下降与车顶受电装置搭接，实现电能传输。值得注意的是，充电弓的应用场合是百千瓦级充电，布置在公共场合可能存在高压接触的风险。另外，充电弓安装位置通常位于客车顶部，缺乏对异物入侵的防护能力。

10.5 系统集成新技术

10.5.1 智能线控底盘技术

智能线控底盘取消了传统底盘中大量的机械连接装置、液压/气压辅助装置，以信号进行传输交互，有利于提升车辆安全性。线控底盘响应速度快，控制精度高，同时也减少了传动机构的能量损耗，提升了传动效率，空间布置也更加灵活。线控底盘技术更适合电动汽车，例如电动力总成无发动机提供真空源，因此无法实现真空助力。此外电动汽车电池容量大，电气化程度高，能够承载的电子电气设备更多，更适合发展线控底盘技术。智能线控底盘共有五大系统：线控转向、线控制动、线控换档、线控驱动、线控悬架。

1. 线控转向

线控转向技术的市场渗透率很低，当前仍不足 1%。转向技术当下的主流形式为电子助力转向（EPS），此技术中 ECU 基于转向盘的转矩信号和转向信号决定转向助力电流，通过电机驱动电路来控制转向助力转矩。而线控转向取消了机械连接，如图 10-21 所示，由数据总线传递转向盘转矩和转向角给 ECU，再直接控制转向电机实现转向，是一种全动力转向技术。

线控转向在成本、底盘设计灵活性、驾驶感可调节性、行车安全性和节省空间角度，相比电子助力转向都有优势。随着转向系统国标的升级，转向系统的转向盘和车轮的解耦被新国标所认可，线控转向的发展进入新的阶段。线控转向技术为自动驾驶系统的核心技术之一，随着驾驶智能化程度的不断提升，线控转向技术的市场渗透有望加速。

图 10-21　线控转向示意图

2. 线控制动

线控制动技术的市场渗透率约为 3%。线控制动技术可分为驻车制动与行车制动两方面。

驻车制动中，拉索式技术和集成式技术为两种不同的技术路线。拉索式技术通过按钮驱动电机拉动拉索来施加制动力，而集成式技术中直接使用电机代替拉索，能够实现硬件间解耦，拓展性更强，且在紧急状态下可用作行车制动。

行车制动分为电子液压制动系统和电子机械制动系统。传统底盘中，采用液压或气压助力装置传递制动压力，实现制动。电动汽车底盘中，缺少发动机提供真空源，促使了电机驱动液压泵制动技术路线的发展，分为低集成度 Two-Box 和高集成度 One-Box 两种方案，其中高集成度方案在空间、重量、成本与能量回收角度均有优势，是当下的发展趋势。电子机械制动技术则使用电子机械系统替代液压装置，可根据制动踏板输入信号及车辆状态信号来驱动执行机构产生所需制动力，相比电子液压制动技术具有反应时间更快、避免液压系统泄漏风险、不需要助力器、能量回收效率更高等优势。电子机械制动技术的复杂度更高，应用中的挑战在于：无备份系统、制动力可能受限于电机功率而不足、需有针对性开发线控系统、高温振动工作环境对可靠性带来挑战等方面。

3. 线控换档

线控换档是一项已开始进入规模应用的技术，其市场渗透率约为 25%。线控换档取消了机械装置，其优势在于轻量化、小型化、空间布置灵活、可灵活附加集成功能。在特定情况下，如线控换档与手动变速器的组合中，在错误换档操作时会保护变速器避免造成损坏。

4. 线控驱动

线控驱动系统（Drive By Wire，DBW）是指利用传感器、控制单元及电磁执行等机构部分或完全取代传统气动、液压等机械控制的方式，并由电信号直接对车辆动力系统进行控制执行，使车辆实现起步、加速等正常行驶的功能。

根据汽车动力类型的不同，线控驱动系统通常分为传统燃油汽车线控驱动和电动汽车线控驱动两种类型。

传统燃油汽车线控驱动也即线控节气门（Throttle By Wire）系统，主要由加速踏板、加速踏板位置传感器、ECU、数据总线、伺服电动机和加速踏板执行机构等组成。线控驱动系统取消了加速踏板和节气门之间的机械结构，通过加速踏板位置传感器检测加速踏板的绝对位移，同时由ECU分析计算得到最佳的节气门开度后，输出指令驱动电机控制节气门以保持最佳开度，实现驱动车辆正常行驶功能。

电动汽车线控驱动系统与传统燃油汽车不同，由于电动汽车主要由整车控制单元（VCU）通过接收车速信号、加速度信号以及加速踏板位移信号，实现扭矩需求的计算，然后发送转矩指令给电机控制单元，进行电机转矩的控制，所以通过整车控制单元的速度控制接口来实现线控驱动控制。

5. 线控悬架

线控悬架的应用同样处于早期阶段，市场渗透率不足3%。其成本高是主要制约因素，主要在豪华品牌车型上使用。悬架是车轮与车身的连接机构，传递车轮和车架之间的力，并缓冲由不平路面传给车架或车身的冲击力，提升汽车行驶平顺性和乘员舒适性。

线控悬架主要分为半主动式和主动式悬架，主要特点是可根据车身高度、车速、转向角、速率、制动等信号，通过悬架执行机构，动态调节悬架系统刚度、减振器阻尼、车身高度等参数，提升乘员舒适性、操控性能和通过性。其中半主动式悬架利用连续阻尼控制减振器和磁流体变阻尼控制减振器来实现减振；主动式悬架则同时调节阻尼和刚度，典型技术有空气悬架和液压悬架，分别利用压缩空气和液压来调节车辆高度、振动等。

10.5.2 滑板底盘

滑板底盘并非新技术概念，在2002年通用汽车的Hy-wire概念车中即出现，其采取滑板造型，包括驱动、制动、转向、电池、悬架等部件，采取预留的电气和车体接口，实现上下车体的分离解耦。整车研发被分为上下车体两个独立的部分，可针对同一底盘系统专注开发上车身，使研发周期大幅度缩短。滑板底盘相对整车平台而言，其集成度与线控程度进一步提高，达到全线控。滑板底盘本身成为单独的产品，其可由单独的供应商开发，具有商业模式上的创新价值，近年来成为底盘技术发展热点，如Rivian、奔驰、AEV Robotics、Canoo、Neuron-EV、REE（图10-22）、悠跑等厂商都在滑板底盘上有所投入。

图10-22　REE公司推出的滑板底盘

滑板底盘需要搭载非承载式车身结构和线控底盘，为了给上车体留足空间，需要高度集成化设计，包括非承载式车身、线控底盘、集成式电驱动总成、电池包底盘一体化等技术。相对于多用承载式车身设计的乘用车领域，滑板底盘在非承载式车身应用场景下更具有实际应用价值与商业吸引力，如皮卡、公共汽车、电动货车、运输车辆等商用车。

10.5.3 智能线控底盘的安全性问题

底盘智能化后，虽然保留了传统底盘的承载和行驶两大功能，但是由于电动化和智能化的要求，承载的对象和完成行驶的手段都发生了很大的改变。首先，电动化和智能化必然会增加底盘的电子/电气/可编程（E/E/PE）组件或子系统数量，这些组件或子系统的失效对整车构成的风险将越来越大；其次，要实现车辆的智能化与电动化，需要通过整车控制器（VCU）对车辆信息进行整合计算，并将指令传输到底盘系统。为了确保底盘系统能够精确的执行指令，必须做好底盘系统的功能和信息安全防护，以保证车辆的安全性、稳定性和操纵性。最后，汽车的智能化虽然将人从大部分的驾驶操作中解放出来，但是另一方面汽车本身需要执行驾驶员的操作，因此整车的智能化需要承担更多与安全相关的任务，底盘部分也同样需要应对整车智能化所带来新的安全挑战。

10.6 高压平台及超级导线技术

10.6.1 800V 高电压平台

随着动力蓄电池、整车能量管理等技术的发展迭代，续驶里程的大幅度提高有效缓解了电动汽车用户的里程焦虑问题。然而，电动汽车的补能速度仍然制约着用户体验的进一步提升，相比燃油汽车的补能速度仍有很大提升空间。目前，快速补能技术路线主要分为换电模式和快充模式。换电模式即直接更换车辆电池，此技术路线的前期投入较大，且高度依赖电池包的标准化与通用化，导致参与的整车制造商与充电服务提供商仍然有限。因此快充模式成为主流的路线。

快充模式中，同样存在两条技术路线，分为大电流和高电压路线。大电流路线下，第三方商用大功率快充桩电流一般限制在 250A，而当前电动汽车的高压系统普遍采用 400V 电气架构，因此可实现最大充电功率约为 100kW。若将充电电流提升至 500~600A 水平，大电流快充最大充电功率可提升至 200kW 以上。然而，随着电流的升高，线缆直径需要显著增大，同时发热量会进一步上升。高电压（800V）路线下，实现同样的充电功率，电流可减小一半，能有效减小线缆尺寸、提升空间利用率，同时发热量大幅下降。此外，高电压快充时，电驱动总成、DC/DC 变换器的能量转化率都得以提升。因此，当前业界的快充模式正朝向以 800V 为代表的高电压平台演进。自 2019 年保时捷 Taycan 发布 800V 超充技术开始，各主要汽车制造商均已发布各自的 800V 架构和产品。在当前 800V 高压平台下，最大充电功率已经超过 400kW。比亚迪于 2021 年发布的 e 平台 3.0 的充电速度大幅提升，可实现充电 5min，续驶 150km，大大缓解了用户的补能焦虑，提升了电动汽车的使用体验。

在 800V 平台下，电动汽车关键系统，包括电动汽车的电机、电控、车载充电机、

DC/DC 变换器、动力控制单元等都需要满足更高的电压水平。传统 Si 基 IGBT 功率器件适用的电压区间为 600~700V，而针对 800V 电压，需要使用 SiC MOSFET 来代替 Si 基 IGBT 功率器件。SiC 耐压阻抗远低于 Si，同时 MOSFET 封装的 SiC 可进一步降低开关损耗，有助于降低总功率损耗，提升整车能效。然而在 800V 平台下，电气系统的耐压性能也要求进一步提升，导致 800V 平台的车载电气系统成本上升。此外，充电基础设施上也需要 800V 直流充电体系配套。800V 高电压平台的实现有如下典型方式：

1）全栈高压架构：该架构下，电池包、电机、充电接口均满足 800V 需求，OBC、空调压缩机、DC/DC 变换器和 PTC 重新适配以满足 800V 平台。

2）混合电压架构：该架构下，电池组为 800V，电池组与其他高压部件之间增加 DC/DC 将电压转换为 400V，其他高压部件均使用 400V 平台。

3）全栈低压架构：该架构下，充电时采用两个 400V 电池组串联，放电时两个 400V 电池组并联；或用 DC/DC 变换器降低充电电压为 400V，给单个 400V 的电池充电。

800V 高电压快充的实现，不但需要车端硬件方案的支持，同样需要配套超充桩和充电体系的支持才能实现。然而，大范围布置高电压充电平台，会对电网造成较大压力，尤其在多个超充桩同时输出的应用场景下。高电压超充基础设施规模化推广，要伴随着电网的扩容改造，意味着成本的上升。因此，800V 高电压平台的大范围推广仍然需要时间检验。

800V 高压平台相应地会带来一些安全性问题。在 800V 高电压平台下，未来的高压快充电流将会增加到 500A 左右，充电功率将会达到 300~500kW。当采用高电压平台后，充电倍率可达到 6C，在高充电倍率下，锂离子脱嵌和迁移的速率加快，部分锂离子来不及进入正负极，只能形成一些副产物，导致活性物质损失，加速电池寿命衰减。此外，动力电池在快充条件下，析锂现象加剧，一方面将造成活性物质的损失，影响电池容量和寿命；另一方面，锂枝晶一旦刺穿隔膜，将导致电池内部短路，从而带来起火等安全风险。

10.6.2 高压保护技术

随着电动汽车功率和电压水平的提高，传统熔断器的保护盲区也日益凸显。特斯拉率先在电动汽车领域推广使用爆炸式智能熔断器（Pyrofuse），但 Pyrofuse 仍然也有保护缺陷，需配合传统熔断器及主正主负接触器同时使用，方可实现对高压系统进行全方位保护。因此，为实现全方位保护，势必增加整车成本。同时，还需制定一套复杂的保护策略。但是可靠运行的策略需要以大量的试验数据为依托，这将导致整车的开发周期延长。

Pyrofuse 的技术原理是通过点燃火药使活塞运动来冲断连接铜排，达到切断回路的特性，动作分解简图如图 10-23 所示。

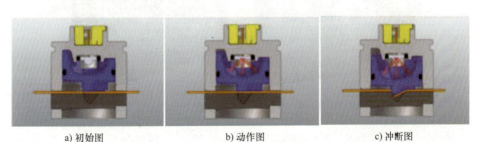

a) 初始图　　　　b) 动作图　　　　c) 冲断图

图 10-23　动作分解简图

由于 Pyrofuse 在汽车上的应用，将传统熔丝的被动保护，变成了新型的主动保护。传统熔断器主要是通过热量的累积达到一定温度时，熔断器熔断，导致传统熔断器的保护盲区存在的原因是低倍小电流下不能快速熔断，而 Pyrofuse 的缺陷是受困于通信时间及活塞的动作时间慢响应，在极端大电流条件下不能快速熔断，因此需要协同分工，共同保护高压系统。因此，保护策略应制定如下（高压系统策略保护区间图如图 10-24 所示）：

1）在正常工作条件下，主动切断回路由接触器完成。
2）在低倍过载电流条件下，主动切断回路由 Pyrofuse 完成。
3）在极端大电流条件下，切断回路应由传统熔断器完成。

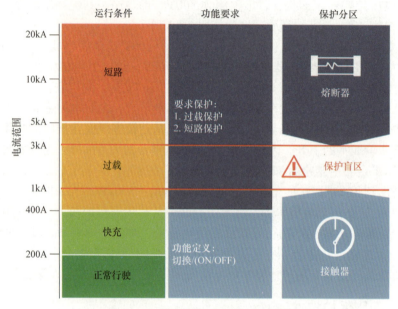

图 10-24　高压系统策略保护区间图

伊顿为代表的先进动力研发企业推出了一套电路保护解决方案 Breaktor，即将熔断器、接触器和断路器的功能集合在一起的协调装置，并为大功率电池和逆变器系统提供了快速、安全和可靠的保护。其示意图如图 10-25 所示。

图 10-25　新型电路保护装置 Breaktor

对电动汽车制造商来说，Breaktor 具备四大优势：①自触发设备，能够感应电流尖峰并中断电路；②发生短路时的限流功能，改善了系统级保护；③可反复在满电情况下充电和驱动使用；④多种配置，包括电压水平和多极配置。与传统的电路保护方法相比，Breaktor 可在 5 ms 内启动 1000 V 和 30000 A 的电路，并保障车辆安全性及组件免受过电流的影响。同时，Breaktor 可像断路器一样复位，并在功能检查后重新激活设备，进一步降低主机厂和消费者成本，提高客户满意度。

Breaktor 方案可提升高压系统安全性。造车新势力崛起后，电动汽车品牌定位渐趋于高端化，各大车企已制定轿跑、超跑等新车型的开发计划。此类车型对高压安全的性能要求较高，当车辆处于急加速、高功率爆发性输出时，高压系统的峰值加速电流极大，传统熔断器已无法满足耐久和短路保护的需求，Pyrofuse 也无法兼顾高压系统的全方位安全保护。此时，熔断器作为高压安全保护的最后一道屏障，Breaktor 方案的优越性即可体现，此方案也将在成本和安全上做出平衡。

10.6.3 超级铜导线技术

在美国能源部发布的 2025 技术路线图中，推荐了各种创新技术，其中提到了美国橡树岭国家实验室正在开发的"超级铜线"技术。这种技术的基本原理如下：在铜材料表面附着一种纳米材料，这种材料类似石墨烯；它的导电率是铜的 10 倍，电流容量是铜的 100 倍，热传导效率是铜的 10 倍，强度是铜的 300 倍，重量仅是铜的 1/6～1/4。

所谓超级铜线，即是将 CNT 纳米材料附着在铜薄膜上，通过热处理工艺，最后形成铜-CNT 的复合材料。这种超级铜线材料会给电动汽车高压系统设计带来革命性的突破，电阻的大幅下降会带来铜耗的直接降低。此外，电阻大幅度降低会使电机绕组所产生的热量减少，而电机绕组上绝缘层受电机温度影响，当温升幅度降低时，绝缘层脱落的风险也会相应减小，从而减小电机退磁的风险。因此，超级铜可以解决温升带来的安全问题。

而电流容量和导热能力的提升会提高电流密度和热负荷上限，从而线束的体积减小，功率密度提升，因为超级铜的出现，使电机结构更紧凑，将进一步增强电动汽车机械安全性。超级铜线与电机结合的应用场景，对于电机效率、转矩以及功率密度都将有显著提升。

参考文献

[1] 全国汽车标准化技术委员会. 电动汽车用驱动电机系统 第1部分：技术条件：GB/T 18488.1—2015[S]. 北京：中国标准出版社，2015.

[2] 全国建筑物电气装置标准化技术委员会. 低压电气装置 第4-43部分：安全防护 过电流保护：GB 16895.5—2012[S]. 北京：中国标准出版社，2012.

[3] 全国建筑物电气装置标准化技术委员会. 电流对人和家畜的效应 第1部分：通用部分：GB/T 13870—2022[S]. 北京：中国标准出版社，2022.

[4] 张戟，孙泽昌. 现代汽车电磁兼容理论与设计基础[M]. 北京：清华大学出版社，北京交通大学出版社，2009.

[5] 周新，文继军，李建利. 电磁兼容原理、设计与应用[M]. 北京：化学工业出版社，2015.

[6] 汪泉弟，郑亚利. 电磁兼容基础知识[M]. 北京：科学出版社，2017.

[7] 叶根龙. 应用于交流充电桩EFT测试的高压脉冲源的研究[D]. 马鞍山：安徽工业大学，2017.

[8] 杨世春. 电动汽车电磁兼容理论与设计[M]. 北京：国防工业出版社，2013.

[9] 舒慧，陆政，蔡爽，等. 非电离辐射10MHz至300GHz对人体的危害[J]. 科技创新导报，2019，16（27）：2.

[10] 全国无线电干扰标准化技术委员会. 电工术语 电磁兼容：GB/T 4365—2003[S]. 北京：中国标准出版社，2003.

[11] 世界卫生组织. WHO"国际电磁场计划"的评估结论与建议[M]. 杨新村，李毅，译. 北京：中国电力出版社，2008.

[12] 吕凌，陈嘉声. EMF测试及标准介绍[J]. 电子质量，2018（9）：5.

[13] ICNIRP. Guidelines For Limiting Exposure to Electromagnetic Fields（100kHz to 300GHz）[J]. Health Physics，2020，118（5）：483-524.

[14] 李妮，邬雄，刘兴发，等. 国际标准工频电磁场公众曝露限值比较及启示[J]. 现代电力，2013，3（3）：54-59.

[15] ICNIRP.Guidelines on limits of exposure to static magnetic fields[J]. Health Physics,2009,96（4）:504-514.

[16] ICNIRP.Guidelines for limiting exposure to time-varying electric，magnetic and electromagnetic fields（up to 300GHz）[J]. Health Physics，1998，74（4）:494-522.

[17] ICNIRP. Guidelines for limiting exposure to time-varying electric and magnetic fields（1Hz-100kHz）[J]. Health Physics，2010，99（6）:818-836.

[18] 全国无限电干扰标准化技术委员会. 车辆电磁场相对于人体曝露的测量方法：GB/T 37130—2018 [S]. 北京：中国标准出版社，2018.

[19] 王芳，夏军. 电动汽车动力电池系统安全分析与设计[M]. 北京：科学出版社，2016.

[20] 王芳，夏军. 电动汽车电池系统设计与制造技术[M]. 北京：科学出版社，2017.

[21] 冯旭宁. 车用锂离子动力电池热失控诱发与扩展机理、建模与防控[D]. 北京：清华大学，2016.

[22] 曹远敏. 方形大容量LiFePO$_4$动力电池设计和工艺研究[D]. 天津：天津大学，2018.

[23] 王兵. 车用锂离子动力电池及模组热失控的实验与仿真研究[D]. 北京：北京工业大学，2017.

[24] 熊瑞. 动力电池管理系统核心算法[M]. 北京：机械工业出版社，2018.

[25] 谭晓军. 电动汽车动力电池管理系统设计[M]. 广州：中山大学出版社，2011.

[26] 朱继琛. 电动汽车电池热泵直冷热管理性能控制研究 [D]. 长春：吉林大学，2020.

[27] 田青. 电动车动力电池热管理系统设计优化与试验研究 [D]. 长春：吉林大学，2020.

[28] 王莉，冯旭宁，薛钢，等. 锂离子电池安全性评估的 ARC 测试方法和数据分析 [J]. 储能科学与技术，2018，7（6）：1261-1270.

[29] 陈琪. 随机激励下电动汽车动力电池包结构疲劳性能研究 [D]. 广州：华南理工大学，2017.

[30] 郑会元. 锂离子电池容量衰退机理及抑制方法研究 [D]. 苏州：苏州大学，2017.

[31] 全国汽车标准化技术委员会. 电动车辆传导充电系统　第 1 部分：通用要求：GB/T 18487.1—2015[S]. 北京：中国标准出版社，2015.

[32] 国家能源局. 电动汽车充电设备检验试验规范　第 1 部分：非车载充电机：NB/T 33008.1—2018[S]. 北京：中国电力出版社，2018.

[33] 国家能源局. 电动汽车非车载传导式充电机技术条件：NB/T 33001—2018[S]. 北京：中国电力出版社，2018.

[34] 国家能源局. 电动汽车交流充电桩技术条件：NB/T 33002—2018[S]. 北京：中国电力出版社，2018.

[35] 中国电力企业联合会. 电动汽车传导充电互操作性测试规范　第 1 部分：供电设备：GB/T 34657.1—2017[S]. 北京：中国标准出版社，2017.

[36] 中国电力企业联合会. 电动汽车传导充电互操作性测试规范　第 2 部分：车辆：GB/T 34657.2—2017[S]. 北京：中国标准出版社，2017.

[37] 中国电力企业联合会. 电动汽车非车载传导式充电机与电池管理系统之间的通信协议一致性测试：GB/T 34658—2017[S]. 北京：中国标准出版社，2017.

[38] 全国汽车标准化技术委员会. 电动汽车传导充电用连接装置　第 1 部分：通用要求：GB/T 20234.1—2015[S]. 北京：中国标准出版社，2016.

[39] 全国汽车标准化技术委员会. 电动汽车传导充电用连接装置　第 2 部分：交流充电接口：GB/T 20234.2—2015[S]. 北京：中国标准出版社，2016.

[40] 全国汽车标准化技术委员会. 电动汽车传导充电用连接装置　第 3 部分：直流充电接口：GB/T 20234.3—2015[S]. 北京：中国标准出版社，2016.

[41] 全国汽车标准化技术委员会. 电动汽车非车载传导式充电机与电池管理系统之间的通信协议：GB/T 27930—2015[S]. 北京：中国标准出版社，2016.

[42] 国家能源局. 电动汽车充电设备检验试验规范　第 2 部分：交流充电桩：NB/T 33008.2—2018[S]. 北京：中国电力出版社，2018.

[43] 中华人民共和国工业和信息化部. 电动汽车安全要求：GB 18384—2020[S]. 北京：中国标准出版社，2020.

[44] SASCHA K, ALEXANDER F, KAI P B. Comprehensive gas analysis on large scale automotive lithium-ion cells in thermal runaway[J]. Journal of Power Sources, 2018(398): 106–112.

[45] 全国汽车标准化技术委员会. 电动汽车术语：GB/T 19596—2017 [S]. 北京：中国标准出版社，2017.

[46] HANSU K, GOOJIN J, YOUNG-UGK K. Metallic anodes for next generation secondary batteries[J]. Chemical Society Reviews, 2013, 42(23): 9011-9034.

[47] 全国低压电器标准化技术委员会. 低压系统内设备的绝缘配合　第 1 部分：原理、要求和试验：GB/T 16935.1—2008[S]. 北京：中国标准出版社，2008.

[48] 全国电工电子产品环境条件与环境试验标准化技术委员会. 环境试验　第 2 部分：试验方法　试验 J

和导则：长霉：GB/T 2423.16—2022[S]. 北京：中国标准出版社，2022.

[49] 全国电工电子产品环境条件与环境试验标准化技术委员会. 电工电子产品环境试验 第2部分：试验方法 试验B：高温：GB/T 2423.2—2008[S]. 北京：中国标准出版社，2008.

[50] 全国金属与非金属覆盖层标准化技术委员会. 金属基体上金属和其他无机覆盖层 经腐蚀试验后的试样和试件的评级：GB/T 6461—2002[S]. 北京：中国标准出版社，2003.

[51] 全国钢标准化技术委员会. 人造气氛腐蚀试验 盐雾试验GB/T 10125—2021[S]. 北京：中国标准出版社，2021.

[52] 全国电工电子产品环境条件与环境试验标准化技术委员会. 环境条件分类 自然环境条件 降水和风：GB/T 4797.5—2017[S]. 北京：中国标准出版社，2017.

[53] 全国电工电子产品环境条件与环境试验标准化技术委员会. 环境试验 第2部分：试验方法 试验Fh：宽带随机振动和导则：GB/T 2423.56—2018[S]. 北京：中国标准出版社，2019.

[54] 全国电工电子产品环境条件与环境试验标准化技术委员会. 环境试验 第2部分：试验方法 试验Ea和导则：冲击：GB/T 2423.5—2019[S]. 北京：中国标准出版社，2019.

[55] 全国电工电子产品环境条件与环境试验标准化技术委员会. 环境试验 第2部分：试验方法 试验Ec：粗率操作造成的冲击（主要用于设备型样品）：GB/T 2423.7—2018[S]. 北京：中国标准出版社，2019.

[56] 全国汽车标准化技术委员会. 道路车辆 电气电子设备防护等级（IP代码）：GB/T 30038—2013[S]. 北京：中国标准出版社，2014.

[57] 林程. 电动汽车工程手册 第一卷 纯电动汽车整车设计[M]. 北京：机械工业出版社，2020.

[58] 何洪文. 电动汽车工程手册 第二卷 混合动力电动汽车整车设计[M]. 北京：机械工业出版社，2020.

[59] 章桐. 电动汽车工程手册 第三卷 燃料电池电动汽车设计[M]. 北京：机械工业出版社，2020.

[60] 肖成伟. 电动汽车工程手册 第四卷 动力蓄电池[M]. 北京：机械工业出版社，2020.

[61] 贡俊. 电动汽车工程手册 第五卷 驱动电机与电力电子[M]. 北京：机械工业出版社，2020.

[62] 吴志新. 电动汽车工程手册 第十卷 标准与法规[M]. 北京：机械工业出版社，2020.

[63] 国家能源局. 电动汽车安全指南（2019版）[EB/OL].（2009-10-10）[2022-08-10]. http://www.nea.gov.cn/download/diandongqicheanquanzhinan.pdf.

[64] 中华人民共和国工业和信息化部. 电动客车安全要求：GB 38032—2020[S]. 北京：中国标准出版社，2020.

[65] 中华人民共和国工业和信息化部. 电动汽车用动力蓄电池安全要求：GB 38031—2020[S]. 北京：中国标准出版社，2020.

[66] 赵鑫，李明勋. 汽车电子功能安全实战应用[M]. 上海：同济大学出版社，2020.

[67] 黄俊达，朱宇辉，冯煜，等. 二次电池研究进展[J/OL]. 物理化学学报，2022，38（12）：1-146.

[68] 肖成伟. 电动汽车工程手册 第四卷 动力蓄电池[M]. 北京：机械工业出版社，2019.

[69] 物理研究所. 高能量密度无负极锂金属电池研究取得进展[EB/OL].（2021-03-25）[2022-08-05]. https://www.cas.cn/syky/202103/t20210324_4782106.shtml.